新编高等院校 **管理类** 系列教材

中级财务管理

ZHONGJI CAIWU GUANLI

主编 戴书松

中国金融出版社

责任编辑：罗邦敏　单翠霞
责任校对：张志文
责任印制：陈晓川

图书在版编目（CIP）数据

中级财务管理（Zhongji Caiwu Guanli）/戴书松主编 .—北京：中国金融出版社，2012.1
新编高等院校管理类系列教材
ISBN 978-7-5049-6205-8

Ⅰ.①中… Ⅱ.①戴… Ⅲ.①财务管理—高等学校—教材 Ⅳ.①F275

中国版本图书馆 CIP 数据核字（2011）第 248873 号

出版
发行　中国金融出版社
社址　北京市丰台区益泽路 2 号
市场开发部　（010）63266347，63805472，63439533（传真）
网上书店　http://www.chinafph.com
　　　　　（010）63286832，63365686（传真）
读者服务部　（010）66070833，62568380
邮编　100071
经销　新华书店
印刷　利兴印刷有限公司
尺寸　185 毫米 × 260 毫米
印张　24.25
字数　536 千
版次　2012 年 1 月第 1 版
印次　2012 年 1 月第 1 次印刷
印数　1—5075
定价　39.00 元
ISBN 978-7-5049-6205-8/F.5765
如出现印装错误本社负责调换　联系电话（010）63263947

前 言

现代经济生活中，越来越多的人涉及或参与经济活动中，作为理性的经济人，人们从事经济活动的目标无外乎就是通过经济活动创造价值，并使得价值最大化。然而，由于现代经济活动日益专业化、复杂化，要在现代经济活动中实现价值创造并非一件轻而易举之事，而是需要经过专门的学习和训练才能掌握的专业技能。财务管理活动就是以价值创造与价值最大化为目标。

财务管理教材作为系列课程教材，按照课程的学习进程从初级、中级到高级依次可分为《财务管理基础》、《中级财务管理》和《高级财务管理》三门不同级别的课程教材。《中级财务管理》课程教材是财务管理课程中的中间层级，这一课程教材承担承上启下的作用。由于《财务管理基础》课程教材主要讲述在确定性条件下的财务管理问题，属于基础知识和简单原理的部分，课程主要强调对基本概念和基本原理的理解和掌握。《高级财务管理》课程教材按照现行的教学体系主要有两个方向：一是财务专题方向，主要讲述和介绍财务管理的专题问题，诸如中小企业、企业集团的财务管理问题、企业并购与重组财务问题、外汇风险管理等；二是财务问题的深化方向，而这一内容显然已经超出了本科阶段的学习要求，已经进入研究生阶段的教学要求了。因此，《中级财务管理》实际上承担了财务管理课程在本科阶段的深化责任，同时还要为财务管理、会计学专业学生的后续专业课程如企业价值评估、国际财务管理、投资学等课程的学习提供财务理论的基础。基于这样一种认识，我们把《中级财务管理》课程教材重点限定于不确定性环境下的财务管理问题，应该包括以下主要内容：风险的计量方法以及投资风险补偿率的确定，在不确定性环境下的选择权定价原理与方法，在不确定性环境下的投资决策方法，市场效率与长期筹资管理，资本结构理论与最佳资本结构确定，战略财务管理分析与财务预警，以及一些基础的财务管理的专题问题。

本教材具有以下几点特色：

第一，突出基础、夯实基本技能。作为中级课程教材，对不确定性的描述和计量贯穿于教材的主要部分与章节，为了突出对这些基础部分内容的理解和掌握，我们在教材的第二章风险与收益、第三章期权定价中进行了详细的讲述、分析，并设计了一些情景案例帮助理解，以使得学生、读者能够全面、充分理解和掌握这些基础知识和基本技能。同时，我们对财务管理的一些基础理论也给予了充分的讲述，如MM理论等。

第二，定位清晰、内容衔接明确。在长期的教学实践中，我们认为财务管理作为系列课程，《财务管理基础》、《中级财务管理》以及《高级财务管理》各课程教材之间应该有个清晰的定位，既互相联系、依存，但同时又要互相独立，互不包容、重复。本系列教材将《财务管理基础》定位于确定性环境下的财务管理问题，不涉及不确定性问题，而《中级财务管理》则定位于不确定性环境下的财务管理问题，不重复确定性环境下的财务管理问题。这就使得教材定位非常清晰，避免了现存多数教材所存在的重复问题。

第三，强化实际应用。财务管理是一门应用性非常强的课程，掌握财务管理的基本理论固然重要，但如果不能将理论用于实践活动，指导和解决实际问题，学习理论也就失去了本来的意义，为此，我们将实际应用放在非常重要的地位。而中级财务管理的应用性更加突出，所以，本教材不仅讲述重要的理论知识，而且尤其重视培养在实务中将基本理论加以应用和解决实际问题的能力，如：如何利用公开市场信息，求解公司贝塔系数、无风险收益率以及市场风险溢价等；在确定折现率时，如何消除个别公司的经营、财务风险等。

《中级财务管理》教材全书共分为十一章。第一章为企业价值创造与财务管理，主要阐述了价值创造以及价值最大化对财务管理的作用与意义。第二章是风险与收益，主要阐述和分析了收益与风险的计量关系，重点介绍了资本资产定价模型；第三章是期权定价，介绍了期权定价的思想和方法；第二章和第三章为不确定性环境下的财务决策问题提供了有效的计量手段和方法，是全书的主要重点和学习的难点。第四章为风险条件下的项目投资管理，主要分析了在不确定性环境下的项目投资管理问题，是确定性环境下项目投资管理的拓展和深化，主要包括风险调整法、决策树法、情景分析法以及实物期权法等；第五章为有价证券投资，是基础课程教材中的有价证券定价的拓展与深化；第四、第五章是关于不确定性环境下的投资管理问题。第六章为资本市场与长期筹资，主要介绍了企业筹资需求的影响因素，企业长期筹资与市场效率的关系以及长期筹资中的一些难点问题，并结合期权价值重点介绍了一些包含期权价值的融资工具；第七章为资本结构，本章是财务管理筹资管理的理论基础，在财务管理中具有非常重要的作用，我们将其作为教材的重点进行了介绍；第六、第七章是财务管理中关于不确定性环境下的筹资管理问题。第八章为企业价值预期分析与财务预警，主要介绍了战略财务报表的分析方法以及财务预警的一些基本方法；第九章为公司并购与重组，是关于公司资本运作方面的专题问题；第十章为跨国公司财务管理问题，主要介绍了涉及外汇、汇率以及汇率风险的一些问题；第十一章是内部控制与公司治理，主要介绍了内部控制与公司治理结构安排的一些问题；第八章至第十一章为财务管理的专题问题。

全书由戴书松统稿。编写具体分工为：戴书松编写第一、第二、第三、第四、第七章，吴建刚编写第五、第九章，方宗编写第六、第十一章，徐宗宇编写第八章，李远勤编写第十章。

本书作为财务管理中级课程的教材，可以作为经管类的财务管理、会计学、资产评

前 言

估等专业的中级财务管理课程教材用书,也可作为会计学硕士、会计专业硕士(MPAcc)的同类相关课程的教材用书,还可作为企业财务人员、基金投资管理者以及信奉价值投资的投资者学习相关内容的参考用书。

本书得到上海大学重点课程建设基金支持,在此特别表示感谢。本书的出版还特别感谢中国金融出版社的编辑,他们为此书的出版付出了艰辛的劳动。

然而,由于我们的学识所限,书中谬误和不足在所难免,敬请同行和读者批评指正。

编 者

2011 年 11 月 30 日

目 录

1	**第一章　企业价值创造与财务管理**
1	【本章要点】
2	第一节　企业价值最大化与价值创造
2	一、企业价值最大化与财务管理
3	二、企业价值最大化与企业价值
5	三、股东价值最大化与股东价值
7	四、企业价值折现模型与价值创造之间的内在一致性
8	第二节　企业价值创造与来源
9	一、实施净现值大于零的项目
10	二、经营活动的经济增加值（EVA）
12	三、企业价值创造的来源
14	第三节　价值管理与财务经理职责
14	一、价值管理
16	二、财务经理职责
17	第四节　财务行为原则
18	一、自利原则
18	二、双向交易原则
19	三、信号传递原则
20	四、模仿原则
20	【本章小结】
21	【思考与练习题】
21	【参考文献与推荐阅读书目】
23	**第二章　风险与收益**
23	【本章要点】
23	第一节　投资风险与收益的基本原理
24	一、投资风险及定义

24	二、投资收益及定义
25	三、概率分布及相关概念
28	第二节　单项资产投资收益与风险
28	一、单项投资的期望收益
30	二、单项投资的风险
32	三、正态分布下概率计算
33	第三节　组合资产收益与风险
33	一、两项资产投资组合
39	二、多项资产投资组合
42	第四节　最佳风险投资组合的确定
42	一、无风险投资资产和最优风险资产投资组合
44	二、资本借贷与有效集
44	三、资本市场线（CML）
46	第五节　资本资产定价模型
46	一、模型假设条件
47	二、CAPM 模型与 SML
51	三、CAPM 中的三个参数
53	四、贝塔系数与证券特征线
57	五、对贝塔系数计算的一些讨论
59	六、CAPM 的实证检验
61	七、三因素 CAPM 模型
62	第六节　套利定价模型
62	一、套利的含义
63	二、套利定价模型假设条件
64	三、套利定价理论的模型
64	四、套利定价模型的应用
65	【本章小结】
66	【思考与练习题】
68	【参考文献与推荐阅读书目】

| 70 | **第三章　期权定价** |
| 70 | 【本章要点】 |

70	第一节 期权的基本概念
70	一、期权的概念
71	二、期权的基本类型
72	三、期权交易的盈亏分布
74	四、期权组合的几项策略
80	五、公司股东权益是一项看涨期权
81	六、看涨—看跌期权平价
82	第二节 期权价格及价格区间
82	一、期权价值的构成
84	二、期权价格区间
87	第三节 期权定价模型
87	一、期权定价的单期二项式模型
91	二、期权定价的二期二项式模型
94	三、布莱克—斯科尔斯期权定价模型
98	【本章小结】
99	【思考与练习题】
100	【参考文献与推荐阅读书目】
101	**第四章 风险条件下的项目投资管理**
101	【本章要点】
101	第一节 项目投资管理的几个特殊问题
102	一、更新项目的决策方法
106	二、互斥项目的排序问题
107	三、复利率问题
109	四、多重内部收益率
110	五、限量决策问题
111	六、通货膨胀影响问题
113	第二节 项目投资中的风险
113	一、项目的特有风险
114	二、项目的公司风险
114	三、项目的市场风险
114	第三节 项目投资决策的风险调整法

115	一、风险调整贴现率法
118	二、确定性等值法
120	第四节 风险投资项目决策的其他方法
120	一、决策树法
122	二、敏感性分析
124	三、情景分析
124	四、保本分析
126	第五节 实物期权与风险项目投资决策
126	一、实物期权概述
128	二、实物期权的类型
135	三、实物期权与 NPV 法的区别
137	【本章小结】
138	【思考与练习题】
139	【参考文献与推荐阅读书目】
139	附录
142	**第五章 有价证券投资**
142	【本章要点】
143	第一节 债券投资与收益
143	一、债券的种类
145	二、债券收益率
149	三、债券定价
153	第二节 股票投资与价格
153	一、股票的除息和除权
156	二、股票收益率计算
158	三、基于股票成长性的股票定价模型
162	第三节 公司成长机会对股价的影响
162	一、公司成长机会与可持续增长率
163	二、公司成长机会净现值
166	三、股利成长模型和 NPVGO 模型
167	四、NPVGO 与市盈率
169	【本章小结】

169	【思考与练习题】
172	【参考文献与推荐阅读书目】

第六章 资本市场与长期筹资

174	【本章要点】
174	第一节 企业生命周期与筹资需求
174	一、企业生命周期的概念
176	二、企业生命周期各阶段的财务特征及其融资结构
177	三、资金需要量的预测
181	第二节 有效资本市场与筹资方式的选择
182	一、有效资本市场的假设与含义
184	二、有效资本市场的检验
185	三、学习有效市场理论的注意事项
185	四、有效市场理论对企业融资决策的启示
186	第三节 IPO定价与筹资
187	一、首次公开发行股票的优缺点
187	二、首次公开发行股票的条件、程序与股票承销
194	三、IPO定价
195	四、IPO三大谜团
197	第四节 可转换债券筹资
198	一、权证的基本概念
200	二、权证的定价
202	三、可转换债券的概念和发行条款
206	四、可转换债券的价格
207	五、分离交易可转换债券
208	六、我国的实践
209	第五节 融资租赁
209	一、租赁的主要概念
210	二、融资租赁的判断标准
212	三、融资租赁决策分析框架
217	【本章小结】
218	【思考与练习题】

5

219	【参考文献与推荐阅读书目】
220	附录　正股价格变化对认股权证理论价值的影响

223	**第七章　资本结构**
223	【本章要点】
224	第一节　传统资本结构理论
224	一、净利理论
225	二、净营业收入理论
225	三、传统理论
227	第二节　MM 理论
227	一、无公司税条件下的 MM 理论
232	二、公司税条件下的 MM 理论
237	三、米勒模型
239	四、对 MM 理论的评价
239	第三节　权衡理论
240	一、财务拮据成本
240	二、代理成本
242	三、权衡理论模型
243	第四节　信息不对称理论
243	一、委托代理理论
244	二、企业控制权理论
244	三、信号传递理论
245	四、融资优序理论
246	第五节　资本结构决策
246	一、资本结构的影响因素
247	二、资本结构决策方法
252	【案例】　迪士尼公司的最佳资本结构
258	【本章小结】
260	【思考与练习题】
261	【参考文献与推荐阅读书目】
261	附录　杠杆贝塔系数与权益成本

第八章 企业价值预期分析与财务预警

- 263 【本章要点】
- 264 第一节 预计财务报表
- 264 一、预计财务报表的目的与意义
- 264 二、预计财务报表的编制
- 265 三、预计财务报表编制实例
- 269 第二节 企业价值预期分析
- 269 一、企业价值预期分析的目的
- 270 二、现金流量折现法
- 278 三、相对价值法
- 282 第三节 财务风险与财务预警
- 282 一、财务风险概述
- 283 二、财务预警概述
- 285 三、财务预警机制
- 285 第四节 财务预警的方法和模型
- 285 一、财务预警常用分析方法
- 287 二、财务预警模型
- 292 【本章小结】
- 293 【思考与练习题】
- 295 【参考文献与推荐阅读书目】

第九章 公司并购与重组

- 297 【本章要点】
- 297 第一节 并购的含义与分类
- 297 一、并购的含义
- 298 二、并购的分类
- 300 第二节 并购动因、并购风险与并购整合
- 300 一、并购动因
- 301 二、并购风险
- 304 三、并购整合
- 304 第三节 并购财务分析
- 304 一、企业并购动因的财务分析

305	二、企业并购的支付方式问题分析
306	三、并购财务分析的基本程序和方法
308	第四节　财务困境与财务重组
308	一、企业财务失败与财务预警
311	二、财务重组
313	【本章小结】
313	【思考与练习题】
313	【参考文献与推荐阅读书目】
314	**第十章　跨国公司财务管理问题**
314	【本章要点】
314	第一节　外汇与汇率
314	一、外汇
315	二、外汇汇率
317	三、外汇交易类型
320	四、汇率决定理论
324	第二节　外汇风险管理
324	一、外汇风险的概念
325	二、外汇风险的类型
326	三、外汇风险管理政策
327	四、外汇风险管理方法
331	第三节　跨国公司筹资管理
331	一、跨国公司的筹资目标和战略
331	二、跨国公司筹资来源与方式
332	三、国际金融体系的构成
333	第四节　跨国公司投资管理
333	一、国际投资方式
333	二、国际投资环境评析
335	三、跨国投资资本预算分析
337	【本章小结】
338	【思考与练习题】
339	【参考文献与推荐阅读书目】

340	**第十一章 内部控制与公司治理**
340	【本章要点】
340	第一节 内部控制与公司治理概述
341	一、内部控制与公司治理的区别
341	二、公司治理与内部控制的联系
342	第二节 内部控制要素与措施
342	一、内部控制发展历程
346	二、我国内部控制专业规范
347	三、我国《企业内部控制基本规范》简介
353	第三节 公司治理结构
353	一、公司治理结构的含义
354	二、公司治理结构的基本模式
356	三、我国企业的公司治理结构
357	【本章小结】
358	【思考与练习题】
358	【参考文献与推荐阅读书目】
359	附表一 复利现值系数表 $[(P/F,i,n)=(1+i)^{-n}]$
362	附表二 复利终值系数表 $[(F/P,i,n)=(1+i)^{n}]$
365	附表三 年金现值系数表 $\{(P/A,i,n)=[1-(1+i)^{-n}]/i\}$
368	附表四 年金终值系数表 $\{(F/A,i,n)=[(1+i)^{n}-1]/i\}$
370	附表五 标准正态分布下的面积表

第一章

企业价值创造与财务管理

【本章要点】

- 企业价值最大化与价值创造
- 企业价值创造与来源
- 价值管理与财务经理职责
- 财务行为原则

财务管理活动作为企业管理活动的重要组成部分，是以为企业创造价值，并促成企业价值的最大化为目标的管理活动。在《财务管理基础》教材中，我们通过分析企业财务活动，得出企业财务活动的目标应该是寻求企业价值的最大化，而非企业利润的最大化的结论。由于我们在《财务管理基础》教材中假定的企业环境是确定性的，因此，我们并未就企业如何实现价值最大化进行深入探讨。在《中级财务管理》教材中，我们假定企业的经营环境是不确定性的，因此，企业财务管理活动要实现企业价值最大化，就需要对企业进行风险管理、分析企业价值创造的能力，通过实施财务管理活动为企业创造价值，而达到企业价值最大化的目标。《中级财务管理》教材全书共分为十一章，主要介绍在不确定性环境下处理企业财务管理主要原理、内容和基本方法以及一些财务专题问题。

第一章企业价值创造与财务管理，我们就企业价值创造与财务管理之间的核心关联进行分析与阐述。全章分为四节，第一节为企业价值最大化与价值创造，主要阐述了企业价值最大化对企业财务管理的重要意义，以及企业价值的未来现金流量折现值与企业价值创造能力之间的内在联系。第二节为企业价值创造与来源，着重介绍了财务决策中创造价值的手段，以及判断企业经营活动价值创造的方法，根据企业价值创造能力的经济增加值的计算方法，分析企业价值创造的途径与来源。第三节为价值管理与财务经理职责，使我们通过财务分析可以清楚地了解企业价值创造的途径与来源，这就为企业实现价值创造进行价值管理提供了前提，为此，财务经理要进行价值管理就要承担相应的职责。第四节财务行为原则，则介绍了一些重要的财务行为原则，这对我们理解财务管理具有重要的作用和意义。

第一节 企业价值最大化与价值创造

企业通过聚集社会分散的资源于企业并加以有效利用，向社会提供产品或劳务，并在这一过程中实现企业的目标。企业为了实现长期存续的目的，企业经营者必须能够满足企业所有者对投资企业的收益要求，为投资者带来价值创造、实现投资价值的最大化要求。

一、企业价值最大化与财务管理

在《财务管理基础》教材中，我们认为企业财务管理是研究企业当前及未来经营活动所需资金的取得、使用与分配为对象的管理活动，其实质是处理企业财务活动中形成的企业与各方的经济关系。财务管理作为企业进行经营活动开展的筹资安排、投资计划、运营资金处置以及利润分配规划等财务活动，以及需要处理的与不同主体所形成的财务关系，需要为企业开展这些活动以及处理这些财务关系设立一个明确的目标。因为只有明确的目标，企业才能有针对性地开展财务活动，并相应处理好与各不同主体之间所形成的财务关系。好的目标能够引导企业开展积极、健康的财务活动，协调处理不同主体之间的财务关系，促使企业健康、稳定、长远地发展；而坏的目标则有可能导致企业进行消极、有害的财务活动，损害与不同主体之间的财务关系，使得企业偏离健康、稳定、长远的发展。

归纳现有的教材和文献，财务管理的目标主要经历了利润最大化、股东财富最大化、企业价值最大化的演变过程。我们知道利润最大化目标，由于忽视利润实现带来的现金流量流入的时间性和利润实现的不确定性，以及容易导致经营者的短期行为而有害企业的长期发展，因此，被广泛认为不再适宜作为企业财务管理的目标。随着资本市场的发展，股东价值与债权人价值已能通过市场价格合理界定，所以，股东财富最大化和企业价值最大化成为目前普遍接受的观点。由于企业资产的价值是由股东权益和债权人权益共同构成的，仅仅强调股东利益的股东财富最大化目标也备受争议。企业价值最大化目标同时兼顾了股东和债权人的利益，克服了利润最大化目标与股东财富最大化目标的缺陷，因而成为目前财务管理理论界与实务界最普遍接受的目标。财务管理的价值最大化目标的建立对财务管理来说具有以下主要意义。

第一，把内部管理创造价值和市场价值评价结合起来。传统财务管理是基于内部管理，追求好的财务绩效，但是实证研究已经表明，好的财务绩效并不一定能带来好的市场价值，而股东的财富则主要依赖于市场价值。财务管理的另外一个极端就是，只强调市场价值，如资产定价工具主要用财务和市场的一系列数据（如剩余收益、市盈率、市净率、β系数、规模等）来为公司定价，但是却很少探求驱动不同价值结果的动因，也不关心企业的有效管理（如商业模式、人力资本、组织文化等）。价值最大化的企业价值的折现模型从现金流量产生的角度可以深入考察企业管理的各个方面，从折现率的角度可以反映不同的风险水平和市场评价结果，每一个财务管理的环节都必须能够创造价值，并且能够创造最多超额价值的环节就成为核心竞争力的基础。

第二，充分考虑了风险和价值的权衡。正如马柯维茨创造的均值—方差分析方法一样，任何价值评价都必须和风险维度结合起来。企业追求价值创造的过程几乎都是在风险和不确定性条件下进行的，这就使得在决策时必须考虑风险因素。例如，某项风险较大的投资项目，未来预期能带来大量的现金流入，但较大的风险也意味着其不一定能给企业带来更多的价值，因而在决策时我们必须考虑风险价值。所谓风险价值，是指投资者因承担了风险进行投资所要求的超过正常报酬的那一部分额外价值。风险越大，就要求风险价值越高，而折现模型中的折现率就包含了风险价值，充分考虑到了风险与价值的权衡。

第三，可以根据不同主体的风险因素确定不同的评价框架。企业价值的折现模型既可以基于平均的现金流预期和风险偏好进行市场价值的预测，也可以从不同主体确定不同的参数进行价值评估。

第四，可以实现股东利益的协调和投资者保护。虽然价值的折现模型没有直接的参数反映股东的利益协调问题，但是公司存在的委托代理问题是不能忽视的影响公司价值的因素。不当的委托代理关系可能导致个别利益相关者的利益凌驾于公司价值之上，最终损害公司总体价值。因此，我们还必须关注现金流的分割和不同主体价值的实现，这构成了公司治理研究和投资者关系管理的重要内容。

但企业价值最大化目标仍然存在着不足，首先，"最大化"仅仅是依据新古典经济学理性基础所强调的最优化行为提出的，而现实世界的复杂性和人类认识的"有限理性"决定了人类行为不可能达到最优，"最大化"仅仅在理论上可行；其次，财务管理要为企业经营中的采购、生产、销售、售后服务这一整条价值链提供必要的资金和控制服务，财务管理活动只是企业经营的一个重要组成部分，仅仅通过财务管理是不可能实现"最大化"的；最后，随着资本市场的成熟，股东可以通过有效的证券组合投资以实现必要的风险回报，企业经营成功的核心在于能够给股东带来超过市场风险回报的价值，这是一种增量价值，而非"最大化"的价值。

企业价值最大化的财务管理目标的确立，为企业有针对性地开展财务活动，并相应处理好与各不同主体之间所形成的财务关系提供了强有力的目标指引，有利于企业长期、稳定、健康的发展。

二、企业价值最大化与企业价值

既然财务管理的目标是企业价值最大化，自然而然企业价值的计量就成为财务目标中需要解决的一个主要问题。如何计量企业价值呢？根据实践的经验，我们购买大多数资产是因为希望它们在未来能为我们带来现金流量。因此，人们投资于企业也是因为企业作为整体所掌握的资产，能够为企业的所有者带来的未来现金流量。对于资产的估值，根据我们在《财务管理基础》课程中的介绍，对资产的估值因持有资产未来产生的现金流量的不同而不同，如股票的股利、债券的利息和面值，由此，股票的估值由股票资产未来可获股利的折现现值决定，债券的价值则为债券的未来利息和面值的现值之和。在折现现值时所用的折现率是期望现金流量风险的函数，风险较高的公司折现率一般也较高，风险较低的公司折现率一般也较低。

在折现现金流量估价法的框架下，一项资产的价值就是其期望现金流量的现值。将这一主张拓展到公司上，就可以得出这样的结论：一家公司的价值是其所拥有的独立资产的价值总和。虽然从技术上来说这可能是正确的，但在为一系列资产的集合进行估价与为一家公司进行估价时有一个关键性的区别：企业或公司是已经拥有其名下资产的持续经营的团体。达摩达兰（2010）认为，在对企业价值进行估值时，应该考察公司的财务平衡表（与会计平衡表相对）。他在考察一家持续经营公司的财务平衡表（见图1-1）时，把已经进行了投资的资产划分为现存资产，而把期望公司于未来会作出的投资则叫做成长资产。

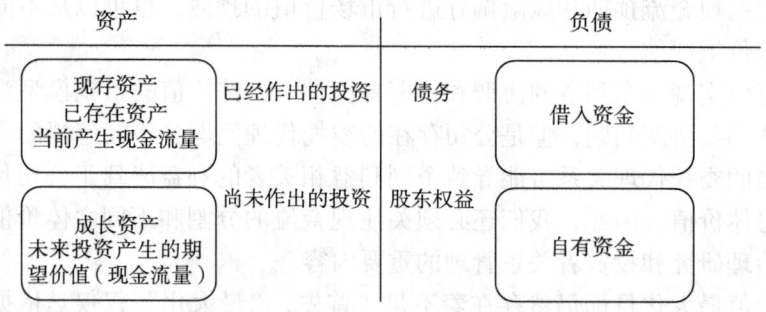

图1-1 公司简单图解①

财务平衡表为公司区分以持续经营方式进行的估价和以系列资产集合的方式进行的估价提供了一个良好的框架。在持续经营估价中，不仅要对现存投资，而且还要对可期望的未来投资及其盈利能力作出最好的估计。虽然这种行为看似非常大胆莽撞，但是成长型公司的大部分市场价值来自于其成长资产。而以资产为基础的估价，则主要强调现存资产，其先分别估计每一项资产的价值，然后再加全部资产的价值，也就得到了公司的价值。当公司具有可获利的成长机会时，与以持续经营为基础所进行的估价相比，以资产为基础的估价将会得到更低的估价。所以，对这类企业来说，加总资产的价值并不能较好地评估企业的价值，而是应该将企业作为持有特定资产的整体，通过分析公司的来自资产的全部自由现金流量，然后应用债务与股东权益所形成资本结构的资本成本进行折现计算，即可计算公司的价值。公司资产与公司估值如图1-2所示。

根据自由现金流量折现的估值模型对企业进行估值时，有两个变量决定企业的价值，一是企业自由现金流量，二是折现率。如下式所示。

$$企业价值 = \sum_{t=1}^{\infty} \frac{FCF_t}{(1+WACC)^t}$$

---

① ［美］阿斯沃斯·达摩达兰著，罗菲主译：《达摩达兰论估价》，大连，东北财经大学出版社，2010。

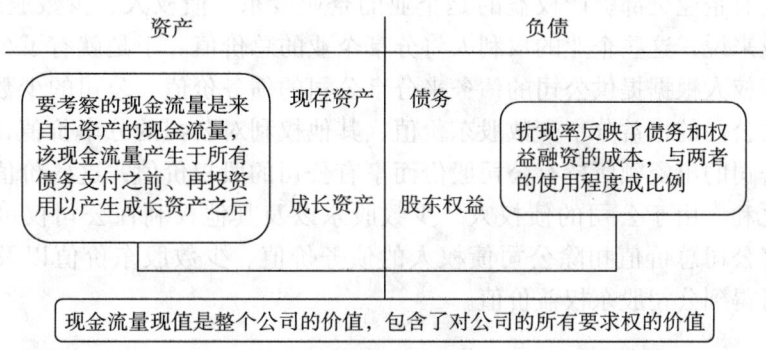

图1-2 公司资产与公司估值①

式中：企业自由现金流量（FCF）是指企业经营活动所形成的现金流量在扣除了投资对现金需求后归属企业，且可由企业自行支配的现金流量。自由现金流量的计算是通过企业的经营净利润加上非现金支出的费用，如固定资产折旧、无形资产摊销等后得出企业的经营现金流量，将该经营现金流量扣除当期的投资对现金流量需求后得到，当期经营活动中投资对现金流量的需求主要是指当期的运营资金的增量和固定资产的增量对现金的需求。由于企业未来自由现金流量的形成是不确定的，因此，决定企业价值的企业自由现金流量是未来不确定现金流量分布的期望值。这种不确定的程度，也即企业风险程度的大小，将决定企业的权利人对企业投资所期望的回报，这将影响企业价值决定因素的另一个变量——折现率。折现率为企业资本来源的加权平均成本，反映了企业自由现金流量的风险程度，具体的风险评估与计算方法我们在第二章风险与收益和第七章资本结构中会详细介绍。图1-3显示的是企业价值的决定因素，以及影响企业价值的财务活动。

三、股东价值最大化与股东价值

尽管我们可以估算企业价值，根据企业未来自由现金流量折现现值所确定的企业价值，被认为是企业内在价值。可就企业而言，企业的内在价值可能是客观存在的，但我们并不能确定我们估算的这个企业价值就是内在价值。因为，我们无法观察到企业的价值。但在资本市场中，我们却可能观察到企业的股权价值，在市场充分有效的条件下，我们可以认为观察到的市场价值就是企业股权的内在价值，这样，我们就可能对估算的股权价值进行检验了，判断估算的股权价值是否与其市场价值一致。

我们所知道的企业资产负债表以及编制的原理说明，企业资产负债表左边的资产总量总是等于右边的权益总量，包括负债与股东权益的总量。以此原理建立公司的价值平衡表（见表1-1）。左边为企业总价值，是由企业所拥有资产在企业经营管理下实现的未来经营结果所产生的自由现金流量来决定的。由于决定企业价值的是企业当前所拥有

---

① ［美］阿斯沃斯·达摩达兰著，罗菲主译：《达摩达兰论估价》，大连，东北财经大学出版社，2010。

的资产,而拥有企业全部资产权益的是企业的企业股东、债权人、少数股东等权利人,因此,对企业来说,这些企业的权利人将分享企业的总价值。于是就有了公司价值平衡表的右边,债权人根据提供公司的债务来分享公司的债务价值,公司的少数股东根据持有的合并报表公司的权益分享少数股东价值,其他权利对公司的分享价值,以及公司的股东根据对公司的出资额所持有公司股份而享有公司的股权价值,这些价值之和为左边公司的价值之和。由于公司的债权人、少数股东以及其他权利在公司仅可获得固定收益,因此,将公司总价值扣除公司债权人的债务价值、少数股东价值以及其他权益价值,我们即可得到公司股东权益价值。

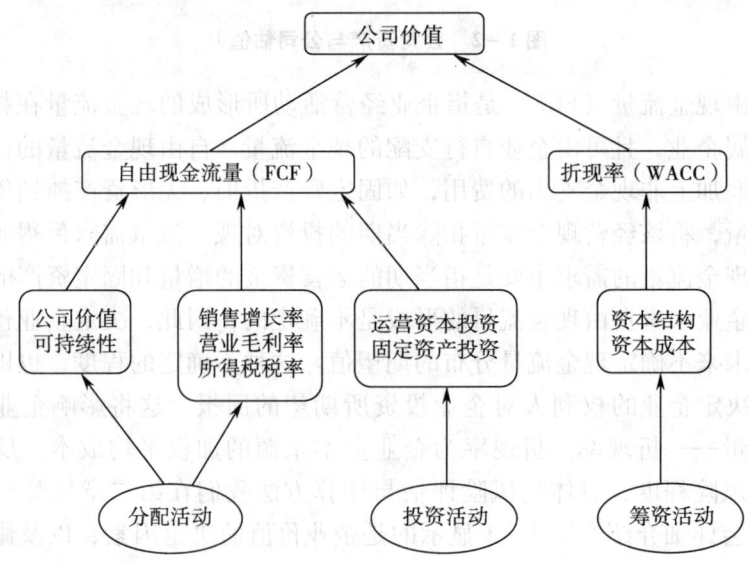

图1-3 企业价值的自由现金流量估值原理与企业财务活动关系

表1-1　　　　　　　　　　公司价值平衡表

实物资产	债务价值
运营收益	少数股东价值
成长机会	其他权利价值
	权益价值
合计:公司总价值	合计:公司总价值

　　这种公司权益价值的确定方法仍然是建立在对公司总价值估值的基础上的,与股东权益在公司应享有的股权现金流量来决定股权价值的方法并不完全一致。我们可以采用与通过公司自由现金流量折现来确定公司总价值的方法一样,来确定公司的股权价值。仅对公司的股东权益部分进行估价的方法也叫股东权益估价法,如图1-4所示。我们将公司的自由现金流量在债务被支付之后和产生再投资需求之后所产生的现金流量,叫做股权自由现金流量,这是决定公司股权价值的基础,由于这一价值只反映了股东的权益价值,所以,适用对该股权自由现金流量进行折现的折现率也就只能采用只反映权益

性融资成本的股权资本成本。通过采用股权资本成本对公司的股权自由现金流量进行折现的现值，我们即可得到直接计算的公司股权价值。

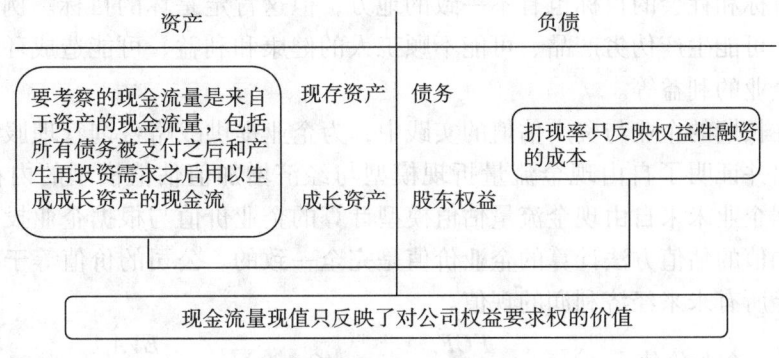

图1-4　股东权益估价①

四、企业价值折现模型与价值创造之间的内在一致性

我们分析了企业财务管理活动的目标是企业价值的最大化，企业为了实现企业价值最大化，则必须首先要在企业活动中创造价值。所以，我们也可以认为，财务管理的首要目标是为公司的所有者创造价值。这是因为一家公司如果无法为它的股东创造价值，那它就不能吸引到权益资本来为公司的活动提供资金，没有权益资本，也就没有公司，因此这个目标也就成了商业界的常识。当然，没有雇员、顾客和供应商的贡献，任何公司都不可能成功。优秀的公司不仅仅要有心满意足的股东，也要有忠实的顾客、积极的雇员和可靠的供应商。股东得到更多的价值并不意味着雇员、顾客或供应商得到更少的价值。相反，只有那些与顾客、雇员和供应商建立了长期宝贵关系的公司才会把为股东创造价值作为管理的重点。美国一项调查表明公司为股东创造价值的能力与公司对待顾客、雇员和社会团体的方式有关。对财务部门而言，不同业务、不同部门之间保持良好的沟通是一个关键的成功因素。

企业进步的必经之道在于企业价值创造。在全球竞争舞台中，价值创造是衡量公司最重要的指标。价值创造不仅关系到公司的利益，而且关系到消费者的利益，因为消费者由于公司的无效运作而不得不支付高价格。二百多年来的经济学和金融学研究指出，当一个经济体中的所有企业都在最大化自己的价值时，社会福利将被最大化。也就是说当一个企业的产出（由其顾客评定）的价值超出其投入（由其供应商评定）的价值时，价值由此被创造（这里的价值指的是社会价值）。尽管也可以选择其他单一价值目标用以指导管理人员的决策，价值最大化是非常重要的一个，因为在多数情况下会使社会福利最大化。

企业的目标和社会的目标在许多方面是一致的。企业在追求自己的目标时，自然会使社会受益。例如，企业为了生存，必须要生产出符合顾客需要的产品，满足社会的需求；企业为了发展，要扩大规模，自然会增加职工人数，解决社会的就业问题；企业为

---

① ［美］阿斯沃斯·达摩达兰著，罗菲主译：《达摩达兰论估价》，大连，东北财经大学出版社，2010。

了获利，必须提高劳动生产率，改进产品质量，改善服务，从而提高社会生产效率和公众的生活质量。

企业的目标和社会的目标也有不一致的地方，但这肯定是坏的目标。例如，企业为了短期获利，可能生产伪劣产品、可能不顾工人的健康和利益、可能造成环境污染、可能损害其他企业的利益等。

而且，在长期的企业与资产估值的实践中，为企业提供战略咨询管理服务的麦肯锡公司首先提出并证明了自由现金流量折现模型与经济增加值估值模型的内在一致性[①]。也就是说根据企业未来自由现金流量估值模型计算的企业价值与根据企业投资资本所创造的经济增加值的估值方法计算的企业价值是完全一致的。公司的价值等于投入资本的账面价值加上所有未来经济利润的现值。

$$\text{企业价值} = \sum_{t=1}^{\infty} \frac{FCF_t}{(1+WACC)^t} = IC_0 + \sum_{t=1}^{\infty} \frac{EVA_t}{(1+WACC)^t}$$

式中：FCF_t 为未来第 t 年的期望自由现金流量，EVA_t 为未来第 t 年实现的经济增加值（也称为经济利润），IC_0 为投入公司的初始投入资本。

投入资本、经济利润和自由现金流量之间存在相互关系不足为怪。我们可以将经济增加值估值模型理解为将现金流分为超额回报现金流和正常回报现金流。已经进行过风险调整的要求回报（资本或股权成本）被看成是正常的回报现金流；但任何高于或低于这个值的现金流均被归类为超额回报，因此超额回报可以为正，也可以为负。在超额回报估价框架下，对公司的估价可以被表示为以下两个因素的和：

公司价值 = 当日投入公司的资本 + 现存和未来项目产生的超额回报现金流的现值

如果假设对已投入资本的会计计量（资本的账面价值）是对当前投入资产的资本的一种非常好的计量方式，那么这种方法将预示着一个具有正超额回报的公司在交易中的市场价格将会高于其账面价值；而对于负超额回报的公司来说，其在交易中的市场价格将会低于其账面价值。所以，为企业创造价值的财务活动，就能够带来价值的增值，增加企业的价值。

第二节 企业价值创造与来源

财务管理的目标是追求企业价值的最大化，但是怎样才能实现企业价值的最大化呢？要使企业价值最大化，首先我们必须要确保在企业的经营活动中，企业是在通过资产的经营活动创造价值，否则，实现企业价值最大化就是无源之水、无本之木。因此，创造价值是企业财务管理的核心问题。

那么企业的经营者如何才能实现价值创造呢？从财务管理的角度来说，一项经营计

---

① ［美］蒂姆·科勒等著，高建等译：《价值评估——公司价值的衡量与管理》，北京，电子工业出版社，2007。

划，只有在其预期产生的未来现金净收益的现值超出实施这项计划的初始现金支出时，才会创造企业价值。要实现价值创造，在项目决策时就要选择净现值大于零的项目。

一、实施净现值大于零的项目

企业要从事生产经营活动，必须选择合适的资产满足经营活动的需要，企业选择资产的过程，其实质就是投资的决策过程。企业为了选择合适的资产进行生产经营活动，必须要对资产的投入与产出进行合理的评估，以确定资产获得的代价与产生的收益之间的对应关系。对于企业而言，要通过项目的实施来创造价值，则在项目选择时就要执行净现值大于零的项目。

一项计划预期实现的现金净收益的现值与实施这项计划所需的初始现金支出间的差额就是这项计划的净现值（NPV），在财务管理课程中，我们知道净现值的计算公式为

$$NPV = \sum_{t=1}^{n} \frac{NCF_t}{(1+r)^t} - I$$

式中：NCF 为现金净流量，下标 t 为第 t 期的现金净流量；r 为折现率，即投资的必要收益率；I 为初始现金支出，即初始投资额。

我们可以用净现值概念把基本财务原则解释得更清楚些。

一项经营计划的净现值为正时，就可以创造价值；当净现值为负时，就会损害价值。

项目的净现值归项目的投资者所有，也就是说它属于实施项目的股东。这意味着一旦公司宣布该项目后，即使这个项目还没有实施，此时公司的股东若想把在公司的权益卖掉，就会得到比没有这个项目时更高的卖出价格。两者之间的差额即该项目的净现值。

公司识别项目的能力和市场对公司将成功实施项目的预期会为公司创造价值，为股东增加财富。更确切地说，如果公司的股票在股票交易所上市交易，假定项目的宣布没有被预期到，且市场认同公司对项目获利能力的分析，那么在项目宣布的那天，公司的市场价值应该上升（股价随发行在外股份的数量增加而上升），且上升幅度相当于项目的净现值。

为了计算和评价项目的净现值，首先必须要解决两个技术问题，一是资产建成后可能实现的未来现金收益的时间分布情况；二是由于未来现金流量收益时间分布所产生的时间价值，必须需要恰当的折现率来评价未来现金收益的时间价值。

1. 项目的未来现金收益及时间分布。基本财务理论要求用现金计算一项计划实施时的初始投资，计划预期产生的未来收益的净值也要用现金计算。正如图1-5所示，计划的投资者（公司的股东和债权人）投入公司的是现金，因此他们只对现金收益感兴趣，这只是原因之一。他们之所以关注的是投入项目的未来现金收益而不是投入项目的会计净收益，还有更重要的原因是，投入项目的会计利润是易于变动的，这是因为会计利润的计算是基于会计权责发生制基础上的，在会计利润的计算过程中，当选用不同的成本费用的核算方法时，就会导致在同样的经营环境下不同的会计利润计算结果。尽管

对于一个项目而言，整个项目期间的会计利润总数是某个固定数目，但不同会计利润的核算方法导致的不同年份的利润的不同分布却会导致多种不同的会计利润的分布结果，这是项目分析所不能容忍的。而项目的现金净流量则是依据收付实现的原则进行核算的，因此对于相同的经营环境来说，现金的计算结果具有唯一性，这就使得对同一项目来说，未来现金净流量的分布具有唯一性，而这是进行项目分析的前提。

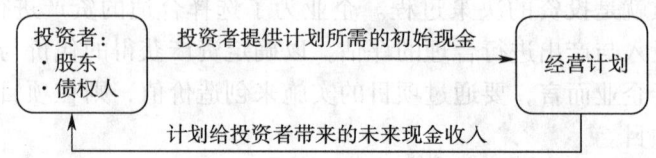

图1-5　投资项目决策只有现金与投资者有关

2. 折现率。对于一个项目来说，尽管我们已知了其初始的现金投入数以及项目建成后的未来现金净流量的数量，但我们仍然无法得知项目的实施是否为投资者带来了价值创造，这是因为未来的现金净流量是分布于以后的各个不同的年份的，在评价投入的现金和未来获取的现金净流量时，我们不能仅简单地对这些现金加总进行对比分析判断，而是要通过将不同年份的现金净流量折现至初始点，然后进行对比分析判断。这就要涉及对未来现金收入进行折现的折现率。

3. 资本结构与资本成本。公司投资一个项目，通常要通过项目的融资计划来进行融资。一项融资计划中可能同时包括权益资本和债务资本，也就是说股东和债权人都要从他们投资的这个项目中获得收益。当权益资本和债务资本共同投资一个项目时，项目占用资金的资本成本就不只是等同于权益资本的成本。它是项目的权益资本成本和它的债务资本的税后成本的加权（因为公司可以从它们的税前利润中扣除其借款需支付的利息，所以债务资本的成本是税后的），这里的权数就是指投资于这个项目的全部资本中权益资本和借入资本的比例。加权平均成本（WACC）的计算表达式为

$$WACC = \frac{D}{D+E} \times r_d \times (1-T) + \frac{E}{D+E} \times r_e$$

式中：D 为债务资本，E 为权益资本，T 为所得税税率，r_d 为债务资本成本，r_e 为权益资本成本。

企业在经营活动过程中，是否创造了价值呢？以及未来资产经营的价值创造能力如何呢？我们可以通过对经营资产的经济增加值来进行分析和判断。

二、经营活动的经济增加值（EVA）

由于会计信息中的企业净利润的计算并未考虑企业在生产经营活动中所占用资本的成本，也就是说未考虑企业所有者所提供资本的代价，因此，净利润指标并未能够全面、准确地反映出企业经营者带给企业所有者的价值。比如有一家企业所有者投入的资本为100万元，当年企业所实现的净利润是8万元，仅从企业实现的净利润来看，经营者为企业所有者创造了8万元的净利润，但由于企业占用了投资者投入的100万元，企

业并未考虑这 100 万元的成本,也就是说在计算企业净利润时,企业并没有考虑占用 100 万元资本的成本,如果投资者的资金机会成本为 10%,考虑到企业占用的 100 万元机会成本为 10 万元,企业的经营净利润 8 万元,不仅未给企业资本所有者带来价值创造,反而产生了 2 万元的价值损失。因此,从企业所有者的角度考察经营者的业绩,仅仅依赖会计的净利润等信息是不全面的,必须全面地评价企业经营者的经营效率和价值创造能力。为此,美国人约耳·斯特恩(Joel Stern)和 G. 贝内特·斯图尔特三世(G. Bennett Stewart Ⅲ)于 1982 年开发创立了经济增加值(Economic Value Added, EVA)这一开创性的财务分析工具。

EVA 被定义为公司的营业净利润(NOPAT)与该公司占用资本的成本之差,占用资本成本等于占用资本(IC)与加权平均资本成本(WACC)的乘积。

$$EVA = NOPAT - IC \times WACC$$

税后净营业利润是通过对企业营业利润的多项调整后得出,具体的调整方法如下:

$NOPAT = 营业利润 + 利息费用 + 坏账准备增加 + 存货跌价准备增加$
$\quad + 长短期投资跌价准备 + 委托投资跌价准备增加$
$\quad + 投资收益 - EVA 税收调整$

$EVA 税收调整 = 利润表上所得税 + 所得税税率 \times (利息费用 + 营业外收入$
$\quad - 固定资产跌价准备的增加 - 无形资产跌价准备增加$
$\quad - 委托投资跌价准备增加 - 营业外支出 - 补贴收入)$

投入资本包括含息债务资本和股权资本。

$债务资本 = 短期借款 + 一年内到期长期负债 + 应付短期债券 + 长期借款 + 应付债券$
$股权资本 = 股东权益合计 + 少数股东权益$

对企业的经济增加值活动,我们定义了一项非常有意义的财务指标,与权益报酬率(ROE)相类似,称为投入资本回报率(ROIC),定义投入资本回报率为企业营业净利润(NOAPT)除以投入资本(IC)的比率,反映单位投入资本的营业净利润状况。

$$ROIC = \frac{NOPAT}{IC}$$

因此企业经济增加值也可以变换为以下的表达式:

$$EVA = IC \times (ROIC - WACC)$$

式中:(ROIC - WACC)为单位投入资本的经济增加值水平,也可以认为是经济增加值率。对任何一家公司而言,要使公司创造价值,就必须使公司的投入资本回报率大于公司的加权平均成本。在一定的资本成本的情况下,只有更高的 ROIC 才能保证产生经济增加值。提高公司 ROIC 的办法,一种是从 ROIC 计算的分子上寻找方法,或是在一定成本情况下提高收入,或是在不变收益的情况下降低成本,前者需要企业具有市场优势(或是自然垄断,或有技术壁垒),后者则需要企业具有竞争优势;另一种是从 ROIC 计算的分母上寻找方法,就是尽可能降低生产中的资本占用,提高投入资本的使用效率。

所以,从经济增加值的角度来考察公司时,公司的最终成功不能仅从公司增加销售额的能力、产生利润的能力或是从经营中产生现金的能力来衡量,而是需要综合考虑公司的活动是否在为其所有者创造价值。根据基本财务原理，如果公司全部投资的净现值为正，它就在创造价值。将用于公司投资的资本总额从公司资本的市场价值（公司权益资本和借入资本的市场价值）中扣除出去，就可得到公司的净现值。

净现值（整个公司）＝公司资本的市场价值－占用资本总额

这个净现值通常是指公司的市场增加值（Market Value Added，MVA）。如果市场增加值为正，公司就在创造价值，因为公司资本的市场价值超过了公司的资本投资额。如果市场增加值为负，公司就在损害价值。图1-6揭示了企业的经济增加值与企业创造价值的动因关系。如果市场期望公司产生正的经济增加值（EVA），公司的市场增加值就为正。

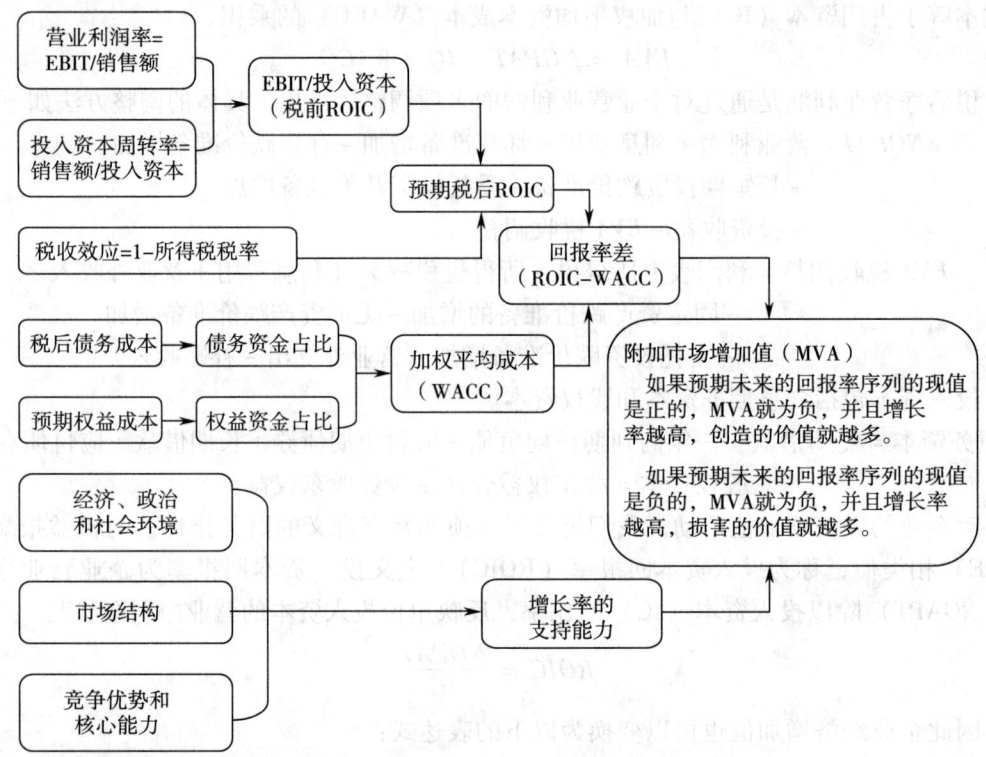

注：EBIT＝息税前收益（税前营业利润），投入资本＝现金＋营运资本需求＋净固定资产，WACC＝[负债的百分比][税后负债成本]＋[权益的百分比][权益成本]。

图1-6　价值创造动因①

三、企业价值创造的来源

从前面的经济增加值的分析中，我们知道如果一个项目的收益超过了金融市场所要

---

① ［美］加布里埃尔·哈瓦维尼、克劳德·维埃里著，王全喜、张晓农等译：《高级经理财务管理——创造价值的过程》，北京，机械工业出版社，2005。

求的收益，即实现了经济增加值，也即经济学所称的取得了经济利润。我们将这种经济利润称为价值的创造。简而言之，项目所获得的超过了它的经济需要。发现并实施这些创造价值的项目将提高公司普通股的价格。

价值创造有很多来源，从图1-6所分析的价值创造动因中，我们可以得出其中最重要的是行业吸引力和竞争优势。这两个来源是能使项目产生正的净现值的因素，即提供超过金融市场所要求的期望收益的因素。

1. 行业吸引力。有利的行业特点包括处于产品生命周期的增长阶段，对竞争性进入的壁垒以及其他保护性措施，如专利、临时的垄断权，或者能让几乎所有竞争者都获利的寡头定价。简而言之，行业吸引力与一个行业在价值创造型投资机会中所处的相对位置有关。正如在伯克郡哈萨韦（Berkshire Harthaway）年会上，著名的投资者沃伦·巴菲特（Warren Buffett）说："成为优秀行业中的一般管理者要比成为糟糕行业中神奇的管理者好。"一种行业的吸引力取决于该行业的报酬率比其他行业是高还是低。

2. 竞争优势。竞争优势涉及公司在行业中的相对地位。公司可以是多分部的，在这种情况下竞争优势需要根据每个分部所处的不同行业分别进行判断。获取竞争优势有以下几种途径：成本优势、营销优势和价格优势，以及卓越的组织能力（公司文化）。竞争优势随着竞争受到侵蚀。例如，由于过多引人注目，从而相对成本优势和营销优势将会受到攻击。成功企业的标志在于能不断地发现并利用所有能获取超额报酬的机会。长久的竞争优势只有通过一系列的短期优势才能得以维持。

可以说，行业吸引力和竞争优势是创造价值的主要源泉。行业吸引力和竞争优势越突出，公司的预期报酬率越有可能超过金融市场对相应风险所要求的报酬率。

因此，行业吸引力和竞争优势是价值创造的主要来源。这些优势越大，公司越有可能获得超过金融市场对相应风险所要求的期望收益的收益。这些概念如图1-7所示。

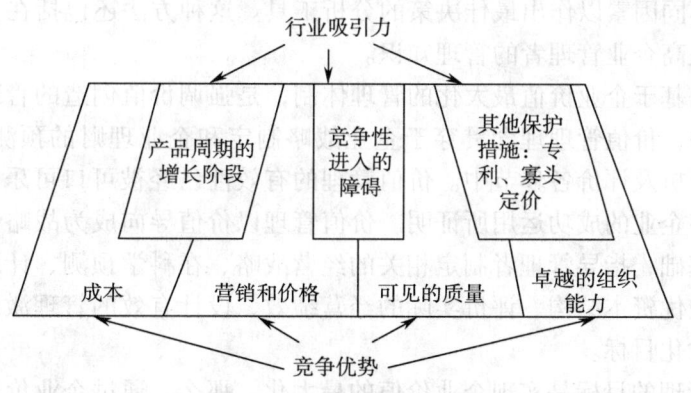

图1-7 价值创造的关键因素①

---

① ［美］詹姆斯·C. 范霍恩、小约翰·M. 瓦霍维奇著，刘曙光等译：《财务管理基础》，北京，清华大学出版社，2006。

所以，从创造价值的角度考虑，财务管理在选择投资项目和方向时，要注意到两点：一是尽可能地选择有吸引力的行业进行投资；二是要利用好自己的竞争优势，选择自己擅长的方式来实施项目。

第三节　价值管理与财务经理职责

既然价值创造与价值最大化之间存在内在的逻辑一致性，而且企业的价值创造过程和途径是可以分析了解的，那么管理这些价值创造的过程和途径，不就能够实现企业的价值创造和价值最大化的目标吗？人们在实践中发现如果对企业实施价值管理可以在企业价值创造中发挥重要的作用。在价值管理的基础上，也需要认识财务管理人员的工作职责。

一、价值管理

价值管理在国内还是近几年才被经济理论界和实务界关注并推崇的理念，而价值管理在国外的应用却已经积累了相当多的案例。哈瓦维尼（2002）将价值管理定义为：价值管理（Value Based Management，VBM）是一种基于组织内所有层次的管理者运作公司的资源，以增加公司市场价值为最终目标的一种综合管理方法。以创造价值为目标的管理为综合性的和基于价值的管理体系提供了一个基础，它可以帮助管理者制订相关的经营计划、作出经营决策、评价实际的经营绩效、设计有效的管理激励方案。价值管理并不意味着只要采取价值管理方法，就能马上取得成功。价值的持续增长还需要明确的战略，以价值提高为基础的业绩考评系统，职责分明、奖惩分明的责任机制以及可以帮助管理人员权衡不同因素以作出最佳决策的分析工具。这种方法还包括在全企业范围内推广教育培训，提高企业管理者的管理知识。

价值管理是基于企业价值最大化的管理体制，是强调价值创造的管理体制。在企业价值创造历程中，价值管理理念贯穿于企业战略制定和企业理财的预测、决策、计划、控制、监督、分析及评价各环节中。价值管理的有效性已经被可口可乐、通用电气、爱默生电器等诸多企业的成功运用所证明。价值管理以价值导向成为战略制定、企业理财和企业治理的基础，指导管理者制定相关的经营战略、在科学预测、计划前提下作出经营决策、安排最优资本结构、评价实际的经营绩效、设计有效的管理激励方案，从而实现企业价值最大化目标。

既然价值管理的目标是实现企业价值的最大化，那么，通过企业价值评估来了解企业的价值创造途径、方法和企业可以增加价值的手段，企业则可以有针对性地实施价值管理以增加企业价值。

企业为增加其价值，可以按投资资本回报率、资本成本和投资资本增长率的分解因素采取相应措施，主要有：增加其现行投资资本的盈利水平，提高投资资本回报率；增加新增资本的边际收益和新上项目的效益，提高新增资本投资回报率，在新增资本回报率超过单位资本成本有资本溢价的情况下,提高投资资本增长率;降低筹集资本成本。

开展价值因素分析,首先,要寻找提高经济利润的途径。如通过提高售价或削减成本来增加边际利润;要求业务单位削减销售费用、管理费用及辅助费用;降低存货及应收账款水平,加快资金周转,提高销售利润率和资本周转率,增加经济利润。

其次,对部门的业绩评价应与企业价值最大化保持一致性。要把部门业务的发展与企业总体经营战略协调一致。单纯评价投资回报率,容易诱发不注意企业长期发展,从短期利益出发缩减必要的资本投资的倾向。提高部门投资回报率的行为有时会降低企业的价值。采用经济利润评价指标,对于风险不同的投资项目可以选用不同的资本成本,设定不同的风险系数调整资本成本,评价不同部门和不同资产项目的经济利润,引导资本投向高经济利润的项目和部门,提高资本的回报率和资本的集约化经营水平。

再次,还要将经济利润分析从企业或部门扩展到生产经营过程的各个作业产品,单独计算各个产品或客户的经济利润。按作业成本法将某些资产分配进单独产品。如存货直接归属于单独产品,专门的生产设备、工具、测试设备等资产可以在特定生产产品范围内使用。按这种约束性资源的被消耗程度在各产品和服务项目间分配,也可采用统一的消耗标准,如机器小时,将折旧、维修、动力费用等分配进产品。把作业成本分析与经济利润分析相结合,既能解决企业财务报告被曲解的问题,修正了将企业间接费用主观分配进产品的倾向,又使管理者能掌握生产经营作业链清晰的获利能力情况。并将注意力集中到发生经济损失、有价值缺陷的地方。针对经济利润为负的特定作业、单个产品和客户,及时采取措施,改进治理。从而维持、调节和扩展投资回报率高于单位资本成本的经济业务。

最后,要进行价值影响因素的综合情景分析。确定关键的价值影响因素是一个创造性过程,要将价值影响因素与各项决策相对应,编制有助于决策的价值影响因素树状图和因果关系图。如营业毛利可以按照产品、地域或消费者加以分解,分别分析各自的因果关系。另外,对价值影响因素也不能孤立地看待,例如,价格上涨,一方面使营业收入增加,另一方面可能导致市场份额的减少。为此,可采取情景分析,假定各种因素对企业或企业内各经营单位价值的影响,以了解价值因素的相互关系,帮助管理者理解经营战略与价值之间的关系。价值影响因素和情景分析将管理行动对企业价值的影响联系起来,分析各种矛盾冲突的影响因素,找出主要的关键因素,采取相应的提高价值措施,使以价值为基础的管理更加行之有效。

价值管理在管理程序上,实行价值目标规划、价值指标分析、价值管理评估、价值问题处理四个阶段的循环管理。(1)目标规划:评价战略决策方案,在不同经营战略之间作出抉择,确定企业价值目标。(2)价值指标分析:分解企业价值目标,并测算实现特定目标的资源投入和产出效益,自上而下分层确定应达到的具体价值绩效目标。(3)价值管理评估:以价值评价责任中心为基础,明确以经营作业和价值环节划分责任中心的绩效指标,并对执行结果进行追踪评价。(4)价值问题处理:发现价值缺陷,确认关键的价值影响因素,在各种影响因素中权衡轻重,找出影响价值的主要问题,采取价值对策。每次循环管理都上新的台阶,提高价值管理的水平。

二、财务经理职责

在发达国家的公司组织架构中，公司财务管理一般由首席财务官（CFO）或财务副总（VP）负责，其下设立会计和财务两大部门，分别由主计长（Controller）和财务长（Treasurer）负责，其下再根据工作内容设置若干职能部室。主计长的职责主要是通过各种会计核算工作向外部投资者和公司管理当局提供各种数量化的财务信息。财务长的职责主要是负责公司的现金管理、资本筹措，以及与银行、股东及其他投资者保持联系。公司 CFO 的主要职责不仅是监管主计长和财务长的工作，更重要的是根据公司战略规划和经营目标编制和调整财务计划、制定公司的财务政策等。表 1-2 分别列示了主计长和财务长的工作职责。

表 1-2　　　　　　　　　　主计长和财务长的工作职责

财务长（财务总管）	主计长（会计总管）
现金与有价证券管理	部门预算编制
长短期资金筹措	财务报表编制
财务规划	财务报表分析
资本预算及分析	税务规划
信用政策制定	内部控制
股利政策制定及股利发放	公司绩效评估

作为公司的财务主管通常要面临两个基本问题：一是如何在商品市场上进行实物资产投资，为公司未来创造价值？二是如何在金融市场上筹措投资所需要的资本，为投资者创造价值？对第一个问题的回答是公司的投资决策，也称资本预算决策，即根据公司的战略规划确定公司资本预算方法和程序，参与投资方案的财务评估；对第二个问题的回答是公司的筹资决策，即根据公司的需要与商业银行或投资银行一起选择或设计各种筹资工具、估算资本成本、设置资本结构和股利政策等。

在图 1-8 中所表现的是一个公司重要的投资与营运（箭头表示现金流向）活动，其中有哪些活动是属于财务管理人的工作执掌范围？

由于公司投资与营运的最高目标是为公司股东创造出最大价值，财务管理人员的工作就是通过投资、筹资、股利发放与现金管理四大决策来协助公司达成上述目标。依此，图 1-8 中除了营运现金收益（3）外，其余皆属于财务管理人员的工作范围：

发行有价证券（1）：筹资决策；

公司的资产投资（2）：投资决策或资本预算决策；

向政府缴纳各项税款（4）：租税政策（Tax Policy）；

保留部分盈余用于公司未来的投资（5）：股利政策；

债务管理（6）：债还本金、利息与支付股利。

随着企业管理的现代化、科学化，财务管理已经成为企业管理中最重要的内容之一。财务管理在企业管理中具有不可替代的重要作用，同时财务管理工作的日益复杂化也使得财务经理面临一系列挑战。企业管理活动已从传统的例行、程序化管理转向决策管理，将管理的工作重点放在诸如风险评估与控制、投资机会判断与把握等。这要求财务人员不仅要掌握坚实的财务管理理论，还要具备专业的计算分析技能，才能适应变化的环境对财务管理工作的要求。

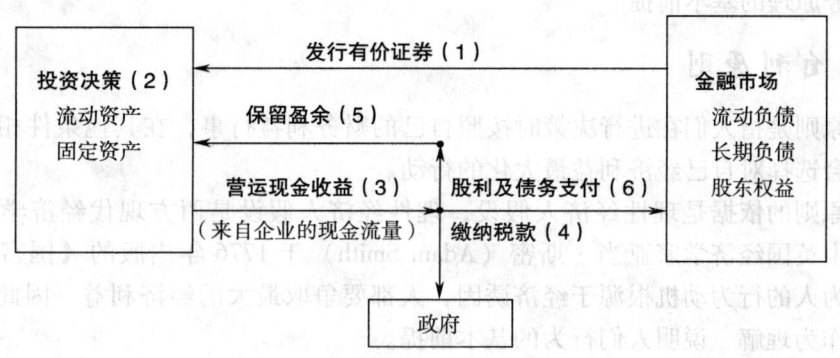

图1-8　财务管理人员工作职责在公司运营活动中的体现

随着价值管理的理念在管理实践活动中的不断融入，基于价值创造的财务管理理论框架在财务管理的实践活动中也日益显示出其重要的优势。一项普华永道的研究表明，当代的 CFO 更多关注整体股东回报或其他价值目标，如投资现金流量回报、自由现金流量（FCF）和经济增加值（EVA）等。基于现金流量的投资回报已经作为与股东财富或公司价值密切相关的新概念，并已成为公司发展战略和财务战略的战略规划融合点。以价值为基础的管理（VBM）已经成为财务总监应具备的财务理念。"CFO2000 年展望"的调查显示，近 70% 的公司认为它们在战略规划中运用了价值管理。

价值管理的关键之处在于帮助人们清晰地把握价值动因，促使公司的财务管理发生质的变化，初步形成面向 21 世纪的财务管理模式。这个模式要求财务经理人员不仅要承担传统财务人员的职责，而且还需要承担更多的职责：

（1）从增量评估转变到以价值为基础的战略评价；

（2）从追求单一的利润目标转变到与股东财富价值和公司价值有关的每一价值动因的自身目标；

（3）从对传统的职能结构运行管理转变为以价值为中心进行管理；

（4）促使会计工作从提供历史成本的信息转变为提供价值预测的报告；

（5）不仅要预测利润，更要预测现金流量。

第四节　财务行为原则

在《财务管理基础》教材里，我们介绍了财务管理的一些基本原则，如优化资本结构原则、资源有效配置原则、收支动态平衡原则、成本效益原则、风险与收益均衡原则以及利益关系协调原则。然而，财务管理作为企业的一项重要的管理活动，是由包括投资、筹资等财务行为所构成，企业的财务经理人员所发生的财务行为就是企业财务管理活动的具体内容。企业财务人员在开展财务活动时，是遵循一定的财务行为原则的。这些财务原则不仅指导企业财务人员的财务行为，而且也是我们准确理解、把握和认识一些重要财务原理的基本前提。

一、自利原则

自利原则是指人们在进行决策时按照自己的财务利益行事，在其他条件相同的条件下，人们会选择对自己经济利益最大化的行动。

自利原则的依据是理性经济人假设，理性经济人假设是西方现代经济学的逻辑基础，最早由英国经济学家亚当·斯密（Adam Smith）于1776年出版的《国富论》中提出。他认为人的行为动机根源于经济诱因，人都要争取最大的经济利益。因此，将人的自利原则作为理解、说明人们行为的基本前提。

应用自利原则经常用于解释、理解财务中所出现的委托代理活动。由于公司的两权分立，公司的所有者尽管拥有公司定的所有权，但由于股权分散，企业被委派给职业经理人进行经营管理，公司的各方均以自身利益最大化为行为依据，因此，经营者根据自身占据的优势地位，作出损害公司股东权益以自利的行为。股东也不会坐以待毙，会制定一系列措施来抑制经营者的自利行为，这就会产生成本，支付代价。这就是所谓的委托代理问题，解决和处理委托代理行为，形成了委托代理理论。根据这种理论，企业是各种自利人的集合，所以，对于已经产生的利益的冲突就需要通过契约来加以协调。

自利原则还可用于解释人们对投资行为的选择，此时会使用机会成本概念。当一个人采取某种行为时，就等于取消了其他可能的行为，因此他必须将这个行为与其他可能行为相比，看该行动是否对自己最有利。采用一个方案而放弃另一个方案时，被放弃方案的收益是被采用方案的机会成本，也称择机代价。

二、双向交易原则

双方交易原则是指每一项交易都至少存在两方，在一方根据自己的经济利益决策时，另一方也会按照自己的经济利益决策行动，并且对方和你一样聪明、勤奋和富有创造力。因此，你在决策时要正确预见对方的反应。

双方交易原则的建立依据是商业交易至少有两方、交易是"零和博弈"，以及各方都是自利的。每一项交易都有一个买方和一个卖方，这是不争的事实。无论是买方市场还是卖方市场，在已经成为事实的交易中，买进的资产和卖出的资产总是一样多。例如，在证券市场上卖出一股就一定有一股买入。既然买入的总量与卖出的总量永远一样多，那么一个人的获利只能以另一个人的付出为基础。一个高的价格使购买人受损而卖方受益；一个低的价格使购买人受益而卖方受损，一方得到的与另一方失去的一样多，从总体上看双方收益之和等于零，故称为"零和博弈"。在"零和博弈"中，双方都按自利原则行事，谁都想获利而不是吃亏。那么，为什么还会成交呢？这与事实上人们的信息不对称有关。买卖双方由于信息不对称，因而对金融证券产生不同的预期。不同的预期导致了证券买卖，高估股票价值的人买进，低估股票价值的人卖出直到市场价格达到他们一致的预期时交易停止。如果对方不认为对自己有利，他就不会和你成交。因此，在决策时不仅要考虑自利原则，还要使对方有利，否则交易就无法实现。除非对方不自利或者很愚蠢，不知道自己的利益是什么，然而，这样估计商业对手本身就不明智。

双方交易原则要求在理解财务交易时不能"以我为中心"，在谋求自身利益的同时要注意对方的存在，以及对方也在遵循自利原则行事。这条原则要求我们不要总是自以为是，错误认为自己优于对手。例如，收购公司的经理经常声称他们可以更好地管理目标公司，从而提高它的价值。因此，出高价购进目标公司。实际上，他们不仅低估了目标公司管理当局的能力，更重要的是他们低估了市场的评价能力。这些人以为自己比市场高明，发现了被市场低估的公司。但实际经验表明，一家公司决定收购另一家公司的时候，多数情况下收购公司的股价不是提高而是降低了，这说明收购公司的出价过高，降低了本公司的价值。

三、信号传递原则

信号传递原则是指行动可以传递信息，并且比公司的声明更有说服力。

信号传递原则是自利原则的延伸。由于人们或公司是遵循自利原则的，所以一项资产的买进能暗示出该资产"物有所值"，买进的行为提供了有关决策者对未来的预期或计划的信息。例如，一个公司决定进入一个新领域，反映出管理者对自己公司的实力以及新领域的未来前景充满信心。

信号传递原则要求根据公司的行为判断它未来的收益状况。例如，一个经常用配股的办法找股东要钱的公司，很可能自身产生现金能力较差；一个大量购买国库券的公司，很可能缺少净现值为正数的投资机会；内部持股人出售股份，常常是公司盈利能力恶化的重要信号。例如，安然公司在破产前报告的利润一直不断上升，但是其内部人士在1年前就开始陆续抛售股票，并且没有任何内部人士购进安然股票的记录。这一行动表明，安然公司的管理层已经知道公司遇到了麻烦。特别是在公司的宣告（包括它的财务报表）与其行动不一致时，行动通常比语言更具说服力。这就是通常所说的"不但要听其言，更要观其行"。

信号传递原则还要求公司在决策时不仅要考虑行动方案本身，还要考虑该项行动可能给人们传达的信息。在资本市场上，每个人都在利用他人交易的信息，自己交易的信息也会被别人所利用。因此，应考虑交易的信息效应。例如，当把一件商品的价格降至难以置信的程度时，人们就会认为它的质量不好，它本来就不值钱。又例如，一家会计师事务所从简陋的办公室迁入豪华的写字楼，会向客户传达收费高、服务质量高、值得信赖的信息。在决定降价或迁址时，不仅要考虑决策本身的收益和成本，还要考虑信息效应的收益和成本。

四、模仿原则

模仿原则是指当所有办法都失败时，寻找一个可以信赖的榜样作为自己的模仿对象。所谓"当所有办法都失败"，是指我们的理解力存在局限性，不知道如何做才对自己更有利；或者寻找最准确答案的成本过高，以至于不值得把问题完全搞清楚。在这种情况下，不要继续坚持采用正式的决策分析程序，包括收集信息、建立备选方案、采用模型评价方案等，而是直接模仿成功榜样或者大多数人的做法。例如，你在一个自己从未到过的城市寻找一个就餐的饭馆，不值得或者没时间调查每个饭馆的有关信息，你应当找一个顾客较多的饭馆去就餐。你不要去顾客很少的地方，那里不是价格很贵就是服务很差。

模仿原则是行动传递信号原则的一种运用。很多人去这家饭馆就餐的事实，意味着很多人对它的评价不错。承认行动传递信号，就必然承认模仿原则。

不要把模仿原则混同于盲目模仿。它只在两种情况下适用：一是理解存在局限性，认识能力有限，找不到最优的解决办法；二是寻找最优方案的成本过高。在这种情况下，跟随值得信任的人或者大多数人才是有利的。引导原则不会帮你找到最好的方案，却常常可以使你避免采取最差的行动。它是一个次优化准则，其最好结果是得出近似最优的结论，最差的结果是模仿了别人的错误。这一原则虽然有潜在的问题，但是我们经常会遇到理解力、成本或信息受到限制的情况，无法找到最优方案，需要采用模仿原则解决问题。

模仿原则的一个重要应用，是行业标准概念。例如，资本结构的选择问题，理论不能提供公司最优资本结构的实用化模型。观察本行业成功企业的资本结构，或者多数企业的资本结构，不要与它们的水平偏离太远，就成了资本结构决策的一种简便、有效的方法。再如，对一项房地产的估价，如果系统的估价方法成本过高，不如观察一下近期类似房地产的成交价格。

模仿原则的另一个重要应用就是"搭便车"概念。一个"领头人"花费资源得出一个最佳的行动方案，其他"追随者"通过模仿节约了信息处理成本。有时领头人甚至成了"革命烈士"，而追随者却成了"成功人士"。《中华人民共和国专利法》和《中华人民共和国著作权法》是在知识产权领域中保护领头人的法律，强制追随者向领头人付费，以避免自由跟庄问题的影响。在财务领域中并不存在这种限制。许多小股民经常跟随"庄家"或机构投资者，以节约信息成本。当然，"庄家"也会利用"搭便车"现象，进行恶意炒作，损害小股民的利益。因此，各国的证券监管机构都禁止操纵股价的恶意炒作，以维持证券市场的公平性。

【本章小结】

1. 企业价值最大化的财务管理目标的确立，为企业有针对性地开展财务活动，并相应处理好与各不同主体之间所形成的财务关系提供了强有力的目标指引，有利于企业长期、稳定、健康发展。

2. 企业价值最大化的企业价值就是企业自由现金流量折现现值，而股东权益价值最大化的权益价值即为股权自由现金流量折现现值。

3. 自由现金流量折现现值与经济增加值现值内在是一致的。因为，我们可以将经济增加值估值模型理解为将现金流分为超额回报现金流和正常回报现金流。

4. 企业价值创造可以提供投资项目选择来实现，即执行净现值大于零的项目。企业的价值创造可以计算企业的经济增加值来进行判断，只有经济增加值大于零的企业才创造了价值。

5. 企业价值创造的来源主要认为有两项：一是行业的吸引力，二是自身的竞争优势。

6. 价值管理的关键之处在于帮助人们清晰地把握价值动因，促使公司的财务管理发生质的变化，初步形成面向 21 世纪的财务管理模式。这个模式要求财务经理人员不仅要承担传统财务人员的职责，而且还需要承担更多的职责。

7. 企业财务人员在开展财务活动时是遵循一定的财务行为原则的。这些原则不仅指导企业财务人员的财务行为，而且也是我们准确理解、把握和认识一些重要财务原理的基本前提和假设。

【思考与练习题】

1. 企业价值最大化的目标对企业财务管理有何意义？
2. 自由现金流量折现企业价值与经济增加值折现企业价值之间有何关联？说明理由。
3. 你认为企业价值创造的途径有哪些？从企业财务管理的角度可以为企业价值创造做哪些工作？
4. 你认为财务经理应该承担哪些职责？你是如何认识的？
5. 你是如何理解双向交易原则的？
6. 对信号传递原则你有什么看法？在现实财务活动中，你能否举些例子说明这一原则？

【参考文献与推荐阅读书目】

[1] 胡元木、姜洪丽：《中级财务管理》，北京，经济科学出版社，2008。

[2] 杨丹：《中级财务管理》，大连，东北财经大学出版社，2010。

[3] 戴书松：《财务管理》，北京，经济管理出版社，2006。

[4] [美] 阿斯沃斯·达摩达兰著，罗菲主译：《达摩达兰论估价》，大连，东北财大出版社，2010。

[5] [美] 詹姆斯·C. 范霍恩、小约翰·M. 瓦霍维奇著，刘曙光等译：《财务管理

基础》，北京，清华大学出版社，2006。

［6］［美］蒂姆·科勒等著，高建等译：《价值评估——公司价值的衡量与管理》，北京，电子工业出版社，2007。

［7］［美］加布里埃尔·哈瓦维尼、克劳德·维埃里著，王全喜、张晓农等译：《高级经理财务管理——创造价值的过程》，北京，机械工业出版社，2005。

第二章

风险与收益

【本章要点】

- 投资风险与收益的基本原理
- 单项资产投资收益与风险
- 组合资产收益与风险
- 最佳风险投资组合的确定
- 资本资产定价模型
- 套利定价模型

在《财务管理基础》课程中，我们假设财务管理的外部环境是确定的，因此，在对资产定价和项目评估时，我们可以不考虑未来收益的不确定性问题，但现实是，任何持有资产和项目投资，未来的收益都是不可避免地存在不确定性，只是不同的资产和项目所面临的不确定性程度不同而已。因此，本章我们着重针对未来收益的不确定性问题进行讨论。

本章我们将重点介绍对不确定存在的风险计量，以及基于对风险、收益权衡的必要收益率的计算等。全章共分为六节，我们首先通过单项资产来说明和介绍投资收益率与风险的关系；然后进一步拓展到两项资产组合的投资收益和风险的关系，并简单介绍多项资产组合的投资收益与风险的关系。在最后部分则分别介绍了资本资产定价模型和套利定价模型。

第一节 投资风险与收益的基本原理

在我们全面介绍投资组合和资本资产定价模型之前，有必要先从概念和数学角度讲述投资的基本术语。我们将首先定义单个资产的风险与收益，然后将这些概念扩展到投资组合。值得一提的是，我们在这里所介绍的概念可应用于所有的投资理论与实务，并不仅局限于任何特定的资产定价理论模型。

一、投资风险及定义

如果你购买了政府发行的 1 年期的国库券,债券面值 5 万元,债券票面利率为 6%,年末还本付息。根据债券的约定,你在年末将可以收到该债券的利息 3 000 元和本金 5 万元。这些现金流入都是可以预先就确定的,既不可能比这更多,但也不会比这少。对这样的投资,你没有承担任何不确定性的风险,也就不存在投资风险问题。但你如果购买的不是政府债券,而是企业股票,问题就出现了。假如你仍然是投资了 5 万元,用以购买某公司的股票,该公司股票每股 5 元,刚好你可以买 1 万股。购买股票后的未来收益并不像债券那样能够固定。购买股票的收益一是来自公司分派的股利,二是股票市场出售价格高于买入时价格的资本利得,这些都将会面临不确定性。但在你购买股票之前,你可以预先对是否购买股票进行分析判断,如果你预期该股票一年后股利可为每股 0.2 元,股票价格可为 5.5 元,这样你预期股票的收益为 7 000 元。但一年后,公司可能分派股利,也可能不分派股利。公司股票的价格未来出售时价格亦有可能高于购入价格,但也有可能低于购入价格。比如一年后,公司由于经营的原因,决定当年不分派现金股利,同时该公司的股票价格在市场上的价格仅为每股 4.9 元,比你期望的价格要低很多,也低于你买入时的成本,如果你此时出售全部股票的话,你就要遭受资本损失 1 000 元。这样,你的这项投资的实际收益率就与你预期的收益率存在相当大的差距。如果我们把风险定义为实际收益率与期望收益率之间变动性的大小,那么国库券是无风险证券,而普通股则是风险证券。这种变动性越大,证券投资风险就越大。

二、投资收益及定义

投资收益是以投资者在一段时间内所获损益来衡量,一般表现为资产价格变动(期末资产价格大于期初资产价格的资本利得或期末资产价格小于期初资产价格的资本损失)同其他现金收益(股利或利息)之和与期初资产的投资成本之比。投资收益可以是过去已经实现的收益,称为已实现收益率,也可以是对投资未来收益的估计,称为预期收益率。对未来投资收益率的确定,如前所述取决于未来投资的确定性程度。对于确定性投资来说,其未来的预期收益率与实际收益率是一致的,因为其未来的预期收益与事后的实际收益是一致的,不存在不确定性。投资者在时期 t 的确定性投资的投资收益率 r_t 的计算公式如下:

$$r_t = \frac{CF_t + P_t - P_{t-1}}{P_{t-1}} \tag{2-1}$$

式中:P_{t-1} 表示资产在 t 期期初的价格;P_t 表示资产在 t 期期末的价格;CF_t 表示资产在 t 时期的现金收益。

对不确定性投资来说,投资者预期的未来投资收益与事后的实际收益经常是不一致,存在差异的。由于事后收益率是实际已经获得或是已经发生的结果,我们是无法加以改变的,因此,对于投资而言,判断投资的预期收益以及这一预期投资收益可能与实际收益存在的差异非常重要，这将决定投资者投资所承担的风险以及对资产的选择。为了评估未来收益的不确定性，一般我们可以通过两种方法进行考虑，一种是根据概率分布事先确定时期 t 内的价格、现金流量和收益，另一种是假定价格、现金流量和收益都是随机变量，这些随机变量在时期 t 内可取几个可能的结果（也许是无限个可能结果）中的一些，而且它们的实际价值是事先不能确定的。我们在公式中用字母上标"～"表示不确定性随机变量，公式（2-1）可写成：

$$\tilde{r}_t = \frac{\tilde{CF}_t + \tilde{P}_t - \tilde{P}_{t-1}}{\tilde{P}_{t-1}} \quad (2-2)$$

式（2-2）中的符号含义与式（2-1）完全相同，只不过式（2-2）中的符号表示的是不确定性的随机变量。为此，投资者的投资收益率也是一种随机收益率，是未来众多可能收益率中的一种可能。

上面投资者购买的股票，根据投资者的预期如果一年后每股股利为 0.2 元，股票价格可为 5.5 元，则预期的投资收益率为

$$\tilde{r} = \frac{0.2 + 5.5 - 5}{5} = 14\%$$

而实际收益率仅为

$$r = \frac{0 + 4.9 - 5}{5} = -2\%$$

期望收益率可以随着预期的调整而变化，如你预期一年后每股股利为 0.1 元，股票价格可为 5.4 元，则预期的投资收益率为 10%；但实际收益率是已实现的结果，不可能再行调整。

三、概率分布及相关概念

（一）随机变量（Random Variables）

随机变量是指其价值服从于不确定性分布，其价值是不能完全被预期的。如宝钢下一年盈利数额就是一个随机变量。尽管我们可以在心里估计这一盈利数量，但确切的数据只有等到下一年末宝钢的年报正式公布时才会得知。

（二）概率（Probabilities）

由于随机变量的价值是不确定的，这就需要我们要有途径来评价每一可能取值的可能性。为此，我们通过对每一可能取值分派一个概率来表示。概率必须满足两个条件：一是概率不能为负，二是所有可能结果的概率之和必定为 1。考虑一个随机变量 X，其有 N 个可能取值，每一取值的概率分别为 $p_1, p_2, \cdots, p_N$。则概率的两个条件可表述为

$p_n \geq 0$，对所有的 n，

$$\sum_{n=1}^{N} p_n = 1 \quad (2-3)$$

[例 2-1] 申银万国证券公司有 10 位证券分析专家对宝钢下一年的每股收益进行预测,预测结果如下:一个预测下一年每股收益为 0.78 元,两个预测为 0.81 元,四个预测为 0.85 元,三个预测为 0.9 元。我们可以根据预测人员的分布状况得出每一盈利水平被预测到的概率。

总共有四个预测结果,每股收益 0.78 元、0.81 元、0.85 元和 0.9 元。每一结果的概率为:每股收益为 0.78 元的概率为 0.1(=1/10),0.81 元的概率为 0.2(=2/10),0.85 元的概率为 0.4(=4/10),0.9 元的概率为 0.3(=3/10)。

(三) 均值 (Mean)

考虑一个随机变量 X,其有 N 个可能取值 x_i,$i \in [1, N]$,每一取值的概率分别为 p_1、p_2、…、p_N。则随机变量 X 的均值 $\bar{x}$,亦称为期望值 (Expected Value),可表述为

$$\bar{x} = \sum_{i=1}^{N} p_i x_i \tag{2-4}$$

式 (2-4) 中均值 $\bar{x}$ 的表达式所表示的实质为加权平均数,表示所有可能取值 x_i 与其所对应概率 p_i (权数) 的乘积的代数和。[例 2-1] 的随机变量 X 的期望值 $\bar{x}$ 为

$$\bar{x} = 0.1 \times 0.78 + 0.2 \times 0.81 + 0.4 \times 0.85 + 0.3 \times 0.9 = 0.85 (元)$$

(四) 方差 (Variance) 与标准差 (Standard Deviation)

回顾我们前面讲过的,对于随机变量来说,实际的结果与预先估计的期望值(随机变量均值)是存在差异的,有时甚至差异还很大,而随机变量的期望值是各个可能取值与之对应发生概率的加权平均值。有时尽管不同随机变量的期望值相同,但形成期望值的可能取值的分布却形态各异。为此,我们还希望计算各个可能结果偏离程度的大小,该大小用方差来表示。方差反映随机变量的取值相对于它的期望值的平均偏离程度,用希腊字母 σ^2 来表示。方差越大表示可能取值偏离期望值的程度越大,其风险越大;方差越小表示可能取值偏离期望值的程度越小,其风险也就越小。所以,我们通常用随机变量的期望值和方差来表示其风险大小。根据方差定义,其计算表达式为

$$\sigma^2 = \sum_{i=1}^{N} p_i (x_i - \bar{x})^2 \tag{2-5}$$

申银万国专家预测结果的方差为

$$\sigma^2 = 0.1 \times (0.78 - 0.85)^2 + 0.2 \times (0.81 - 0.85)^2 + 0.4 \\ \times (0.85 - 0.85)^2 + 0.3 \times (0.9 - 0.85)^2 = 0.00156$$

标准差是方差的平方根,用 σ_X 表示随机变量 X 的标准差,计算表达式为

$$\sigma_X = \sqrt{\sum_{i=1}^{N} p_i (x_i - \bar{x})^2} \tag{2-6}$$

以上预测结果的标准差为

$$\sigma = \sqrt{0.00156} = 0.039$$

图 2-1 表示申银万国证券公司专家估计宝钢下一年每股收益的各种可能结果分布及对应发生概率状况。

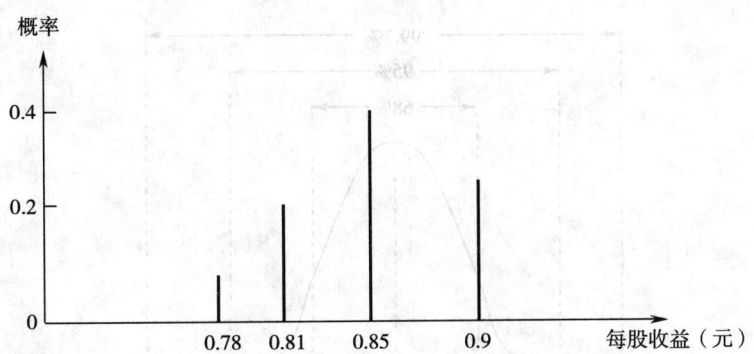

图 2-1 宝钢下一年每股收益的可能结果分布及概率

假如我们仅仅知道某随机变量的方差或标准差，而没有其他更多的信息，如随机变量的均值等，我们并不能对该随机变量特性提出更多的分析判断。如我们知道某随机变量的标准差为 1 000 元，除此外不知道更多的信息，因此，我们也无法判断这 1 000 元的意义。但如果我们知道该标准差是售价均值为 1 500 元的某一型号彩电时，那么据此我们可以判断这 1 000 元的标准差是一个很大的偏离值；但如果该标准差是售价为 50 000 元的某款汽车时，那么这一标准差是一个非常小的偏离值。有了均值和标准差，我们就可以如图 2-2 所示描述随机变量的分布特性。

图 2-2 表示服从正态分布的随机变量的分布特征，呈钟形结构，结果分布集中于均值附近，均值正负一个标准离差单位的分布区域集中了随机变量取值分布的 68%，均值正负两个标准差单位的分布区域集中了随机变量分布的 95%，均值正负三个标准差单位的分布区域集中了随机变量分布的 99.7%。

根据计算结果，专家对宝钢下一年每股收益预测结果的 68% 概率出现在期望值的正负一个标准差之间，也就是在每股收益 0.811（= 0.85 - 0.039）元和 0.889（= 0.85 + 0.039）元之间；同样预测结果的 95% 概率落在期望值的正负两个标准差之间，也就是在每股收益 0.772（= 0.85 - 2 × 0.039）元和 0.928（= 0.85 + 2 × 0.039）元之间。

尽管我们知道方差可以表示风险程度大小，但由于标准差可以直接计量与期望值距离的大小，标准差越大表示可能取值偏离期望值的距离越大，因此，其风险越大；标准差越小表示可能取值偏离期望值的距离越小，因此，其风险也就越小。所以，我们习惯上常用随机变量的期望值和标准差来表示其风险大小。

（五）协方差（Covariance）和相关系数（Correlation Coefficient）

协方差是用于测定两个随机变量如何相互变动影响指标。两个随机变量的协方差可以是正值、负值或是零。正值协方差表示当一个随机变量的取值大于均值时，另一个随机变量的值也大于均值；负值协方差表示当一个随机变量取值较大（如大于均值）时，另一个随机变量则必定取小值（如小于均值）；零值协方差表示一个随机变量取值变动时，另一个随机变量值不变。

两个随机变量 X 和 Y 的协方差通常记为 $Cov(X, Y)$，或者记为 σ_{XY}，其计算表达式为

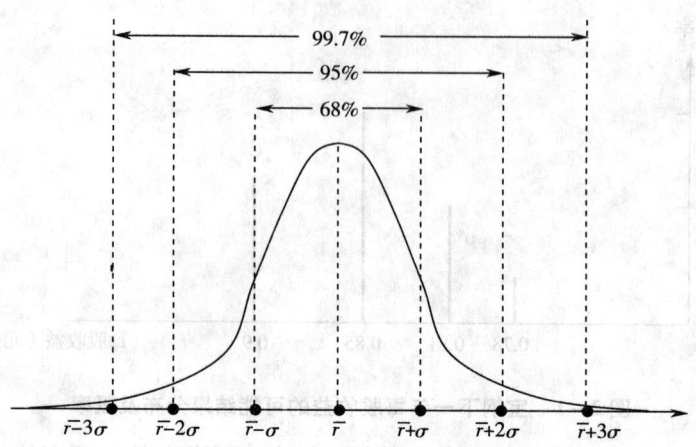

图 2-2 随机变量的概率与期望值和标准差的关系

$$Cov(X,Y) = \sum_{i=1}^{N} p_i(x_i - \bar{x})(y_i - \bar{y}) \qquad (2-7)$$

相关系数记为 $Corr(X,Y)$，有时也用希腊字母 ρ_{XY} 表示，其计算表达式为

$$Corr(X,Y) = \frac{Cov(X,Y)}{\sigma_X \sigma_Y} \qquad (2-8)$$

或者也可表达为

$$\rho_{XY} = \frac{\sigma_{XY}}{\sigma_X \sigma_Y} \qquad (2-9)$$

理论上协方差的值可以是任意值，但相关系数却只能是 -1 到 1 之间的任意值。当相关系数 $0 < \rho_{XY} \leq 1$ 时，表示两个随机变量之间正相关；当相关系数 $-1 \leq \rho_{XY} < 0$ 时，表示两个随机变量之间负相关；当相关系数 $\rho_{XY} = 0$ 时，表示两个随机变量之间不相关。

第二节 单项资产投资收益与风险

我们在前面介绍了资产实际收益率的计算。资产实际收益率的计算是基于资产过去已经实现的收益。但在选择投资而形成或持有某项资产时，我们关注的是不确定的未来收益。因此，我们下面将重点介绍期望收益。

一、单项投资的期望收益

前面我们介绍了对于不确定性投资而言，投资者的未来收益是随机分布的，当我们取其中一个结果时，可以获得这项投资的随机收益率，随机收益率计算的结果仅仅是众多可能收益率中的一种，由于这一随机收益率非常多，而且之间的差异会比较大，如果在投资者投资决策时仅凭随机收益率来选择投资资产，往往会陷入无所适从的境地。为此,我们需要知道投资者投资资产的未来收益分布的期望值,以及基于期望值所计算的投资者投资的期望收益率。利用投资者预期的随机收益率计算公式,将其中的变量由随机变量值改用其期望值来代替,变量的期望值用变量上标示"—"来表示,则投资者的期望收益率 $\bar{r}$ 为

$$\bar{r}_t = \frac{\overline{CF_t} + \overline{P_t} - \overline{P_{t-1}}}{\overline{P_{t-1}}} \qquad (2-10)$$

例如,在 2010 年底,宝钢股份(600019)股票的收盘价为 6.39 元,现有某投资者希望对宝钢股份股票的未来收益作一个评估。通过查询东方财富通的股票交易终端数据,发现当前共有申银万国、东方证券等 13 家证券公司的证券分析师对宝钢股份 2011 年每股收益给出了预期数,如表 2-1 所示。

表 2-1　多家证券公司的证券分析师对宝钢股份 2011 年每股收益的预期数　单位:元、%

证券公司	预期每股收益	预期每股股利	目标价格	随机收益率
中信建设	0.83	0.415	7.47	13.45
长江证券	0.8	0.4	7.2	9.35
申银万国	0.82	0.41	7.38	12.09
东方证券	0.88	0.44	7.92	20.29
广发证券	0.81	0.405	7.29	10.72
中金证券	0.83	0.415	7.47	13.45
中银国际	0.83	0.417	7.506	14.00
招商证券	0.78	0.37	6.66	1.15
国信证券	0.88	0.44	7.92	20.29
银河证券	0.98	0.49	8.82	33.96
瑞银证券	0.84	0.42	7.56	14.82
期望值	0.84	0.42	7.56	14.82

根据表 2-1 所示,银河证券的证券分析师给出的 2011 年宝钢股份的每股收益估计值最高为 0.98 元,而招商证券的证券分析师给出的 2011 年宝钢股份的每股收益估计值最低为 0.78 元,两者相差 0.2 元。根据申银万国证券分析师给出的 2011 年宝钢股份的每股收益估计值为 0.82 元,预期的每股股利 0.41 元,12 个月的目标估值 7.38 元,按照这一条件,宝钢股份的预期收益率为 12.09%。按照每家证券分析师对宝钢股份 2011 年的每股收益的估计、每股股利的测算以及 12 个月的公司股价的目标值,我们可以分别得出不同证券公司的证券分析师的预期收益率。综合 13 家证券公司的证券分析师的估计,我们可以得出对宝钢股份 2011 年的每股收益的期望值为 0.84 元,期望每股股利为 0.42 元,期望 12 个月的股价目标值为 7.56 元,据此,我们可以给出该投资者对宝钢股份 2011 年的投资期望收益率为 14.82%。

一项资产的期望收益就是该资产未来各种可能收益的均值。为什么可以用均值来直

接表示期望值,其理由我们在介绍完单项投资风险后,再分析说明。下面我们将用一个例子来说明单项资产期望收益的计算。

[例2-2] A公司打算持有甲、乙两家公司的股票作为投资,A公司的财务经理对两家公司股票未来一年收益的预测如表2-2所示。

表2-2　　　　如持有一年甲、乙公司股票的收益率及相应概率分布

发生的概率	0.05	0.1	0.2	0.3	0.2	0.1	0.05
甲公司收益率 $\tilde{r}_甲$	-0.20	-0.16	-0.05	0.12	0.18	0.24	0.30
乙公司收益率 $\tilde{r}_乙$	-0.10	-0.06	0.04	0.08	0.13	0.17	0.22

根据表2-2的资料,甲公司的期望收益率为甲公司各个可能收益率的均值,即由甲公司的股票收益率与其对应概率乘积的代数和,即

$$\bar{r}_甲 = -0.05 \times 0.20 - 0.1 \times 0.16 - 0.2 \times 0.05 + 0.3 \times 0.12$$
$$+ 0.2 \times 0.18 + 0.1 \times 0.24 + 0.05 \times 0.3 = 7.5\%$$

同样道理,乙公司的期望收益率为

$$\bar{r}_乙 = -0.05 \times 0.10 - 0.1 \times 0.06 + 0.2 \times 0.04 + 0.3 \times 0.08 + 0.2 \times 0.13$$
$$+ 0.1 \times 0.17 + 0.05 \times 0.22 = 7.5\%$$

根据计算结果,尽管甲、乙两家公司的期望收益率都相等,但公司收益的风险显然是不同的,为此,对投资者A而言,要判断甲、乙公司的股票投资风险,有必要计算两家公司的方差和标准差。

二、单项投资的风险

我们已经了解到,对于未来收益不确定的随机变量,其风险大小与其未来各个可能收益的期望值及标准差有关。根据[例2-2]的资料,我们可以分别计算甲、乙两家公司的方差和标准差。

甲公司的方差为

$$\sigma_甲^2 = (-0.20 - 0.075)^2 \times 0.05 + (-0.16 - 0.075)^2 \times 0.1$$
$$+ (-0.05 - 0.075)^2 \times 0.2 + (0.12 - 0.075)^2 \times 0.3 + (0.18 - 0.075)^2 \times 0.2$$
$$+ (0.24 - 0.075)^2 \times 0.1 + (0.30 - 0.75)^2 \times 0.05 = 0.0205$$

乙公司的方差为

$$\sigma_甲^2 = (-0.10 - 0.075)^2 \times 0.05 + (-0.06 - 0.075)^2 \times 0.1$$
$$+ (0.04 - 0.075)^2 \times 0.2 + (0.08 - 0.075)^2 \times 0.3 + (0.13 - 0.075)^2 \times 0.2$$
$$+ (0.17 - 0.075)^2 \times 0.1 + (0.22 - 0.075)^2 \times 0.05 = 0.0062$$

根据甲、乙公司的方差,可以分别计算标准差,甲公司的标准差为

$$\sigma_甲 = \sqrt{0.0205} = 0.143 = 14.3\%$$

乙公司的标准差为

$$\sigma_乙 = \sqrt{0.0062} = 0.079 = 7.9\%$$

根据计算结果，尽管甲、乙公司的期望收益率都为7.5%，但甲公司的方差和标准差均大于乙公司的方差和标准差，即甲公司的收益率分布较乙公司的收益率分布更大地偏离期望收益率，形象地说就是甲公司的收益率分布或者说收益率的可能取值更为分散，而乙公司的收益率分布或者说收益率的可能取值相对更为集中（见图2－3）。所以，甲公司的风险大于乙公司。

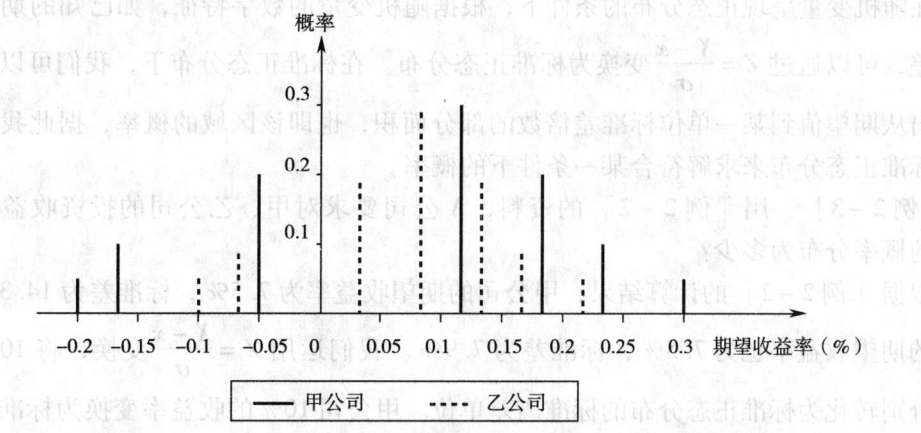

图2－3 甲、乙公司收益率的可能结果分布及概率

在定义投资收益期望值时，我们用均值代替期望值，其原因我们并没有说明，把其中的原因放在讲述投资风险后介绍。看了图2－3后，我们就不难理解这其中的原因。甲公司具有更大的风险是因为可能坏的结果（收益率可能为 -0.2）和可能好的结果（收益率可能为0.3）均远离均值（0.075），乙公司具有更小的风险是因为可能坏的结果（收益率可能为 -0.1）和可能好的结果（收益率可能为0.22）均较小偏离均值（0.075）。当投资者进行了足够多的投资次数时，根据统计学的大数定理，坏的结果和好的结果将相互抵消，投资者获取的是大致平均收益，而且次数越多，其结果越接近均值。所以，我们用均值直接来表示期望值。

表2－3为在1926～1997年间美国几种金融性资产收益率的统计表。表中，资产的平均收益率和标准差分别是用期望值及方差公式算出。将各金融性资产平均报酬率和国库券的年平均报酬率相减，算出风险性金融资产的风险补偿率。如美国股票的风险补偿率平均值为9.2%（=13.0%－3.8%）。

表2－3　　　　　　　　1962～1997年美国重要金融资产统计表　　　　　　单位：%

	股票	长期公司债券	长期政府债券	中长期政府债券	国库券	通货膨胀率
平均收益率	13.0	6.1	5.6	5.4	3.8	3.2
风险补偿率	9.2	2.3	1.8	1.6		
标准差	20.3	8.7	9.2	5.7	3.2	4.5

资料来源：［美］斯蒂芬·A.罗斯、罗德尔福·W.威斯特菲尔德、杰弗利·F.杰富著，吴世农、沈艺峰译：《公司理财》，北京，机械工业出版社，2000。

表2-3通过对历史数据统计分析,历史数据的结果也印证了风险收益权衡理论。表明对于金融资产来说,标准差越大,意味着风险越大,其平均收益率也就越高,要求的风险补偿率也就越大。

三、正态分布下概率计算

在随机变量呈现正态分布的条件下,根据随机变量的数字特征,如已知的期望值和标准差,可以通过 $Z = \dfrac{X - \bar{x}}{\sigma}$ 变换为标准正态分布。在标准正态分布下,我们可以根据附表查出从期望值到某一单位标准差倍数的部分面积,也即该区域的概率,据此我们可以运用标准正态分布来求解符合某一条件下的概率。

[例2-3] 用[例2-2]的资料,A公司要求对甲、乙公司的投资收益率大于10%的概率分布为多少?

根据[例2-2]的计算结果,甲公司的期望收益率为7.5%,标准差为14.3%,乙公司的期望收益率也为7.5%,标准差为7.9%。我们运用 $Z = \dfrac{X - \bar{x}}{\sigma}$ 变换,将10%的收益率分别转化为标准正态分布的标准离差单位。甲公司10%的收益率变换为标准正态分布的标准单位为

$$Z_{甲} = \frac{10\% - 7.5\%}{14.3\%} \approx 0.18$$

根据正态分布的特征,查标准正态分布下的面积表(见附表五),在期望值0到0.18之间的面积为

$$\Pr(0 \leqslant Z_{甲} \leqslant 0.18) = 0.0714$$

所以,有对甲公司收益率大于10%的概率即为正态分布中大于0.18的面积,该面积为

$$\Pr(Z_{甲} > 0.18) = 0.5 - 0.0714 = 0.4286 \approx 42.9\%$$

因此,对甲公司投资大于10%的概率是42.9%。

同样的方法,乙公司10%的收益率变换为标准正态分布的标准单位为

$$Z_{乙} = \frac{10\% - 7.5\%}{7.9\%} = 0.32$$

根据正态分布的特征,查标准正态分布下的面积表(见附表五),在期望值0到0.32之间的面积为

$$\Pr(0 \leqslant Z_{乙} \leqslant 0.32) = 0.1255$$

所以,有对乙公司收益率大于10%的概率即为正态分布中大于0.32的面积,该面积为

$$\Pr(Z_{乙} > 0.32) = 0.5 - 0.1255 = 0.3745 \approx 37.5\%$$

因此,对乙公司投资大于10%的概率是37.5%。

第三节 组合资产收益与风险

对于涉足证券投资的人，常常会听到这样一句忠告"不要将鸡蛋放在一个篮子里"。因为一旦篮子由于各种原因失落，则一篮子鸡蛋就全碎了，所以，为了避免这种情况出现，就要将鸡蛋放进不同的篮子。用在投资中，就是要将资金投在多个资产中。一项投资如果由多个资产组成就称为投资组合（Portfolios）。之所以要进行组合投资是因为组合投资能够降低风险，在一个投资组合中，"坏"的结果将被"好"的结果抵消，因此，其收益被均衡。所以，一个理性的投资者通常都会将其资产放在一个资产组合中，而不会仅仅是放在一个篮子里，并且在选择投资组合时务求：在风险一定的条件下，使期望收益率最大；在给定期望收益率的条件下，使风险最小的组合，能够实现这些目标的投资组合被称为投资的有效组合。

一、两项资产投资组合

现假设有两项资产 A_1、A_2，期望收益率分别为 $\bar{r}_1$、$\bar{r}_2$，标准差分别为 σ_1、σ_2，如图 2-4 所示，在由这两项资产组成的投资组合中，假设资产 A_1 所占的比例为 w_1，资产 A_2 所占的比例为 $1-w_1$，两项资产的相关系数为 ρ_{12}，协方差为 σ_{12}。则由两项资产组成的资产组合的期望收益率 $\bar{r}_P$ 和方差 σ_P^2 分别为

$$\bar{r}_P = w_1 \bar{r}_1 + (1-w_1) \bar{r}_2 \tag{2-11}$$

$$\sigma_P^2 = w_1^2 \sigma_1^2 + (1-w_1)^2 \sigma_2^2 + 2\rho_{12} w_1 (1-w_1) \sigma_1 \sigma_2 \tag{2-12}$$

从公式（2-11）中可以看出，组合投资的期望收益率是两项资产期望收益率的加权期望收益率。由于资产 A_2 的收益率大于资产 A_1 的收益率，所以在组合中增加资产 A_2 的份额就可以增加组合资产的收益率，当组合资产中全为资产 A_2 时，组合资产的收益率最大。但当组合中改变组合比例时，由于资产组合的方差不仅与资产所占比例有关，而且还与相关系数 ρ_{12} 相关，所以，不同的 ρ_{12} 属性会产生不同的组合效果。当全部资产为 A_1 时，$w_1 = 1$；当全部资产为 A_2 时，$w_1 = 0$。

（一）当 $\rho_{12} = -1$ 时

两项资产组合投资的期望收益率 $\bar{r}_P$ 和组合标准差 σ_P 在 $\rho_{12} = -1$ 时有

$$\bar{r}_P = w_1 \bar{r}_1 + (1-w_1) \bar{r}_2$$

$$\sigma_P^2 = w_1^2 \sigma_1^2 + (1-w_1)^2 \sigma_2^2 - 2w_1(1-w_1)\sigma_1\sigma_2$$

$$= [w_1\sigma_1 - (1-w_1)\sigma_2]^2 = [w_1(\sigma_1+\sigma_2) - \sigma_2]^2 \Rightarrow$$

$$\sigma_P = |w_1(\sigma_1+\sigma_2) - \sigma_2| \tag{2-13}$$

所以，当 $w_1(\sigma_1+\sigma_2) = \sigma_2$ 时，$\sigma_P = w_1(\sigma_1+\sigma_2) - \sigma_2 = 0$，可以计算出此时的资产组合比例及期望收益率分别为

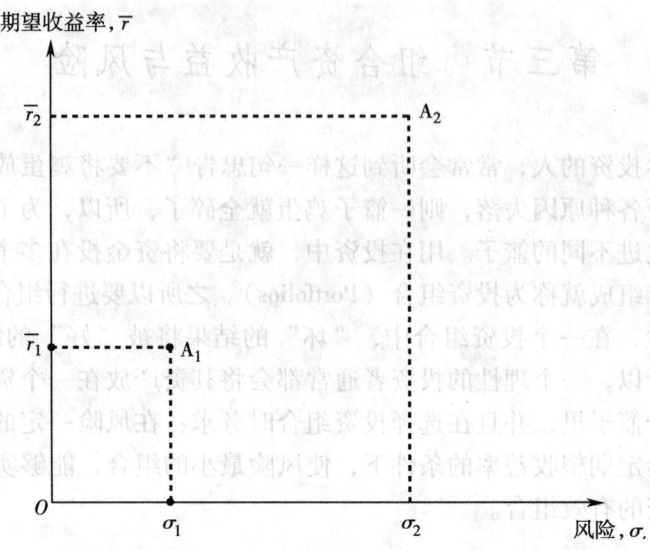

图2-4 两项资产所对应的期望收益率和标准差

$$w_1 = \frac{\sigma_2}{\sigma_1 + \sigma_2}$$

$$w_2 = \frac{\sigma_1}{\sigma_1 + \sigma_2}$$

$$\bar{r}_P = \frac{1}{\sigma_1 + \sigma_2}(\sigma_2 \bar{r}_1 + \sigma_1 \bar{r}_2)$$

此时的值即为图2-5中的 A 点值。从 A 点我们把 A_1、A_2 连 AA_1 和 AA_2 两条线段。

当 $\frac{\sigma_2}{\sigma_1 + \sigma_2} \leq w_1 \leq 1$，$0 \leq w_2 \leq \frac{\sigma_1}{\sigma_1 + \sigma_2}$ 时，资产 A_1 和 A_2 的投资组合为线段 AA_1，此时的投资组合标准差为

$$\sigma_P = w_1(\sigma_1 + \sigma_2) - \sigma_2$$

当 $0 < w_1 \leq \frac{\sigma_2}{\sigma_1 + \sigma_2}$，$\frac{\sigma_1}{\sigma_1 + \sigma_2} \leq w_2 \leq 1$ 时，资产 A_1 和 A_2 的投资组合为线段 AA_2，此时的投资组合标准差为

$$\sigma_P = \sigma_2 - w_1(\sigma_1 + \sigma_2)$$

对于标准差为0到 σ_1 的任一投资组合，如图2-5所示的相同 σ_r 水平，AA_2 投资组合上 N 点的收益率要大于 AA_1 投资组合上 M 点的收益率。所以 AA_1 不是投资组合的有效组合，只有线段 AA_2 上的组合才是投资组合的有效组合（Efficient Portfolio），为投资组合的有效集。投资组合的收益率和标准差与单项资产的收益率和标准差之间为线性关系。

根据完全负相关的两项资产的投资组合，我们可以看出，如果投资者将其全部的资源配置在风险小的资产 A_1，则投资者的风险程度和收益分别为 σ_1 和 r_1，但随着投资者对风险大的资产 A_2 在投资组合里的配置，投资者的收益在增加，同时风险程度在下降，

如当投资者的组合达到 M 点时,投资者的风险程度和收益分别为 σ_T 和 r_M,即 $r_T > r_1$, $\sigma_T > \sigma_1$。当投资者进一步加大风险资产 A_2 在投资组合中的配置比例,比如达到 $w_2 = \dfrac{\sigma_1}{\sigma_1 + \sigma_2}$ 时,这时的投资组合处于 A 点的位置,投资组合的风险程度为零,即 $\sigma_A = 0$,该投资组合获得了一个无风险的确定性收益 r_A。

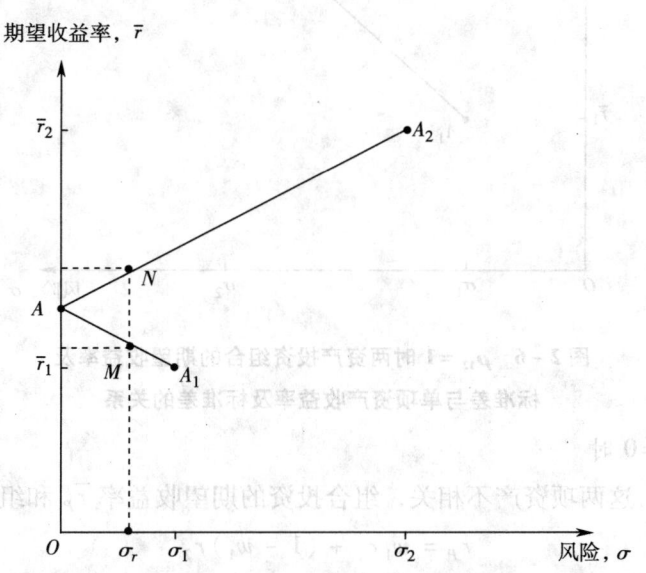

图 2-5 $\rho_{12} = -1$ 时两资产投资组合的期望收益率及标准差与单项资产收益率及标准差的关系

(二) 当 $\rho_{12} = 1$ 时

当 $\rho_{12} = 1$ 时,这两项资产为正相关,组合投资的期望收益率 $\bar{r}_P$ 和组合标准差 σ_P 为

$$\bar{r}_P = w_1 \bar{r}_1 + (1 - w_1) \bar{r}_2$$

$$\sigma_P^2 = w_1^2 \sigma_1^2 + (1 - w_1)^2 \sigma_2^2 + 2w_1(1 - w_1)\sigma_1 \sigma_2$$

$$= [w_1 \sigma_1 + (1 - w_1)\sigma_2]^2 = [\sigma_2 - w_1(\sigma_2 - \sigma_1)]^2$$

因为投资组合方差中的 $w_1 \sigma_1 + (1 - w_1) \sigma_2$ 为大于零的数,所以,对方差开根号时,可直接取值为

$$\sigma_P = \sigma_2 - w_1(\sigma_2 - \sigma_1) \qquad (2-14)$$

此时,投资组合 $A_1 A_2$ 的期望收益率和标准差与 $\rho = -1$ 时的 AA_2 相同,投资组合的期望收益率和标准差与单项资产 A_1、A_2 的期望收益率和标准差呈线性关系。这时,投资组合不存在最佳投资组合问题,因为连接两点 A_1、A_2 的线段 $A_1 A_2$ 上任一点都是有效组合,只不过每一点代表不同的组合投资,表示与某一期望收益率相对应的标准差的组合。这种投资组合表明,只要增加风险大的资产的配置,投资组合的风险和收益按此比例增加,如图 2-6 所示。

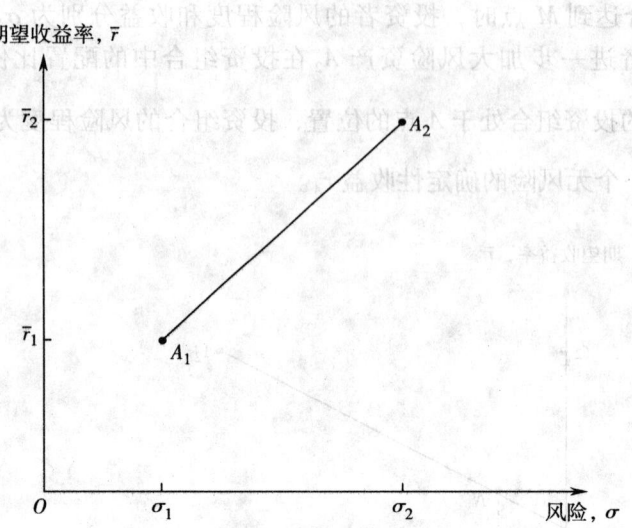

图 2-6　$\rho_{12}=1$ 时两资产投资组合的期望收益率及标准差与单项资产收益率及标准差的关系

（三）当 $\rho_{12}=0$ 时

当 $\rho_{12}=0$ 时，这两项资产不相关，组合投资的期望收益率 $\bar{r}_P$ 和组合标准差 σ_P 为

$$\bar{r}_P = w_1\bar{r}_1 + (1-w_1)\bar{r}_2$$
$$\sigma_P^2 = w_1^2\sigma_1^2 + (1-w_1)^2\sigma_2^2 \qquad (2-15)$$

此时，投资组合 A_1A_2 的期望收益率与单项资产 A_1、A_2 的收益率呈线性关系，但投资组合的标准差与单项资产的标准差间的关系为非线性关系。

根据式（2-15）投资组合的方差与资产组合比例之间的关系，求 σ_P 对 w_1 的导数，有

$$2\sigma_P \mathrm{d}\sigma_P = 2w_1\sigma_1^2\mathrm{d}w_1 - 2(1-w_1)\sigma_2^2\mathrm{d}w_1$$
$$\frac{\mathrm{d}\sigma_P}{\mathrm{d}w_1} = \frac{w_1\sigma_1^2 - (1-w_1)\sigma_2^2}{\sigma_P} \qquad (2-16)$$

如图 2-7 中，在弧线段 A_1Q，随着 w_1 递减，σ_P 递减，所以 $\dfrac{\mathrm{d}\sigma_P}{\mathrm{d}w_1}>0$，而在弧线段 QA_2，随着 w_1 递减，σ_P 递增，所以 $\dfrac{\mathrm{d}\sigma_P}{\mathrm{d}w_1}<0$，因此在 Q 点，$\dfrac{\mathrm{d}\sigma_P}{\mathrm{d}w_1}=0$，此时 σ_P 取最小值。

根据式（2-16），当 $\dfrac{\mathrm{d}\sigma_P}{\mathrm{d}w_1}=0$ 时，有 $w_1=\dfrac{\sigma_2^2}{\sigma_1^2+\sigma_2^2}$，并代入式（2-15）有

$$\sigma_P = \frac{\sigma_1\sigma_2}{\sqrt{\sigma_1^2+\sigma_2^2}}$$

此时，将 $w_1=\dfrac{\sigma_2^2}{\sigma_1^2+\sigma_2^2}$ 代入式（2-11），得投资组合 P 的收益率为

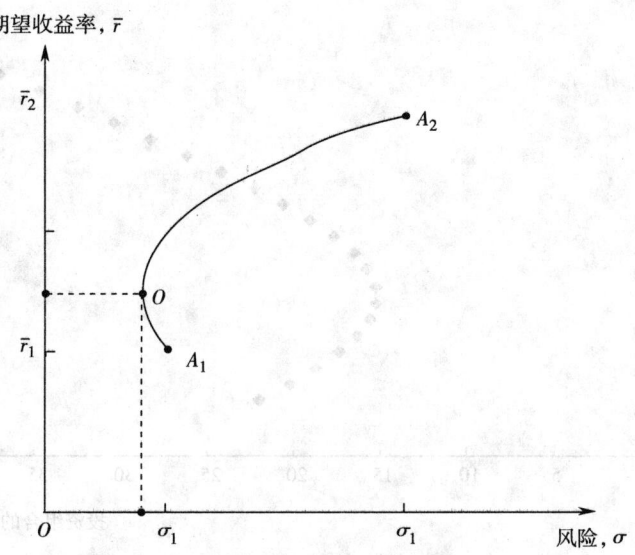

图 2-7 $\rho_{12}=0$ 时两资产投资组合的期望收益率及
标准差与单项资产收益率及标准差的关系

$$\bar{r}_P = \bar{r}_2 - \frac{\sigma_2^2}{\sigma_1^2 + \sigma_2^2}(\bar{r}_2 - \bar{r}_1)$$

与 $\rho_{12} = -1$ 同样原因，弧线段 A_1Q 上的投资组合不是有效组合，因为相同风险程度的投资组合，弧线段 QA_2 上的组合期望收益率大于弧线段 A_1Q 上的期望收益率。所以，弧线段 QA_2 上的组合才是有效组合，为投资组合有效集。

我们以中国内地 A 股上市公司贵州茅台（600519）和烟台万华（600309）为例进行组合分析。贵州茅台 2005～2010 年间按月度计算收益率的平均值为 7.38%，标准差为 26.18%，同期间烟台万华的月收益率的平均值为 3.38%，标准差为 15.64%，两者之间的协方差为 1.59%，相关系数为 0.39。利用两者不同的比例建立投资组合，计算组合的期望收益率和组合的标准差，分别得到不同的投资组合集，如图 2-8 所示。

[例 2-4]　有关资料显示两家公司，一家为相对较低收益率和低标准差的公司，我们姑且称为 A 公司，另一家公司则为相对较高收益率和高标准差的公司，我们姑且称为 B 公司，它们的期望收益率和标准差如表 2-4 所示。

表 2-4　　　　　　　　A 公司和 B 公司的期望收益率和标准差

项目	A 公司	B 公司
期望收益率（%）	16.6	21.6
标准差（%）	19.7	29.4

根据表 2-4 的资料，A 公司和 B 公司以不同的比率组合成一组投资组合，在给定不同的相关系数的条件下，计算不同组合的期望收益率和标准差，计算结果如表 2-5 所示。

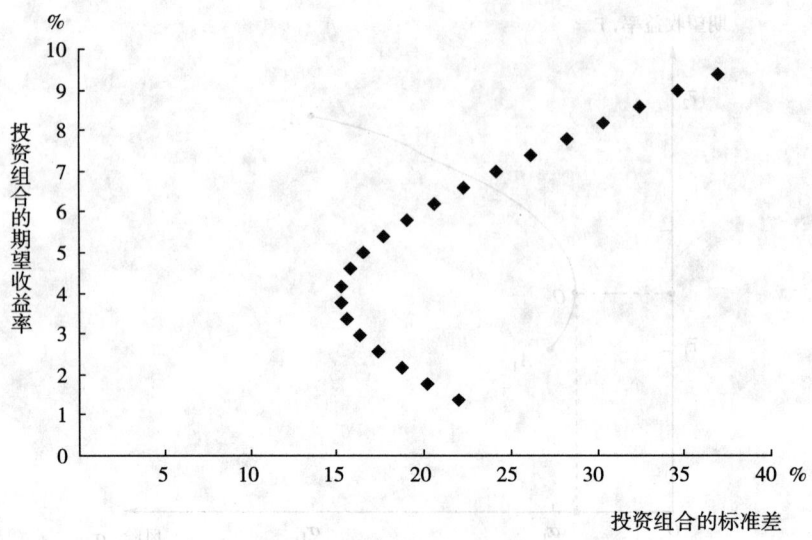

图 2-8　贵州茅台与烟台万华的投资组合

表 2-5　　　　A 公司和 B 公司组成不同投资组合的期望收益率和标准差

证券比重（%）		期望收益率 r（%）	不同相关系数下的投资组合标准差（σ）			
A 公司	B 公司		$\rho=1$	$\rho=0.5$	$\rho=0$	$\rho=-1$
100	0	16.6	19.7	19.7	19.7	19.7
90	10	17.1	20.7	19.4	18.0	14.8
80	20	17.6	21.6	19.4	16.8	9.9
70	30	18.1	22.6	19.7	16.4	5.0
60	40	18.6	23.6	20.4	16.7	0.1
50	50	19.1	24.6	21.4	17.7	4.9
40	60	19.6	25.5	22.6	19.3	9.8
30	70	20.1	26.5	24.1	21.4	14.7
20	80	20.6	27.5	25.7	23.8	19.6
10	90	21.1	28.4	27.5	26.5	24.5
0	100	21.6	29.4	29.4	29.4	29.4

　　将表 2-5 中由于不同相关系数所计算的投资组合的期望收益率和标准差之间的对应关系反映在坐标图上，如图 2-9 所示。

　　图 2-9 从左到右表示相关系数依次为 -1、-0.5、0、0.5 和 1 的 A 和 B 的投资组合的期望收益率与标准差的关系曲线。在期望收益率为 r_P 时，依次与这五条曲线的交点所对应的标准差分别为 σ_1、σ_2、σ_3、σ_4 和 σ_5，且满足 $\sigma_1<\sigma_2<\sigma_3<\sigma_4<\sigma_5$。所以在同样期望收益率的水平下，相关系数为 -1，也即完全负相关的两项资产组合的标准差最小，相关系数依次为 -0.5、0、0.5，标准差最大的组合相关系数为 1。这表明要使投资

组合能有效地降低标准差,必须使用负相关程度高的投资组合。正相关的投资组合降低标准差的程度非常有限,在完全正相关的条件下,投资组合不能降低投资组合的标准差。

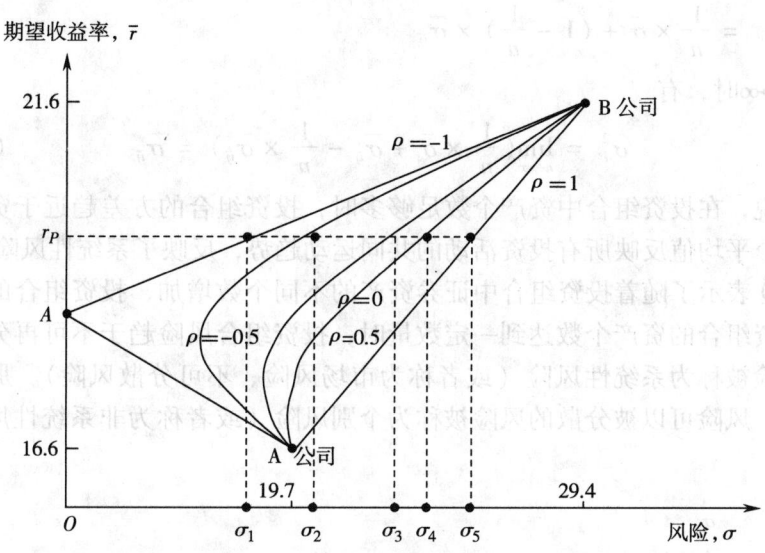

图 2-9 组合投资不同相关系数下的期望收益率和标准差的关系

二、多项资产投资组合

前面我们介绍了两项资产投资组合的期望收益率和标准差的计算。当投资组合的资产数量增加时,计算规则并未改变,仅仅是收益率和标准差的计算公式中的项数增加,计算变得更为复杂而已。下面我们用公式表述多项资产组合投资的期望收益率和标准差的计算。设投资组合中的资产为 n 项,第 i 项资产的期望收益率为 $\bar{r}_i$,标准差为 σ_i,任意两项不同资产的协方差为 σ_{ij}($i \neq j$),则有,由 n 项资产组成的投资组合的期望收益率 $\bar{r}_P$ 和方差 σ_P 的计算表达式为

$$\bar{r}_P = \sum_{i=1}^{n} w_i \bar{r}_i \tag{2-17}$$

$$\sigma_P^2 = \sum_{i=1}^{n} w_i^2 \sigma_i^2 + \sum_{i=1}^{n} \sum_{j=1}^{n} w_i w_j \sigma_{ij} (i \neq j) \tag{2-18}$$

从式(2-18)中可以得出,投资组合的方差由 n 项方差和 $n(n-1)$ 项协方差组成。例如当投资组合由 3 项资产组成时,投资组合的方差由 9 项方差组成:3 项方差和 6 项协方差;当投资组合由 100 项资产组成时,组合方差有 10 000 项方差,其中 100 项方差,9 900 项协方差。所以,随着投资组合的资产个数的增加,单项资产的方差对投资组合的方差的影响越来越小,而资产间的协方差的影响则越来越大。当投资组合的资产个数足够多时,单个资产的方差对组合方差的影响可以忽略不计。

对式(2-18),我们假设所有资产具有相同的方差,记为 $\bar{\sigma}$,所有资产间具有相等

的协方差，记为 $\bar{\sigma}_{ij}$，则有

$$\sigma_P^2 = \sum_{i=1}^{n}\left(\frac{1}{n}\right)^2\bar{\sigma}^2 + \sum_{i=1}^{n}\sum_{j=1}^{n}\frac{1}{n^2}\bar{\sigma}_{ij} = \frac{1}{n^2}\times n\bar{\sigma}^2 + \frac{1}{n^2}\times n(n-1)\bar{\sigma}_{ij}$$

$$= \frac{1}{n}\times\bar{\sigma} + (1-\frac{1}{n})\times\bar{\sigma}_{ij}$$

所以，当 $n\rightarrow\infty$ 时，有

$$\sigma_P^2 = \lim_{n\rightarrow\infty}(\frac{1}{n}\times\bar{\sigma} + \bar{\sigma}_{ij} - \frac{1}{n}\times\bar{\sigma}_{ij}) = \bar{\sigma}_{ij} \qquad (2-19)$$

也就是说，在投资组合中资产个数足够多时，投资组合的方差趋近于资产间的平均协方差，这个平均值反映所有投资活动的共同运动趋势，反映了系统性风险。

图 2-10 表示了随着投资组合中证券资产的不同个数增加，投资组合的总风险逐渐减少，当投资组合的资产个数达到一定数量时，投资组合风险趋于不可再分散的风险水平。这种风险被称为系统性风险（或者称为市场风险、不可分散风险）。那部分随着资产个数增加，风险可以被分散的风险被称为个别风险（或者称为非系统性风险、可分散风险）。

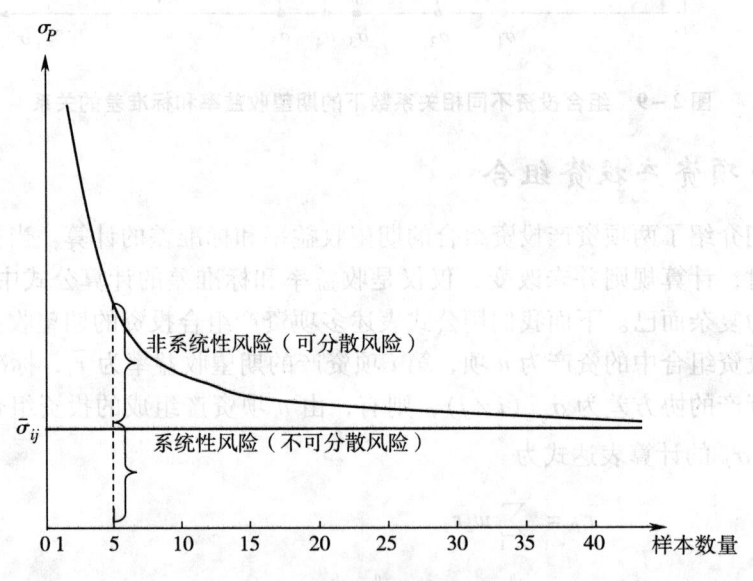

图 2-10 组合投资的可分散风险和不可分散风险

理论上，当投资活动不存在交易费用和佣金的条件下，人们可以持有无限多个的资产投资组合来实现分散非系统性风险的目的。但实际现实是由于交易费用等的存在，多样化投资是有成本的，比较多样化投资的成本和由此产生的收益权衡，有的学者认为取得最优多元化投资需要由大约 30 种证券构成的一个投资组合[①]。

---

① Meir Statman, "How Many Stocks Make a Diversified?" *Journal of Financial and Quantitative Analysis*, September, 1987.

如前所述，在两项资产组合的情况下，投资的可行集是一条直线或曲线，而当资产的种类增多时，可行集为一个平面区域，如图 2-11 所示。

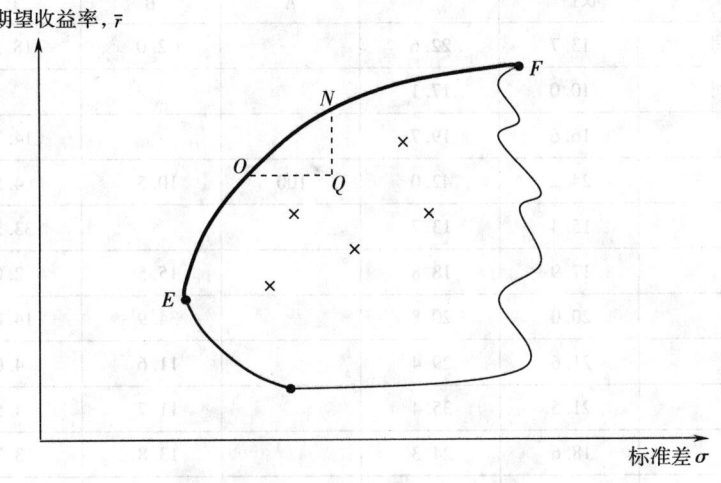

图 2-11　多项资产组合投资的有效集

图 2-11 中包含了多种可供选择的投资组合，给定可能的投资组合可行区域，应当如何根据可供投资的资产来构成投资组合呢？有效投资组合应该是在任何风险程度下获得最高可能的预期收益，或在任何预期收益下内含最低可能的风险的一种投资组合。图 2-11 中从点 E 到点 F 之间曲线上的各点为投资组合的有效集。有效集的左方区域的投资组合是目前投资所不能达到的水平。有效集的右方投资组合则称为无效率组合，因为它们对比位于 EF 有效集的投资组合，如具有相同的风险，只能取得较低的收益，比如 Q 点相对于有效集上的 N 点，这两点具有相同的标准差（风险程度），但 N 点的预期收益率大于 Q 点的预期收益率；如具有相同的收益，则需承担较大的风险，比如 Q 点相对于有效集上的 O 点，这两点具有相同的预期收益率，但 O 点的标准差（风险程度）小于 Q 点的标准差（即风险程度）。因而边界曲线 EF 被称为组合投资有效集。

投资组合的有效集表示的是多项资产的各种可能组合，这些组合满足在风险程度一定的水平下实现预期收益率最大，或在某一预期收益率水平下的风险程度最低。投资组合有效集的任意点代表一种不同的风险—收益的选择：预期收益越高，必须承担的风险也越大。没有一种资产组合先验地比其他组合优越。最佳资产组合选择对于每个投资者都不一样，决定于投资者厌恶风险的程度。若投资者追求的目标是投资收益最大，愿意承担更多风险，将选择接近 F 的资产组合；若投资者追求的目标是投资风险最小，即风险厌恶者，将选择更接近 E 的资产组合；若投资者追求的目标居中，就应选择 E 和 F 之间的某一点所代表的组合进行投资。这里投资者对风险的偏好起着重要作用。

表 2-6 列示了多个资产的投资组合的期望收益率和标准差。

表 2-6　　10 家公司的资料及组成的投资组合期望收益率和标准差[①]　　单位：%

	期望收益率	标准差	有效投资组合的个别股票的构成比例			
			A	B	C	D
美国电话电报公司	13.7	22.6		2.0	18.5	18.2
百时美施贵宝公司	10.0	17.1				18.7
可口可乐公司	16.6	19.7			14.7	10.2
康柏公司	24.2	42.0	100	10.5	4.5	1.6
埃克森美孚公司	15.4	13.7			33.3	40.7
通用电气公司	17.9	18.8		15.5	2.0	
麦当劳	20.0	20.8		34.9	14.8	8.0
微软公司	21.6	29.4		11.6	4.0	
锐步公司	21.5	35.4		11.7	4.0	2.5
施乐公司	18.6	24.3		13.8	3.7	
			100	100	100	100
投资组合期望收益率 ($\bar{r}_P$)			24.2	20.2	17.0	14.8
投资组合标准差 (σ_P)			42.0	15.5	11.4	10.7

第四节　最佳风险投资组合的确定

在上述的投资组合中，我们选用的资产均为风险资产，并在此基础上形成了投资组合的有效组合。有效组合组成的投资组合有效集，代表了所有满足在给定期望收益率水平下标准差最小和在给定标准差水平下期望收益率最大的投资组合的集合。有效集上的投资组合并非都是最佳投资组合，而仅是表示投资者个人根据自身的风险偏好，有效集上的各点均是投资者可以选择的投资组合。为了求解最佳投资组合，我们引入无风险投资资产。

一、无风险投资资产和最优风险资产投资组合

所谓无风险资产是指未来收益不存在不确定性的资产，如政府债券。如果一项投资组合中加入无风险资产，则组成了一项新的投资组合，该投资组合由一项无风险资产和一项风险资产组合构成。我们这里定义，在新的投资组合中，无风险资产的比例为 w_f，风险资产组合的比例为 w_M，且 $w_f + w_M = 1$；无风险资产的期望收益率为 r_f，风险资产组合的期望收益率为 $\bar{r}_M$；无风险资产的标准差为 σ_f，且 $\sigma_f = 0$ 时，风险资产组合的标准差

[①] Richard A. Brealey, Stewart C. Myers, *Principles of Corporate Finance*（影印版），China Machine Press, 2002.

为 σ_M，无风险资产和风险资产的协方差为 σ_{fM}；由此构成的新投资组合的期望收益率为 $\bar{r}_P$，标准差为 σ_P，我们则有

$$\bar{r}_P = w_f r_f + w_M \bar{r}_M \qquad (2-20)$$
$$\sigma_P^2 = w_f^2 \sigma_f^2 + w_M^2 \sigma_M^2 + 2w_f w_M \sigma_{fM} \qquad (2-21)$$

因为 $\sigma_f = 0$，所以有 $\sigma_{fM} = \rho_{fM} \sigma_f \sigma_M = 0$，式中 ρ_{fM} 为两者的相关系数，因此式（2-21）式就可简化为

$$\sigma_P = w_M \sigma_M \qquad (2-22)$$

由表达式（2-22）可知，新投资组合的标准差与风险资产组合的标准差为简单线性函数关系。

在新的投资组合中，在风险资产组合为给定的条件下，随着风险资产组合在新的投资组合中的比例上升，新投资组合的标准差也相应增加，所以，新投资组合的全部组合形成一条由无风险收益 r_f 出发到风险资产组合的直线，如图 2-12 所示。

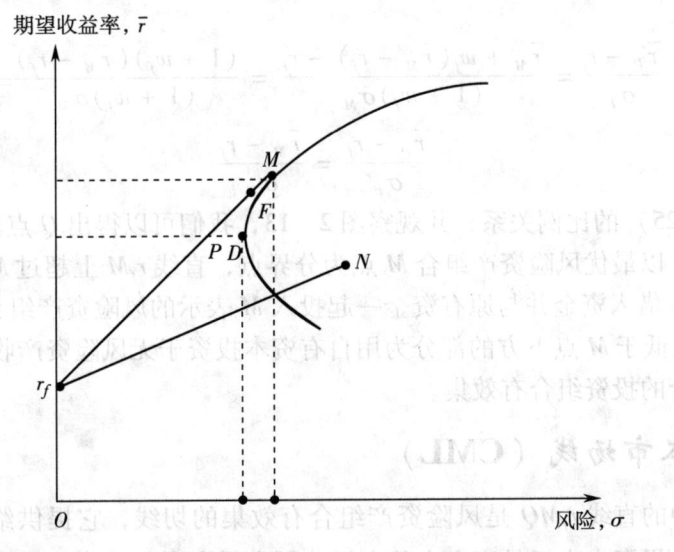

图 2-12 最佳风险投资组合的确定与无风险资产组合的有效集

图 2-12 所示的 $r_f M$ 和 $r_f N$。但 N 不可能是新投资组合中的风险资产组合，因为 N 点不在投资组合有效集上。D 点表示的投资组合尽管是在有效集上，但它也不是新投资组合中的风险资产组合，因为与该组合标准差相同的 $r_f M$ 线上 F 点表示的投资组合的期望收益率比之要大，而与该点期望收益率相等的 $r_f M$ 线上 P 点所代表的投资组合的标准差较之要小。因而只有经过无风险收益率 r_f 点与风险资产组合有效集相切的切点 M，M 点所表示的风险投资组合是所有有效集中最优的风险资产组合，$r_f M$ 线上的点所表示的是新投资组合，表示由无风险资产和最优风险资产组合组成全部投资组合的有效集。

二、资本借贷与有效集

图 2-12 在确定由无风险资产和风险资产组合组成的新投资组合分析中,我们假定的是投资者用自有资本进行投资。如果市场是完善的,投资者可以在市场上以相同的利率自由借入或贷出资本,则投资者可以在市场上以无风险利率借入资本,与原有资本一道组合成又一新的投资组合。

在这个新的投资组合中,无风险资产的比例为 w_f,因为是借入资本,所以比例用负号表示为 $-w_f$,风险资产组合的比例为 w_M,且 $-w_f + w_M = 1$,所以 $w_M = 1 + w_f > 1$。

则式(2-20)可写为

$$\bar{r}_P = -w_f r_f + (1+w_f)\bar{r}_M = \bar{r}_M + w_f(\bar{r}_M - r_f) \qquad (2-23)$$

式(2-22)可改为

$$\sigma_P = w_M \sigma_M = (1+w_f)\sigma_M \qquad (2-24)$$

用式(2-23)左右两边减去 r_f 并与式(2-24)左右两边分别相除,我们可以得出比例式

$$\frac{\bar{r}_P - r_f}{\sigma_P} = \frac{\bar{r}_M + w_f(\bar{r}_M - r_f) - r_f}{(1+w_f)\sigma_M} = \frac{(1+w_f)(\bar{r}_M - r_f)}{(1+w_f)\sigma_M} \Rightarrow$$

$$\frac{\bar{r}_P - r_f}{\sigma_P} = \frac{\bar{r}_M - r_f}{\sigma_M} \qquad (2-25)$$

由式(2-25)的比例关系,并观察图 2-13,我们可以得出 Q 点落在直线 $r_f M$ 的延长线上。所以,以最优风险资产组合 M 点为分界点,直线 $r_f M$ 上超过 M 点上方的部分为以无风险利率 r_f 借入资金并与原有资金一起投入 M 表示的风险资产组合的投资组合有效集;直线 $r_f M$ 上低于 M 点下方的部分为用自有资本投资于无风险资产收益率 r_f 和 M 表示的风险资产组合的投资组合有效集。

三、资本市场线(CML)

图 2-13 中的直线 $r_f MQ$ 是风险资产组合有效集的切线,它提供给投资者最优投资组合的机会。如果资本市场是完全竞争市场,所有投资者具有完全理性,那么投资者对于资产收益率以及概率分布的预期是完全一致的,那么,投资者所面对的组合有效集也是一样大的,因此,投资者都会持有无风险资产和风险资产组合 M 的任意组合进行投资。也就是说,任何一个投资者都会选择在直线 $r_f MQ$ 上的点所表示的投资组合进行投资,直线 $r_f MQ$ 是所有投资者所选投资组合的有效集,通常将该直线称为"资本市场线"(Capital Market Line,CML),如图 2-14 所示。

在图 2-14 中,资本市场线为过无风险收益率 r_f,与风险资产组合有效集相切于 M 点的直线,直线斜率为 $\frac{\bar{r}_M - r_f}{\sigma_M}$,因此,资本市场线的直线方程为

$$\bar{r}_P = r_f + \frac{\bar{r}_M - r_f}{\sigma_M} \times \sigma_P \qquad (2-26)$$

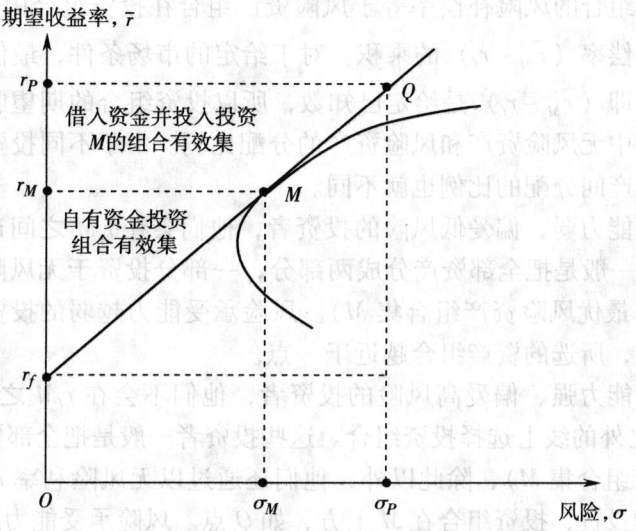

图 2-13 最佳风险投资组合的确定

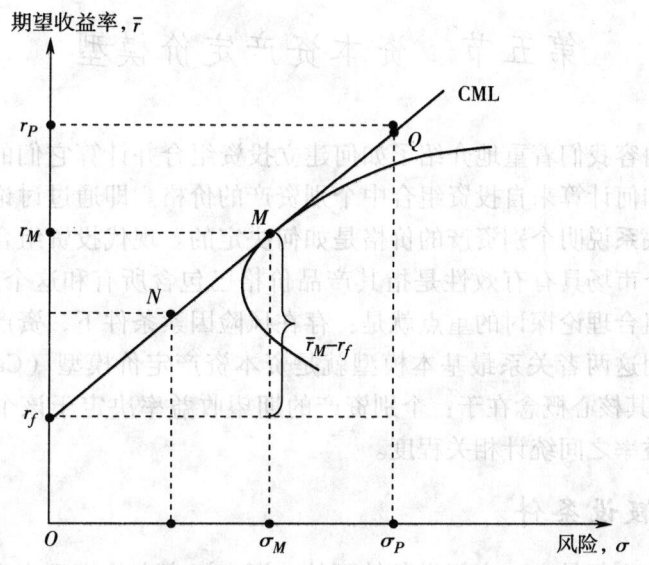

图 2-14 资本市场线（CML）

式（2-26）为资本市场线的直线方程，$\bar{r}_P$ 为投资组合的期望收益率，在 M 点 $\bar{r}_P = \bar{r}_M$，σ_P 投资组合的标准差，在 M 点 $\sigma_P = \sigma_M$。根据式（2-22），将 $\sigma_P = w_M \sigma_M$ 代入式（2-26），我们可以将式（2-26）进行简化，我们有

$$\bar{r}_P = r_f + \frac{\bar{r}_M - r_f}{\sigma_M} \times w_M \sigma_M = r_f + w_M(\bar{r}_M - r_f) \quad (2-27)$$

经过对式（2-26）简化得到的式（2-27）能更直观地理解无风险资产与风险资产组合的投资组合期望收益率，任一有效投资组合的期望收益率等于无风险收益率和风险

补偿率之和。投资组合的风险补偿率等于风险资产组合在投资组合中的比例 w_M 和风险资产组合的风险补偿率 $(\bar{r}_M - r_f)$ 的乘积。对于给定的市场条件，最优风险资产组合 M 是唯一确定的，也即 $(\bar{r}_M - r_f)$ 是给定已知数，所以投资组合的期望收益率完全取决于投资者对投资组合中无风险资产和风险资产的分配比例。由于不同投资者对待风险的态度不同，因此在资产间分配的比例也就不同。

对于风险承受能力弱、偏爱低风险的投资者，他们会在 $r_f M$ 之间选择投资组合，如 N 点。这些投资者一般是把全部资产分成两部分，一部分投资于无风险资产，另一部分投资于风险资产（最优风险资产组合集 M）。风险承受能力越弱的投资者，投资于无风险资产的比重越大，所选的资产组合越近于 r_f 点。

对于风险承受能力强、偏爱高风险的投资者，他们不会在 $r_f M$ 之间选择投资组合，而是在离开 M 点之外的线上选择投资组合。这些投资者一般是把全部资产投资于风险资产（最优风险资产组合集 M），除此以外，他们还通过以无风险利率 r_f 借入资本用于对 M 风险资产组合的投资，投资组合在 M 上方，如 Q 点。风险承受能力越强的投资者，借入的资金越多，所选的资产组合沿着 CML 越远离 M 点。

第五节　资本资产定价模型

前面几节的内容我们着重地介绍了如何建立投资组合并计算它们的收益率。从这一节开始我们关注如何计算来自投资组合中个别资产的价格。即通过讨论个别资产期望收益率与风险间的关系说明个别资产的价格是如何决定的。现代投资组合理论假设资本市场具有效率，一个市场具有有效性是指其产品价格已包含所有和这个产品有关的信息。所以，现代投资组合理论探讨的重点就是：存在风险因素条件下，资产期望收益率和风险间的关系，说明这两者关系最基本模型就是资本资产定价模型（Capital Asset Pricing Model，CAPM），其核心概念在于：个别资产的期望收益率决定于该个别资产收益率和市场投资组合收益率之间统计相关程度。

一、模型假设条件

任何模型的建立都是在一定假设条件下的，资本资产定价模型也不例外，是通过设立一定条件才建立起来的，它们主要包括以下几点：

1. 所有的投资者都追求单期最终财富效用最大化，且他们都是风险厌恶者，他们只依据期望收益率的均值和方差对投资组合进行选择。

2. 市场上没有税金、交易成本以及其他不完善之处，所有资产都可细分，市场存在许多信息完善的买者和卖者，这些买者和卖者只是价格接受者而不是价格制定者，个别卖者和买者的买卖行为不会影响市场交易价格。

3. 所有投资者对证券收益率的概率分布有着完全相同的预期。

4. 存在无风险资产，所有投资者均可在给定的无风险利率水平下无限量地借贷资金。

5. 所有资产收益率都可被联合正态概率分布描述，这样所有的投资组合均可通过它们的均值和方差确定。

显然，这些都是非常严格的假设条件，在真实的资本市场中并不能完全实现。

然而在以后的学习中，我们可以知道，即使违背其中一个或多个（但不是所有的）假设条件，资本资产定价模型的基本预测仍然适用。

二、CAPM 模型与 SML

资本市场线（CML）表达的是在存在无风险资产和风险资产的市场中，投资者对于投资组合的比较和选择。在我们假设的条件都满足的情况下，投资者对投资组合的判断是一致的，于是，投资者根据其风险偏好在该投资组合集合中找到适合自己的投资组合集。在这些有效集中，总是由无风险资产和风险资产组合的投资组合。当所有投资者对风险资产组合判断都是一致时，那么，该组合应该包括市场上所有的风险资产，这一组合也称为市场最优投资组合集（M）。

（一）CAPM 模型的导出

现在我们考虑市场最优组合集（M）中的一项资产 j，该资产对投资者的风险收益的影响可以通过将当市场组合包括资产 j 的资本市场线的状态和当市场组合不包括资产 j 的资本市场线的状态的比较来进行估算。

现在我们考虑市场组合中的任意一项风险资产 j，由该项风险资产和市场投资组合 M 构成一个新的投资组合 P'，如图 2–15 所示。在这一新的组合里，风险资产 j 的份额为 λ，则市场投资组合 M 的份额为 $1-\lambda$。由于在市场投资组合 M 中，风险资产 j 占有 w_j 的份额，所以，在新的投资组合 P' 内，风险资产 j 的份额为 $\lambda + w_j$，因此，新的投资组合不是一个最佳投资组合。当风险资产 j 是风险较低的资产时，新的投资组合从 M 的下方连线，当风险资产 j 是风险较高的资产时，新的投资组合从 M 的上方连线，如图 2–14 所示，jMj 表示新的投资组合 P'。当新的投资组合中的风险资产 j 的份额 λ 等于 0 时，新的投资组合回复到最佳投资组合 M，在 M 点，新的投资组合连线的切线斜率必定与资本市场线在 M 点的切线斜率相等。

资本市场线（CML）在 M 点的斜率为

$$k_{CML} = \frac{\overline{r}_M - r_f}{\sigma_M} \qquad (2-28)$$

新投资组合 P' 中风险资产 j 的期望收益率为 $\overline{r}_j$，在组合资产中所占比例为 λ，市场投资组合 M 的组合比例为 $1-\lambda$，对于 M 和 j 可能组合的期望收益率 $\overline{r}_{P'}$ 和组合标准差 $\sigma_{P'}$ 有

$$\overline{r}_{P'} = \lambda \times \overline{r}_j + (1-\lambda) \times \overline{r}_M \qquad (2-29)$$

$$\sigma_{P'}^2 = \lambda^2 \sigma_j^2 + (1-\lambda)^2 \sigma_M^2 + 2\lambda(1-\lambda) Cov(j,M) \qquad (2-30)$$

根据式（2–29）和式（2–30）得出在 M 点的 jMj 线斜率为

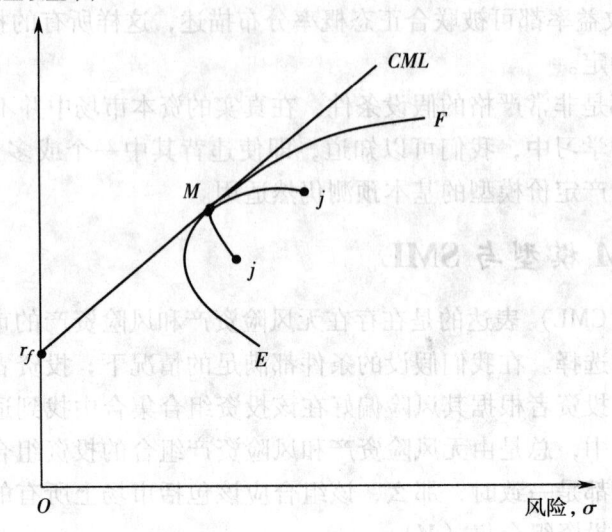

图 2–15 市场组合 M 与任一证券 j 的可能组合

$$k_{jMj} = \frac{d\bar{r}_{P'}}{d\sigma_{P'}}\bigg|_{\sigma_P=\sigma_M} = \frac{\frac{d\bar{r}_{P'}}{d\lambda}}{\frac{d\sigma_{P'}}{d\lambda}}\bigg|_{\lambda=0} \tag{2-31}$$

$$\frac{d\bar{r}_{P'}}{d\lambda} = \bar{r}_j - \bar{r}_M \tag{2-32}$$

$$\frac{d\sigma_{P'}}{d\lambda} = \frac{1}{2\sigma_{P'}}\{[\sigma_j^2 + \sigma_M^2 - 2Cov(j,M)] \times \lambda + Cov(j,M) - \sigma_M^2\} \tag{2-33}$$

当 $\lambda = 0$ 时，$\sigma_{P'} = \sigma_M$，式（2–33）的值为 $\frac{d\sigma_{P'}}{d\lambda} = Cov(j,M) - \sigma_M^2$，将该值和式（2–32）代入式（2–31），则有

$$k_{jMj} = \frac{\bar{r}_j - \bar{r}_M}{\frac{1}{\sigma_M}[Cov(j,M) - \sigma_M^2]} = \frac{(\bar{r}_j - \bar{r}_M) \times \sigma_M}{Cov(j,M) - \sigma_M^2} \tag{2-34}$$

在 M 点两线斜率应该重合为一，所以有 $k_{CML} = k_{jMj}$，即

$$\frac{\bar{r}_M - r_f}{\sigma_M} = \frac{(\bar{r}_j - \bar{r}_M) \times \sigma_M}{Cov(j,M) - \sigma_M^2} \Rightarrow$$

$$\bar{r}_j = r_f + \frac{Cov(j,M)}{\sigma_M^2} \times (\bar{r}_M - r_f)$$

定义贝塔系数为

$$\beta_j = \frac{Cov(j,M)}{\sigma_M^2} \tag{2-35}$$

则有

$$\bar{r}_j = r_f + \beta_j \times (\bar{r}_M - r_f) \tag{2-36}$$

这就是所谓的资本资产定价模型（CAPM 模型）。

(二) 证券市场线（SML）

式（2-36）也是证券市场线（Security Market Line, SML）的表达式。该式表达了证券资产 j 的期望收益率（$\bar{r}_j$）是无风险收益率（r_f）和风险补偿率 $[\beta_j \times (\bar{r}_M - r_f)]$ 之和。风险补偿率是受两个因素共同作用：一是贝塔系数（β_j），由 $Cov(j, M)$ 和 σ_M^2 的比值决定，反映证券资产 j 的收益率对市场组合收益率的反应系数，贝塔系数值越大，表示证券资产 j 的收益率对市场组合收益率越敏感；二是市场风险补偿率（风险溢价）（$\bar{r}_M - r_f$），即证券市场线（SML）的斜率，它反映的是风险的市场价格。市场对风险的厌恶越大，市场风险补偿率就越高，证券市场线的斜率就越陡。

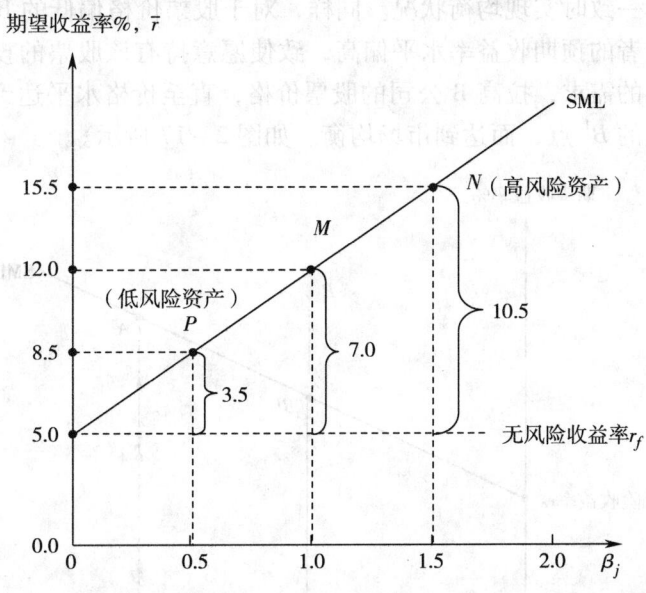

图 2-16 证券市场线（SML）与无风险收益率、市场风险补偿率和证券收益率

图 2-16 表示 200×年 6 月 30 日某市场的证券市场线。无风险收益率为 5%，市场风险补偿率根据历史资料估计为 7%，则市场组合的期望收益率（证券市场线上的 M 点）为

$$\bar{r}_M = 5\% + 7\% = 12\%$$

当某证券的贝塔系数为 0.5 时（证券市场线上的 P 点），则该证券为低风险证券资产，其期望收益率为

$$\bar{r}_j = 5\% + 0.5 \times (12\% - 5\%) = 8.5\%$$

当某证券的贝塔系数为 1.5 时（证券市场线上的 N 点），则该证券为高风险证券资产，其期望收益率为

$$\bar{r}_j = 5\% + 1.5 \times (12\% - 5\%) = 15.5\%$$

根据公式（2-36）所表述的资本资产定价模型我们可以看出，为了有效和合理地

使用该定价模型，得出风险资产的期望收益率 $\bar{r}_j$，我们需要输入 3 个有效的已知量，无风险收益率 r_f、市场投资组合风险溢价 $(\bar{r}_M - r_f)$ 和个别证券资产收益率对市场组合收益率的反应系数 β_j。

（三）SML 与资本市场均衡

在均衡市场中，市场所有证券按其交易价格所反映的该证券的预期收益率水平均应与证券市场线相吻合。如果市场上某一股票 A 的市场交易价格偏高，即该股票的市场价格高于其均衡价格状态下的股票价值的水平，使得持有该股票的投资者的预期收益率偏低，因此，市场具有相同理性的投资者对该股票的需求下降（或者说投资者对该股票的持有意愿减少），该股票的市场供给增加，从而使得该股票的市场交易价格逐渐下降，直至下降至某一价格水平时，如证券市场线的 A^1 点，该股票持有者的预期收益率与持有股票的期望收益率一致时实现均衡状况。同样，对于股票价格偏低的 B 股票来说，因为持有该股票的投资者的预期收益率水平偏高，致使愿意持有该股票的投资者增加，从而增加市场对该股票的需求，拉高 B 公司的股票价格，直至价格水平达到使其预期收益率落于证券市场线上的 B^1 点，而达到市场均衡。如图 2-17 所示。

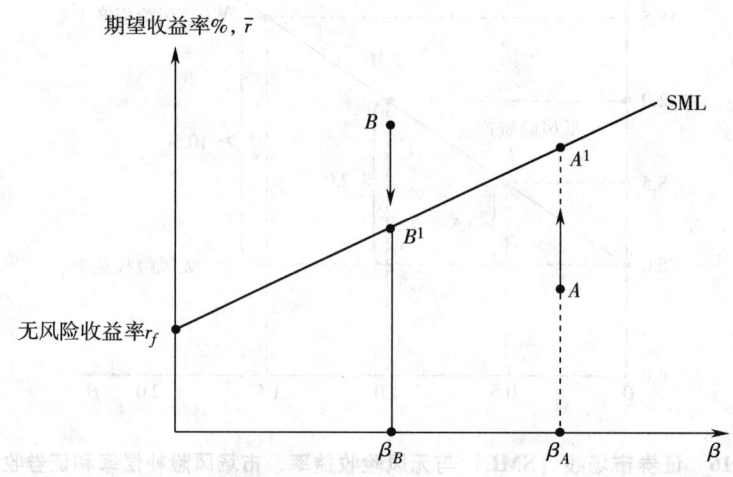

图 2-17 SML 与资本市场均衡

[例 2-5] 资本市场的无风险收益率为 4%，市场风险溢价为 6%。现市场有股票 A，其贝塔系数为 1.5，当前该股票的市场价格为 20 元，最近一期的股利为 1 元，该股票股利的固定增长率为 6%，如果市场最终实现均衡，则市场上的股票价格将会如何运行？

根据资本资产定价模型，该股票投资者在市场均衡条件下的必要收益率为

$$\bar{r}_A = 4\% + 1.5 \times 6\% = 13.0\%$$

按照市场的交易价格，投资者持有该股票的预期收益率根据戈登模型计算为

$$r = \frac{D_1}{P_0} + g = \frac{1.0 \times (1 + 6\%)}{20} + 6\% = 11.3\%$$

由于投资者持有该股票的必要收益率为 13%，而现在通过市场价格持有股票的预期

收益率仅有 11.3%，这一价格显然过高，因此，市场投资者的理性行为会减少对该股票的持有，致使股票价格下降，直至股票的价格为 15.14 元时，市场达到均衡。股票价格计算过程如下：

$$P_0 = \frac{D_1}{r-g} = \frac{1.0 \times (1+6\%)}{13\% - 6\%} = 15.14(元)$$

因此，如果市场最终要实现均衡，则股票的价格会从 20 元下降，直至 15.14 元时，投资者的预期收益率与其所要求的必要收益率一致，市场这时实现了均衡。

如果该股票的市场价格为 14 元，因为投资者按市场价格持有该股票的预期收益率为 13.57%，高于投资者对于该股票所要求的必要收益率水平，因此，股票的市场价格由于投资者的理性行为而被增持，投资者的行为增加了市场对该股票的需求量，从而拉升了股票的市场交易价格，直至当市场交易价格达至 15.14 元时，市场实现均衡。

三、CAPM 中的三个参数

资本资产定价模型（CAPM）表述了在完全效率市场环境下，个别风险资产（j）的期望收益率 $\bar{r}_j$，是由市场中的无风险资产收益率 r_f 和该资产的风险溢价所决定。而资产的市场风险溢价则是由市场投资组合风险溢价（$\bar{r}_M - r_f$）和个别证券资产收益率对市场组合收益率的反应系数 β_j 共同确定。因此，应用资本资产定价模型计算风险资产期望收益率需要获知三个参数：无风险收益率、风险溢价和贝塔系数。

（一）无风险收益率

我们将无风险资产定义为投资者可以确定预期收益率的资产。因此，一项无风险投资必须满足两个条件：第一，不存在违约风险，一般来说这就意味着代表该项资产的证券必须是政府发行的；第二，不存在再投资收益率的不确定性，这意味着投资期间没有现金流量发生。根据对无风险收益率的定义的满足条件，我们大致可以按照国库券招标发行的收益率进行计算。例如，以财政部发行的 2010 年记账式贴现（十八期）国债为例，国债期限 273 天，以低于票面金额的价格贴现发行，发行价格按竞争性招标加权平均中标价格确定。计划发行面值总额 100 亿元，全部进行竞争性招标。2010 年 12 月 10 日招标，12 月 13 日开始发行并计息，12 月 15 日发行结束，该国债的投标量为 146.3 亿元，实际发行总量为 100 亿元，发行价格为 97.931 元。根据发行价格，该国债的持有收益率为

$$\frac{100 - 97.931}{97.931} = 2.11\%$$

由于这一收益率是三个季度的，所以，国债的年化收益率为 2.82%，以该利率作为无风险利率。

无风险收益率（r_f）是根据在分析期限内预期收益率是可以确定的资产的收益率来给定。但所使用的无风险利率将随着期望收益率所使用的时间如 1 年、5 年或 10 年而相应地变动。

（二）市场风险溢价

市场投资组合风险溢价（$\bar{r}_M - r_f$）是投资者投资市场组合所需要的对所承担风险的补偿。这一市场投资组合包括市场里所有的风险资产，而且是最优投资组合集。市场风险溢价是由市场的期望收益率（$\bar{r}_M$）减去无风险资产收益率（r_f）得出，因此，要计算市场风险溢价，关键是需要确定市场最优投资组合集的期望收益率（$\bar{r}_M$）。但是，由于根据市场最优投资组合集（M）的定义，该组合应该是包括全部市场风险资产的组合集。由于现实中获得全部风险资产的最优投资组合是不可能的，也是不经济的，一般人们为了便利起见，通常用一国资本市场中的典型股票指数作为当地的市场最优投资组合集（M）。

根据这一市场投资组合集的确定，我们可以有两种方法来确定市场期望收益率：一是利用代表市场最优投资组合集的典型的股票价格指数在过去一定时期内的年均复合增长率作为市场的期望收益率；二是利用戈登模型进行估算。

第一种方法，利用市场典型的股票指数在一定时期内的年均增长率进行估计。根据我国资本市场的运行状况，资本市场的典型股票指数应该是沪深300指数。只是沪深300指数成立的时间比较短，首次发布于2005年4月8日，成立时间还不到10年，所以，并不适宜我们用做计算市场组合的投资收益率的典型指数。我们采用相对时间较长的上证综指和深证成指来作为市场的替代。上证综指设立于1991年7月15日，1991年1月1日的收盘指数为127.61，经过19年，至2010年12月31日收盘指数为2 808.08，增长了21倍，年均复合增长率为16.16%；深证综指设立于1991年，1991年12月31日的收盘指数为963.57，经过19年，至2010年12月31日收盘指数为12 458.55，增长了11.93倍，年均增长率为14.42%。2010年两市A股累计实现34.21万亿元的交易量，其中上海证券交易所累计实现30.38万亿元，深圳证券交易所累计实现3.83万亿元，按照此交易量为权数，加权两市的指数年均增长率为15.97%。我们即可以以此年均增长率作为市场最优投资组合收益率的替代。即在中国市场中，我们以15.97%作为市场最优投资组合的期望收益率。

第二种方法，利用戈登模型估算。利用在股票估值中的戈登模型来估计市场投资组合的收益率时，根据戈登模型 $P_0 = \dfrac{D_1}{r-g}$，如果我们能够估计市场最优组合的现值 P_0，预期下一年可以获得的股利以及未来股利的持续增长率，则我们可以通过戈登模型的变换公式（2-37）计算市场组合的预期收益率。

$$r = \frac{D_1}{P_0} + g \qquad (2-37)$$

根据Wind数据库数据，至2010年12月31日，在我国上海证券交易所及深圳证券交易所上市公司的股票总市值为265 422.59亿元，其中流通市值为193 110.41亿元，两市上市公司累计分派现金股利4 990.00亿元，比2009年现金股利增长25%。按照现实流通股票的市值193 110.41亿元，2011年的股利较2010年股利增长25%计算，未来股利持续增长率为6%，则中国资本市场的投资组合的预期收益率 $\bar{r}_M$ 就可以通过公式

(2-37)进行计算,计算结果为9.23%,计算过程如下:

$$\bar{r}_M = \frac{4\,990 \times (1 + 25\%)}{193\,119.41} + 6\% = 9.23\%$$

我们可以通过以上不同的方法来确定市场最优投资组合的期望收益率 $\bar{r}_M$。但计算的结果显示,不同计算方法计算的结果不尽相同,这给我们带来了不少问题,因此,如何确定市场最优投资组合的期望收益率并不是一件简单的事,需要数据的积累与现实的检验。

(三)β系数

对于资本资产定价模型,如果我们已知道市场无风险收益率、市场风险溢价,对于市场中的任意个别风险资产 j,只要给出个别资产收益相对于市场收益变动关系的贝塔系数 β_j,我们即可利用 CAPM 模型求出对该资产的必要收益率(在完全效率市场环境下也就是该资产的期望收益率)。现在市场的无风险利率为 2.82%,市场投资组合的预期收益率为 9.23%,某上市公司的贝塔系数为 1.25,则根据资本资产定价模型,该公司的权益资本的期望收益率为

$$\bar{r}_j = 2.82\% + 1.25 \times (9.23\% - 2.82\%) = 10.83\%$$

贝塔系数的具体确定方法我们在下一小节介绍。

四、贝塔系数与证券特征线

根据 β_j 的定义,要计算 β_j 的值,需预先求解个别资产 j 和市场最优组合 M 收益之间的协方差 $Cov(j, M)$ 和市场收益率的方差 σ_M^2。对于一个充满不确定性的未来和一个庞大的市场组合 M 来说,要计算预期的 $Cov(j, M)$ 和 σ_M^2 不仅近于不可能,而且即便能够计算结果也缺乏可信度。因此,人们通常直接通过对资产的过去收益率和市场投资组合的过去收益率,或代表其数据的一些指标(经常使用股票指数)加以回归直接得到。

我们通过利用资本市场的典型股票指数和个别公司股票的市场价格在一段时间内已实现收益率的关系来回归个别公司股票的贝塔系数。我们选取了2005年12月至2010年12月,5年间上海证券交易所挂牌上市的宝钢股份(600019)月度收益率以及沪深300指数的月度收益率,利用贝塔系数的计算定义公式和最小二乘法的回归方法来计算宝钢股份的贝塔系数。下面我们首先介绍通过贝塔系数的定义公式计算个别公司贝塔系数的方法。

沪深300指数的月度收益率的计算,用当月末沪深300的收盘指数减去上月末的收盘指数除以上月末的收盘指数获得。

股票月度收益率的计算用本月末的收盘价减去上月末的收盘价除以上月末的收盘价获得,如果当月除权除息则考虑除权除息的影响计算当月的收益率。除权除息月份的月度收益率 r_t 计算方法如下:

$$r_t = \frac{P_t \times (1 + n) + D_t - P_{t-1}}{P_{t-1}} \tag{2-38}$$

如2010年5月21日为股利除息日,所以,在计算2010年5月份的月度收益率时,

要考虑红利的影响。应用公式（2-38），将宝钢股份2010年5月份的收盘价6.35元，加上2009年度宝钢股份股利分配方案是每股支付0.2元的股利，减去4月份的收盘价6.89元，将宝钢股份5月份的股利和价差，除以宝钢股份4月份的收盘价，即可得到宝钢股份5月份的月度收益率。计算结果显示，宝钢股份5月份的收益率为-4.93%（= $\frac{6.35+0.2-6.89}{6.89}$）。2010年6月份的收益率根据计算公式：6月份的收盘价（5.89元）减去5月份的收盘价（6.35元）除以5月份的收盘价，为-7.24%。而同期（2010年6月）沪深300指数的收益率为-7.58%，计算过程为用6月份沪深300的收盘指数2 563.07，减去5月份的收盘指数2 773.26，然后将6月份的指数变动数除以5月份的收盘指数。具体数据和计算结果如表2-7所示。

表2-7　　　　　　　　宝钢股份与沪深300指数的月度收益率

月度收盘日	沪深300收盘指数	沪深300指数收益率	宝钢股份收盘价	宝钢股份月度收益率	月度收盘日	沪深300收盘指数	沪深300指数收益率	宝钢股份收盘价	宝钢股份月度收益率
2005-11-30	873.83	—	3.92	—	2008-06-30	2 791.82	-0.23	8.71	-0.30
2005-12-30	923.45	0.06	4.12	0.05	2008-07-31	2 805.21	0.00	8.06	-0.07
2006-01-25	1 009.60	0.09	4.08	-0.01	2008-08-29	2 391.64	-0.15	6.52	-0.19
2006-02-28	1 053.01	0.04	4.35	0.07	2008-09-26	2 243.66	-0.06	7.27	0.12
2006-03-31	1 061.09	0.01	4.20	-0.03	2008-10-31	1 663.66	-0.26	4.57	-0.37
2006-04-28	1 172.35	0.10	4.22	0.00	2008-11-28	1 829.92	0.10	5.04	0.10
2006-05-31	1 365.45	0.16	4.44	0.13	2008-12-31	1 817.72	-0.01	4.64	-0.08
2006-06-30	1 393.96	0.02	4.36	-0.02	2009-01-23	2 032.68	0.12	5.48	0.18
2006-07-31	1 294.33	-0.07	4.05	-0.07	2009-02-27	2 140.49	0.05	5.25	-0.04
2006-08-31	1 338.69	0.03	4.14	0.02	2009-03-31	2 507.79	0.17	5.74	0.09
2006-09-29	1 403.27	0.05	4.15	0.00	2009-04-30	2 622.93	0.05	5.78	0.01
2006-10-31	1 464.47	0.04	4.88	0.18	2009-05-27	2 759.71	0.05	6.11	0.06
2006-11-30	1 714.36	0.17	6.84	0.40	2009-06-30	3 166.47	0.15	7.04	0.18
2006-12-29	2 041.05	0.19	8.66	0.27	2009-07-31	3 734.62	0.18	9.63	0.37
2007-01-31	2 385.34	0.17	9.77	0.13	2009-08-31	2 830.27	-0.24	6.42	-0.33
2007-02-28	2 544.57	0.07	9.47	-0.03	2009-09-30	3 004.81	0.06	6.46	0.01
2007-03-30	2 781.78	0.09	9.90	0.05	2009-10-30	3 280.37	0.09	6.84	0.06
2007-04-30	3 558.71	0.28	11.18	0.13	2009-11-30	3 511.67	0.07	8.17	0.19
2007-05-31	3 927.95	0.10	12.02	0.10	2009-12-31	3 575.68	0.02	9.66	0.18
2007-06-29	3 764.08	-0.04	11.00	-0.08	2010-01-29	3 204.16	-0.10	7.58	-0.22

续表

月度收盘日	沪深300收盘指数	沪深300指数收益率	宝钢股份收盘价	宝钢股份月度收益率	月度收盘日	沪深300收盘指数	沪深300指数收益率	宝钢股份收盘价	宝钢股份月度收益率
2007-07-31	4 460.56	0.19	13.49	0.23	2010-02-26	3 281.67	0.02	8.04	0.06
2007-08-31	5 296.81	0.19	18.49	0.37	2010-03-31	3 345.61	0.02	7.88	-0.02
2007-09-28	5 580.81	0.05	18.19	-0.02	2010-04-30	3 067.37	-0.08	6.89	-0.13
2007-10-31	5 688.54	0.02	18.51	0.02	2010-05-31	2 773.26	-0.10	6.35	-0.05
2007-11-30	4 737.41	-0.17	14.52	-0.22	2010-06-30	2 563.09	-0.08	5.89	-0.07
2007-12-28	5 338.28	0.13	17.44	0.20	2010-07-30	2 868.85	0.12	6.55	0.11
2008-01-31	4 620.40	-0.13	15.52	-0.11	2010-08-31	2 903.19	0.01	6.47	-0.01
2008-02-29	4 674.55	0.01	17.12	0.10	2010-09-30	2 935.57	0.01	6.63	0.02
2008-03-31	3 790.53	-0.19	12.41	-0.28	2010-10-29	3 379.98	0.15	7.17	0.08
2008-04-30	3 959.12	0.04	13.92	0.12	2010-11-30	3 136.99	-0.07	6.28	-0.12
2008-05-30	3 611.33	-0.09	12.36	-0.09	2010-12-31	3 064.10	-0.02	6.39	0.02

根据表2-7数据，2005~2010年5年间，根据贝塔系数的定义公式，根据计算的宝钢股份的月度收益率与沪深300指数收益率之间的协方差以及沪深300指数收益率的方差，我们可以计算出宝钢股份的贝塔系数值为1.19，常数项的估值可以依据同样的方法，可以计算为-0.01，计算结果见式（2-39）。根据宝钢股份2005~2010年的历史收益率与沪深300指数同期的月度收益率之间的关系，我们可以建立如图2-18所示的宝钢股份的收益率与沪深300指数收益率之间的线性关系。

$$r_{jt} = -0.01 + 1.19 r_{Mt} + \varepsilon_t \qquad (2-39)$$
$$R^2 = 0.747$$

图2-18反映的是单一资产的实际收益率与市场指数的同期实际收益率之间的关系，并以此作为对未来两者期望收益率之间关系的替代，得出反映未来风险程度的贝塔系数。根据这两者之间的关系建立的个别资产收益率与市场收益率之间关系的图，我们称之为特征线。

利用以上数据，根据最小二乘法回归贝塔系数的方法，回归直线的斜率就是 β_j 值，具体的回归方法如下：

首先为回归建立解释方程。由式（2-36）变换可得

$$r_j = r_f + \beta_j(r_M - r_f) = r_f - \beta_j \times r_f + \beta_j \times r_M \Rightarrow$$
$$r_j = (1 - \beta_j)r_f + \beta_j \times r_M = a + \beta_j \times r_M \qquad (2-40)$$

利用由资本资产定价模型变换的式（2-40），我们可以建立利用市场期望收益率与个别资产期望收益率之间的关系，建立两者之间的计量经济模型：

$$r_{jt} = a + b \times r_{Mt} + \varepsilon_t \qquad (2-41)$$

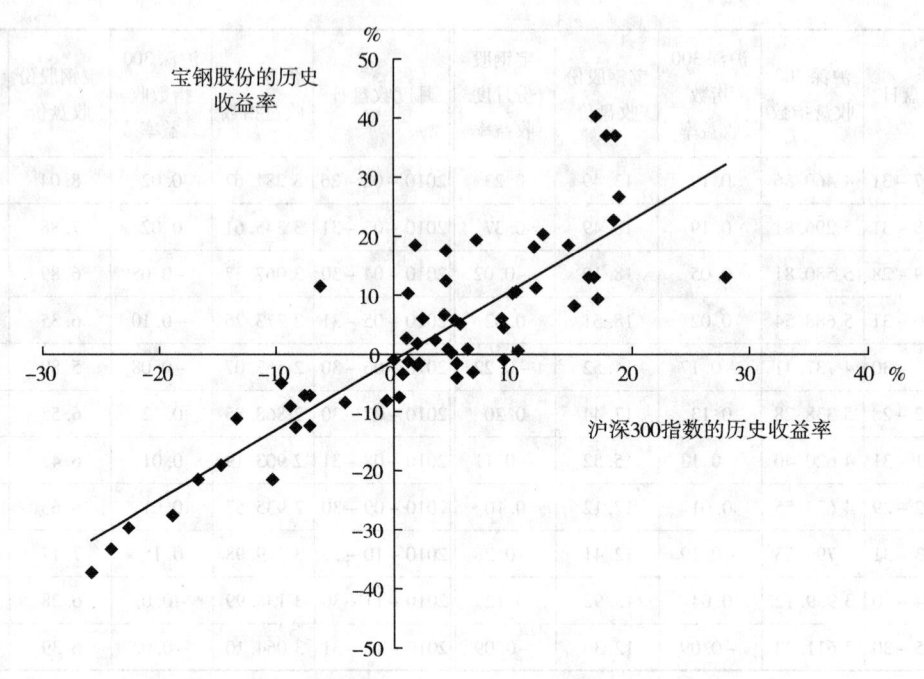

宝钢股份收益与沪深300收益图，2005~2010年

图 2-18 根据宝钢股份的收益率与沪深 300 指数收益率之间关系建立的特征线

式中：a 为回归的截距；b 为回归的斜率，即回归的贝塔系数值。

由式（2-41），我们可以用历史数据 r_{jt} 与 r_{Mt} 之间存在的计量关系，来回归贝塔系数 β_j 的值。

利用表 2-7 所示的宝钢股份的历史月度收益率以及沪深 300 指数的对应月度收益率的数据，我们也可以利用专业的数据分析软件，通过建立两者之间的一元线性回归方程，来确定贝塔系数。表 2-8 为利用 SPSS 专业分析软件的回归结果，结果显示：一元回归方程的常数项值为 -0.08，t 值为 -0.781，未能通过双侧 5% 的显著性水平检验，不能弃真假设，即常数项为零的假设，贝塔系数回归值为 1.186，t 值为 13.182，通过双侧 5% 的显著性水平检验，可以弃真假设，即系数值为零的假设，宝钢股份的月度收益率与沪深 300 指数的月度收益率之间存在关系，且之间的关系数量为 1.186，即沪深 300 指数收益率变动 1%，宝钢股份的月度收益率变动为 1.186%。两者之间关系的拟合优度为 74.2%，即宝钢股份月度收益率方差变动的 74.2% 可以由市场收益率进行解释。回归结果如下式所示。

$$r_{jt} = -0.08 + 1.19 r_{Mt} + \varepsilon_t$$

表 2-8　根据宝钢股份与沪深 300 指数历史收益率之间关系回归的结果

项目	回归系数	t 值	显著 p 值	F	R^2
常数项（a）	-0.08	-0.781	0.438	173.769	0.742
指数收益率（r_M）	1.186	13.182	0.000		

或者将公式（2-36）经过简单的变换后成为下列表达式：
$$r_j = r_f + \beta_j \times (r_M - r_f) \Rightarrow$$
$$r_j - r_f = \beta_j \times (r_M - r_f) \quad (2-42)$$

根据式（2-42）的形式，采用相关历史数据，应用不带常数项的最小二乘法回归方程，我们也可以得出贝塔系数 β_j 的估计值。但是这一解释需要无风险收益率的月度对应值，计算出市场的风险补偿率（市场风险溢价 $r_M - r_f$）与个别资产的风险补偿率（个别资产的风险溢价 $r_j - r_f$）。这一回归结果或者直接计算得出的市场特征线是没有截距的过原点的直线方程。

五、对贝塔系数计算的一些讨论

贝塔系数值一般通过股票的历史收益率和一些市场指数的历史收益率作线性回归，从而从股票的证券特征线估计得出。用这种方法得出的贝塔系数称为历史贝塔系数。

然而，历史贝塔系数反映的是股票在过去的风险程度，而投资者关心的则是未来股票的风险。现实生活中有可能有公司在过去看起来很安全，但情况变了，它将来的风险会比过去的风险大，或者正好相反。例如，美国电话电报公司正说明了这一点。当时拥有全国的电话公司时，它是业绩最好的蓝筹股之一。而现在投资者认识到，美国电话电报公司所面对的竞争比过去更加激烈，现在投资该公司比过去面临更大的风险。而苹果公司在若干年前实际已经破产了，但它现在看起来非常健康。因此，苹果公司的风险下降，而美国电话电报公司的风险上升了。

如果我们在 CAPM 框架下使用历史贝塔系数来度量企业的权益成本，暗含的假设是这家企业未来具有与过去相同的风险程度。这对于今天像苹果公司或美国电话电报公司这样的公司来说，可能是有问题的假设。但是对大多数年份中的大多数公司来说，情况未必会更好。所以，就单个企业来说，使用反映企业过去业绩的风险并不能很好地预测企业面临的未来风险，单个企业的历史贝塔系数通常并不是非常可靠的。

因为单个企业的历史贝塔系数不能很好地预测未来的风险状况，研究者已经寻找方法来改进它们。这导致了两种不同贝塔系数的产生，即调整后的贝塔系数和基本贝塔系数。调整后的贝塔系数值主要由 Marshall E. Blume[①] 发展起来，他指出，长期来看，真实的贝塔系数趋近于1.0。因此，可以从公司的历史统计贝塔系数开始，根据预期未来变动趋向于1.0进行调整，从而得到一个调整后的贝塔系数。平均而言，调整后的贝塔系数比未经调整的历史贝塔系数能更好地预测未来的贝塔系数。美国 Value Line 公司公布的贝塔系数近似基于这个方程[②]：

$$\text{调整后的贝塔系数} = 0.33 \times \text{历史贝塔系数} + 0.67 \times 1.0 \quad (2-43)$$

如我们前面计算过的宝钢股份的贝塔系数为1.19，因此，调整后的宝钢股份的贝塔

[①] Marshall E. Blume, "Bates and Their Regression," *Journal of Finance*, June, 1975, 785-796.

[②] [美] 尤金·F. 布里格姆、菲利普·R. 戴夫斯著，王化成、黄磊译：《中级财务管理（第8版）》，北京，中国人民大学出版社，2009。

系数为

$$\text{调整后的贝塔系数} = 0.33 \times 1.19 + 0.67 \times 1.0 = 1.06$$

另一些研究者扩展了调整过程，把基本风险变量如财务杠杆、销售波动等类似变量也包括进来，最后得到了基本贝塔系数。这些贝塔系数通过调整来反映公司在营运方面和资本结构方面的变化，而直到公司"真实"贝塔系数变化后的数据，用历史贝塔系数（包括调整后的贝塔系数）可能才能反映出这些变化。这一部分内容我们将在第七章资本结构中讲述。

显然，调整后的贝塔系数十分依赖未经调整的历史贝塔系数，基本贝塔系数在实际计算时也是一样。

在计算贝塔系数的时候，许多不同的数据集都可以用来计算历史贝塔系数，而不同的数据计算出的结果也不同。因此，在计算贝塔系数时，我们需要注意以下几点：

1. 贝塔系数的计算可以利用不同历史时期的数据。例如，过去 1 年、2 年、3 年等的数据都可以使用。现在，大多数人计算贝塔系数时使用过去 5 年的数据，但这一选择也是主观的，时间长度选择的不同通常会显著地改变公司的贝塔系数。

2. 在计算贝塔系数时可以应用一定历史时期内不同时间长度（如以 1 天、1 周、1 个月、1 个季度或是 1 年等）为单位计算的收益率，来计算贝塔系数。如果以天作为计算收益率的期间，则我们只需要一个年度的数据即可分析计算相关公司的贝塔系数，因为一年中可交易的天数大致有 243 天左右，也就是说，以一年作为一个期间，按天为单位计算收益率时，应该有 243 个样本，这一样本的数据进行线性回归贝塔系数时，应该基本上可以得到较好的统计可信度。如果以周作为计算收益率的单位期间，大约需要 2 个年度的数据，因为 1 年的周数大致是 52 周，2 年就有 104 周的周收益率的数据。如果以月度作为计算收益率的单位期间时，则我们大约需要有 5 个年度的数据，因为 1 年只有 12 个月，5 年也不过 60 个月，因此，以月度作为收益率的计算单位时，5 年有 60 个月的月收益率的数据。当然，为了消除时间短带来的对收益率计算的随机"噪音"，我们也可以以 5 年为期间，按照天、周和月度作为计算单位，计算贝塔系数。5 年按天为计算单位的收益率有高达 1 215 个样本；而按周为计算单位时的样本数为 260 个。这些不同时间长度为单位计算的贝塔系数可能会存在较大的差异。因此，在进行历史贝塔系数计算时，对选用什么为计算单位应该进行仔细分析、审慎选择。

3. 由于指数的使用对算出的贝塔系数有重要的影响，因此用来代表"市场"的值也需要审慎考虑。在我国，计算沪深两地交易所上市公司的贝塔系数，可以选择两地具有典型性、代表性的沪深 300 指数作为市场。如果是对在上海证券交易所上市的上市公司，也可只选择上证综指作为市场。而对于在深圳证券交易所上市的上市公司，也可只选择深证成指作为市场。

4. 贝塔系数的可加性。在资本市场中，投资者根据投资目标可以选择不同的风险资产进行组合投资，且分别选择了风险资产 A 以及风险资产 B，进行投资组合。如果风险资产 A 的贝塔系数为 β_A，风险资产 B 的贝塔系数为 β_B，根据贝塔系数的可加性，组合投资的贝塔系数是由投资组合中两项资产权数与各自的贝塔系数的加权平均得出，各资产的权数为个别资产在投资组合中的投资份额，计算公式如式（2-44）所示：

$$\beta_P = \omega_A \beta_A + \omega_B \beta_B \qquad (2-44)$$

如果 A 公司的贝塔系数为 1.25，B 公司的贝塔系数为 1.10。投资者在资产 A 上的投资比例为 40%，而 B 公司的投资比例为 60%，则投资者投资 A、B 公司的投资组合的贝塔系数为 1.16。

六、CAPM 的实证检验

CAPM 是基于一系列假设条件而提出的，如果这些假设是正确的，那么 CAPM 也是正确的。但很明显，假设不完全正确，基本的 SML 等式 $r_j = r_f + \beta_j (r_M - r_f)$ 可能不能准确描述市场中投资者的行为和收益率的建立。假设许多投资者不是完全分散持有，投资组合中的可分散风险不能完全消除，因此：（1）贝塔值不是令人满意的风险衡量指标；（2）SML 不能完全解释期望收益率是如何建立的。如果投资者借钱的利率比无风险收益率高（如果借款利率高于贷款利率），则 CML 不会像图 2-14 那样是一条过点 M 的直线，SML 也会失效。当然，税收以及交易费用也是存在的，它们也会扭曲 CAPM 关系。

基于上述原因，CAPM 不完全有效是很可能的。在无效的情况下，SML 不能得出准确的估计。因此，CAPM 在可靠使用前必须经过实证和有效性检验。对 CAPM 进行实证检验的文献很多，本书仅给出一些关键文献的概要。

（一）贝塔系数的稳定性检验

CAPM 估计的股票市场风险贝塔系数应该反映投资者对股票未来波动的估计，这一波动是与市场未来波动相联系的。显然，目前并不知道单只股票在未来如何与市场相联系，也不知道投资者的未来预期相关平均波动是多少，仅知道过去波动的数据，用这些数据可以画出证券特征线并计算出历史贝塔系数。如果历史贝塔系数长期稳定，那么投资者用过去的贝塔系数来预测未来的波动也是合理的。假设股票 j 的贝塔系数在过去是稳定的，那么它的历史贝塔系数，可能是它的事前评价或预期贝塔系数的良好代理变量。"稳定"的含义是，如果贝塔系数是用一段时间（如 1999~2003 年）的数据计算出来的，那么从 2004~2008 年的数据也能发现同样的贝塔系数。

Robert Levy 和 Marshall Blume 以及其他一些学者都深入研究了贝塔稳定性的问题[①]。Levy 计算了一系列时间间隔内单个证券及证券投资组合的贝塔系数，得出结论：第一，单只股票的贝塔系数是不稳定的，因此，单个证券过去的贝塔系数不能很好地预测其未来风险；第二，10 只或更多只随机选择股票组成的投资组合的贝塔系数是稳定的，因此，过去投资组合的贝塔系数可以很好地预测未来投资组合的波动。实际上，在投资组合中，单个证券贝塔系数的错误趋向相互抵消。Blume 和其他人的研究也支持这个结论。

贝塔系数稳定性的研究说明：与估计单个证券的必要收益相比，CAPM 在构建投资

---

① Marshall E. Blume, "Bates and Their Regression," *Journal of Finance*, June, 1975, 785-796; Robert A. Levy, "On the Short-Term Stationarity of Bate Coefficients," *Financial Analysts Journal*, November-December, 1971, 55-62.

组合时是更好的概念。

（二）资本资产定价模型的检验

我们设想，如果有10位风险偏好不同的投资者，他们对投资风险容忍程度各不相同。我们依此可以分为最低风险、低风险、较高风险、高风险及最高风险的投资者，他们在选择投资标的时，利用资本市场的现有资信进行投资资产组合。根据投资者的不同风险承受程度，我们对投资者的资产选择时采用不同的投资策略：第1位投资者（风险承受最低的投资者）从证券交易所交易的股票中选取贝塔系数最低的10%的股票组合进行投资；第2位投资者（低风险的投资者）选取资本市场中贝塔系数次低的10%的股票组合进行投资；如此继续，到第10位投资者（风险程度最高的投资者）则选取资本市场中贝塔系数最高的10%股票组合进行投资。而且这些投资者每年末将证券交易所全部交易的股票的贝塔系数重新评估，并对他们的投资组合重新按照前述原则进行组合。如果我们对投资者的投资效果观察的时间足够长的话，我们应该可以根据这些不同的投资者选择的贝塔系数与最终受益结果之间的关系来检验CAPM。

Black（1993）通过这一方法对CAPM进行了实证检验[①]。他选取了从1931年至1991年60年的观察期间，图2-19表现的就是他们各自的业绩：第1位投资者持有的是风险远低于市场风险的投资组合，贝塔系数仅为0.49，但该投资者也发现他的投资收益是最低的，只高出无风险利率9%；另一个极端是第10位投资者，他的组合的贝塔系数为1.52，大约是第一位投资者的3倍，但他获得的收益也是最高的，年平均收益比无风险利率高出17%。总的来看，60年来的数据表明收益随着贝塔系数的增大而提高。

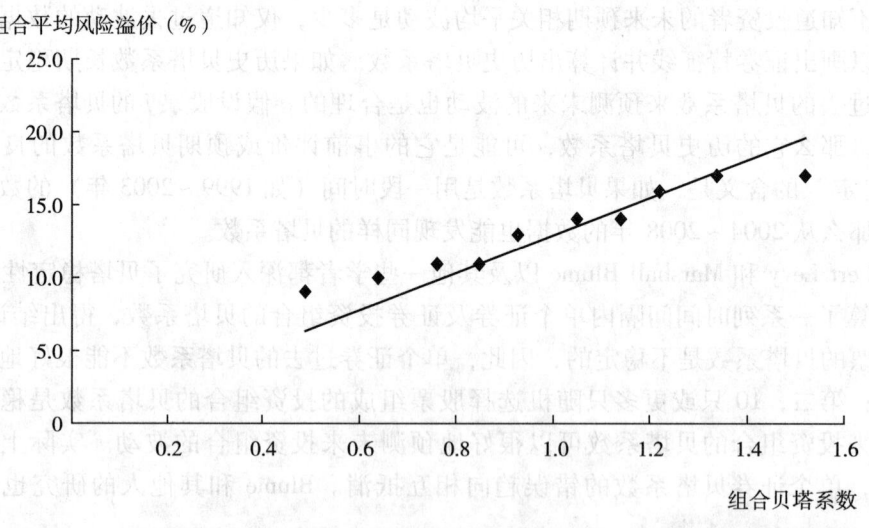

图2-19 1931~1991年间不同贝塔系数组合投资与其对应平均风险溢价关系图

---

① F. Black, "Beta and Return," *Journal of Portfolio Management*, 20, 1993, 8-18.

正如我们在图 2-19 中看到的那样，在同样的 60 年时间里，市场组合的平均收益高于利率 14 个百分点，其贝塔系数为 1.0（当然是这样）。资本资产定价模型预测风险溢价应该与贝塔系数按比例增长，因此每种投资组合的收益应该位于图 2-19 中的向右上倾斜的证券市场线上。由于市场的风险溢价为 14%，第 1 位最低风险承受的投资者持有的投资组合的贝塔系数为 0.49，所以理论上的风险溢价应为 6.86%（=0.49×14%）低于 7%；第 10 位投资者，也就是最高风险承受者，持有的投资组合的贝塔系数为 1.52，理论上的风险溢价应为 21.28%（=1.52×14%）超过了 21%。但是我们看到，虽然高贝塔系数股票组合的业绩高于低贝塔系数股票组合，但却并未像资本资产定价模型所预言的那样大。资本资产定价模型说明，任何投资期望的风险溢价都会在市场线上。每个点表示的就是不同贝塔系数证券组合的平均风险溢价。贝塔系数越高的证券组合平均收益也越高，这符合 CAPM 模型的预测。然而，贝塔系数高的证券组合位于市场线之下，而贝塔系数低的证券组合则位于市场线之上。所以，10 种组合收益的拟合线比市场线平坦。虽然图 2-19 中表现收益与贝塔关系的直线有些太过平坦，但基本上支持了资本资产定价模型。

七、三因素 CAPM 模型

尽管 CAPM 模型具有很强的吸引力，许多研究仍然针对其有效性提出了一些问题。特别是芝加哥大学的 Eugene Fama 与耶鲁大学的 Kenneth French 的一项研究对 CAPM 提出了疑问。Fama 和 French 发现了两个与股票收益相关的变量：（1）公司规模；（2）公司市净率。在对其他因素进行调整之后，他们发现小规模公司具有相对较高的收益率，低市净率的公司也具有相对较高的收益率。与此同时，他们还发现股票贝塔系数与其收益率之间并没有关系，这与 CAPM 理论恰好相反。

在 1993 年发表的两份研究中，Fama 和 French 基于他们以前的结论建立了一个三因素模型。Fama-French 三因素模型（Fama-French Three-factor Model）中的第一个因素是市场风险溢价（市场收益率 r_M 减去无风险利率 $r_f = r_M - r_f$）。因此，他们的模型开始像 CAPM，但接着他们加入了第二个和第三个因素。为了形成第二个因素，他们把所有交易活跃的股票按规模大小排列，然后分成两个投资组合，分别包含小规模股票投资组合和大规模股票投资组合。他们计算了两个投资组合各自的收益率，并通过小规模投资组合收益率扣除大规模投资组合收益率而构造了第三个投资组合，他们称之为 SMB（因为是规模较小的减去规模较大的）。设计这个投资组合的目的是测度股票收益由投资组合规模引起的变化。

为了形成第三个因素，他们按账面市值比（B/M）对股票进行了排列。他们把 30% 市净率最高的股票纳入一个投资组合，称之为 H 组合（因为市净率较高）；把 30% 市净率最低的股票纳入另一个投资组合，称之为 L 组合（因为市净率较低）。用 H 组合的收益率减去 L 组合的收益率，把结果称为 HML 组合（因为是较高市净率减去较低市净率）。最终的模型如下：

$$r_j - r_f = \alpha + \beta_1(r_M - r_f) + \beta_2(r_{SMB}) + \beta_3(r_{HML}) + \varepsilon \quad (2-45)$$

式中：r_j 为股票 j 的历史收益率（已实现）；r_f 为无风险利率的历史收益率；r_M 为市场的历史收益率（已实现）；r_{SMB} 为小规模投资组合减去大规模投资组合的历史收益率（已实现）；r_{HML} 为高市净率投资组合的收益率减去低市净率投资组合的收益率（已实现）；α 为股票 j 纵轴的截距项；β_1、β_2 和 β_3 为股票的斜率；ε 为随机误差，反映一定期间内，股票 j 的实际收益率与回归直线预测的期望收益率之间的差别。

接下来是如何应用这个模型。假如利用式（2-45）对某只股票进行回归，并估计出如下的回归系数：常数项为 0，β_1 为 1.2，β_2 为 0.2 和 β_3 为 0.3，假设预期的市场风险溢价为 8.5%，无风险利率是 3.5%。假如 r_{SMB} 的预期值为 3.2%，r_{HML} 的预期值为 4.8% 用 CAPM 中 SML 得到股票的必要收益为

$$\overline{r_j} = r_f + \beta_j \times (\overline{r_M} - r_f) = 3.5\% + 1.2 \times 8.5\% = 13.7\%$$

用 Fama – French 三因素模型得到的预期收益率为

$$r_j = r_f + \alpha + \beta_1(r_M - r_f) + \beta_2(r_{SMB}) + \beta_3(r_{HML})$$
$$= 3.5\% + 0 + 1.2 \times 8.5\% + 0.2 \times 3.2\% + 0.3 \times 4.8\% = 15.78\%$$

目前，Fama 和 French 三因素模型主要是学术研究人员在使用，公司中的管理人员主要还在用 CAPM。造成差别的第一个原因在于数据的获取。大多数教授都有途径获取计算各因素所需的数据，而诸如公司规模因素和市净率因素的数据一般公众不易得到。第二个原因在于估计规模因素和市净率因素预期值的差异。尽管这些因素的历史平均收益已知，但过去的历史收益能否很好地预测未来期望收益未知。第三个原因在于许多管理者选择等待，他们只有在一个新的理论被学术界广泛接受后才会去采用它。

事实上，最近有一系列研究都表明该模型不正确。一些研究指出，规模不再对股票收益有影响了，以前也没有什么规模影响（以前的结论是由数据源的特性引起的），或者规模影响对大多数公司都不适用。另一些研究指出，市净率影响不如最初认为的那样重要，而且市净率影响也不是由风险引起的。另一个最近的研究表明，如果公司涉及实物资产和成长机会（比如研发、商誉等）的资产构成变化了，那么它看起来好像受规模和市净率影响。换句话说，即使单项资产的收益适用于 CAPM，资产构成的变化也会影响公司贝塔系数的变化，这种变化方式使公司表面看起来受规模和市净率影响。

第六节 套利定价模型

资本资产定价模型中的限制性假设及其对市场投资组合的依赖长期以来一直被学术界和实务界所质疑。20 世纪 70 年代后期，罗斯（Ross）（1976）提出了一个测量风险的替代模型，即套利定价模型（Arbitrage Pricing Model，APM）。

一、套利的含义

如果投资者能够发现这样一种投资：其未来收益为正并且初始投资为零，那么这一投资者就可能获得一个套利的机会。我们可以考虑一个最简单的例子：假设王先生从 A

银行以 5% 的年利率借入 100 万元，然后将这笔资金以 6% 的年利率存入 B 银行，从这两笔交易中王先生所获得的现金流量如表 2-9 所示。

表 2-9　　王先生两银行之间的简单套利现金流量

王先生的策略行为	初始时间（t_0）的现金流量（万元）
从 A 银行借入资金	+100
把借入资金存入 B 银行	-100
净现金流量	0
王先生的策略行为	终结时间（t_1）的现金流量（万元）
从 B 银行取出存款	+106
归还 A 银行的借款	-105
净现金流量	+1

在王先生的投资行为中，其初始时间（t_0）的初始投资额为零，终结时间（t_1）的投资收益为 1 万元。如果市场存在这样的投资机会，则王先生实现了一个套利机会。如果市场存在这样的交易条件，投资者就可以获得套利利润，获得这种利润的金融交易称为套利交易。

套利机会的定义：投资额为零，且证券组合的未来收益率为非负值。套利行为会使市场的套利机会迅速消失，这就是套利定价理论的基本思路——"一价定律"：套利行为使两种具有相同风险和回报率水平的证券价格趋同。

二、套利定价模型假设条件

套利定价理论比资本资产定价模型适用性更强，应用范围更广。在讨论套利定价理论时，有必要阐述一下套利定价理论的几个假设，并将其与资本资产定价模型的假设相比较。与资本资产定价模型一样，套利定价理论假设：

1. 影响证券资产收益率的因素不止一个，而是有 K 个因素；
2. 投资者是避免风险的，追求效用最大化；
3. 资本市场是完全竞争的，因而交易成本等因素都是无须考虑的；
4. 投资者具有相同的预期；
5. 在市场均衡的条件下，投资组合的套利收益为零。

与资本资产定价模型不同的是，套利定价理论并没有假设：

1. 单一的投资期；
2. 不存在税收；
3. 投资者能以无风险利率 r_f 自由地借贷；
4. 投资者根据 $E-\sigma$ 来选择投资组合。

由于套利定价理论认为在均衡的条件下资产期望收益率依赖于多个因素，又由于市场组合在该理论中不一定起关键的作用，还由于套利定价理论可以很容易地推广到多期投资的情形，它就比资本资产定价模型更好应用。

三、套利定价理论的模型

资本资产定价模型本身是不可直接测试的。但可以由此模型引导出一个可测试的单因素或称单指数模型。资本资产定价模型认为,证券或任何其他风险资产的期望收益率是由一个因素即市场风险投资组合的期望收益率决定的。而套利定价理论则主张,任何资产的收益率(当然是随机的)是 k 个(多个)宏观经济因素的一次函数,其形式可简单表述为

$$\tilde{r} = a + b_1\tilde{r}_1 + \cdots + b_k\tilde{r}_k + \tilde{\varepsilon} \qquad (2-46)$$

式中: $\tilde{r}$ 为资产的随机收益率; a 为常数,是 k 个收益率均为零的收益率; b_i, $i=1,\cdots,k$,该资产收益率对第 i 个因素收益率的敏感性; $\tilde{r}_i$, $i=1,\cdots,k$,第 i 个因素的随机收益率; $\tilde{\varepsilon}$ 为资产收益率的噪声,满足 $\bar{\varepsilon}=0$,记 $\bar{\varepsilon}=E(\tilde{\varepsilon})$,且 $\tilde{\varepsilon}$ 与 $\tilde{r}_i$ 均不相关。

很容易看出,上述套利定价模型(有时称为多指数模型)是资本资产定价模型的推广。值得指出的是,套利定价理论认为相对于可考虑全部资产数目,k 是很小的,但该理论并未明确指出这 k 个因素究竟是什么,它们可能是石油的价格、利率、GNP等。资本资产定价模型中的市场收益率($\tilde{r}_m$)可能是也可能不是这 k 个因素中的一个。当然有些资产与其他资产相比可能对某个因素更为敏感,例如石油公司的收益率对油价因素就比对软饮料价格因素敏感得多。套利定价模型看起来更加合理和直截了当。

在资本市场的均衡条件下,不存在套利机会。所谓套利机会是指不需要投资、无风险且仍能产生正的收益率的投资机会①。在此条件下,进行无风险、无新投入资本的投资活动(后者,例如出售一部分已有资产,用其收入购置新的资产),其预期收益率必定是零。或者说每个投资组合的期望收益率应该是 β 值的一个线性函数,否则就存在套利的机会。基于这一结论,可以导出套利定价模型的期望值形式:

$$\bar{r}_j = r_f + \beta_{j1}(\bar{r}_{F1} - r_f) + \beta_{j2}(\bar{r}_{F2} - r_f) + \cdots + \beta_{jK}(\bar{r}_{FK} - r_f) \qquad (2-47)$$

式中: $\bar{r}_j$ 为资产 j 的期望收益率; K 为影响资产收益率的因素的数量; $\bar{r}_{Fi}$, $i=1,\cdots,K$,第 i 个影响因素的期望收益率; β_{ji}, $i=1,\cdots,K$,资产 j 对第 i 个影响因素敏感性。

很明显,如果认可市场收益率是"K 个因素"中的一个的话,资本资产定价模型就是套利定价理论的特殊情形。

四、套利定价模型的应用

为了应用套利定价模型求解资产的期望收益率,必须预先完成三项工作:一是确定

---

① [美] 阿斯沃斯·达摩达兰著,郑振龙等译:《应用公司理财》,北京,机械工业出版社,2000。

有关宏观经济因素，其数量不应太多；二是对确定的宏观经济因素估计出预期风险补偿率；三是测定资产对确定的宏观经济因素的敏感性。

我们假设存在三个宏观经济影响因素，一是市场风险补偿率；二是真实国内生产总值（GDP）的增长率；三是消费者价格指数（CPI）。假定市场无风险收益率为6%，证券j的贝塔系数$\beta_1=1.2$，$\beta_2=0.2$，$\beta_3=0.3$。市场组合的期望收益率为12%，真实国内生产总值期望增长率为3%，消费者价格指数期望值为4%，根据公式（2-47）证券资产j的期望收益率为

$$\bar{r}_j = 6\% + 1.2 \times (12\% - 6\%) + 0.2 \times (3\% - 6\%) + 0.3 \times (4\% - 6\%) = 12.0\%$$

计算结果，证券j的期望收益率为12.0%。

套利定价理论的最大优点是可以扩大到包含若干风险因素，但这一理论本身并没有指明影响证券收益的是些什么因素以及如何衡量这些因素的敏感性。这一问题还没有人作出肯定的答复，尚需理论界和实务界共同进一步探讨。

【本章小结】

1. 风险可简单地定义为实际收益率与期望收益率之间变动性的大小，因此，国库券是无风险证券，而普通股则是风险证券。

2. 由于许多资产未来收益的现金流量是不确定的，故此，对不确定的流量分布引进概率、均值、方差以及标准差等进行描述。

3. 对单项资产来说，资产的期望收益就是该资产未来各种可能收益的均值。收益分布离开均值的程度用标准差来表示，因此，均值和标准差用来描述资产收益分布的形态。根据正态分布的特性，我们可以计算某些条件出现的概率。

4. 一项投资如果由多个资产组成就称为投资组合。人们在选择投资组合时务求：在风险一定的条件下，使期望收益率最大；在给定期望收益率的条件下，使风险最小的组合，这些组合称为有效组合。有效组合的集合称为投资组合有效集。

5. 通过多样化投资组合可以分散风险。可以通过投资组合分散的风险被称为个别风险（或者称为非系统性风险、可分散风险），而不能通过多样化投资分散的风险称为系统性风险（或者称为市场风险、不可分散风险）。

6. 过无风险收益率与风险资产投资组合有效集的切线是资本市场线，切点为最优风险资产组合。资本市场线上所有的点都是投资者进行投资组合的有效集。从切点下至无风险收益率之间的组合为风险规避者的选择，表示投资者在无风险资产和风险资产之间进行组合投资；而从切点向上延伸，则为风险偏好者的选择，表示投资者会借入无风险利率资本用于投资最优风险资产组合。

7. 资本资产定价模型是用于计量个别资产期望收益率和风险间的关系，来确定个别资产的价格。个别资产的期望收益率决定于该个别资产收益率和市场投资组合收益率之间的统计相关程度。

8. 套利定价模型表述任何资产的期望收益率是多个宏观经济因素的一次函数。

【思考与练习题】

1. 请解释为什么只有当投资者作了相当次数的投资时，均值才被认为能够较好地表示期望收益率。

2. 为什么说只有当收益率分布呈对称形态时，标准差才能比较好地用于对风险的计量？

3. 请分析无风险资产的存在是如何改变投资者的投资机会集的。

4. 说明贝塔系数在资产定价的重要作用。贝塔系数用来测量什么？怎么计量贝塔系数？

5. 利用资本市场的资料和上市公司的资源，选择一家上市公司，并以之作为对象，计算该公司的贝塔系数值。

6. 以上海证券交易所上市公司为观察对象，构建一个投资组合，组合的股票数不低于10家。以该投资组合为对象，计算该投资组合的贝塔系数，并以投资组合内的任意一家公司为对象，计算同期的单一股票的贝塔系数，对两者的贝塔系数进行比较。

7. 以沪深两市 A 股为对象，以1992年4月30日为基期，利用相关的数据库获取所有当前上市公司的贝塔系数，并以这一贝塔系数为依据，将所有上市公司的贝塔系数从大到小分为10个区间，在每一贝塔系数区间内任取一贝塔系数值，以具有该贝塔系数值的公司作为建立该贝塔系数区间内股票投资组合的依据，这样可建立10个投资组合。投资组合年度收益率的计算以该组合当年4月30日股票收盘价为组合的期初价值，以该组合内股票下一年4月30日的收盘价为该组合的期末价值。投资组合每年的4月30日调整一次，以相同的贝塔系数构建下一年度的投资组合，并以相同的方法计算每一投资组合当期的年收益率。根据这些数据，要求：

(1) 观察每一年内投资组合的收益率与贝塔系数之间的关系。

(2) 以10年作为一个观察期，相同贝塔系数投资组合的期间复合收益率与贝塔系数之间的关系。

(3) 以20年作为一个观察期，相同贝塔系数投资组合的期间复合收益率与贝塔系数之间的关系。

8. 资料：A、B 两家公司的收益率及概率分布情况如下表：

概率	收益率（%）	
	A公司	B公司
0.1	−15	−8
0.3	0	6
0.3	8	8
0.2	12	10
0.1	20	15

要求：
(1) 计算 A 公司的期望收益率和标准差。
(2) 计算 B 公司的期望收益率和标准差。
(3) 计算 A、B 公司间的协方差与相关系数。
(4) 计算 A、B 公司收益率大于 12% 的概率分别为多少？
(5) 计算 A、B 公司收益率大于 6% 的概率分别为多少？

9. 资料：王先生计划将一部分资金投资在 A 公司以及 B 公司的股票上。他预期 A 公司股票的期望收益率（$\bar{r}_A$）为 10%，B 公司股票的期望收益率（$\bar{r}_B$）为 8%，两家公司股票收益率的标准差分别为 $\sigma_A = 10\%$ 及 $\sigma_B = 5\%$。这两家股票报酬率相关系数（ρ_{AB}）为 0.2。

要求：
(1) 分别计算下列三种投资组合的期望收益率（$\bar{r}_P$）以及标准差（σ_P）：

投资组合	持有 A 公司股票比重（%）	持有 B 公司股票比重（%）
1	50	50
2	25	75
3	75	25

(2) 描绘出投资组合的有效集。
(3) 根据所描绘的投资组合有效集分析分散化投资可降低风险。

10. 资料：张先生手中现有 100 万元现金，他计划将其中的 40 万元投资于 A 公司股票，60 万元投资于 B 公司股票。他预期 A 公司及 B 公司的期望收益率（$\bar{r}$）和标准差（σ）为：

	A 公司	B 公司
$\bar{r}$（%）	10	15
σ（%）	15	20

要求：
(1) 假设 ρ_{AB} 预估值为 -0.5、0 以及 0.5 时，请分别计算投资组合的期望收益率以及标准差。
(2) 讨论在这三种情形下，张先生所选择投资组合是否比将所有现金投资于 A 公司股票为佳？
(3) 用（1）小题所得答案说明分散化投资对降低投资组合风险的效果。

11. 资料：明星公司估计下期可能的收益率及概率分布如下表：

市场状况	市场状况发生概率	收益率（%）	
		市场	明星公司
停滞不前	0.20	-10	-15
缓慢增长	0.30	10	15
平均增长	0.30	15	20
快速增长	0.20	25	30

无风险收益率当前水平为6%。

要求：

（1）分别计算市场和明星公司的期望收益率。

（2）明星公司的贝塔系数为多少？

（3）根据资本资产定价模型明星公司要求的收益率为多少？

12. A软件公司1995年12个月的收盘价、市场组合收益率和国库券收益率资料如下表：1994年12月份的收盘价为61.13元，A软件公司近来未分配现金股利。

月份	收盘价（元）	市场组合收益率（%）	国库券收益率（%）
1	59.38	2.60	0.42
2	63.00	3.88	0.40
3	71.13	2.96	0.46
4	81.75	2.91	0.44
5	84.69	3.95	0.54
6	90.38	2.35	0.47
7	90.50	3.33	0.45
8	95.50	0.27	0.47
9	90.50	4.19	0.43
10	100.00	-0.35	0.47
11	87.13	4.40	0.42
12	87.75	1.85	0.49

要求：

（1）计算每月市场篮子的风险补偿率（$r_M - r_f$）。

（2）计算A软件公司的按月超额收益率（$r_j - r_f$）。

（3）根据资本资产定价模型利用以上数据计算β_j。

（4）估计A软件公司要求的收益率。

【参考文献与推荐阅读书目】

[1] [美] 理查德·A. 布雷利等著，赵英军等译：《资本投资与估值》，北京，中

国人民大学出版社，2010。

［2］［美］尤金·F. 布里格姆、菲利普·R. 戴夫斯著，王化成、黄磊译：《中级财务管理（第8版）》，北京，中国人民大学出版社，2009。

［3］［美］詹姆斯·C. 范霍恩著，刘志远译：《财务管理与政策（第12版）》，大连，东北财经大学出版社，2011。

［4］戴书松：《财务管理》，北京，经济管理出版社，2006。

［5］胡元木、姜洪丽：《中级财务管理》，北京，经济科学出版社，2008。

［6］Black, Fischer, "Estimating Expected Return," *Financial Analysts Journal*, 1993, 49 (5), 36 – 38.

［7］Black, Fischer, "Return and Bate," *Journal of Portfolio Management*, 1993, 20 (1), 8 – 18.

［8］Fama, Eugene F., "Efficient Capital Markets: A Review of Theory and Empirical Work," *Journal of Finance*, 1970, 25, 383 – 417.

［9］Fama, Eugene F., Kenneth R. French, "The Cross – Section of Expected Stock Returns," *Journal of Finance*, 1992, 47 (2), 427 – 466.

［10］Markowitz, Harry, "Portfolio Selection," *Journal of Finance*, 1952, 7, 79 – 91.

［11］Mossiin, "Jan Equilibrium in a Capital Asset Market," *Econometrica*, 1966, October, 768 – 783.

［12］Ross, Stephen A., "The Arbitrage Theory of Capital Asset Pricing," *Journal of Economic Theory*, 1976, 13, 341 – 360.

［13］Sharpe, William F. Capital Asset Prices, "A Theory of the Equilibrium Under Condition of Risk," *Journal of Finance*, 1964, 19 (3), 425 – 442.

［14］Marshall E. Blume, "Bates and Their Regression," *Journal of Finance*, 1975, June, 785 – 796.

［15］Robert A. Levy, "On the Short – Term Stationarity of Bate Coefficients," *Financial Analysts Journal*, November – December 1971, 55 – 62.

［16］Richard Roll, "A Critique of the Asset Pricing Theory's Tests," *Journal of Financial Economics*, 1977, March, 129 – 176.

第三章

期权定价

【本章要点】
- 期权的基本概念
- 期权价格及价格区间
- 期权定价模型

自从芝加哥期权交易所1973年开始交易以来,期权这种金融创新工具由于其优异的套期保值功能,无论在理论研究还是在实践应用上都得到了极大的发展。特别是期权在财务管理中的广泛使用,拓展了财务管理的研究领域,不仅在投资管理中得以应用,而且在筹资管理中也被广泛使用。

本章我们将介绍期权的基本概念、期权价格区间的形成以及期权定价的一些基本模型。关于期权定价在公司财务管理中的应用我们将分别在长期筹资和项目风险投资决策的有关章节中作详细介绍。

第一节 期权的基本概念

一、期权的概念

期权(Option)是一种金融契约形式,它赋予期权持有人在规定的时间内或将来某个特定日期以合约规定的执行价格(Exercise Price)或协定价格(Striking Price)买进或出售规定数量某种资产的权利,但这并不是一种义务。因此,期权的重要特征是期权持有人对某种金融资产交易的选择权,在期权合约到期时,权利人可以要求履行合约进行交易,也可以放弃合约不履行交易。有选择就意味着能够有更有利的结果,能够在一定程度上趋利避害,期权持有者获得了选择的权利,为此,他必须要为这一权利支付相应的费用,这就是期权合约的期权费(Premium),也是通常人们所认为的期权价格(Option Value)。

期权合约中的某种金融资产,可以是股票、外汇、政府债券等,被称为基础资产或标的资产(Underlying Asset)。期权合约规定的时刻,称为期权的到期日,或称执行日、履约日(Expiration Date)。如果合约只能在期权到期日才履行的(进行基础资产交易)称为欧式期权,如果合约可以在期权到期日之前的任何时刻履行的称为美式期权。合约所规定的价格,就是合约到期双方进行基础资产交易的价格,称为约定价格、履约价格或执行价格(Exercise Price)。

二、期权的基本类型

期权有两种基本类型,按照期权购买者通过支付期权费而获得的权利是买入还是卖出分为买方期权(Call Option)和卖方期权(Put Option)。

买方期权也称看涨期权,是指赋予投资者在合约规定的期限或在某一特定的日期按协定价格购买规定数量基础资产的权利。

卖方期权也称看跌期权,是指赋予投资者在合约规定的期限或在某一特定的日期按协定价格出售规定数量基础资产的权利。

期权是基于对基础资产未来价格变动趋势的判断而作出的对选择未来基础资产买入或是卖出的权利,以实现套期保值或投机获利,因为对基础资产未来价格变动趋势的判断受到该资产现行价格的影响,所以现行价格水平与执行价格的对比状况影响期权价格,并影响投资者购买何种类型期权的决策。

对买方期权,如果基础资产的现行价格高于看涨期权的执行价格,称为沽盈价(In – the – money),反之则为沽亏价(Out – of – the – money)。如果期权合约在沽盈价履行,则该资产的市场价格与期权执行价格的差额为期权的内在价值(Intrinsic Value),即期权有内在价值,但如果基础资产现行价格低于期权执行价格,则期权内在价值为零。如图 3 – 1 所示,纵轴表示期权内在价值,横轴表示基础资产的市场价格。

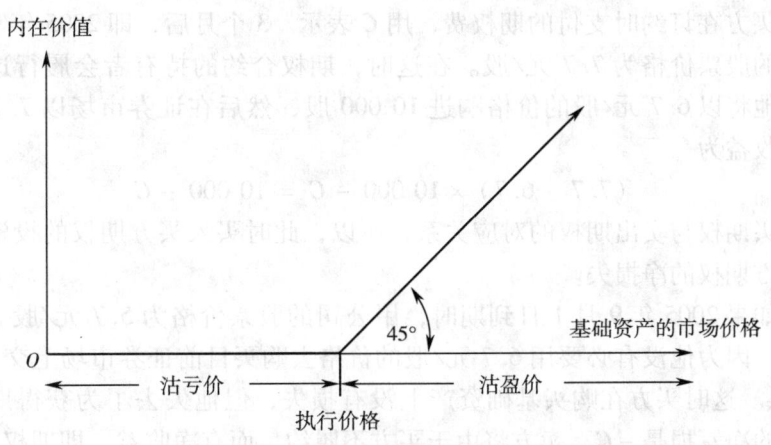

图 3 – 1　看涨期权的内在价值与基础资产现行市价的关系

对卖方期权，如果基础资产的现行价格低于看跌期权的执行价格，则称为沽盈价，反之，则为沽亏价。如图3-2所示，期权在小于执行价格区域履行，则期权存在正的内在价值，否则，当基础资产价格高于基础资产的现行市价时，期权无内在价值。

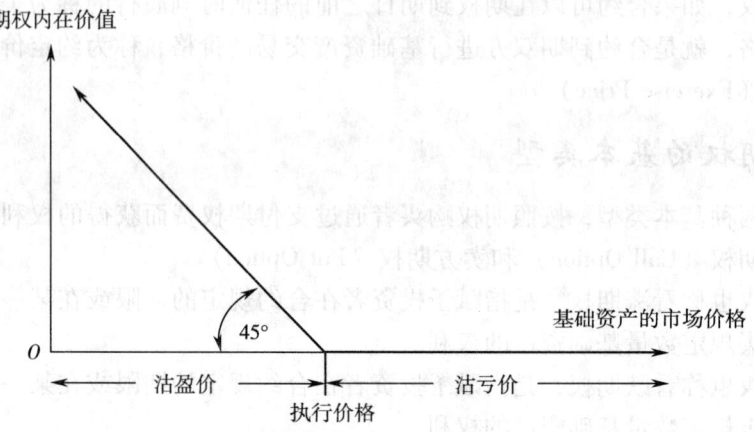

图3-2 看跌期权的内在价值与基础资产现行市价的关系

如果基础资产的现行价格等于看涨期权的执行价格或看跌期权的执行价格，则称为持平价（At-the-money），此时的期权价格为零。

三、期权交易的盈亏分布

最基本的期权交易模式是买进或卖出看涨期权，以及买进或卖出看跌期权。下面我们通过分别介绍不同的期权交易业务，来进一步分析各种期权的盈亏分布状况。

（一）买方期权

假定一个欧式的买方期权合约为3个月到期的合约，当前时间为2005年6月1日，基础资产为甲公司流通股，执行价格为6.7元/股，当日股价为6.5元/股，交易数量为10 000股。买方在订约时支付的期权费，用C表示。3个月后，即2005年9月1日到期时，甲公司的股票价格为7.7元/股。在这时，期权合约的持有者会履行这个合约。因为根据合约他将以6.7元/股的价格购进10 000股，然后在证券市场以7.7元/股出售。这时他的净收益为

$$(7.7 - 6.7) \times 10\,000 - C = 10\,000 - C$$

由于购买期权与卖出期权的对应关系，所以，此时买入买方期权的投资者的净收益即是卖出买方期权的净损失。

反之，如果2005年9月1日到期时，甲公司的股票价格为5.7元/股。在这时买方有权不履约，因为他没有必要用6.7元/股的价格去购买目前证券市场上交易价格为5.7元/股的股票。这时买方在购买基础资产上没有损失，但他失去了为获得期权权利的期权费，即他的净亏损是$-C$。卖方将由于买方不履约，而有净收益，即期权费的收入C。

由这个数值例子可以看出，对买方期权而言，买方与卖方的收益与亏损完全取决于基础资产（甲公司股票）的市场价格与约定价格之差。当市场价格上涨而超过约定价格

时，买方期权的买方肯定有收益，而且价差越大，收益越大，理论上是无限的，所以这时肯定履约，这就是买方期权为什么又称为看涨期权的原因，因为买方是希望市场价格上涨的。而当市场价格下跌，低于约定价格时，买方不会履约，因为他如果真的需要甲公司股票可以直接去证券交易所购买，而不必支付高于市场价格的期权执行价格，此时投资者的损失则仅是已支付的期权费。这个分析表明，对买方期权而言，它的买方与卖方的风险与收益是不一致的。理论上，当基础资产市场价格上升时，买方可获得无限制的收益，而下跌时，他最多损失全部的权利金，这是固定的；卖方相反，他可能的亏损是无限制的，他的收益最多也就是全部的权利金。图3-3表示买方期权买入者的净损益与基础资产的市场价格的关系；与该图形相反，买方期权的出售方的净损益与投资方净损益相反，为图3-3的倒影，如图3-4所示（图中，横轴S表示基础资产的市场价格，横轴上的交点K为基础资产的期权执行价格，纵轴表示买进及卖出买方期权的净收益，C表示期权费）。

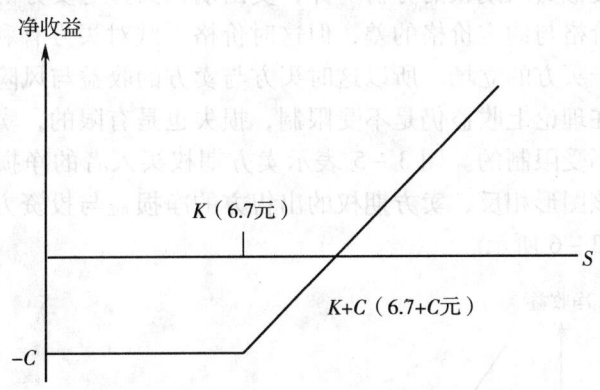

图3-3 买入买方期权的损益与市价关系

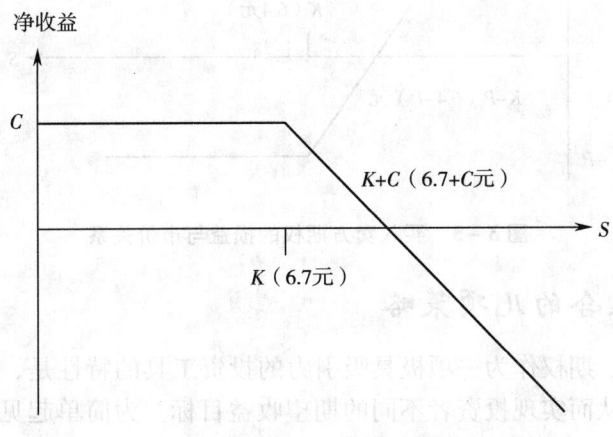

图3-4 卖出买方期权的损益与市价关系

(二) 卖出期权

同样,利用这个例子也可说明卖出期权的关系。假定这个卖出期权合约的其他条件都与上述例子相同,而执行价格改为 6.4 元/股,支付的期权费,用 P 表示。当 3 个月到期时,甲公司的股票价格为 7.6 元/股。在这时,期权合约的买方将不履行这个合约,因为他可以按市价 7.6 元/股出售,而不会按期权的执行价格 6.4 元/股出售给卖出期权的卖方,这时合约的买方的净亏损就是期权费 $-P$;而卖出期权的卖方的收益就是买方的损失 P。

如果到期日甲公司的股票价格为 5.4 元/股,这时买方将肯定履约,因为这时他可以在市场上以 5.4 元/股的价格买入,然后按照 6.4 元/股的约定价格出售给卖方,这时投资者的净收益为

$$(6.4 - 5.4) \times 10\,000 - P = 10\,000 - P$$

同样,这个净收益完全来自于卖方的亏损,卖方的净亏损为 $10\,000 - P$。

我们可以完全类似买入期权的分析一样,卖出期权买方与卖方的收益与亏损也完全取决于基础市场的价格与约定价格的差,但这时价格下跌对买方有利,因此卖出期权称为看跌期权也是出于买方的立场。所以这时买方与卖方的收益与风险虽然与买入期权的方向相反,但买方在理论上收益仍是不受限制,损失也是有限的,卖方的收益仍是固定的,而损失可能是不受限制的。图 3-5 表示卖方期权买入者的净损益与基础资产的市场价格的关系;与该图形相反,卖方期权的出售方的净损益与投资方净损益相反,为图 3-5 的倒影,如图 3-6 所示。

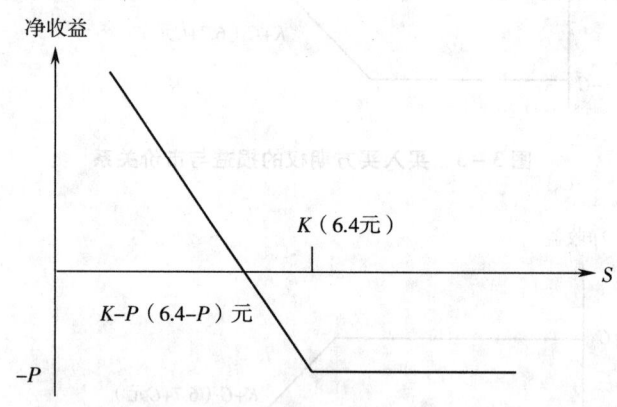

图 3-5 买入卖方期权的损益与市价关系

四、期权组合的几项策略

对投资者而言,期权作为一项极具吸引力的投资工具的特性是,期权可以采用多种不同的组合方式,从而实现投资者不同的期望收益目标。为简单起见,我们假设欧式看涨期权和看跌期权具有相同的到期日 (T),且具有相同的标的资产,我们同时还设定两种期权的执行价格 (K) 均等于资产的现时价格 (S_0)。

第三章 期权定价

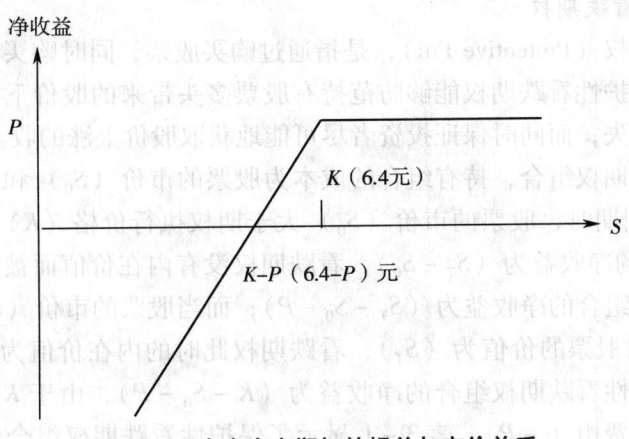

图 3–6 卖出卖方期权的损益与市价关系

(一) 股票和债券不同头寸状况的损益

如果投资者以市价（S_0）买入股票，则持有股票的多头头寸。当股票的市价每上涨 1 元，投资者持有的每股股票的多头头寸将随之获利 1 元；当股票的市价每下跌 1 元，投资者持有的每股股票的多头头寸将随之损失 1 元，如图 3–7（A）中的实线所示。如果投资者以市价（S_0）融券卖出股票，则持有股票的空头头寸。当股票的市价每下跌 1 元，投资者持有的每股股票的空头头寸将随之获利 1 元；当股票的市价每上涨 1 元，投资者持有的每股股票的空头头寸将随之损失 1 元，如图 3–7（A）中的虚线所示。

如果投资者持有折价且期间无利息支付债券，无论股票价格发生怎样的变化，投资者将于债券到期获得固定的面值，如图 3–7（B）实线所示。如果出售债券则相反，如图 3–7（B）虚线所示。

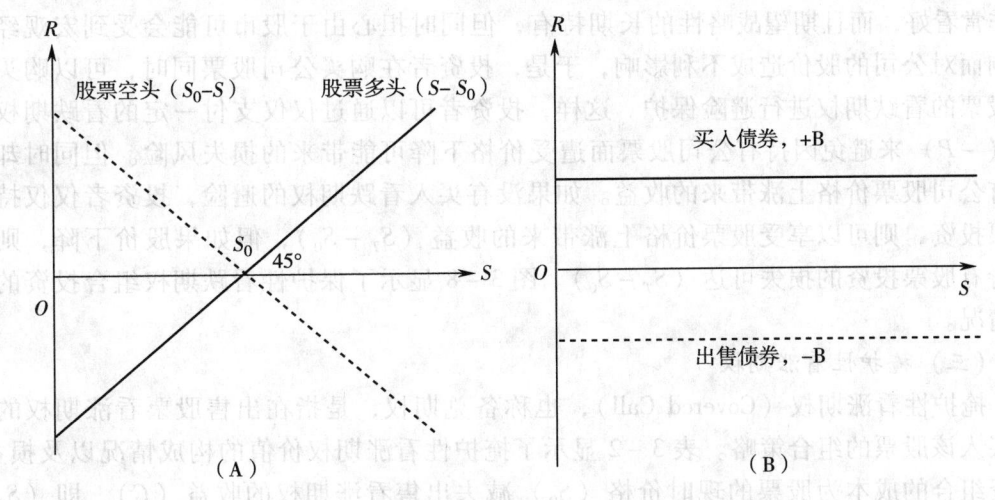

图 3–7 持有股票和债券的多头及空头损益图

(二) 保护性看跌期权

保护性看跌期权（Protective Put），是指通过购买股票，同时购买该股票的看跌期权所构成的组合。保护性看跌期权能够防范持有股票多头带来的股价下跌的风险，从而锁定投资者的最大损失，而同时保证投资者尽可能地获取股价上涨的收益。

对保护性看跌期权组合，持有组合的成本为股票的市价（S_0）和看跌期权的期权费用（P），当期权到期时，股票的市价（S_0）大于期权执行价格（K），则此时股票的价值为（S_T），股票的净收益为（S_T-S_0），看跌期权没有内在价值而被选择放弃行权，此时保护性看跌期权组合的净收益为（S_T-S_0-P）；而当股票的市价（S_0）小于期权执行价格（K），则此时股票的价值为（S_T），看跌期权此时的内在价值为（$K-S_T$）而被选择行权，此时保护性看跌期权组合的净收益为（$K-S_0-P$），由于$K-S_0$，所以，其最大损失即为期权的费用（$-P$）。表3-1显示了保护性看跌期权组合价值构成情况以及损益。

表3-1　　　　　　　　　保护性看跌期权组合价值构成情况以及损益

状态	$S_T \leq K$	$S_T \geq K$
股票多头价值（1）	S_T	S_T
看跌期权多头价值（2）	$K-S_T$	0
组合价值（3）=（1）+（2）	K	S_T
组合损益（4）=（3）-（S_0+P）	$K-(S_0+P)=-P$	$S_T-(S_0+P)=S_T-(K+P)$

实务中的保护性看跌期权主要用于对股票投资的避险。某投资者如果对某公司的股票非常看好，而且期望战略性的长期持有，但同时担心由于股市可能会受到宏观经济影响而对公司的股价造成不利影响，于是，投资者在购买公司股票同时，可以购买对该股票的看跌期权进行避险保护。这样，投资者可以通过仅仅支付一定的看跌期权费用（$-P$）来避免因持有公司股票而遭受价格下降可能带来的损失风险。但同时却可享有公司股票价格上涨带来的收益。如果没有买入看跌期权的避险，投资者仅仅持有股票投资，则可以享受股票价格上涨带来的收益（S_T-S_0），但如果股价下降，则单纯持有股票投资的损失可达（S_T-S_0）。图3-8显示了保护性看跌期权组合投资的损益情况。

（三）掩护性看涨期权

掩护性看涨期权（Covered Call），也称备兑期权，是指在出售股票看涨期权的同时买入该股票的组合策略。表3-2显示了掩护性看涨期权价值的构成情况以及损益。投资组合的成本为股票的现时价格（S_0）减去出售看涨期权的收益（C），即（S_0-C）。

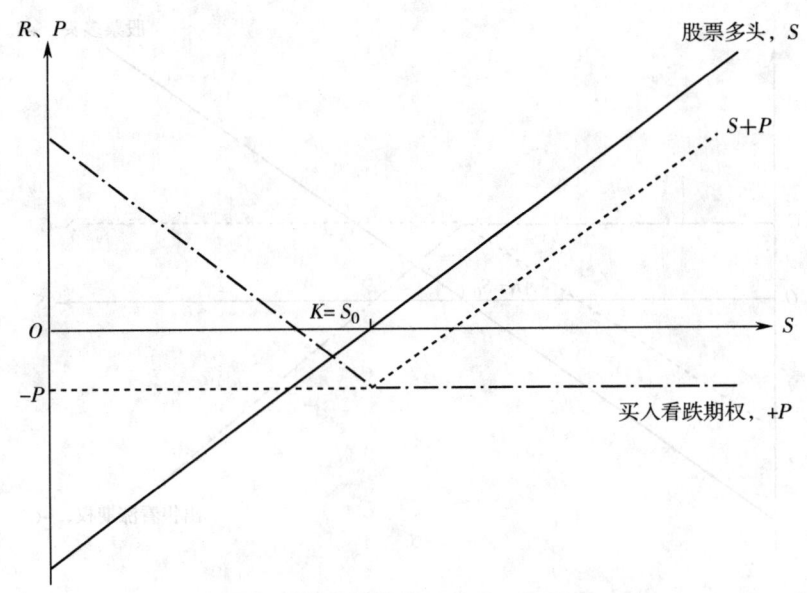

图 3-8 保护性看跌期权组合的损益图

表 3-2 掩护性看涨期权价值构成情况以及损益

状态	$S_T \leq K$	$S_T \geq K$
股票多头价值（1）	S_T	S_T
看涨期权空头价值（2）	0	$K - S_T$
组合价值（3）=（1）+（2）	S_T	K
组合损益（4）=（3）-（$S_0 - C$）	$S_T - (S_0 - C)$	$K - (S_0 - C) = C$

如果投资者卖出股票看涨期权，随着股票股价的上涨，看涨期权的空方将会承受巨大的损失，为此看涨期权的空方可以在出售看涨期权的同时买入股票，通过股票价格上涨所带来的收益抵补看涨期权空头的风险。这样的组合实现了图 3-9 所示的掩护性看涨期权（$S-C$）的损益状况。

（四）跨式期权

跨式期权（Straddle），也称同价对敲，是指投资者同时买入具有相同执行价格与到期时间的同一种股票的看涨期权与看跌期权，就建立了一种"对敲策略"。表 3-3 显示了跨式期权价值的构成情况以及损益。跨式期权组合的成本为看涨期权价格（C）加上看跌期权价格（P），即（$C+P$）。

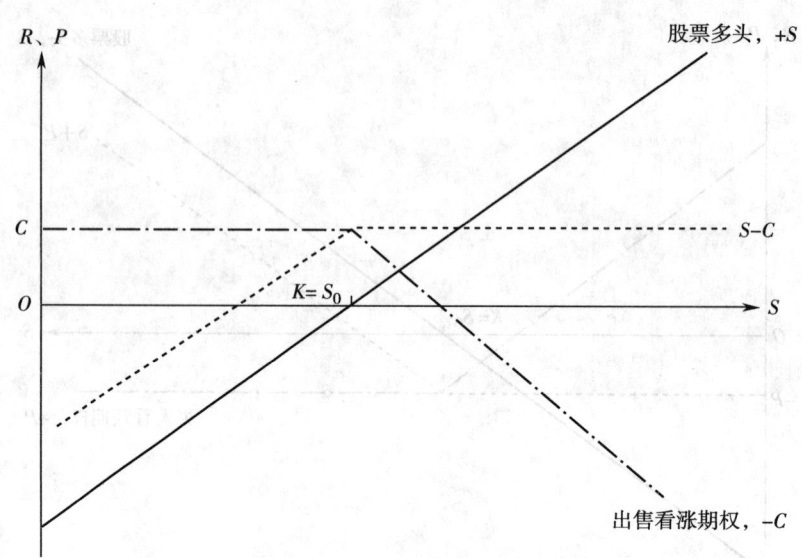

图3-9 掩护性看涨期权的损益图

表3-3 跨式期权价值构成情况以及损益

状态	$S_T \leq K$	$S_T \geq K$
看涨期权多头价值（1）	0	$S_T - K$
看跌期权多头价值（2）	$K - S_T$	0
组合价值（3）=（1）+（2）	$K - S_T$	$S_T - K$
组合损益（4）=（3）-（C+P）	$K - S_T - (C+P)$	$S_T - K - (C+P)$

当 $S_T = S_0$ 时，即在初始状态时，由于我们假设期权的执行价格（K）与股票的市场价格（S_0），$K = S_0$，此时的跨式期权的价值为 $-(C+P)$，即持有看涨期权和看跌期权的成本。通过支付有限的成本，可以获得股价无论上涨还是下跌大幅变动的收益。在现实中，如果投资者预期某个股票的价格可能会发生大幅度的变化，但是不能判断是哪个方向变动时，投资者选择跨式期权是一种很有用的策略。比如预计某家公司可能被收购，这是一个利好的消息，但至于是否被收购却面临很大的不确定性，此时就可以考虑跨式期权策略。

图3-10显示了跨式期权组合的损益状况。

对于跨式期权，一定要注意，当未来的股票价格只会发生很小幅度的变动时，此时不适宜采用该策略，因为，此时的这种策略会导致跨式期权发生损失。只有当预期股票未来价格发生很大幅度的变动时，跨式期权才是较好的策略。

（五）无风险收益组合

我们利用前面所介绍的保护性看跌期权与卖出看涨期权进行组合，可以得到类似于债券的无风险的确定性收益。表3-4显示了资产组合的价值构成及损益状况。

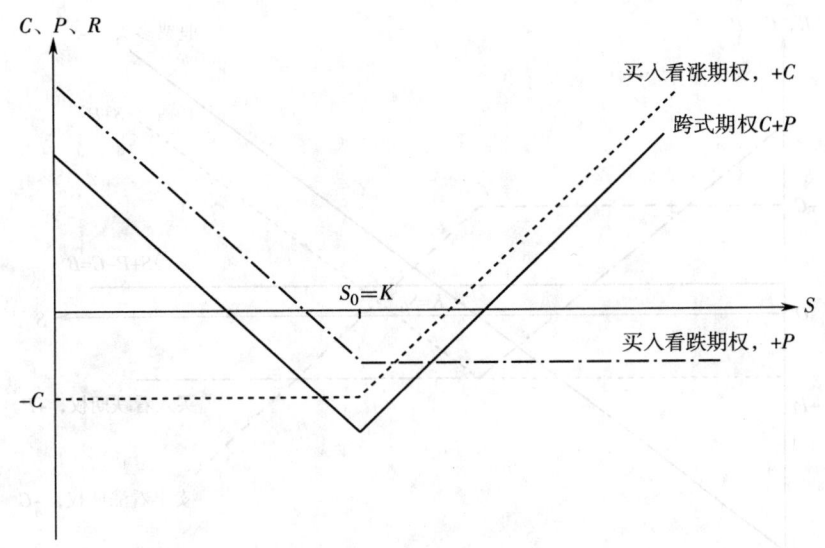

图 3-10　跨式期权组合的损益图

表 3-4　保护性看跌期权与看涨期权空头构成无风险收益组合的价值及损益

状态	$S_T \leq K$	$S_T \geq K$
股票多头价值（1）	S_T	S_T
看跌期权多头价值（2）	$K - S_T$	0
看涨期权空头价值（3）	0	$K - S_T$
组合价值（4）=（1）+（2）	K	K
组合损益（5）=（4）-(S_0+P-C)	$K-(S_0+P-C)=C-P$	$K-(S_0+P-C)=C-P$

如表 3-4 所示，由持有股票多头、以该股票为基础资产的且具有相同执行价格与期限的欧式看跌期权与看涨期权空头的投资组合，无论未来到期时标的资产的价格如何变化，资产组合的价值均为期权的执行价格（K），组合的损益均为看涨期权价格减去看跌期权费用（$C-P$）。组合资产的固定收益是由构成组合的资产特性所决定的。投资者持有股票资产多头的股价下降的损失，由于持有的看跌期权多头的股价下降所获收益能够对股价下降风险进行规避。而持有看涨期权空头的股价上涨的损失，由于持有股票资产因股价上涨所带来的收益进行了补偿。因而，这一资产组合的收益保持了固定数，与股票价格变化无关。这一收益状况与图 3-7（B）所示的债权收益状况完全一致。这一投资组合可以通过式（3-1）表示：

$$S + P - C = B \tag{3-1}$$

图 3-11 显示了组合投资的损益情况。

将无风险收益组合构成式（3-1）经过简单的移位变换后，我们可以得出这些基本的证券进行不同的方式组合的基本关系式，如式（3-2）所示：

$$S + P = B + C \tag{3-2}$$

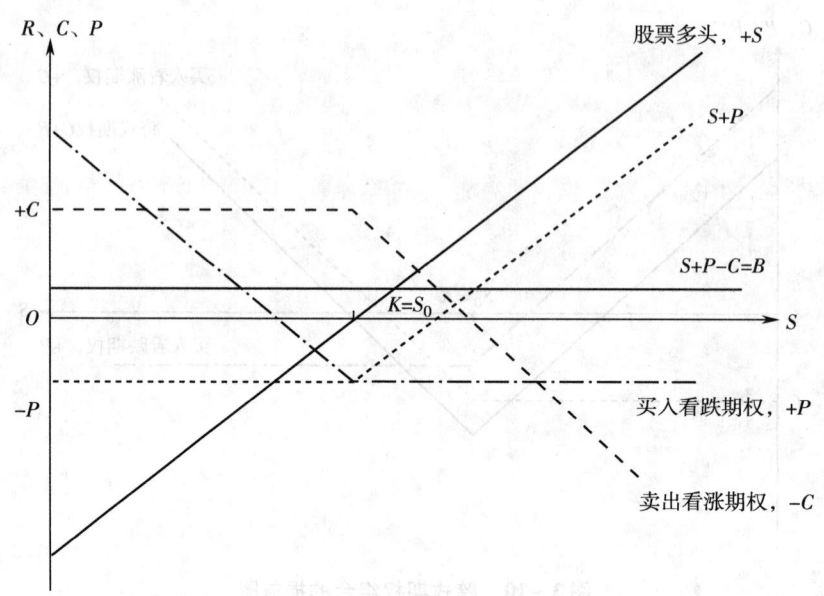

图 3-11 组合 $S+P-C=B$ 的损益图

买入股票和买入以该股票为标的看跌期权所产生的损益恰好与持有债券和买入看涨期权的损益状况完全相等。同理，持有由股票的多头头寸、看跌期权以及看涨期权的空头头寸组合而成的证券组合的支付恰好等于持有债券而获得的完全无风险的收益。

五、公司股东权益是一项看涨期权

为了便于介绍如何将公司股东权益视为以杠杆公司的资产为标的的看涨期权，我们假设公司仅拥有两种资本来源：股东权益和风险性债券。企业的风险性债券为零息债券，其面值为 D，且从现在开始 T 年后到期。该债券以公司的资产为担保，但是债券持有人直至债券到期日之前不会迫使公司破产。该公司未支付任何股利。

我们从公式（3-2）看到，任何风险性投资组合均可由四种最基本资产交易组成，即

$$S + P = B + C$$

根据式（3-2）所表述的含义，就我们当前所讨论的问题而言，这一表达式所表述的标的资产应为公司的价值 V。有负债公司的权益价值（S）实际上是公司价值（V）的看涨期权，执行价格为公司债务 B。如果在到期日，公司的价值 V 超过债券的面值 D，则股东就会通过偿还债券并且留下超额部分的方式执行他们拥有的看涨期权。另一方面，如果公司的价值低于债券的面值，则股东就无法执行期权而拖欠债务。因此，在到期日，股东的财富 S 可以表达如下：

$$S = \max(0, V - D) \tag{3-3}$$

如果我们将表达式（3-2）中的 S 用 V 替代，C 用 S 替代，并经过简单变化后，我们可以得到

$$V = (B - P) + S \tag{3-4}$$

公式（3-4）告诉我们，风险性资产的价值，即有负债公司的价值可以分解为两个部分。权益部分 S，它是看涨期权，以及风险性债务头寸 $(B-P)$，其数值就等于无风险负债的现值减去欧式看跌期权的价值 P。在到期日，债券持有人可以获得

$$B - P = \min(V, D) \tag{3-5}$$

表3-5揭示了在到期日，如何将权益与风险性负债相加等于公司的价值。我们假设此时不存在任何税负，且无须支付任何破产成本给第三方（如律师和法庭）。在到期日，公司的价值完全在债券持有人和股东之间分配。如果公司经营成功，即如果 $V > D$，则债券持有人获得无风险债券的面值 D，而此时债券持有人持有的看跌期权空头不具有任何价值。如果公司破产，则债券持有人仍可获得无风险债券的面值，但是，此时实际是他们已经执行了看跌期权，因为他们损失了无风险债券的面值 D 与公司的价值 V 之间的差额。他们获得 D，但是却损失 $(D-V)$，因此，公司权利人的净头寸价值仍为 V，即等于破产状况下的公司价值。

表3-5　　　　　　　到期日公司股东、债权人价值及公司价值情况

	$V \leq D$	$V > D$
股东头寸：		
看涨期权价值，S（1）	0	$V - D$
债券持有人头寸：		
无风险债券价值（2）	D	D
看跌期权空头价值，P（3）	$V - D$	0
债权人价值（4）=（2）+（3）	V	D
公司权利人价值合计（5）=（1）+（4）	V	V

这种将有负债公司的权益理解为公司资产价值的看涨期权的观点，在债券定价中有较好的应用价值，在期权定价部分我们将具体加以应用。

六、看涨—看跌期权平价

期权的实务与理论证明，对于欧式期权而言，具有相同的到期日，并且均以单一证券为标的物的看跌期权与看涨期权的价格之间存在一个固定的关系。这个关系式是由斯托尔（Stoll）推导得到的，我们称之为看涨—看跌期权平价（Put-call Parity）。它隐含的意思是：如果我们已知以某资产为标的物的欧式看涨期权的价格，则我们可以很简单地确定出以相同资产为标的物的欧式看跌期权的价格。

在前面我们介绍了一种投资组合，这个组合由一份普通股、一份看跌期权，并且卖出（签约出售）一份看涨期权组成。两项期权均以普通股为标的物。同时，它们具有相同的到期日（T），以及相同的执行价格（K）。根据表3-4所示的资产组合的价值状况，无论在到期时标的资产的价格如何变化，该资产组合的价值均为期权执行价格（K）。因此，证券组合获得的收益是完全无风险的，我们可以认为资产组合的初始价值

是期权到期执行价格（K）的无风险贴现现值。由此可以得到

$$S + P - C = \frac{K}{1 + r_f} \tag{3-6}$$

对其进行重新安排可得到看涨—看跌期权平价公式：

$$C - P = \frac{S(1 + r_f) - K}{1 + r_f} \tag{3-7}$$

应当注意，此处的利率 r_f 是指一个时期的利率，但该时间段并不一定等于一个日历年度。例如，如果期权到期期限为6个月，而 r_f 是指年利率，则我们可以用 $(1+r_f)^{1/2}$ 代替公式（3-7）中的 $(1+r_f)$。公式（3-7）即欧式期权的看涨—看跌期权平价关系式。当我们将执行价格 K 设定等于当前股票价格 S 时，就会产生一种特殊的情况。当 $S = X$ 时，我们可以得到

$$C - P = \frac{r_f S}{1 + r_f} \tag{3-8}$$

这就说明了当估价参数均相等时（相同的股票价格、即时方差、执行价格、到期期限以及无风险利率），并且执行价格等于股票价格，看涨期权的价值将会大于看跌期权。这就解释了为什么图3-8中表示看涨期权的虚线位于看跌期权的下方。

看涨—看跌期权平价公式的等量连续的复利公式为

$$C - P = S - e^{-r_f T} K \tag{3-9}$$

此处的 r_f 是指年无风险利率，而 T 则指看跌期权和看涨期权的（以年计）到期日。看涨—看跌期权平价关系十分有助于我们对欧式期权进行估价，因为如果我们已知欧式看涨期权的价值，根据看涨—看跌期权平价关系，我们同样可以得到对应的欧式看跌期权的价值。

第二节 期权价格及价格区间

一、期权价值的构成

期权价格是期权购买者为获得期权权利要向期权出售者所支付的期权费，是期权价值的市场反映。期权价值主要反映了人们对合约项下的基础资产的市场价格变化的预期以及期权合约至期满日所剩的时间长度，期权价值主要由期权的"内在价值"和"时间价值"构成。

所谓"内在价值"就是期权的沽盈价，反映了期权持有者现在就执行期权的可获利程度。期权的"内在价值"可有可无，如沽亏价和持平价就没有"内在价值"。所谓"时间价值"，即期权费减去"内在价值"后的剩余部分。

我们用 S 表示期权基础资产的现时价格，K 表示期权合约的执行价格，用 IV_C 表示看涨期权的内在价值，IV_P 表示看跌期权的内在价值，则有

$$IV_C = \max(0, S - K) \tag{3-10}$$
$$IV_P = \max(0, K - S) \tag{3-11}$$

用 C 表示买入看涨期权的期权费，P 表示卖出看跌期权的期权费，TV_C 表示看涨期权的时间价值，TV_P 表示看跌期权的时间价值，根据式（3-10）和式（3-11）有

$$TV_C = C - IV_C \tag{3-12}$$
$$TV_P = P - IV_P \tag{3-13}$$

显然，根据期权价格为期权内在价值与时间价值之和的定义，我们可以把期权价格表示为

$$C = IV_C + TV_C = \max(0, S - K) + TV_C \tag{3-14}$$
$$P = IV_P + TV_P = \max(0, K - S) + TV_P \tag{3-15}$$

[例 3-1] 现有先锋公司的股票市场价格为每股 12 元，3 个月的看涨期权的期权价格为 6 元，执行价格为 10 元；3 个月的看跌期权的期权价格为 3 元，执行价格为 11 元。试问，先锋公司股票 3 个月的看涨期权及看跌期权的内在价值和时间价值分别为多少？

对看涨期权，因为 $S=12$，$K=10$，$C=6$，所以根据公式（3-10）有

$$IV_C = \max(0, 12 - 10) = \max(0, 2) = 2$$

又根据公式（3-12）得

$$TV_C = 6 - 2 = 4$$

同理，对看跌期权，因为 $S=12$，$K=11$，$P=3$，所以根据公式（3-11）有

$$IV_P = \max(0, 11 - 12) = \max(0, -1) = 0$$

又根据公式（3-13）得

$$TV_P = 3 - 0 = 3$$

期权是一项递耗资产，即期权的时间价值会随着合约距离其到期日越来越近而减少。在期权合约的到期日，假如期权没有内在价值，它便一文不值。下面我们举一例子来说明时间价值与合约到期日期限的关系。

[例 3-2] 某只股票 3 个月看涨期权合约的执行价格为 30 元，作为期权基础资产的股票市场价格为 25 元，这项期权的价格为每股 3 元，合约的规模为普通股 1 000 股。这就意味着期权合约的价格为 3 000 元，且全由时间价值构成。假如股票的市场价格不是 25 元而是 30 元，即期权处于"持平价"，此时期权的时间价值达到最大，1 000 股为 4 500 元。假如股票市价不是 30 元，而是 35 元，期权价格涨至每股 8 元，总价为 8 000 元，这其中，期权内在价值为 5 000 [=（35-30）×1 000] 元，时间价值为 3 000（=8 000-5 000）元。边线期权价格的曲线如图 3-12 中 a 线所示。

假如其他条件不变，随着时间的推移，期权的时间价值在减少。如在期权到期还有 1 个月时，期权的价格曲线变为如图 3-12 中的 b 线。当期权到期时，也即在期权的到期日，期权的时间价值为零，倘若这项看涨期权仍有价值，那一定是股票的市场价格超过了期权的执行价格（本例中的每股 30 元）；否则，这项期权将一文不值。

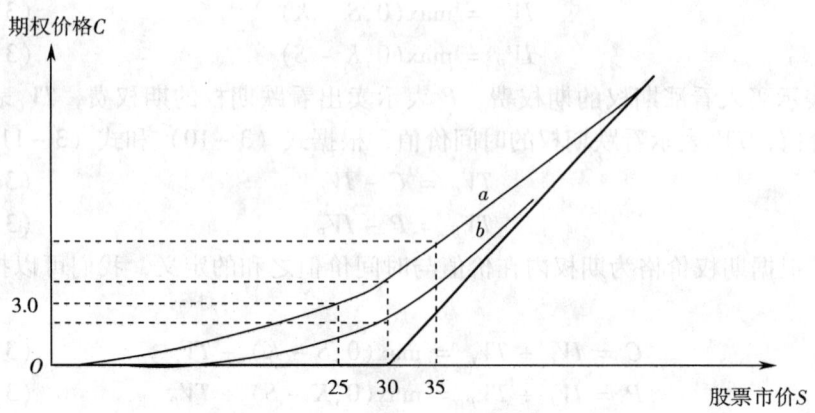

图3-12 看涨期权时间价值与期权到期日的期限之间关系

图3-13表示的是看跌期权价格与期权合约期限之间的关系。图中曲线 a 表示期限相对较长的期权价格曲线,曲线 b 表示期限较短的期权价格关系,而折线 c 表示期权到期日的价格关系。

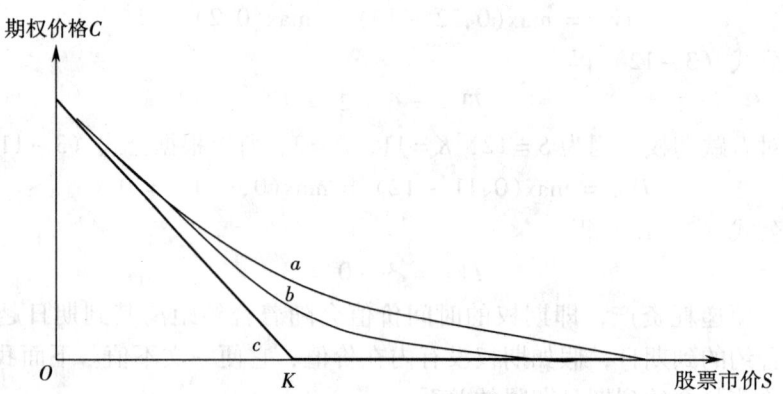

图3-13 看跌期权时间价值与期权到期日的期限之间关系

对于股票基础资产来说,期权合约的期限越长,因股价变动的可能性及范围将会越大,那么期权价格也就会越高。

二、期权价格区间

期权价格区间是指我们期望定位期权价格的范围(上下限)。在我们探求期权价格动态的过程中,期权价格区间提供了颇有帮助的第一步。期权价格必须在一定的限度内;否则,可能会获得没有风险的套利利润,然而,这种套利行为会把期权价格推进这一价格区间。因为,如前所述,如果能找到这种获得无风险套利机会的话,按照无套利假定,每当这些投资者发现套利机会时,他们就会利用这些机会。这种交易行为会导致价格的变动,直到套利利润消失,期权价格重新回到期权价格区间为止。

下面,我们将先研究一下看涨期权的价格界限,然后再研究看跌期权的价格界限。

(一) 看涨期权价格的上下限

对看涨期权而言，买入期权的价格界限既包括上限又包括下限。如果看涨期权价格高于上限或低于下限，那么套利者将能在无风险的情况下赚钱。

1. 下限 (Lower Bound)。欧式看涨期权的价格 C 必须位于下列界限之上：

$$C \geq \max[0, S - \frac{K}{(1+r)^T}] \qquad (3-16)$$

式中：S 为当天的股票价格，K 为期权执行价格，T 为距到期日的时间，r 为无风险年利率，假定无风险利率固定不变，C 为看涨期权价格。

假设有两项资产组合：

资产组合（1）：一项欧式看涨期权价格为 C，另外一笔数额为 $K(1+r)^{-T}$ 的现金；

资产组合（2）：一只股票价格为 S。

首先我们分析资产组合（1）的情况：

在 0 时点，我们将持有现金 $K(1+r)^{-T}$ 进行投资，时间为 T，到期现金价值为 K。

在 T 时刻，此时股票的价格我们用 S_T 表示，如果 $S_T > K$，看涨期权的价值为 $S_T - K$，期权持有者执行期权，用价值为 K 的现金购买市价为 S_T 的股票，此时，资产组合（1）的 T 时刻的价值为 S_T（$= S_T - K + K$）；如果 $S_T \leq K$，期权持有者放弃期权，此时资产组合（1）的 T 时刻的价值为 K，因此，无论期权到期时股票的市价如何变化，资产组合（1）的价值总是不小于股票此时的市价。

对资产组合（2），无论到期时股票价格如何变动，资产组合（2）的价值总是此时股票的市价。这样的话，在期权到期日，资产组合（1）的价值大于或至少等于资产组合（2）的价值。

所以，为了防止无风险的套利，在 0 时点进行期权交易时，资产组合（1）的价值总是要高于资产组合（2）的价值，即

$$C + \frac{K}{(1+r)^T} \geq S \Rightarrow C \geq S - \frac{K}{(1+r)^T}$$

该表达式即式（3-16）。

2. 上限 (Upper Bound)。期权作为按预先约定价格买卖一定数量基础资产的权利。对于看涨期权而言，打算购买期权投资人不可能以超过基础资产市价的期权价格来获得购买一份股票的权利，因为如果出现这种情形，该投资者会直接以市价购入股票。所以期权的价格为基础资产的市价，即

$$C \leq S \qquad (3-17)$$

图 3-14 表述了看涨期权的价格区间，两条虚线之间的区域为看涨期权的定价区域，看涨期权的定价在此区间之内，超过该区域，就会因为无风险套利最终回归该区域。实线表示的是期权到期日的看涨期权价格下限。

(二) 看跌期权价格的上下限

1. 下限。就像看涨期权一样，看跌期权的价格也有其上下限。看跌期权价格的下限是

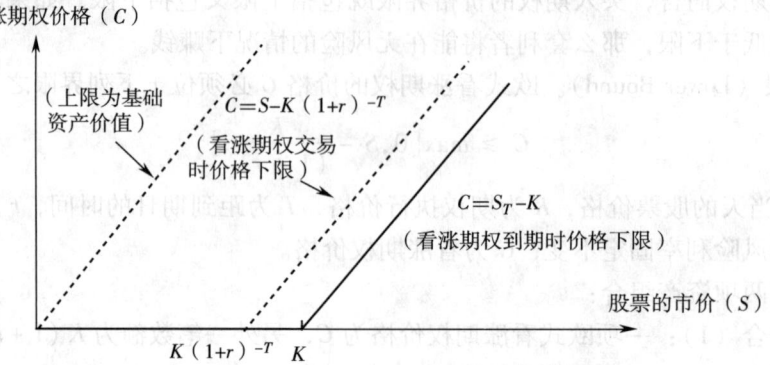

图 3-14 看涨期权的价格区间（两虚线之间为定价区域）

$$P \geq \max\left[0, \frac{K}{(1+r)^T} - S\right] \qquad (3-18)$$

式中：S 为当天的股票价格，K 为期权执行价格，T 为距到期日的时间，r 为无风险年利率，假定无风险利率固定不变，P 为看跌期权价格。

假设有两项资产组合：

资产组合（3）：一项欧式看跌期权价格为 P，另外一只股票价格为 S；

资产组合（4）：一笔数额为 $K(1+r)^{-T}$ 的现金。

首先我们分析资产组合（3）的情况：

在 T 时刻，此时股票的价格我们用 S_T 表示，如果 $S_T < K$，看跌期权被执行，即股票被以执行价格 K 卖出，资产组合（3）的价值为 K；如果 $S_T \geq K$，期权被放弃，此时资产组合（3）的 T 时刻的价值为 S_T，因此，将这两种情况综合起来看，资产组合（3）在期权到期日（T）的价值总和为 $\max(S_T, K)$。

对资产组合（4），在 0 时点，我们将持有现金 $K(1+r)^{-T}$ 进行投资，到时间 T，到期现金价值为 K。

这样的话，在期权到期日，资产组合（3）的价值大于或至少等于资产组合（4）的价值。所以，为了防止无风险的套利，在 0 时点进行期权交易时，资产组合（3）的价值总是要高于资产组合（4）的价值，即

$$P + S \geq \frac{K}{(1+r)^T} \Rightarrow P \geq \frac{K}{(1+r)^T} - S$$

该表达式即式（3-18）。

2. 上限。投资者从买入看跌期权交易中获取的最大利润相当于执行价格。而这只有当股票价格跌至零时才会发生。既然这种收益是在期权到期日才发生，而不是在购入看跌期权时发生，那么，看跌期权的价格就必须低于执行价格的贴现值。即

$$P \leq \frac{K}{(1+r)^T} \qquad (3-19)$$

图 3-15 表述了看跌期权的价格区间，在以期权执行价格现值为上限，分别以期权执行价格现值与股票基础资产现时市价的差和市场价格大于期权执行价格现值为下限所围成的粗线条区域。

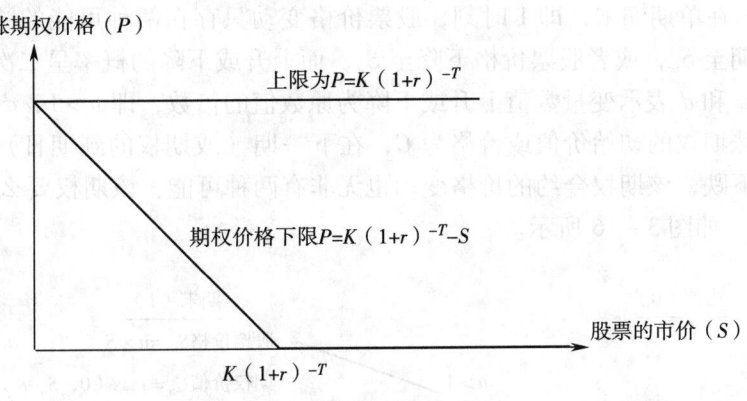

图 3-15　看跌期权的价格区间

第三节　期权定价模型

关于期权定价，最著名的、使用范围最广泛的模型有两种：一是二项式期权定价模型（Binomial Option Pricing Model，BOPM），又称"二叉树"期权定价模型；二是布莱克—斯科尔斯期权定价模型（Black–Scholes Option Pricing Model，BSOPM）。下面，我们将分别介绍这两种期权定价模型。

一、期权定价的单期二项式模型

如前所述，影响期权价值的关键因素是作为其标的物的基础资产的价格，对欧式期权来说，就是期权到期时的股票市价。因此，任何一种期权定价模型必须对其基础资产的价格从交易日起至到期日为止，这一段时间里的运动状况做一个合理假设。二项式期权定价模型将这一段时间分成若干区间，并假设在这一特定时段内基础资产的价格运动将出现两种可能的结果，然后在此基础上构筑现金流量模式，并推导期权价格。

（一）单期二项式期权的套期保值

为了便于对二项式期权定价模型的推导和分析，我们对该定价模型涉及的其他一系列限制性条件作出假设，主要包括：第一，该模型为不支付股利的欧式股票看涨期权定价模型；第二，股票市场和期权市场是完全竞争的，市场运行是非常具有效率的，如股票的卖空不受限制，套购的利润并不存在；第三，股票现货与期权合约的买卖不涉及交易成本，而且也不存在税收问题；第四，市场参与者可按已知的无风险利率无限制地借入资金或贷出资金，利率在期权有效期内保持不变，而且不存在信用风险或违约风险；

第五,是一个单期的期权。

在一个单期期权中,单期的期间可长可短,期间存在期初和期末。设目前为单期期初即 0 时刻,作为期权合约的基础资产(如股票)的现行市场价格为 S,期权合约的执行价格为 K。在单期期末,即 1 时刻,股票价格变动只存在两种可能的结果:或者股票价格上升单期至 S_u,或者股票价格下降至 S_d,而上升或下降的概率呈二次分布状。在这里,下标号 u 和 d 表示变量数值上升或下降为原数值的倍数,即 $u>1$,$d<1$。与此相对应,股票看涨期权的初始价值或价格为 C,在下一期(或期权的到期日)伴随着股票价格的上涨或下跌,该期权合约的价格变动也无非有两种可能,该期权要么上升至 C_u,要么下降至 C_d,如图 3-16 所示。

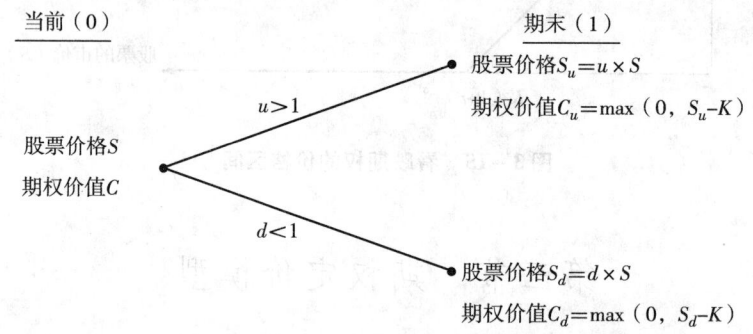

图 3-16 单期期权定价模型中符号表示

图 3-16 单期模型中基础资产(股票)的价格与期权价格变动的两种可能性,由于这个图形犹如一根叉开的树枝,所以被称做"二叉树"(Binomial Tree)。在"二叉树"定价模型中,每一个数值被称做是一个节点,每一条通往各节点的线称做路径。下面,我们通过具体的数值例子分析,以便更直观地了解期权价格随股票市价所发生的相应变动。

[例 3-3] 设股票的现行市价(S)为 60 元,3 月期股票看涨期权的执行价格(K)为 62 元,在 $u=1.2$ 和 $d=0.8$ 的情况下,单期期末(第 3 个月的月末)股票的价格要么上升至 72 元,这时该项期权的价值为 10 元,即 $C_u=10$ [max(S_u-K, 0) = max(72-62, 0)];要么下降至 48 元,此时期权的价值为零,即 $C_d=0$ [max(S_d-K, 0) = max(48-62, 0)],参见图 3-17。

在 [例 3-3] 中,唯一未知的变量是看涨期权在当前的价值(即期权价值),但我们可通过建立套期保值的资产组合并确保市场不存在无风险套购利润的交易过程来决定期权的价值。套期保值的过程为:

设某项资产组合由买进 δ 股每股 60 元的股票与卖出一份看涨期权合约的头寸构成。到了单期期末,在两种可能的股票市价变动的情况下,该项资产组合的价值(V_T)如表 3-6 所示。

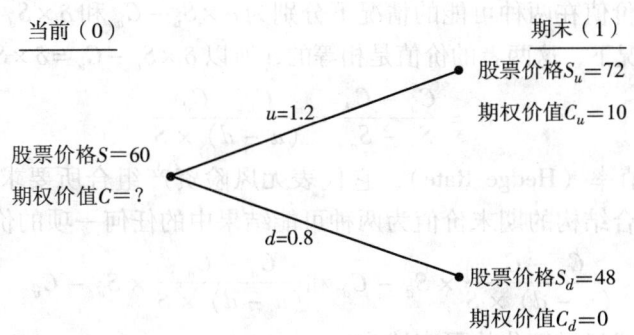

图 3-17 单期期权定价模型数值表示

表 3-6 资产组合日前成本与未来价值

资产组合	单期期初（0）成本与价值	单期期末（1）的价值	
		$S_u = 72$	$S_d = 48$
买入 δ 股股票	δ×60	δ×72	δ×48
卖出一份看涨期权	C	-10	0
合计	δ×60 - C	δ×72 - 10	δ×48

假如不存在无风险的套购利润，在期权到期日，不管股票市价涨至 72 元，还是跌至 48 元，在这两种情况下，资产组合的价值都应该是一样的，即实现了套期保值的目的。于是存在

$$V_T = \delta \times 72 - 10 = \delta \times 48$$

经整理后，得

$$\delta = 0.42$$

这表明，无风险资产组合实现套期保值目的应按 0.42∶1 的比例构成，即在买进 0.42 股股票的同时必须卖出 1 份看涨期权合约。这样，在期权到期日，如果股票的价格上涨至 72 元，资产组合的价值为 $V_T = 0.42 \times 72 - 10 = 20.2$（元）；反之，如果股票的价格下跌到 48 元，资产组合的价值仍为 20.2（$= 0.42 \times 48$）元。

根据有效市场的假设，在不冒风险的情况下，人们在金融市场上只能赚到无风险利率。换言之，资产组合在当前的价值是其在到期日的价值（20.2 元）按无风险利率进行贴现后的现值。假定市场上的无风险利率（年率）为 10%，因为期限为 3 个月，转为年数为 1/4 年，在连续复利的条件下则有

$$V_0 = 20.2 e^{-0.1 \times 0.25} = 19.7(元)$$

因为，期初资产组合的成本为 δ×60 - C，所以它应该与到期日价值的现值相等，于是有

$$\delta \times 60 - C = 19.7 \Rightarrow C = 0.42 \times 60 - 19.7 = 5.5(元)$$

所以，由此我们可以得出股票看涨期权的价格为 5.5 元。

（二）单期二项式期权的定价模型

根据图 3-11，一项由买进 δ 股的股票与卖出一份看涨期权合约组成的资产组合，

该资产组合的期末价值在两种可能的情况下分别为 $\delta \times S_u - C_u$ 和 $\delta \times S_d - C_d$。在不存在无风险套购利润的情况下，这两者的价值是相等的，所以 $\delta \times S_u - C_u = \delta \times S_d - C_d$，化简后得

$$\delta = \frac{C_u - C_d}{S_u - S_d} = \frac{C_u - C_d}{(u - d) \times S} \quad (3-20)$$

式中：δ 为套期保值率（Hedge Rate），它代表无风险资产组合所要求的股票持有量。δ 解出以后，资产组合结构的期末价值为两种可能结果中的任何一项的价值，它们为

$$\frac{C_u - C_d}{(u - d) \times S} \times S_d - C_d \text{ 和 } \frac{C_u - C_d}{(u - d) \times S} \times S_u - C_u$$

上述两项表达式经过简化均可表述为

$$\frac{dC_u - uC_d}{u - d} \quad (3-21)$$

式（3-21）的连续复利现值与资产组合的现时成本相等，所以有

$$\frac{dC_u - uC_d}{u - d} \times e^{-rT} = \delta \times S - C$$

将式（3-20）代入上式得

$$\frac{dC_u - uC_d}{u - d} \times e^{-rT} = \frac{C_u - C_d}{(u - d) \times S} \times S - C = \frac{C_u - C_d}{u - d} - C$$

$$C = e^{-rT}\left(\frac{C_u e^{rT} - C_d e^{rT}}{u - d} - \frac{dC_u - uC_d}{u - d}\right) \quad (3-22)$$

经过对式（3-22）进一步化简后，得

$$C = e^{-rT}\left(\frac{e^{rT} - d}{u - d}C_u - \frac{e^{rT} - u}{u - d}C_d\right) \quad (3-23)$$

在式（3-23）中，令 $q = \frac{e^{rT} - d}{u - d}$，则有 $1 - q = -\frac{e^{rT} - u}{u - d}$，代入式（3-23）我们可以得到单期二项式期权定价模型的通用公式：

$$C = e^{-rT}[q \times C_u + (1 - q) \times C_d] \quad (3-24)$$

我们将前面例子中的数据：$r = 10\%$，$T = 0.25$，$u = 1.2$，$d = 0.8$，$C_u = 10$，$C_d = 0$ 代入式（3-24）中，则有

$$q = \frac{e^{0.025} - 0.8}{1.2 - 0.8} = 0.56$$

$$C = e^{-0.025} \times 0.56 \times 10 = 5.5(元)$$

（三）期权定价中的风险中立假设

我们在推导单期二项式期权定价模型的公式（3-24）时，并未特别对股票价格在未来是上升还是下降以及相应的概率是多少作出假设，而这也并没有影响到公式的结论。究其原因，是因为在金融市场上有价证券的价格升降的概率都已反映在现行市场价格之中，所以，没有必要再对以股票为标的资产的期权定价另外作出有关股价涨跌概率的假设。

由此可见，公式（3-24）中的 q 和（$1 - q$）从本质上讲都不是概率，但其所具有

的 $0<q<1$，及 $q+(1-q)=1$ 的特征使其看上去又非常像概率，因此 q 和 $(1-q)$ 被称为"准概率"。其实，将 q 解释为股价上涨的概率和将 $1-q$ 解释为股价下跌的概率从形式上看还是合理的，因为，这样做会使 $q \times C_u + (1-q) \times C_d$ 成为期权未来现金流量的期望值。据此，公式（3-24）可理解为：今天期权的价值是其未来现金流量期望值按无风险利率贴现后的现值。

将 q 和 $(1-q)$ 解释为股票上涨和下跌的假概率实际上还会导致风险中性定价原则的运用。其推导过程如下：

根据未来股票价格将上升或下降的结果及对应的概率，我们可以求出在此条件下股票（T）时的期望价值 $E(S_T)$ 为

$$E(S_T) = q \times S_u + (1-q) \times S_d = q \times (S_u - S_d) + S_d \quad (3-25)$$

因为 $S_u - S_d = S(u-d)$，所以，式（3-25）可化简为

$$E(S_T) = q \times S \times (u-d) + S_d \quad (3-26)$$

将 $q = \dfrac{e^{rT} - d}{u - d}$ 代入式（3-26）中，得

$$E(S_T) = e^{rT} \times S - S \times d + S_d = S \times e^{rT} \quad (3-27)$$

公式（3-27）表明，如果将 q 和 $(1-q)$ 看成是股价涨跌的概率，那么，股权投资的收益率与无风险利率相等。这实际上等于假设在金融市场上的投资者都是风险中性的，即没有人要求更高的收益率来补偿其所进行的证券投资。所有投资于有价证券的收益率都是相等的，都等于无风险利率。

我们将前面例子中的数据：$S=60$，$r=10\%$，$T=0.25$，$u=1.2$，$d=0.8$，$C_u=10$，$C_d=0$ 代入式（3-24）中，则有 $q = \dfrac{e^{0.025} - 0.8}{1.2 - 0.8} = 0.56$，根据式（3-26），有

$$\begin{aligned} E(S_T) &= q \times S \times (u-d) + S_d \\ &= 0.56 \times 60 \times (1.2 - 0.8) + 0.8 \times 60 \approx 61.52 (元) \end{aligned}$$

$$S \times e^{rT} = 60 \times e^{0.1 \times 0.25} = 60 \times 1.025315 = 61.52 (元)$$

计算结果表明，以 q 为股票价格上涨概率计算的股票未来价值的期望值 $E(S_T)$，与按照无风险利率将现时价值 S 股票的连续复利终值基本是相等的。

二、期权定价的二期二项式模型

单期二项式模型假设未来的价格变化只有两种可能，这与现实的实际情况相差甚远。但如果我们把期权的有效期间进行进一步的细分，分为 n 个期间，每个期间又变成一个单期二项式，这样，由若干个更短的期间完成了一个相对长的期间，这就使得理论的思考与现实的实际更为接近了。下面我们从单期二项式模型扩展到二期二项式模型（见图3-18）。

初始股票价格为 S，每一期期末的股票价格可以上升到其期初价格的 u 倍或者下降到其期初价格的 d 倍，如图3-18所示。在第一期期末，股票的价格为上升状态的 S_u（$=uS$），或为下降状态的 S_d（$=dS$）。在第二期期末，股票的价格则分为两个单期二叉树：一个是第一期间上升状态的 S_u，其第二期期末的价格如为上升状态的，则价格为

S_u^2（$=u^2S$），或为下降状态的 S_{ud}（$=udS$）；另一个是第一期间为下降状态的 S_d，其第二期期末的价格如为上升状态的，则价格为 S_{ud}（$=udS$），或为下降状态的 S_d^2（$=d^2S$）。每一期间的长度为 T 年，市场无风险利率为 r，期权的执行价格为 K。

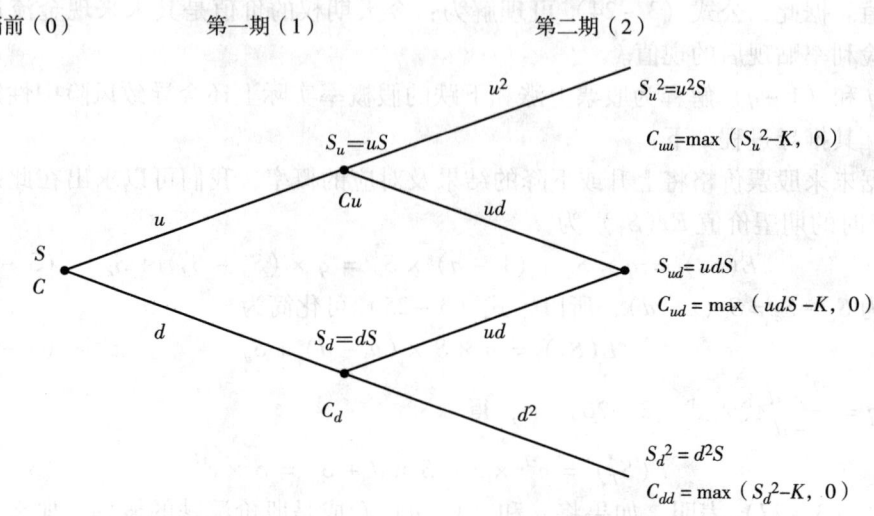

图 3-18 二期二叉树欧式期权模型数值图

根据图 3-18 二期二叉树所显示的股票价格的信息，我们可以计算第二期期末的看涨期权的内在价值，如图 3-18 所示。根据单期欧式期权的二项式定价模型，我们可以分别计算第一期期末上升状态下的期权价值 C_u 和下降状态下的期权价值 C_d，计算公式如下：

$$C_u = e^{-rT}[q \times C_{uu} + (1-q) \times C_{ud}] \quad (3-28)$$

$$C_d = e^{-rT}[q \times C_{ud} + (1-q) \times C_{dd}] \quad (3-29)$$

将 C_u、C_d 代入式（3-24）中，经过简化运算，则有初始状态下的期权价值 C：

$$\begin{aligned}C &= e^{-rT}[q \times C_u + (1-q) \times C_d]\\&= e^{-2rT}[q^2 C_{uu} + 2q(1-q)C_{ud} + (1-q)^2 C_{dd}]\end{aligned} \quad (3-30)$$

根据计算公式所表达的信息，二期二项式期权价值仍然是第二期期末期权价值期望值的按无风险利率贴现的现值。式中的 q^2、$2q(1-q)$ 和 $(1-q)^2$ 是股票价格经过两期间后的分别为两阶段均为上升、一升一降以及两阶段均降的三个节点的虚拟概率。这些概率的表达式正是二项式分布的概率。因此，可以根据这一性质进一步把此公式推广到欧式看涨期权的多期间二项式定价模型。

[例 3-4] 在资本市场上有 A 股票，其市价为 60 元，3 个月为一个选择期间，执行价格为 62 元的欧式看跌期权，在每个单期期间，股票价格未来的变化存在两种状态，一是按照 1.2 的比率上升，二是按照 0.8 的比率下降。市场无风险利率为 10%。则该股票此时的二期欧式看跌期权价值为多少？

根据以上数据资料，我们可以计算出二期期末各节点的股票价格水平，如图 3-19

所示。同时，根据计算的第二期期末的各节点的股票价格水平，我们可以进一步计算各节点看跌期权的内在价值。第二期期末的上点，股票的期末价格为 86.4 元，看跌期权执行价格为 62 元，此时的看跌期权无内在价值，即 $P_{uu}=0$，期权此时不会被执行。第二期期末的中点，股票的期末价格为 57.6 元，低于执行价格 62 元，此时期权的内在价值为 $P_{ud}=4.4$（$=62-57.6$）元，期权被执行。第二期期末的下点，股票的期末价格为 38.4 元，低于执行价格 62 元，此时期权的内在价值为 $P_{dd}=23.6$（$=62-38.4$）元，期权被执行。

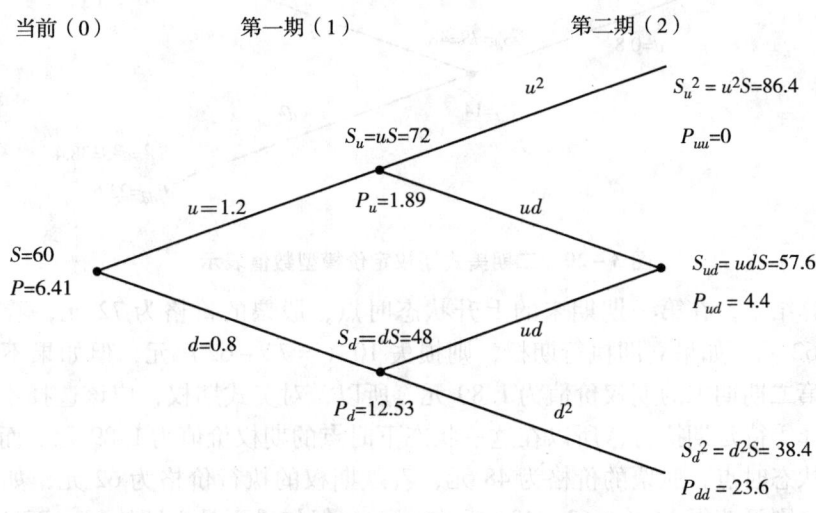

图 3-19　二期欧式期权定价模型数值表示

根据以上数据资料，$S=60$，$r=10\%$，$T=0.25$，$u=1.2$，$d=0.8$，可以计算股票虚拟上涨概率 q 为

$$q = \frac{e^{rT}-d}{u-d} = \frac{e^{0.1 \times 0.25}-0.8}{1.2-0.8} = 0.56$$

$q=0.56$，以及 $P_{uu}=0$、$P_{ud}=4.4$ 元、$P_{dd}=23.6$ 元，第一期期末的 P_u、P_d 分别为

$$P_u = e^{-0.1 \times 0.25}[0.56 \times 0 + (1-0.56) \times 4.4] = 1.89(\text{元})$$

$$P_d = e^{-0.1 \times 0.25}[0.56 \times 4.4 + (1-0.56) \times 23.6] = 12.53(\text{元})$$

将计算的 P_u、P_d 结果代入式（3-24）中，即可计算期权的价值 P 为

$$P = e^{-0.1 \times 0.25}[0.56 \times 1.89 + (1-0.56) \times 12.53] = 6.41(\text{元})$$

也可直接代入式（3-30）中，计算得出的期权价值 P 为

$$P = e^{-2rT}[q^2 P_{uu} + 2q(1-q)P_{ud} + (1-q)^2 P_{dd}]$$

$$= e^{-2 \times 0.1 \times 0.25}[0.56^2 \times 0 + 2 \times 0.56 \times (1-0.56) \times 4.4 + (1-0.56)^2 \times 23.6]$$

$$= 6.41(\text{元})$$

如果上例的期权由欧式看跌期权改为美式看跌期权，则在确定看跌期权价值时，需要从后期期末一直往前推（见图 3-20）。

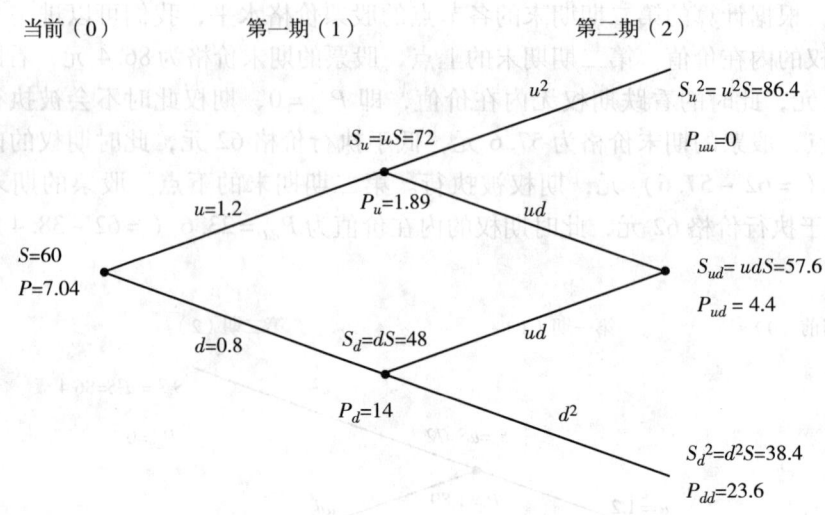

图 3-20 二期美式期权定价模型数值表示

根据计算结果,在第一期期末的上升状态时点,股票的价格为 72 元,看跌期权的执行价格为 62 元,如果立即执行期权,则损失 10 (=72-62) 元,但如果不是立即执行,延期至第二期期末的期权价值为 1.89 元,所以,对美式期权,应该选择不要立即执行,而是选择等待延期执行,所以在这一状态下时点的期权价值为 1.89 元。而在第一期期末的下降状态时点,股票的价格为 48 元,看跌期权的执行价格为 62 元,如果此时立即执行期权,则可获得 14 (=62-48) 元的收益,但如果不是立即执行,而是延期至第二期期末执行的期权价值为 12.53 元,所以,对美式期权,应该选择立即执行,因此,在这一状态下时点的期权价值为不是计算的 12.53 元,而是立即执行可获得的 14 元。根据 $P_u = 1.89$,$P_d = 14$,代入看跌期权二项式的计算公式,可得看跌期权的价值为

$$P = e^{-0.1 \times 0.25}[0.56 \times 1.89 + (1 - 0.56) \times 14] = 7.04(元)$$

因为美式期权相对于欧式期权具有更多的选择权,因此,美式期权的价值要高于同期状态下的欧式期权的价值。

三、布莱克—斯科尔斯期权定价模型

在二项式期权定价模型中,应用无风险套期保值原理,通过投资组合的价值关系来确定期权价格。这种方法虽然简单,但现实生活中很难实行。这是因为在期权有效期内,标的资产(如股票)价格的变化不仅局限于两种情况,而且股票价格变化是连续性的,在每一时刻,股票的价格都在发生变化。因此我们必须从动态的角度研究每一瞬间的期权价值。这就是布莱克—斯科尔斯期权定价模型所要着重要研究的内容。

与任何其他模型相同,模型总是适用于一定的假设条件。布莱克—斯科尔斯期权定价模型也有其适用条件。这些假设条件主要包括:

(1) 只考虑欧式期权,即只有到期才可以履约的期权。

(2) 没有交易成本。期权和股票可以无限分割,信息无须任何成本即可为公众

获得。

（3）在卖空期权或股票时不存在任何市场缺陷。

（4）在期权合约的存续期内短期利率是已知的，并保持不变。市场参与者既可以按此利率借入资金，亦可按此利率贷出资金。

（5）股票不发放股利。

（6）股票价格的变化是随机的、连续的。

（7）股票报酬率瞬间变动的概率分布是正态分布。

（8）股票报酬率的方差在期权合约有效期内是连续的，且为市场参与者所知。

根据这些假定，我们即可确定期权的均衡价值。如果期权的实际价格与模型给出的价格不同，我们就可以像前一部分所讲的那样建立一个无风险的套期保值，从中获取超过短期利率的超额报酬。随着套利者的介入，超额报酬最终将消失，期权价格也会等于模型给出的价值。

基于上述假设，布莱克和斯科尔斯提出的欧式看涨期权的定价公式为

$$C = S \times N(d_1) - Ke^{-rT}N(d_2) \tag{3-31}$$

式中：

$$d_1 = \frac{\ln(\frac{S}{K}) + (r + \frac{\sigma^2}{2})T}{\sigma\sqrt{T}} \tag{3-32}$$

$$d_2 = d_1 - \sigma\sqrt{T} \tag{3-33}$$

C 为买方期权价格；$N(d)$ 为标准正态分布的累计概率密度函数（即某一服从正态分布的变量小于 d 的概率；K 为期权的执行价格；r 为无风险利率（按连续复利计算），一般可以采用与期权同期到期的国库券利率；T 为期权距离到期日的时间；σ 为在连续复利条件下标的资产（如股票）年收益率的标准差。

[例 3-5] 甲公司股票的现行市价为 25 元，以该股票为基础资产的欧式看涨期权的执行价格为 23 元，期权合约为 6 个月。已知该股票年收益率的方差为 0.25，市场无风险利率为 6%。

根据例 3-5 的资料，我们可以计算出该看涨期权的价格，一般分三步进行计算：

第一步，计算 d_1、d_2：

$$d_1 = \frac{\ln(\frac{S}{K}) + (r + \frac{\sigma^2}{2})T}{\sigma\sqrt{T}} = \frac{\ln(\frac{25}{23}) + (0.06 + \frac{0.25}{2}) \times \frac{1}{2}}{\sqrt{0.25 \times 0.5}} = 0.50$$

$$d_2 = d_1 - \sigma\sqrt{T} = 0.50 - 0.35 = 0.15$$

第二步，计算 $N(d_1)$ 和 $N(d_2)$：

$$N(d_1) = N(0.50) = 0.1915 + 0.5 = 0.6915$$

$$N(d_1) = N(0.15) = 0.0596 + 0.5 = 0.5596$$

第三步，计算买方期权价格，根据公式（3-31）：

$$C = S \times N(d_1) - Ke^{-rT}N(d_2) = 25 \times 0.6915 - 23 \times e^{0.06 \times 0.5} \times 0.5596$$

= 4.03(元)

计算结果表明,该买方期权价格为4.03元,由于内在价值为2(=25-23)元,所以,时间价值为2.03(=4.03-2)元。

公式(3-31)看似非常复杂,实际上它有一个非常简单的解释。式中$N(d_1)$代表套期保值率δ,或者说是为保持完全套期保值所必需的股票对期权的套期保值率。与前面的讨论保持一致,可以认为期权持有者是一个杠杆投资者。该投资者以利率r借入等于执行价格K的款项。这样,公式(3-31)右边的第二项就代表贷款,即执行价格的现值乘以一个调整因素$N(d_2)$。因此,公式(3-31)即表示如下含义:

$$期权价值 C = (套期保值率 \times 每股价格) - 债务调整 \quad (3-34)$$

[例3-6] 南电公司是一家电气设备制造公司,公司当前价值(包括股东权益与公司债务)为8 000万元,其债务为面值3 000万元5年期的零息公司债券。公司债务到期一次支付面值。市场无风险收益率为6%,南电公司的股票收益率的标准差为38%。分别计算公司股权价值与债券价值。

根据我们前面讲述,对于债务公司来说,南电公司现在价值8 000万元,是由权益价值和债务价值共同构成。由于公司债务是5年期的零息债券,当债券到期时,如果公司价值小于3 000万元,则公司的股东不可能在公司获得任何价值;如果公司价值大于3 000万元,则股东可获得($V-3 000$)万元的价值。这一价值类似于看涨期权价值。根据布莱克和斯科尔斯的期权定价模型:

$$d_1 = \frac{\ln(\frac{V}{K}) + (r + \frac{\sigma^2}{2})T}{\sigma\sqrt{T}} = \frac{\ln(\frac{8\,000}{3\,000}) + (0.06 + \frac{0.38^2}{2}) \times 5}{0.38 \times \sqrt{5}} = 1.93$$

$$d_2 = d_1 - \sigma\sqrt{T} = 1.93 - 0.38 \times \sqrt{5} = 1.08$$

查表,可得

$$N(d_1) = 0.5 + 0.4788 = 0.9788$$
$$N(d_2) = 0.5 + 0.3599 = 0.8599$$

代入期权定价模型,可得股权看涨期权(公司股权价值)S为

$$S = V \times N(d_1) - De^{-rT}N(d_2)$$
$$= 8\,000 \times 0.9788 - 3\,000 \times e^{-0.06 \times 5} \times 0.8599 = 5\,919.25(万元)$$

根据计算结果,公司的股权价值为5 919.25万元,根据$V=(B-P)+S$,所以公司零息债券的现值为2 080.75(=8 000-5 919.25)万元。

公司的股权价值相当于一个买方期权,与公司的总价值、公司负债的账面价值之间关系如图3-21所示。

根据看涨期权价格(C)的计算公式(3-35),我们可以看出,看涨期权价格可表示为股票价格、期权执行价格、期权到期时间、标的资产收益率的方差以及无风险利率等五个因素的函数,用公式表示为

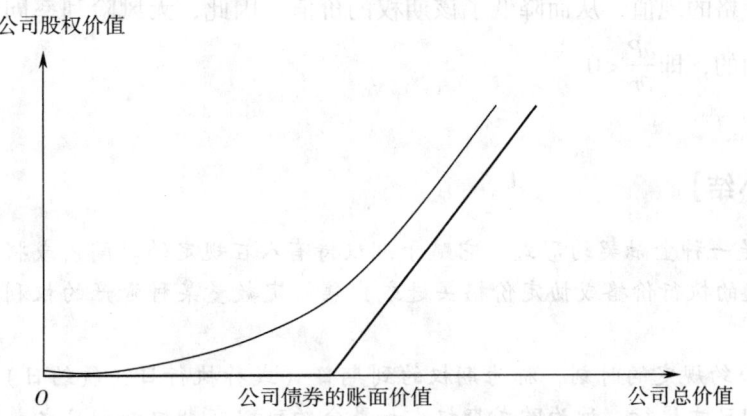

图3-21 公司股权价值作为看涨期权与公司总价值及债务的关系

$$C = C(S、K、T、\sigma^2、r) \tag{3-35}$$

同理，看跌期权价格（P）也可以以同样的函数形式表示，尽管各变量同期权价格之间关系的变化方向是不同的。以这种函数形式表现买方期权和卖方期权价格，能够更清晰地表明各变量是如何影响期权估价的。下面我们分析各个因素对期权价格的影响。

第一，标的资产价格S。看涨期权的价格与标的资产价格S呈正相关关系，S越高，看涨期权价格也会越高，即$\frac{\partial C}{\partial S} > 0$；看跌期权价格与标的资产价格$S$呈负相关关系，$S$越高，看涨期权价格越低，即$\frac{\partial P}{\partial S} < 0$。

第二，期权执行价格K。看涨期权的价格与期权执行价格K呈负相关关系，K越高，看涨期权价格越低，即$\frac{\partial C}{\partial K} < 0$；看跌期权价格与标的期权执行价格$K$呈正相关关系，$K$越高，看跌期权价格越高，即$\frac{\partial P}{\partial K} > 0$。

第三，期权到期时间T。一般而言，看涨期权和看跌期权的价格与期权到期时间T都呈正相关关系，时间T越长，价格变动的可能性就越大，期权价格也就越高，即$\frac{\partial C\ (\partial P)}{\partial T} > 0$。

第四，标的资产收益率方差σ^2。一般而言，看涨期权和看跌期权的价格与标的资产收益率的方差σ^2都呈正相关关系，标的资产收益率的方差σ^2越大，意味着标的资产价格变动的可能性就越大，期权价格也就越高，即$\frac{\partial C\ (\partial P)}{\partial \sigma^2} > 0$。

第五，无风险利率水平r。无风险利率的上调降低了看涨期权持有者在期权到期日所需履约价格的现值，从而提高了该期权价值，因此无风险利率同看涨期权价格是同方向变动的，即$\frac{\partial C}{\partial r} > 0$。反之，无风险利率的上调降低了卖方期权持有者在期权到期日可收取的履约价格的现值，从而降低了该期权的价值，因此，无风险利率同卖方期权价格是反方向变动的，即 $\frac{\partial P}{\partial r}<0$。

【本章小结】

1. 期权是一种金融契约形式，它赋予期权持有人在规定的时间内或将来某个特定日期以合约规定的执行价格或协定价格买进或出售规定数量某种资产的权利，但这并不是一种义务。

2. 期权合约规定的时刻，称为期权的到期日（或称执行日、履约日）。如果合约只能在期权到期日才履行，称为欧式期权；如果合约可以在期权到期日之前的任何时刻履行的称为美式期权。合约所规定的价格，就是合约到期双方进行基础资产交易的价格，称为约定价格、履约价格或执行价格。

3. 期权有两种基本类型，按照期权购买者通过支付期权费而获得的权利是买入还是卖出分为买方期权和卖方期权。

4. 买方期权也称看涨期权，是指赋予投资者在合约规定的期限或在某一特定的日期按协定价格购买规定数量基础资产的权利。卖方期权也称看跌期权，是指赋予投资者在合约规定的期限或在某一特定的日期按协定价格出售规定数量基础资产的权利。

5. 期权价格是期权购买者为获得期权权利要向期权出售者所支付的期权费，主要反映了人们对合约项下的基础资产的市场价格变化的预期以及期权合约至期满日所剩的时间长度，主要由期权的"内在价值"和"时间价值"构成。

6. 将不同类型的期权以及标的资产可以组成不同的资产组合，有保护性看跌期权、掩护性看涨期权、跨式期权以及无风险收益组合等。

7. 对于有负债公司，公司价值被看做是标的资产价值，到期偿还债务为执行价格，股东权益价值此时可以看成是一项看涨期权。根据这一原理，我们可以利用期权定价的方法对公司股权以及债务进行定值。

8. 根据无风险收益组合的固定收益特征，资产组合的现值为资产组合固定终值的无风险贴现现值，这一等量关系被称为看涨—看跌期权平价。据此，我们可以确定对同一标的资产、相同执行价格的看涨、看跌期权之间存在固定的关系。

9. 欧式看涨期权的价格区间是：$S \geq C \geq \max\left[0, S-\frac{K}{(1+r)^T}\right]$；看跌期权的价格区间是：$\frac{K}{(1+r)^T} \geq P \geq \max\left[0, \frac{K}{(1+r)^T}-S\right]$。

10. 期权定价，最著名的、使用范围最广泛的模型有两种：一是二项式期权定价模型，又称"二叉树"期权定价模型；二是布莱克—斯科尔斯期权定价模型。

11. 看涨期权价格可表示为股票价格、期权执行价格、期权到期时间、标的资产价格方差以及无风险利率等五个因素的函数，用公式表示为 $C=C(S、K、T、\sigma^2、r)$。

第三章　期权定价

【思考与练习题】

1. 如何理解期权？期权的基本类型有哪些？
2. 期权价格包括哪些组成部分？它们分别受哪些主要因素的影响？
3. 为什么期权价格是在一个区间之内？分别对看涨期权和看跌期权的价格区间进行分析。
4. 简述二项式期权定价模型。
5. 简述布莱克—斯科尔斯期权定价模型。
6. 王先生购买了以甲公司股票为基础资产的3个月看涨期权，甲公司股票现时市价为每股26元，执行价格为24元，期权价格为每股4.5元。试问：
（1）该期权的内在价值以及时间价值各为多少？
（2）假设3个月到期时，甲公司股票价格为28元，王先生是否会执行该期权？为什么？
7. 张先生购买了以乙公司股票为基础资产的6个月看跌期权，乙公司股票现时市价为每股20元，执行价格为18元，期权价格为每股5元。试问：
（1）该期权的内在价值以及时间价值各为多少？
（2）假设6个月到期时，甲公司股票价格为12元，王先生是否会执行该期权？为什么？
8. 春晓公司的股票现行市价为每股40元，6个月后，其股价有两种可能状态，一是将上涨至48元，另一状态将下降至32元，看涨期权的执行价格为38元。无风险利率为6%。根据以上资料，要求计算春晓公司股票的看涨期权价格为多少？
9. 安太设备股份公司是一家重型设备制造企业。该公司股票现时市价为30元，公司股票9个月到期的看涨期权的执行价格为27元，股票收益率的方差为0.25，无风险利率为6%，要求：
（1）计算安太公司的股票看涨期权的价格。
（2）如果股票价格方差为0.75，则看涨期权价格为多少？
（3）如果股票价格方差为0.025，则看涨期权价格为多少？
（4）对于股票价格方差的变化，看涨期权的价格变化是否呈现出规律性？如果是，为什么？
10. 金山机电设备股份公司是一家电器设备制造企业。该公司股票现时市价为50元，公司股票6个月到期的看涨期权的执行价格为48元，股票收益率的方差为0.68，无风险利率为6%，要求：
（1）计算金山公司的股票看涨期权的价格。
（2）如果公司股票的市价因各种原因变为48元，则该股票看涨期权价格为多少？
（3）如果公司股票的市价因各种原因变为52元，则该股票看涨期权价格为多少？
（4）对于公司股票市价的变化，看涨期权的价格变化是否呈现出规律性？如果是，为什么？

【参考文献与推荐阅读书目】

[1] 陈信华：《金融衍生工具——定价原理、运作机制及实际应用》，上海，上海财经大学出版社，2004。

[2] 戴书松：《财务管理》，北京，经济管理出版社，2006。

[3] 郁洪良：《金融期权与实物期权——比较和应用》，上海，上海财经大学出版社，2003。

[4] 胡元木、姜洪丽：《中级财务管理》，北京，经济科学出版社，2008。

[5] 杨丹：《中级财务管理》，大连，东北财经大学出版社，2010。

[6] [美] 威廉·L. 麦金森著，刘明辉主译：《公司财务理论》，大连，东北财经大学出版社，2002。

[7] [美] 尤金·F. 布里格姆、菲利普·R. 戴夫斯著，王化成、黄磊译：《中级财务管理（第8版）》，北京，中国人民大学出版社，2009。

[8] [美] 詹姆斯·C. 范霍恩著，刘志远译：《财务管理与政策（第12版）》，大连，东北财经大学出版社，2011。

第四章

风险条件下的项目投资管理

【本章要点】
- 项目投资管理的几个特殊问题
- 项目投资中的风险
- 项目投资决策的风险调整法
- 风险投资项目决策的其他方法
- 实物期权与风险项目投资决策

在《财务管理基础》教材里，我们分析项目投资决策时，是假设投资项目的未来收益是确知的，不存在风险，但实际真正意义上的投资项目总是存在风险的，项目未来现金流量总会具有某种程度的不确定性，因此，处理和对待投资项目的风险问题，是项目投资所必须要面对的基本问题，但如何处置项目的风险却是一个很复杂的问题，我们列举了不同的风险处理方法。

本章风险条件下的项目投资管理旨在介绍项目投资决策处理风险的方法。全章共分五节，第一节是项目投资管理的几个特殊问题，主要是介绍项目投资管理中的复利率、互斥项目、项目使用年限不同的决策方法等；第二节是项目投资中的风险，主要分析介绍项目投资中的风险类型；第三节则是关于项目投资决策的风险调整法，介绍两种主要方法——风险调整贴现率法和确定性等值法；第四节进一步介绍风险投资项目决策的其他方法，包括决策树法、敏感性分析法等；第五节实物期权与风险项目投资决策，则介绍了实物期权在风险投资项目决策中的实际应用问题。

第一节 项目投资管理的几个特殊问题

我们在"财务管理基础"课程中介绍了项目投资管理的一般方法，说明了在项目投资决策管理中，项目投资现金流量分析的意义与计算方法以及建立在项目现金流量基础上的项目投资决策的非贴现方法、贴现方法。对投资项目我们分析了新建项目和更新项目两种情形，对于更新项目我们也仅仅分析了项目更新前后使用期限一致的情况下的分析方法，对于更新后的设备使用期限长于更新前的设备使用期限的则未作分析和讨论。对于有些投资项目因为特殊原因存在的决策方法冲突的问题，也就是所谓的复利率问题也未进行分析和探讨，在本节中，我们将对这些问题进行详细的分析和探讨。

一、更新项目的决策方法

（一）新旧设备的使用年限不同——平均年成本法

在"财务管理基础"课程的更新项目决策中，我们为了简化问题，假设了新设备代替旧设备后的使用期限与原旧设备的使用期限一致，因此，我们采用增量现金流量的分析方法，分析使用新设备代替旧设备后的未来现金流量的净现值是否大于零进行投资决策。事实上，之所以使用新设备，一方面是新设备的运行费用低，另一方面是新设备的使用效率高且可比旧设备延长使用期限。因此，在实际工作环境下，设备的更新遇到更多的是新旧设备未来使用期限不一致的情况。由于新旧设备的未来使用期限不一致，所以，就不能使用新设备代替旧设备的增量现金流量的净现值规则来决策是否应该进行设备的更新。这一情况下，就需要考虑新的方法来进行决策分析。通常情况下，当新旧设备使用年限不一致时，我们考虑新旧设备使用后的年销售收入保持不变。

[例4-1] 申达公司为了提高设备的使用效率、降低设备运行成本，现准备购置一台新设备替代原有旧设备。旧设备原值3 000万元，残值为200万元，已使用3年，估计还可以使用6年，现在若出售可获2 000万元，旧设备的运行成本为700万元。若购买新设备，新设备的成本为3 400万元，残值为400万元，新设备可用10年，新设备的运行成本为600万元。假设该公司要求的最低报酬率为15%，不考虑所得税的影响，试为申达公司确定是否应进行设备更新？

由于新旧设备的使用年限不同，所以我们采用新旧设备的使用成本来判断是否进行设备更新。

使用旧设备的现金流量分布如图4-1所示。

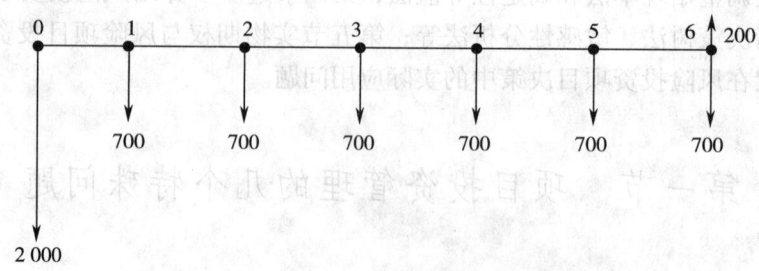

图4-1 使用旧设备的现金流量

使用新设备的现金流量分布如图 4-2 所示。

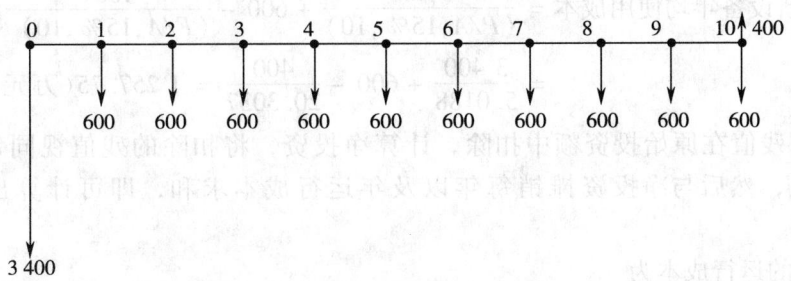

图 4-2 使用新设备的现金流量

新旧设备的年均使用成本计算,可以通过以下几种方法进行。

1. 不考虑货币时间价值。

根据图 4-1 所示的现金流量,旧设备的运行成本为

$$旧设备年均使用成本 = \frac{2\,000 + 700 \times 6 - 200}{6} = 1\,000(万元)$$

根据图 4-2 所示的现金流量,新设备的运行成本为

$$新设备年均使用成本 = \frac{3\,400 + 600 \times 10 - 400}{10} = 900(万元)$$

2. 考虑货币时间价值。

如果考虑货币时间价值,有三种计算方法:

(1) 计算现金流出的总现值,然后将该总现值分摊到每一年,计算每年考虑时间价值的年均运行成本。

旧设备的运行成本为

$$旧设备年均使用成本 = \frac{2\,000 + 700 \times (P/A,15\%,6) - 200 \times (P/F,15\%,6)}{(P/A,15\%,6)}$$

$$= \frac{2\,000 + 700 \times 3.7845 - 200 \times 0.4323}{3.7845} = 1\,205.63(万元)$$

新设备的运行成本为

$$新设备年均使用成本 = \frac{3\,400 + 600 \times (P/A,15\%,10) - 400 \times (P/F,15\%,10)}{(P/A,15\%,10)}$$

$$= \frac{3\,400 + 600 \times 5.0188 - 400 \times 0.2472}{5.0188} = 1\,257.75(万元)$$

(2) 由于各年已经有相等的年均运行成本,只要将原始投资额和残值摊销到每年,然后求和,即可计算出年均运行成本。

旧设备的运行成本为

$$旧设备年均使用成本 = \frac{2\,000}{(P/A,15\%,6)} + 700 - \frac{200}{(F/A,15\%,6)}$$

$$= \frac{2\,000}{3.7845} + 700 - \frac{200}{8.7537} = 1\,205.62(万元)$$

新设备的运行成本为

$$\text{新设备年均使用成本} = \frac{3\,400}{(P/A,15\%,10)} + 600 - \frac{400}{(F/A,15\%,10)}$$

$$= \frac{3\,400}{5.0188} + 600 - \frac{400}{20.3037} = 1\,257.75(万元)$$

(3) 将残值在原始投资额中扣除,计算净投资,将扣除的残值视同每年要承担相应的利息,然后与净投资摊销每年以及年运行成本求和,即可计算出年均运行成本。

旧设备的运行成本为

$$\text{旧设备年均使用成本} = \frac{2\,000 - 200}{(P/A,15\%,6)} + 200 \times 15\% + 700$$

$$= \frac{1\,800}{3.7845} + 200 \times 15\% + 700 = 1\,205.62(万元)$$

新设备的运行成本为

$$\text{新设备年均使用成本} = \frac{3\,400 - 400}{(P/A,15\%,10)} + 400 \times 15\% + 600$$

$$= \frac{3\,000}{5.0188} + 400 \times 15\% + 600 = 1\,257.75(万元)$$

通过以上的计算,使用旧设备的年均运行成本为 1 205.62 万元,小于新设备的年均运行成本 1 257.75 万元,因此,不宜进行设备的更新。使用旧设备更为经济。

(二)设备更新的时机选择

对于固定资产我们通常假设其使用期限是给定的,但在实际生产中,设备的更新是经济的反映,而非设备真的到了非更新不可的程度。企业经营者需要考虑在固定资产使用的期限内什么时候进行更新是更经济的,也就是估算固定资产的经济寿命。

固定资产的经济寿命是指使固定资产平均年成本达到最低时的使用年限。其计算通常包括三项内容:固定资产的初始投资成本、持有成本以及年运行成本。其中,固定资产的持有成本是固定资产初始投资成本与固定资产净值的现值之差。一般来说,由于技术的进步和机械设备的损耗,固定资产的净值逐渐减少,因此固定资产的持有成本会逐年增加;而由于设备的日益老化,设备的维护成本、维修成本、能源消耗亦会逐年增加,即固定资产的年运行成本呈现递增的趋势。当企业固定资产的这两项成本之和为最低时的年份就是固定资产的经济寿命。

固定资产的经济寿命的计算公式为

$$UAC = \left[C - \frac{S_n}{(1+i)^n} + \sum \frac{C_n}{(1+i)^n} \right] \div (P/A,i,n) \qquad (4-1)$$

式中:C 为固定资产原值;S_n 为 n 年后的固定资产净值;C_n 为第 n 年的运行成本;n 为预计更新年限;UAC 为固定资产年平均成本。

[例 4-2] 申达公司新购置设备一台,设备购置成本为 7 000 万元,预计可以使用 8 年,估计设备的残值为 800 万元,设备第一年的运行成本为 1 200 万元,以后每年递增 5%。假设公司可以在若干年内出售该设备,售价等于按平均折旧后的设备折余价值。如果公司要求在设备上的投资报酬率最低为 9%,请为申达公司确定该设备的经济寿命。

根据设备的运行状况以及折旧,计算公司设备的年折旧额、年折余价值和年运行成本(见表 4-1)。

表 4-1 设备的年折旧额、折余价值和年运行成本

更新年限	1	2	3	4	5	6	7	8
折旧额(1)	775.00	775.00	775.00	775.00	775.00	775.00	775.00	775.00
累计折旧(2)	775.00	1 550.00	2 325.00	3 100.00	3 875.00	4 650.00	5 425.00	6 200.00
折余价值(3)	6 225.00	5 450.00	4 675.00	3 900.00	3 125.00	2 350.00	1 575.00	800.00
运行成本(4)	1 200.00	1 260.00	1 323.00	1 389.15	1 458.61	1 531.54	1 608.11	1 688.52

根据上述的计算数据以及所给出的已知条件,我们可以计算出设备不同年份出售的年均成本,计算结果如表 4-2 所示。

表 4-2 设备不同年份出售的年均成本计算表

更新年限	1	2	3	4	5	6	7	8
原值(5)	7 000	7 000	7 000	7 000	7 000	7 000	7 000	7 000
复制现值系数(6)	0.9174	0.8417	0.7722	0.7084	0.6499	0.5963	0.5470	0.5019
折余价值现值(7)=(3)×(6)	5 710.82	4 587.27	3 610.04	2 762.76	2 030.94	1 401.31	861.53	401.52
运行成本现值(8)=(4)×(6)	1 100.88	1 060.54	1 021.62	984.07	947.95	913.26	879.64	847.47
更新时运行成本现值累计(9)=∑(8)	1 100.88	2 161.42	3 183.04	4 167.11	5 115.06	6 028.32	6 907.96	7 755.43
现值总成本(10)=(5)-(7)+(9)	2 390.06	4 574.15	6 573.00	8 404.35	10 084.12	11 627.03	13 046.43	14 353.91
年金现值系数(11)	0.9174	1.7591	2.5313	3.2397	3.8897	4.4859	5.0330	5.5348
年均运行成本(12)=(10)÷(11)	2 605.25	2 600.28	2 596.69	2 594.18	2 592.52	2 591.91	2 592.18	2 593.39

比较表 4-2 的计算结果,设备运行到第 6 年时,此时设备的年均运行成本最低,为 2 591.91 万元。因此,设备在使用 6 年后,应该进行更新,即设备的经济寿命为 6 年。

二、互斥项目的排序问题

互斥项目是指接受一个项目就必须放弃另外一个项目的情况。通常,互斥项目是为了解决一个问题设计的两个备选方案。例如,为了生产某一产品,企业可以选择进口设备,也可以选择国产设备,它们的使用寿命、购置价格和生产能力均不同。企业只需选择其中的一项即可,而不会同时都选择。

面对互斥项目,仅仅评估哪一个项目方案可以接受是不够的,它们都有正的净现值。我们现在需要的仅是哪一个更好些。如果一个项目方案的所有评估指标,包括净现值、内含报酬率、回收期和会计收益率,均比另一个项目方案好一些,我们在选择时不会有什么困扰。问题是这些评估指标出现矛盾时,尤其是评估的基本指标净现值和内含报酬率出现矛盾时,我们如何选择。

评估指标出现矛盾的原因有两种:一是投资额不同,二是项目寿命不同。如果是投资额不同引起的(项目的寿命相同),对于互斥项目应当净现值法优先,因为它可以给股东带来更多的财富。股东需要的是实实在在的报酬,而不是报酬的比率。

如果净现值与内含报酬率的矛盾,是项目有效使用期不同引起的,我们有两种解决办法,一个是共同年限法,另一个是等值年金法。

(一) 共同年限法

如果两个互斥项目不仅投资额不同,而且项目期限不同,则其净现值没有可比性。例如,一个项目投资 3 年创造了较少的净现值,另一个项目投资 6 年创造了较多的净现值,后者的盈利性不一定比前者好。

共同年限法的原理是:假设投资项目可以在终止时进行重置,通过重置使两个项目达到相同的年限,然后比较其净现值。因为我们选择了两个项目使用年限的最小公倍数作为衡量两个项目优劣的标准,所以,该方法有的教材也称为最小公倍寿命法。

[例 4-3] 申达公司有 A 和 B 两个互斥的投资项目。A 项目的年限为 6 年,现金流量分布如表 4-3 所示,项目净现值为 1 156 万元,内部收益率为 17.6%;B 项目的年限为 3 年,现金流量分布如表 4-3 所示,项目净现值为 691 万元,内部收益率为 25.1%。两个指标的评估结论似有矛盾,A 项目净现值大,B 项目内部收益率高,设公司的资本成本是 12%。此时,如果认为净现值法更可靠,A 项目一定比 B 项目好,其实这一结论是不对的。

我们利用共同年限法进行分析:假设 B 项目终止时可以进行重置一次,该项目的期限就延长到了 6 年,与 A 项目相同。两个项目的现金流量分布如表 4-3 所示。其中重置 B 项目第 3 年末的现金流量 -1 600 万元是重置初始投资 -3 000 万元与第一期项目的第 3 年末现金流入 1 400 万元的合计。经计算,重置 B 项目的净现值为 1 183 万元,大于 A 项目的净现值 1 156 万元。因此,实际上 B 项目要优于 A 项目。

表4-3　　　　　　A项目、B项目及重置B项目的现金流量表　　　　　　单位：万元

项目 时间	现值系数	A 现金流量	A 现值	B 现金流量	B 现值	重置B 现金流量	重置B 现值
0	1.0000	-7 000	-7 000	-3 000	-3 000	-3 000	-3 000
1	0.8929	1 800	1 607	1 500	1 339	1 500	1 339
2	0.7972	2 000	1 594	1 700	1 355	1 700	1 355
3	0.7118	2 100	1 495	1 400	996	-1 600	-1 139
4	0.6355	2 080	1 322			1 500	953
5	0.5674	2 000	1 135			1 700	965
6	0.5066	1 980	1 003			1 400	709
净现值			1 156		691		1 183
内部收益率		17.6%		25.1%			

共同年限法有一个困难问题：共同比较期的时间可能很长，例如一个项目7年；另一个项目9年，就需要以63年作为共同比较期。我们有计算机，不怕长期限分析带来巨大的计算量，真正的困难来自需要预计60多年后的现金流量。而且对于重置时的原始投资，因技术进步和通货膨胀几乎总会发生变化，实在难以预计。

（二）等额年金法

等额年金法有的教材也称为年均净现值法。就是将不同使用年限项目的净现值换算为每个项目的年均净现值，从而用于不同项目之间进行比较的方法，是用于年限不同项目比较的另一种方法，它比共同年限法要简单。

年均净现值的计算公式为

$$ANPV = \frac{NPV}{(P/A, i, n)} \qquad (4-2)$$

A项目的净现值为1 156万元，使用年限为6年，资金成本率为12%，则A项目的年均净现值为

$$ANPV_A = \frac{1\,156}{(P/A, 12\%, 6)} = \frac{1\,156}{4.1114} = 281.17(万元)$$

同样，因为B项目的净现值为691万元，使用年限为3年，资金成本率为12%，则B项目的年均净现值为

$$ANPV_B = \frac{691}{(P/A, 12\%, 3)} = \frac{691}{2.4018} = 287.70(万元)$$

计算结果显示，B项目的年均净现值大于A项目的年均净现值，故而应该选用B项目作为首选方案。

三、复利率问题

一般来讲，净现值和内部收益率会导致相同的取舍结论，但是，我们还是必须认识

到这两种方法之间有重要区别。当两个投资方案为互斥项目时，我们只能选择其中一个项目实施。这时，这两种方法可能会得出相互矛盾的结果。为了说明问题的实质，假定一个公司有两个互斥投资方案 A 项目和 B 项目，预期产生现金流量如表 4-4 所示。

表 4-4　　　　　　　　　　　A、B 两项目的预期现金流量表　　　　　　　　　　单位：元

各年现金流量	A 项目	B 项目
0	-35 424	-35 424
1	15 000	0
2	15 000	7 500
3	15 000	15 000
4	15 000	49 013

根据表 4-4 资料，我们可以得出表 4-5 的计算结果。

表 4-5　　　　　　　　　　　　　计算结果　　　　　　　　　　　　　单位：元

各年现金流量	A 项目	B 项目
0	-35 424	-35 424
1	15 000	0
2	15 000	7 500
3	15 000	15 000
4	15 000	49 013
IRR（%）	25	22
NPV（15%）	6 435.37	7 072.07
16%	5 645.44	5 886.86
16.6475%	5 153.9	5 153.9
17%	4 892.76	4 765.75

根据计算结果，A 项目和 B 项目的内部收益率分别为 25% 和 22%。然而，如果必要收益率为 15%，并以此作为贴现率，A 项目和 B 项目的净现值分别为 6 435.37 元和 7 072.07 元。因此，如果我们使用内部收益率法，则 A 项目优于 B 项目；而采用净现值法，B 项目优于 A 项目。如果我们只能选择一个方案，显然就会出现矛盾。计算结果如图 4-3 所示。

这两种方法出现矛盾的原因在于隐含的复利率不同。内部收益率法隐含着资金按内部收益率计算复利。对 A 项目来说，假定按 25% 的收益率投资 35 424 元，与按照以后 4 年每年末产生 15 000 元的方式进行复利计算，两者是相等的。而净现值法则暗含按照作为贴现率的必要收益率计算复利。对 A 项目来讲，假定 6 435.37 元的现值加上 35 424 元的初始现金流出，即 41 859.37 元，按 15% 的收益率投资，与按照以后 4 年每年末产生 15 000 元的方式进行复利计算是一致的。只有必要收益率等于 16.6475% 时，两个方案的净现值才相等，都等于 5 153.9 元。必要收益率低于 16.6475% 时，B 项目的净现值

较高；高于 16.6475% 时，A 项目的净现值较高。哪个判断更为合适呢？一般认为，在互斥项目评价中，宜采用净现值法。这是因为，边际资本成本是最合适的再投资收益率，也就是进行复利的依据。在这一情况下应使用净现值评价法。

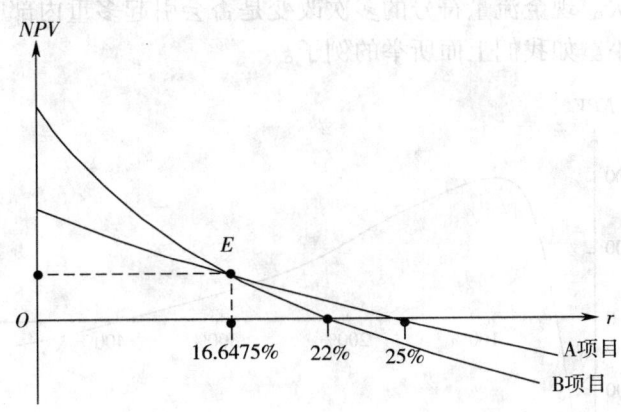

图 4-3　A、B 两项目的计算结果对比及决策选择的困难

对 B 项目而言，由于现金流量分布的前低后高，相对 A 项目的前后均衡分布，对折现率更敏感，当项目的风险较低时，所要求的必要收益率较低，这时 B 项目相对 A 项目产生更大的净现值，尽管 A 项目拥有更高的内部收益率，但我们仍然选择 B 项目作为首选项目，因为 B 项目为投资者带来更大的价值。

四、多重内部收益率

多重内部收益率（Multiple Internal Rate of Return）是指一个项目的现金流量使得净现值等于零的折现率存在两个及两个以上。出现这种情况的一个必要条件（但非充分条件）是现金流量的符号改变一次以上。最早提出该现象的是罗利亚[①]（Lorie）和赛维奇（Savage）。为了说明这个问题，假设具有罗利亚和赛维奇现象的项目的现金流量如表 4-6 所示。

表 4-6　　　　　　　　　　某项目现金流量

年份	0	1	2
现金流量	-1 600	10 000	-10 000

按照该现金流量计算的内部收益率有 2 个，一个为 25%，另一个为 400%。现金流量和折现率之间的函数关系如图 4-4 所示。曲线和横轴的两个交点即为两个内部收益率。

我们前述的所有例题描述的情况都是一个现金流出量后面跟随一个或多个现金流入量。换句话说，现金流量的符号只改变一次，这就保证了内部收益率是唯一的。然而，有些项目的现金流量序列涉及多次符号改变。如有些项目在终结时，可能需要将环境恢

[①] James H. Lorie and Leonard J. Savage, "Three Problems in Rationing Capital," *Journal of Business*, 1955, 28, 229-239.

复到原来的状态。这种情况经常出现在采掘工业中，在这种方案中，当项目终结时必须使土地恢复到初始状态。对一个化工厂而言，这就存在大量的清理费用。无论是什么原因造成的，这些费用都会导致项目结束时产生一个现金流出量，并因此而导致现金流量序列的符号改变多次。现金流量符号的多次改变是否会引起多重内部收益率还要取决于现金流量的数值大小。如我们上面所举的例子。

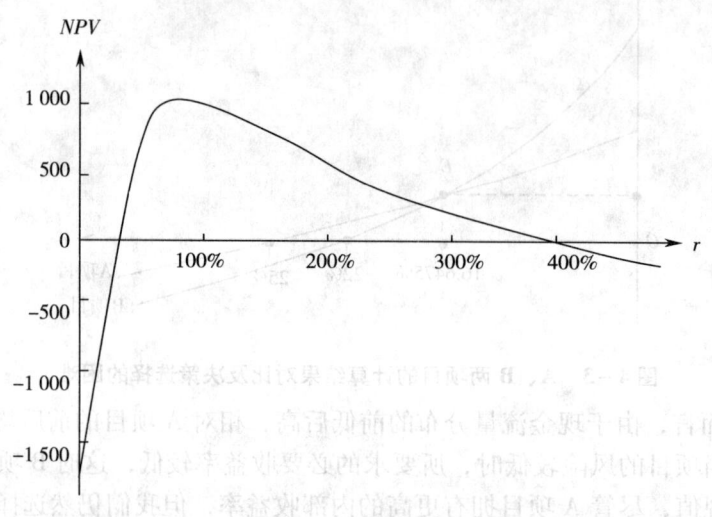

图 4-4 多重内部收益率 25% 和 400%

当存在多重内部收益率时，没有一个内部收益率具有经济意义，因而必须采用其他分析方法。在存在多重内部收益率的情况下，计算器和计算机程序通常不能作出识别，从而只能求出其中一个内部收益率。确定是否存在多重内部收益率问题的最好办法或许就是计算项目在不同贴现率下的净现值。比如，如果贴现率从零开始以 25% 的增量上升到 400%，净现值可以标示在类似于图 4-4 所示的图上。如果连接这些点所得的净现值线和横坐标轴多次相交，那么就存在多重内部收益率问题。

五、限量决策问题

在一个特定期间内，比如一年，可用来投资的资金有预算限额约束或限制时，就会出现资本限量决策问题。这种限制在许多公司都是常见的，尤其是那些所有资本性支出都从内部融资的公司。大公司的一个部门只能在某一个特定的预算上限之内进行资本投资，超过此上限该部门无控制权，这又是资本限量的另一个例子。在资本有限量约束的条件下，公司尽量选择获利能力最高的投资方案组合。使用现值指数进行限量决策的方法与步骤如下：

第一，计算所有项目的现值指数，不能忽略掉任何项目，并列出每一项目的初始投资额。

第二，接受现值指数大于 1 的项目，如果所有可接受项目都有足够的资金，则说明没有资金限量，这一过程即告结束。

第三，如果资金不能满足所有现值指数大于1的项目，那么就要对第二步进行修正。这一修正的过程是：对所有项目在资本限量内进行各种可能组合，然后计算出各种可能组合的加权平均现值指数。

第四，接受加权平均现值指数最大的一组项目作为最后的决策选择。

[例4-4] 假如有一公司可能有以下投资机会，按照现值指数从高到低排序，如表4-7所示。根据不同项目的投资额以及项目的现值指数，如果公司的投资限额为60万元，试为公司确定最佳投资项目。

表4-7　　　　　　　　　　　不同项目现值指数的排序　　　　　　　　　　　单位：元

项目	A	B	C	D	E	F	G
现值指数	1.26	1.20	1.16	1.13	1.09	1.05	0.96
初始投资	300 000	150 000	250 000	200 000	150 000	100 000	200 000

如果公司的投资限额为60万元，并且这些方案相互独立，按照现值指数的决策步骤，按照资本限量和现值指数，可以选择出几组投资项目组合，对每组组合的项目以项目投资额占组合项目投资总额的权数计算每组项目组合的加权平均现值指数，分组和计算的加权平均现值指数如表4-8所示。

表4-8　　　　　　　　项目组合的投资额与加权平均现值指数　　　　　　　　单位：元

项目组合	ABE	ADF	BCD	CDE	BDEF
投资额	600 000	600 000	600 000	600 000	600 000
加权平均现值指数	1.20	1.18	1.16	1.13	1.12

由于G项目的现值指数小于1，该项目首先不满足项目投资的选择条件，被放弃。项目组合在其余的六个项目中进行选择。根据投资限量60万元，选择A、B、E三个项目进行组合，投资额为60万元，组合的加权平均现值指数为1.2。依此方法可以得到ADF组合、BCD组合、CDE组合和BDEF组合，因为每组组合投资额均为60万元，现值指数最大的组为ABE组。

六、通货膨胀影响问题

通货膨胀是指在一定时期内，物价水平持续、普遍上涨的经济现象。通货膨胀会导致货币购买力下降，从而影响项目投资价值。通货膨胀对资本预算的影响表现在两个方面：一是影响现金流量的估计，二是影响资本成本的估计。

如果企业对未来现金流量的预测是基于预算年度的价格水平，并去除了通货膨胀的影响，那么这种现金流量称为实际现金流量。包含了通货膨胀影响的现金流量就是名义现金流量。两者的关系为

$$名义现金流量 = 实际现金流量 \times (1 + 通货膨胀率)^n \quad (4-3)$$

式中：n为相对于基期的期数。

在资本预算的编制过程中，应遵循一致性原则。名义现金流量用名义资本成本进行折现，实际现金流量用实际资本成本进行折现。这是评估指标计算的基本原则。

通货膨胀对资本成本影响的估计，名义资本成本率是包含了通货膨胀率的影响，与实际资本成本率之间的关系为

$$1 + r_{名义} = (1 + r_{实际})(1 + 通货膨胀率) \qquad (4-4)$$

[例4-5] 假设甲企业某项目的实际现金流量如表4-9所示，名义资本成本为12%，预计一年内的通货膨胀率为6%，求考虑通货膨胀率影响条件下的该项目的净现值。

表4-9　　　　　　　　　　　项目实际现金流量　　　　　　　　　　　单位：万元

时间	0	1	2	3	4	5
实际现金流量	-200	60	80	90	80	70

根据考虑通货膨胀率分析项目现金流量及净现值的方法：一是利用项目产生的名义现金流量用名义资本成本率进行折现，计算项目的净现值。此时需要先将项目预期的实际现金流量调整为名义现金流量，然后用名义资本成本率的资本成本进行折现。具体计算过程如表4-10所示。

表4-10　　　　　　　项目的名义现金流量及净现值计算

	0	1	2	3	4	5
实际现金流量	-200	60	80	90	80	70
名义现金流量	-200.00	63.60	89.89	107.19	101.00	93.68
现值系数（12%）	1.0000	0.8929	0.7972	0.7118	0.6355	0.5674
名义现金流量现值	-200.0	56.8	71.7	76.3	64.2	53.2
净现值	$NPV = -200 + 56.8 + 71.7 + 76.3 + 64.2 + 53.2 = 122.22$					

二是利用项目产生的实际货币现金流量用实际资本成本率进行折现，计算项目的净现值。此时需要将项目预期的名义现金流量调整为实际现金流量，然后用实际资本成本率进行折现。具体计算过程如表4-11所示。

表4-11　　　　　　　项目的实际现金流量及净现值计算

	0	1	2	3	4	5
实际现金流量	-200	60	80	90	80	70
现值系数（5.7%）	1.0000	0.9464	0.8957	0.8477	0.8023	0.7593
实际现金流量现值	-200.0	56.8	71.7	76.3	64.2	53.2
净现值	$NPV = -200 + 56.8 + 71.7 + 76.3 + 64.2 + 53.2 = 122.22$					

可以看出，对于通货膨胀的影响，两种不同处理方法的结果是一致的，不会因为处理方法的不同而影响分析结果。

第二节　项目投资中的风险

在前面的项目投资管理决策分析中，我们都假设投资项目的现金流量是可以明确预测的，但实际真正意义上的投资项目的未来现金流量不可能明确无误地估计，未来现金流量的回收总是充满风险的，具有某种程度的不确定性。正确认识、估计投资项目的未来现金流量的风险，是实际项目投资决策管理工作中的重要步骤。因此，在处理项目投资决策中，了解投资项目的风险是必须而且重要的。通过对现实经济生活的观察，我们知道现实生活中的任何投资项目都是有风险的，或者说任何投资项目未来获得收益的可能性都是不确定的。这种不确定性来自以下一些原因：

第一，在整个项目期限内，未来经营现金流入可能会发生非预期的变化，包括销售数量、价格、成本和费用的非预期变化；

第二，在整个项目期限内，筹资成本会发生变化，包括资本市场供求关系的变化和公司资本结构的变化；

第三，项目相关产品的寿命可能短于预测，项目提前结束了或者转产其他产品；

第四，政府对现存法律的修改和颁布新的强制性规定，可能在任何时候导致额外的投资和费用；

第五，通货膨胀、经济衰退可能影响现金流量的实际价值；

第六，国际经济和金融市场的变动可能影响项目的现金流量；

第七，国际或国内的政治事件可能影响项目的现金流量，甚至迫使项目终止。

上述因素均与企业的项目投资决策有关。公司制定资本预算时，不仅要考虑这些风险的大小并将其纳入项目的评估范围，还应在设计项目时尽可能减少这些不确定性。

在投资项目决策分析中，投资项目的风险可以从三个层次来看待。

一、项目的特有风险

特有风险是指项目本身的风险，它可以用项目预期收益率的波动性来衡量。例如，一项高新技术项目失败的可能性大，但是如果成功可以获得很高报酬，收益的波动性很大。如果公司只有一个项目，投资人只投资于这一个公司，那么项目的特有风险可以衡量投资人的风险，成为资本预算时使用的风险度量。

通常，项目的特有风险不宜作为项目资本预算时风险的度量。例如，某企业每年要进行数以百计的研究开发项目，每个项目成功的概率只有10%左右。项目如果成功，企业将获得巨额利润；项目如果失败，则会损失其全部投入。如果该企业只有一个项目，而且就是研究开发项目，则企业失败的概率为90%。当我们孤立地考察并度量每个研究开发项目自身特有的风险时，它们无疑都具有高度的风险。但从投资组合角度看，尽管该企业每年有数以百计的各自独立的研究开发项目，且每个项目都只有10%的成功可能性，但这些高风险项目组合在一起后，单个项目的大部分风险可以在企业内部分散掉，此时，企业的整体风险会低于单个研究开发项目的风险，或者说，单个研究开发项目并不一定会增加企业的整体风险。因此，项目自身的特有风险不宜作为项目资本预算的风险度量。

二、项目的公司风险

项目的公司风险是指项目给公司带来的风险。项目的公司风险可以用项目对于公司未来收入不确定的影响大小来衡量。例如，一个新的投资项目与公司现有资产的平均风险相同，新的项目被采纳，不改变公司整体未来收入的不确定性，尽管公司的期望收入增加了，但是收入的不确定性没有增加。因此，该项目没有公司风险。

如果一个新项目的风险比公司现有资产的平均风险大，采纳该项目会增加公司未来收益的不确定性，该项目对于投资人来说具有公司风险。考虑到新项目特有的风险可以作为与企业内部其他项目组合可分散的一部分，因此应着重考察新项目对企业现有项目组合的整体风险可能产生的增量。这个增量不是项目的全部特有风险，而是扣除已被分散化后的剩余部分。对于只是投资于一个公司的投资人来说，公司投资新项目给他带来的影响，只是这个风险增量即项目的公司风险。

三、项目的市场风险

项目的市场风险是指新项目给股东带来的风险，这里的股东是指投资于许多公司，其投资风险已被完全分散化的股东。

从股东角度来看，项目特有风险被公司资产多样化分散后剩余的公司风险中，有一部分能被股东的资产多样化组合而分散掉，从而只剩下任何多样化组合都不能分散的系统性风险。从资产组合及资本资产定价理论角度看，度量新项目资本预算的风险时，不应考虑新项目实施对企业现有风险水平可能产生的全部增减影响，因为企业股东可以通过构造一个证券组合，来消除单个股权的大部分风险。所以，唯一影响股东预期收益的是项目的系统性风险，而这也是理论上与项目分析相关的风险度量。

第三节 项目投资决策的风险调整法

我们在《财务管理基础》中的投资项目分析时，认为项目未来的现金流量是唯一且可确定的。但现实是对任何投资项目来说，项目未来的现金流量不可能是唯一且可确定的，而是根据未来可能出现的不同情形表现出不同的结果，也就是说，项目未来的现金流量可能是多种可能出现情况的集合，不是一个确定的数量，而是一系列各种可能结果组成的数组。当对未来各种可能的估计次数多达一定数量时，未来每一期现金流量都可能是一个服从正态分布的随机组合。对于未来不确定的现金流量，有两种处理风险的调整方法，一是根据项目现金流量的分布形态所表现的风险程度来调整应用期望现金流量进行折现的折现率，求解项目的净现值，进而判断资本预算项目可行性，此为风险调整贴现率法；二是根据项目现金流量的分布形态所展现的风险程度将不确定现金流量调整为肯定的现金流量，并用无风险折现率进行折现求解净现值来判断资本预算项目的可行性，此为确定等值系数法。

一、风险调整贴现率法

投资风险分析最常用的方法是风险调整贴现率法（Risk – adjusted Discount Rate Method）。这种方法的基本思想是对于高风险的项目，采用较高的贴现率去计算净现值，然后根据净现值法的规则来选择方案。问题的关键是如何根据风险程度的大小来确定风险因素的贴现率即风险调整贴现率。

（一）根据风险报酬率模型来调整贴现率

在"风险与收益"一章中，对于离散型的现金流量，我们可以计算出现金流量的均值以及标准差来描述随机变量的分布形态。并用标准差来表示风险程度的大小。但标准差由于是绝对值，当均值不同时，不等的标准差无法表示风险程度的大小，所以，我们引入标准离差率，其值等于标准差除以均值。因为标准离差率是相对数，所以可以根据其值的大小判断风险程度大小，并可以此风险程度为依据计算与该风险程度相对应的必要收益率。根据风险报酬率模型：

$$r_j = r_f + b_j V_j \quad (4-5)$$

式中：r_j 为项目 j 的风险调整贴现率；r_f 为无风险收益率；b_j 为项目 j 的风险报酬系数；V_j 为项目 j 的标准离差率风险程度。

假设 r_f 为已知，为了确定 r_j，需要先确定 b_j 和 V_j。

对第 t 年（$t=1,2,\cdots,n$）不确定的现金流量，依据随机变量分布的状况 NCF_{ti}，以及出现的概率 p_i，可分别计算其均值（期望值）$\overline{E}_{tNCF}$ 及标准差 σ_t。

$$\overline{E}_{tNCF} = \sum_{i=1}^{k} NCF_{ti} \times p_i \quad (4-6)$$

$$\sigma_t = \sqrt{\sum_{i=1}^{k}(NCF_{ti} - \overline{E}_{tNCF})^2 p_i} \quad (i=1,2,\cdots,k) \quad (4-7)$$

对每期的标准差（σ_t）按照现值规则，转换到现时 0 点的标准差（σ_0）

$$\sigma_0 = \sqrt{\sum_{t=1}^{n}\left(\frac{\sigma_t}{(1+r_f)^t}\right)^2} \quad (t=1,2,\cdots,n) \quad (4-8)$$

根据需要，我们将标准差转换为标准离差率（V），则有

$$\overline{E}_{0NCF} = \sum_{t=1}^{n} \frac{\overline{E}_{tNCF}}{(1+r_f)^t} \quad (4-9)$$

$$V = \frac{\sigma_0}{\overline{E}_{0NCF}} \quad (4-10)$$

最后，我们可以根据每期的期望现金流量以及风险调整贴现率计算风险调整后的项目净现值：

$$NPV = \sum_{t=1}^{n} \frac{\overline{E}_t}{(1+r_j)^t} - I \qquad (4-11)$$

下面我们通过一个例子来说明怎样计算风险程度、风险报酬斜率,以及根据风险调整贴现率来选择方案。

[例 4-6] 某公司正打算投资一项目,初始投资额为 50 000 元,项目有效期为 3 年,项目有效期内的现金流量如表 4-12 所示,无风险收益率为 6%,根据经验该项目的风险报酬系数为 0.15。

表 4-12　　　　　　　　　　　现金流量分布资料　　　　　　　　　　　单位:元

项目	第 1 年			第 2 年			第 3 年		
状况	好	正常	差	好	正常	差	好	正常	差
概率(%)	30	50	20	20	60	20	30	40	30
现金流量	30 000	10 000	5 000	40 000	30 000	10 000	20 000	15 000	1 000

根据资料,我们可以分别计算每年的现金流量的均值(期望值),根据公式(4-6)和公式(4-7),它们分别为:

第 1 年的现金流量的期望值和方差分别为

$$\overline{E}_{1NCF} = 0.3 \times 30\,000 + 0.5 \times 10\,000 + 0.2 \times 5\,000 = 15\,000(元)$$
$$\sigma_1^2 = 0.3 \times 15\,000^2 + 0.5 \times (-5\,000)^2 + 0.2 \times (-10\,000)^2 = 100\,000\,000$$

第 2 年的现金流量的期望值和方差分别为

$$\overline{E}_{2NCF} = 0.2 \times 40\,000 + 0.6 \times 30\,000 + 0.2 \times 10\,000 = 28\,000(元)$$
$$\sigma_2^2 = 0.2 \times 12\,000^2 + 0.6 \times 2\,000^2 + 0.2 \times (-18\,000)^2 = 96\,000\,000$$

第 3 年的现金流量的期望值和方差分别为

$$\overline{E}_{3NCF} = 0.3 \times 20\,000 + 0.4 \times 15\,000 + 0.3 \times 10\,000 = 15\,000(元)$$
$$\sigma_3^2 = 0.3 \times 5\,000^2 + 0.4 \times 0^2 + 0.3 \times (-5\,000)^2 = 15\,000\,000$$

利用计算的结果,根据公式(4-9)和公式(4-8),我们分别计算期望现金流量的现值以及方差的现值,计算结果如下:

$$\overline{E}_{0NCF} = \frac{15\,000}{1.06} + \frac{28\,000}{1.06^2} + \frac{15\,000}{1.06^3} = 51\,665.13(元)$$
$$\sigma_0^2 = \frac{100\,000\,000}{1.06^2} + \frac{96\,000\,000}{1.06^4} + \frac{15\,000\,000}{1.06^6} = 175\,615\,043.8$$
$$\sigma_0 = \sqrt{175\,615\,043.8} = 13\,251.98(元)$$

所以,根据公式(4-10)可以求出标准离差率,答案为

$$V = \frac{\sigma_0}{\overline{E}_{0NCF}} = \frac{13\,251.98}{51\,665.13} = 0.26$$

根据公式（4-5），项目要求的必要收益率 r_j 为
$$r_j = 6\% + 0.15 \times 0.26 = 9.9\%$$
根据公式（4-11），项目的净现值为
$$NPV = \frac{15\,000}{1.099} + \frac{28\,000}{1.099^2} + \frac{15\,000}{1.099^3} - 50\,000 = -1\,868.08(元)$$
根据计算结果，经过风险调整后的项目净现值小于零，所以项目不可行。

（二）应用资本资产定价模型确定折现率

资本资产定价模型的表达式为
$$r_j = r_f + \beta_j(r_M - r_f)$$

r_j 为我们所要求解的风险要求必要收益率。r_f 为无风险收益率，r_M 为市场组合收益率，这两个数据都可从证券市场中获得，但 β_j 的数据的获得却要颇费些周折。既可应用企业所在行业的经验数据，也可利用公开的证券市场信息资料。

[例4-7] 东明电器公司全部利用股权集资，目前资产总额为1 500万元。该公司股票的贝塔系数为1.3。市场组合的期望收益率为12%，无风险收益率为6%。现公司欲投资一个项目，初始投资额为500万元，该项目的贝塔系数为1.5，试问：

（1）当新项目的期望收益率为13.8%时，新项目是否可行？

（2）当新项目的期望收益率为17%时，新项目是否可行？

根据资本资产定价模型，公司在未增加新投资项目前的投资收益率为
$$r = 6\% + 1.3 \times (12\% - 6\%) = 13.8\%$$

（1）当项目的期望收益率为13.8%时，该项目和公司原有项目组成一个新的组合投资，组合投资的收益率、贝塔系数为这两者的加权平均数，原有投资额为1 500万元，新项目投资额为500万元，组合投资总额为2 000万元，故原有组合投资的收益率 $\bar{r}_P$，组合投资的贝塔系数分别为

$$\bar{r}_P = \frac{1\,500}{2\,000} \times 13.8\% + \frac{500}{2\,000} \times 13.8\% = 13.8\%$$

$$\beta_P = \frac{1\,500}{2\,000} \times 1.3 + \frac{500}{2\,000} \times 1.5 = 1.35$$

在此条件下，加入新的项目后，组合投资的期望收益率保持以前的收益率水平，但贝塔系数则维持在1.35较前1.3为大，意味着加入新的投资后，风险程度加大，但期望收益率保持不变，因此新项目不值得实施。

（2）当项目的期望收益率为17%时，同理，组合投资的期望收益率 $\bar{r}_P$，组合投资的贝塔系数分别为

$$\bar{r}_P = \frac{1\,500}{2\,000} \times 13.8\% + \frac{500}{2\,000} \times 17\% = 14.6\%$$

$$\beta_P = \frac{1\,500}{2\,000} \times 1.3 + \frac{500}{2\,000} \times 1.5 = 1.35$$

在加入新项目后的组合投资贝塔系数为1.35，因为该公司均为权益资本，所以投资组合要求的必要收益率也为权益资本收益率，也是股东所要求的收益率：

$$r_P = 6\% + 1.35 \times (12\% - 6\%) = 14.1\%$$

因为新项目加入后的组合投资期望收益率为14.6%，超过了股东所要求的收益率14.1%，所以新项目值得投资。

风险调整贴现率法比较符合逻辑，不仅为财务理论工作者认可，并且在实务中被广泛使用。但是，该方法把时间价值和风险价值混在一起，并据此对现金流量进行贴现，意味着风险随着时间的推移而加大，这种处理方法有时与事实相悖。如某些行业的投资，可能是前几年的现金流量难以预料，但越往后反而现金流量更为稳定可靠，如果园、饭店等。

二、确定性等值法

根据不确定条件下效用理论，人们提出了确定性等值法。这种方法的基本思路是先用一个系数把有不确定的现金流量调整为确定的现金流量，然后用无风险的贴现率去计算净现值，以便利用净现值法的规则判断投资机会的可取程度。

$$NPV = \sum_{i=1}^{n} \frac{\alpha_i \times \overline{NCF_i}}{(1+r_f)^i} - I \qquad (4-12)$$

式中：α_i 为第 i 年现金流量的确定等值系数，它在 0~1 之间；r_f 为风险的贴现率；$\overline{NCF_i}$ 为第 i 年预期现金净流量。

式（4-12）中的确定等值系数 α_i，是指不确定的1元现金流量期望值相当于使投资者满意的确定的金额的系数，它可以把各年不确定的现金流量换算为确定的现金流量。

$$\alpha_i = \frac{\text{确定现金流量}}{\text{风险现金流量}} \qquad (4-13)$$

α_i 值的确定，可由经验丰富的分析人员凭主观判断确定，也可根据各年现金流量不同的离散程度，即现金流量的标准离差率确定。如根据标准离差率来确定，需将标准离差率分成若干档次，并为每一档次规定一个相应的 α_i 值，标准离差率值越小，意味着风险程度越小，α_i 值就应越大；反之就越小。标准离差率和确定性等值系数的经验对照关系如表4-13所示。

表4-13　　　　标准离差率和确定性等值系数的经验对照关系表

标准离差率（V）	确定性等值系数
0.00~0.07	1.0
0.08~0.15	0.9
0.16~0.23	0.8
0.24~0.32	0.7
0.33~0.42	0.6
0.43~0.54	0.5
0.55~0.70	0.4
⋮	⋮

根据［例4-6］的数据，我们应用确定等值系数法计算该题。

第1年现金流量的期望值和方差分别为：$\overline{E}_{1NCF} = 15\,000$元，$\sigma_1^2 = 100\,000\,000$，根据第1年的期望现金流量与标准差，可以计算第1年的标准离差率为

$$V_1 = \frac{\sigma_1}{\overline{E}_{1NCF}} = \frac{10\,000}{15\,000} = 0.67$$

查表，此时对应的确定等值系数为0.4。

第2年现金流量的期望值和方差分别为：$\overline{E}_{2NCF} = 28\,000$元，$\sigma_2^2 = 96\,000\,000$，根据第2年的期望现金流量与标准差，可以计算第2年的标准离差率为

$$V_2 = \frac{\sigma_2}{\overline{E}_{2NCF}} = \frac{9\,797.96}{28\,000} = 0.35$$

查表，此时对应的确定等值系数为0.6。

第3年现金流量的期望值和方差分别为：$\overline{E}_{3NCF} = 15\,000$元，$\sigma_3^2 = 15\,000\,000$，根据第3年的期望现金流量与标准差，可以计算第3年的标准离差率为

$$V_3 = \frac{\sigma_3}{\overline{E}_{3NCF}} = \frac{3\,872.98}{15\,000} = 0.26$$

查表，此时对应的确定等值系数为0.7。

根据式（4-12），利用确定等值系数和当年的现金流量期望值，计算项目的净现值为

$$NPV = \frac{0.4 \times 15\,000}{1.06} + \frac{0.6 \times 28\,000}{1.06^2} + \frac{0.7 \times 15\,000}{1.06^3} - 50\,000 = -20\,571.68(元)$$

标准离差率与确定等值系数之间并没有公认的客观标准。因此，标准离差率应如何分档，各档的确定等值系数如何规定，均取决于投资者对待风险的态度。由于确定等值系数缺乏客观可靠的标准，这也在一定程度上限制了该方法的广泛利用。为了避免根据现金流量分布的离差率确定等值系数的客观性问题，一种方法认为距离现值点越近的现金流量的确定等值系数越高，距离现值点越远的现金流量的确定现值系数越低。

［例4-8］ A公司计划投资一项目，该项目的初始投资额、未来期望现金流量、确定等值系数等资料如表4-14所示，无风险收益率为6%。

表4-14　　　　　　　　　项目期望现金流量及确定等值系数表　　　　　　　　　单位：元

项目	0	1	2	3	4	5
初始投资额	-80 000					
期望现金流量		20 000	30 000	40 000	30 000	20 000
确定等值系数	1	0.9	0.85	0.8	0.7	0.6
确定等值	-80 000	18 000	25 500	32 000	21 000	12 000

项目经过确定性等值调整后的净现值为

$$NPV = \frac{18\,000}{1.06} + \frac{25\,500}{1.06^2} + \frac{32\,000}{1.06^3} + \frac{21\,000}{1.06^4} + \frac{12\,000}{1.06^5} - 80\,000 = 12\,144.8(元)$$

根据计算结果，项目的净现值大于零，因此，项目是可以接受和可行的。

在使用风险调整贴现率法和确定等值系数法时，我们要分析未来现金流量分布的不同特征，选择合适的方法，因为对同一个风险项目，使用这两种方法时，未必就会得出一致的结果。这是因为，在使用风险调整贴现率法时，不管未来的现金流量呈现何种变化和特征，均使用不变的风险贴现率对未来现金流量的期望值进行贴现计算，这就忽视了未来现金流量分布前后呈现不规律性变化的差异。而确定性等值法则是根据每一期间现金流量的不确定性程度，给予对应风险程度的确定等值系数，将不确定现金流量的期望值转换成确定性的现金流量。这就充分考虑了未来现金流量分布的不同特征进行风险调整。如果未来现金流量分布呈现的特征是前期较为分散、后期较为集中，那么此时比较适宜使用确定性等值法，而不宜使用风险调整贴现率法。如果未来现金流量分布较为均衡时，则两种方法均可选用。如果未来现金流量分布不规则，则宜选择确定性等值方法，不宜使用风险调整贴现率法。

第四节 风险投资项目决策的其他方法

一、决策树法

财务管理人员不仅须在项目初始投资阶段作出决策，而且还须在项目的寿命期内连续地作出一系列决策，这些决策涉及投资项目的投资、扩展、更新及收缩等内容。因此，假若随后的投资决策取决于目前所作的决策，那么，现在的决策就必须考虑今后准备做什么。这种依次连续决策的问题可以用一种树形决策网络来表达和求解，这种树形决策方法称为决策树法（Decision Trees Analysis）。

决策树是一个形象化的树形图，用于帮助人们明确与决策相关的所有现金流量及相应概率，并因此促进人们对决策过程的理解。决策树由不同的节点与分枝组成。用方块符号"□"表示的节点作为决策点，从决策点引出的第一分枝表示一个可供选择的方案；用圆圈符号"○"表示的节点作为状态点，从状态点引出的每一分枝表示一种可能发生的状态。在状态分枝线上所标的数值表示该状态可能发生的概率 p_i，每一状态分枝线末端的数值为相应的损益值。根据各种状态发生的概率与相应的损益值分别计算每一方案的损益期望值，并将其标在相应的状态点上，就可以直观地判断出应该选择哪个方案。以下通过例子介绍决策树方法。

[例4-9] 某机械制造公司为研制一种新型机床，计划于第1年初投入10万元用于市场调研，调研结果市场看好的概率为0.8，如果这一型号机床市场看好，公司拟在第2年初投资100万元着手试产销，整个试产销需要花1年时间。公司预测试产销成功的机会为70%，如果试产销成功，该公司将在第2年末投资扩建5000万元的生产线，

准备扩大生产规模。预测该生产线可用8年，每年将产生现金净流量1 500万元的概率为0.3，现金流量为1 000万元的概率为0.4，每年现金流量为－800万元的概率为0.3。公司的资本成本率为12%，在这一条件下，公司是否实施该型号的机床投资计划？

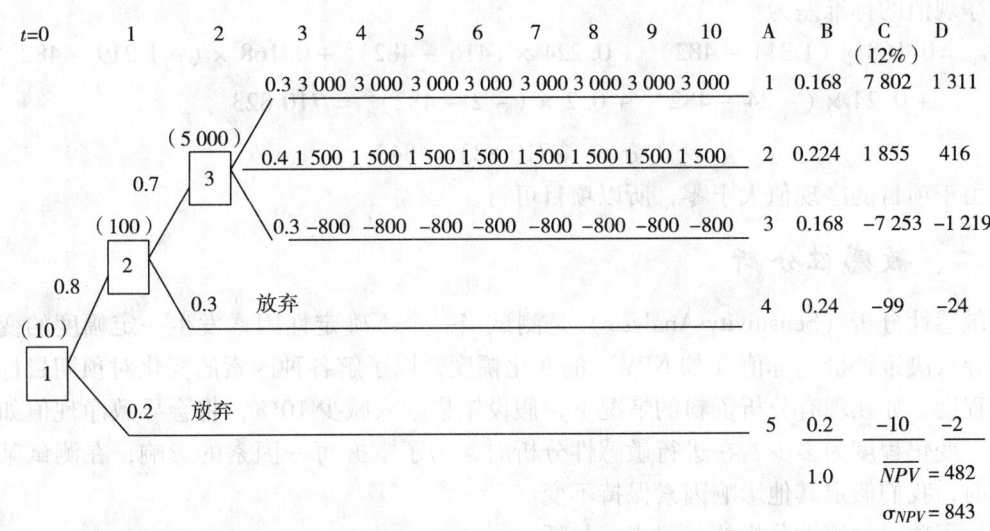

图4－5　树形决策分析图

图4－5为公司决策过程的现金流量及概率的树形结构图。图中方框1为第1年初的10万元市场调研费用，该型产品市场看好的概率为0.8，则进行第二步投入100万元进行试销，产品市场预期不好的概率为0.2，则停止进一步行动，放弃下一步的试销行为。方框2表示第2年初投入的100万元试产销，试产销有70%的成功机会，公司将进行第三步投资5 000万元扩大生产规模，当面对30%的失败几率时，则放弃进一步投资的操作。方框3表示第3年末投资5 000万元用于扩大生产规模，产品市场面临三种可能，第一种可能是在随后8年每年末产生3 000万元的现金流量，其发生概率为0.3；第二种可能是在随后8年每年末产生1 500万元的现金流量，其发生概率为0.4；第三种可能是在随后8年每年末产生－800万元的现金流量，其发生概率为0.3。

图4－5说明：A为投资决策的各个可能的结果，有1、2、3、4、5个不同的结果；B为不同结果的联合概率值，第1结果的联合概率为0.168（＝0.8×0.7×0.3），余者类推，5个结果的联合概率之和为1；C为5个不同结果的净现值，第1个结果的净现值计算过程为

$$NPV = 3\,000(P/A,12\%,8)(P/F,12\%,2) - 5\,000(P/F,12\%,2)$$
$$- 100(P/F,12\%,1) - 10 = 7\,802(万元)$$

第2、第3个结果的净现值也按这一方法计算，第4个结果的净现值为－99［＝100/（1＋12%）＋10］万元，第5个结果的净现值为前期调研费用－10万元；D为每一

结果发生的概率（B值）和每一结果所产生的净现值（C值）的乘积，表示每一结果净现值在整个净现值中所占的大小，将加权后的每一结果净现值相加即为整个项目的净现值：

$$\overline{NPV} = 1\,311 + 416 - 1\,219 - 24 - 2 = 482(万元)$$

净现值的标准差为

$$\sigma_{NPV}^2 = 0.168 \times (1\,311 - 482)^2 + 0.224 \times (416 - 482)^2 + 0.168 \times (-1\,219 - 482)^2$$
$$+ 0.24 \times (-24 - 482)^2 + 0.2 \times (-2 - 482)^2 = 710\,823$$

$$\sigma = \sqrt{710\,823} = 843$$

由于项目的净现值大于零，所以项目可行。

二、敏感性分析

敏感性分析（Sensitivity Analysis）是测试当一个不确定性因素发生一定幅度的变化时可导致决策评价指标值（如NPV）的变化幅度，以了解各种因素的变化对预期目标的影响程度。如在现有分析资料的情况下，假设销售收入减少10%，将会导致净现值如何变化？变化程度为多少？在进行敏感性分析时，为了掌握每一因素的影响，在测试某一因素时，我们假定其他影响因素保持不变。

投资项目敏感性分析的一般步骤包括：

第一，确定敏感度分析指标。在进行敏感性分析时，可根据不同投资项目的特点，挑选出最能反映项目效益的指标作为分析对象，如净现值、内部收益率、现值指数或其他指标，一般我们采用净现值作为敏感分析指标。

第二，选取需要分析的不确定因素，并设定这些因素的变动范围。投资项目不确定因素的内容，依项目规模类型的不同而不同。通常选择那些在成本收益构成中占比重较大，对经济效益指标有重大影响的因素。一般包括项目初始投资额、产品销售量、销售价格、固定成本和变动成本等。

对选择的不确定因素，可按其发生变化时增加（减少）一定百分比（如±10%、±15%、±20%）后，分别计算出对项目的净现值或内部收益率等评价指标的影响程度。

第三，调整现金流量。根据不确定因素的变动幅度，相应地调整项目的现金流量。在调整现金流量时，要注意变动因素相关内容的调整。如销售收入变动后，调整现金流量时要注意销售收入变动与销售税金的相关变化。

[例4-10] 东方电子股份有限公司计划生产一款新型的MP3播放器的投资项目，在确定性条件下资本预算的现金流量见表4-15，所采用的数据是根据对未来最可能出现的情况进行预测估算的。项目建成可用6年，设备期末残值为零，直线折旧法计提折旧。由于对未来某些因素把握不大，销售收入、变动成本、固定成本均有可能在±10%的范围内变动。设折现率为12%，公司所得税税率为25%，分别对上述3个不确定因素作敏感性分析。

表 4-15　　　　　　　　　MP3 投资项目预期现金流量　　　　　　　　　单位：万元

项目	0 时点	1~6 年末
初始投资额	(1 800)	
销售额		2 000
变动成本		1 300
固定成本		300
税前利润		400
所得税（25%）		100
税后利润		300
现金净流量	(1 800)	600

正常情况下，公司的净现值为

$NPV = 600 \times (P/A,12\%,6) - 1\,800 = 600 \times 4.1114 - 1\,800 = 666.8(万元)$

表 4-16、图 4-6 分别描述了销售收入、变动成本以及固定成本三个影响因素变动对净现值的影响。

表 4-16　　　　　　　　　影响因素变动对净现值的影响

项目	正常	销售收入变动		变动成本变动		固定成本变动	
		+10%	-10%	+10%	-10%	+10%	-10%
		2 200 万元	1 800 万元	1 430 万元	1 170 万元	330 万元	270 万元
NPV（万元）	666.8	1 283.6	50.1	266.0	1 067.7	574.3	759.3
变动比率（%）	0	92.5	-92.5	-60.1	60.1	-13.9	13.9

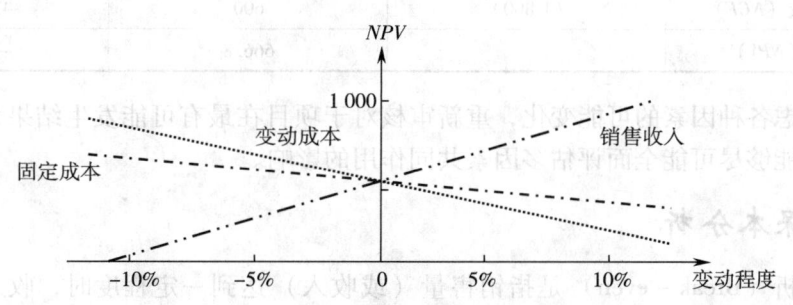

图 4-6　MP3 播放器投资项目的敏感性分析

根据计算结果显示，对该项目而言，销售收入的变动对项目净现值有较大的弹性，当销售收入增加 1% 时，净现值将增加 9.25%，反之则降低 9.25%；变动成本也对净现值变化有较大弹性，但为反向变化，当变动成本下降 1% 时，净现值将增加 6.01%，反之则减少 6.01%；固定成本具有较小弹性，当其减少 1% 时，净现值将增加 1.39%，反之则下降 1.39%。

三、情景分析

情景分析（Scenario Analysis）就是结合环境的实际状况，综合考虑两种以上的因素共同影响决策评价指标值。在敏感性分析中，我们是在假定其他因素不变的情况下，考虑一个因素的变动影响决策评价指标的程度。这种情况仅仅是揭示影响因素对决策评价指标的影响程度，而对实际现实中的情况说明是存在不足的，因为现实不可能仅是单一因素变动，可能同时存在多个因素的变动。这时就要考虑应用情景分析法。

仍以东方电子股份公司为例，当在最有可能出现的市场环境下预测数据，如果面临市场可能的变化，如由于其他企业也加入相同型号 MP3 的生产导致市场销售收入减少5%，同时由于材料、人力资本上升导致变动成本增加10%，在这两个因素的共同影响下，我们通过表4-17可以看出，项目净现值将由原前的666.8万元，下降到-42.4万元，项目由变动前的可行项目变为不可行项目。

表4-17　　销售收入减少5%和变动成本增加10%的现金流量及净现值　　单位：万元

项目	0 时点	1~6 年末	变动后的资料
初始投资额（I）	(1 800)		
销售额（S）		2 000	1 900
变动成本（VC）		1 300	1 430
固定成本（FC）		300	300
税前利润		400	170
所得税（25%）		100	42.5
税后利润		300	127.5
现金净流量（NCF）	(1 800)	600	427.5
净现值（NPV）		666.8	-42.4

综合考虑各种因素的可能变化，重新审核对于项目在最有可能发生结果条件下的决策，使决策能够尽可能全面评估多因素共同作用的影响。

四、保本分析

保本分析（Break-even）是指销售量（或收入）达到一定程度时，收入刚好弥补所有的生产经营成本，企业实现盈亏相抵，达到盈亏平衡。有会计利润盈亏平衡和净现值盈亏平衡。

（一）会计利润盈亏平衡

根据东方公司的资料，公司的边际贡献率为

$$边际贡献率 = \frac{边际贡献}{销售收入} = \frac{2\,000 - 1\,300}{2\,000} = 35\%$$

保本销售收入为

$$保本销售收入 \times 边际贡献率 - 固定成本 = 0$$

$$\text{保本销售收入} = \frac{\text{固定成本}}{\text{边际贡献率}} = \frac{300}{35\%} = 857.1(\text{万元})$$

东方公司的年销售收入能维持在857.1万元时,公司即可实现盈亏平衡。计算结果可以通过图4-7表示。

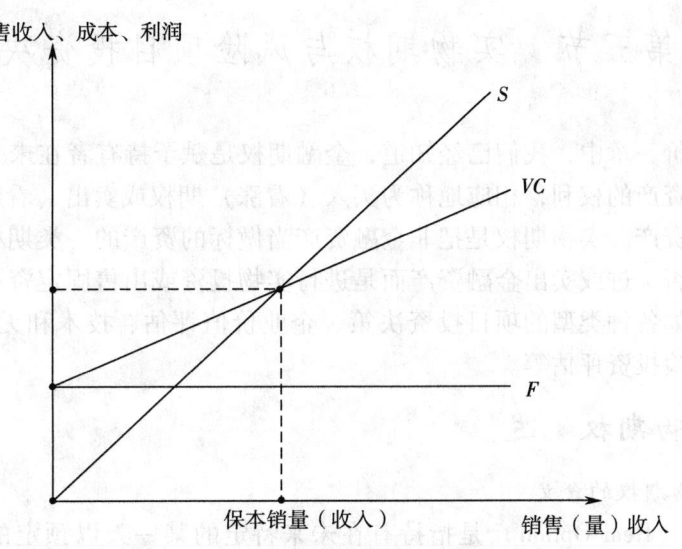

图4-7 会计损益平衡分析

(二) 净现值的盈亏平衡

仍以东方公司资料,如果净现值等于零时的销售收入为S,那么东方公司的年现金净流量为$(S \times 35\% - 300)(1 - 30\%) + 300$,应用净现值计算公式,若净现值等于零则有

$$[(S \times 35\% - 300)(1 - 30\%) + 300](P/A, 12\%, 6) - 1\,800 = 0$$

由此解得

$$S = 1\,419.6(\text{万元})$$

计算结果可以通过图4-8表示。

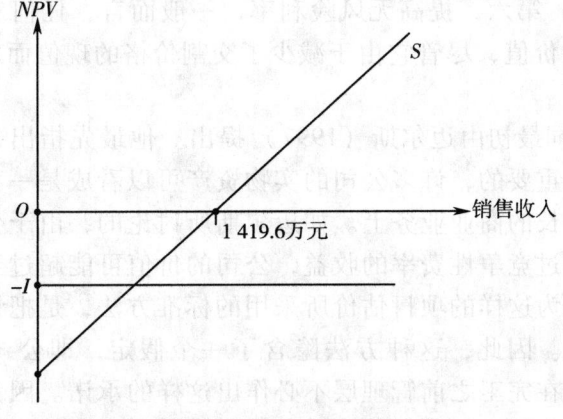

图4-8 净现值盈亏平衡分析

当东方公司拟投资项目的销售收入预期达到 1 419.6 万元时，项目的净现值为零，实现净现值的盈亏平衡。所以，对该项目而言，在其他条件不变的情况下，只要其销售收入能够超过 1 419.6 万元，则该项目的净现值就可以大于零。

第五节 实物期权与风险项目投资决策

在期权定价一章中，我们已经知道，金融期权是赋予持有者在未来某一时刻买进或卖出某种金融资产的权利，相应地称为买入（看涨）期权或卖出（看跌）期权，该金融资产称为标的资产。实物期权是把非金融资产当做标的资产的一类期权，此时期权的交割不是决定是否买进或卖出金融资产而是进行实物投资或出售固定资产。实物期权的应用范围很广，如各种类型的项目投资决策、企业价值评估、技术和无形资产价值评估、创业企业和风险投资评估等。

一、实物期权概述

（一）实物期权的含义

实物期权（Real Option）是指持有在未来特定的某一天以预定的成本去采取特定的行动（如延迟、扩张、缩减、放弃）的一种权利，而非义务。由于具有这种采取行动的权利，因此就有了一种决策上的弹性。与一般的金融期权相同，实物期权的价值主要受到以下六个变量的影响。因此，可以通过拉动这六个因素来提高实物期权的价值（Copeland，2001）。第一，增加项目预期收益现值，比如，在市场出现供不应求时，提高产品产量或提高产品销售价格而增加销售收入；第二，减少项目预期费用现值，比如通过提高规模经济性，或通过协作和联合降低市场竞争；第三，增加项目预期价值的不确定性，从而进一步增加了灵活性的价值，这是与净现值分析方法的重大差异；第四，延长投资机会的持续时间以提高期权价值；第五，等待交割以减少价值损失在金融期权中直到红利支付后都是等待的成本（红利降低了股票价值因此也降低了期权的报酬）；第六，提高无风险利率，一般而言，任何对无风险利率上升的预期都会增加期权的价值，尽管它由于减少了交割价格的现值而对净现值产生了负效应。

"实物期权"一词最初由迈尔斯（1997）提出。他最先指出，期权分析对公司成长机会的合理估价是重要的，许多公司的实物资产可以看成是一种看涨期权。这种期权价值依附在利润增长的商业业务上。如迈尔斯所讨论的，由于公司在未来一些项目上可能有机会获得超过竞争性费率的收益，公司的价值可能超过当前所属项目的市场价值。传统资本预算为这样的项目估价所采用的标准方法，是把预期完成日期的价值贴现为当前的净现值。因此，这种方法隐含了一个假定，即公司将被指定完成该项目。然而，事实上，在完工之前管理层不必作出这样的承诺。因为这一标准方法忽略了在完工之前条件变化的情况下，管理层不再推进该项目选择权的价值。而且，由于财务人员对投资项目的未来利润只能作出不精确的估计,因此,考虑到这种约束性条件,考虑相关经营选择权就显得更重要了。迈尔斯强调,实物期权是分析未来决策能如何增加价值的一种方法,或研究在将来可以相机而动这种灵活性有多大价值的一种方法。

在相关的文献中,与实物期权类似的概念是"管理期权"(Managerial Option)。詹姆斯·范霍恩(James C. Van Horne)、约翰·瓦霍维奇(John M. Wachowicz, Jr.)给出的管理期权的定义是:管理期权是指管理人员进一步作出决策来影响一个项目的预期现金流量、项目寿命或未来是否接受的灵活性。[①]

(二) 投资决策与期权

大多数投资决策具有三个重要特征:不能撤销性或不可逆性;不确定性;管理者对投资时机的选择余地。投资的初始成本至少部分是沉淀成本,当该项投资由于各种原因不能成功运营时,该初始成本就不能完全被收回,这主要是由于资产专用性、信息不对称、政府管制或制度安排等使得投资不具可逆性;未来收益无法实现概率为1,因此未来收益具有不确定性,投资的收益不确定性与实物期权有着密切的关系,一般而言,投资的不确定性越大,实物期权的价值就越大;对投资活动来说,投资的时机是可以选择的,并非"要么现在投资、要么永远不投资",投资者可以通过推迟投资行为而获得有关未来的更多的信息,可以在更加有利的条件及时机下实施投资,所以,投资者对投资选择的余地越大,投资选择的价值就越大。大多数投资决策的这三个特性之间的相互作用决定了投资者的最优决策。这种相互作用正是实物期权的核心。

在直观上,一个不可逆的投资机会非常类似于看涨期权。我们已经知道,一个典型的看涨期权赋予其持有者这样的权利:在特定的时间范围内,支付执行价格以获得具有一定价值的资产(如股票),但这不是义务。例如,买入100股普通股期权的目的在于期权买方拥有权利,即可在约定期限内按照合约规定的"执行价格"买入该股票。若股票的市场价格高于"执行价格",购买该股票(履行期权)即可赚钱;相反,若股票的市场价格最终低于执行价格,期权的买方可放弃履行期权,其损失最多不超过最初购买期权的投入。对一项投资而言,假定其是完全不可逆的,那么,该项目的价值是它所产生的现金流的预期现值。根据收益的不确定性,这个投资决策在于通过支付沉没成本的决策,其回报是获得价值会波动的一种资产。这实际上与看涨期权类似——以预先设定的执行价格购买一种价值波动的资产的权利而不是义务。拥有类似投资机会的企业持有现在支出货币(执行价格)或未来支出货币以获得具有一定价值的资产(如一个项目)的选择权。执行这种期权是不可逆的,尽管这种资产可以出售给其他投资者,但该投资者仍不能完全收回其期权或执行该期权所支付的货币。这种投资期权的价值,部分是由于通过投资获得的资产的未来价值是不确定的。若该资产价值上涨,来自投资的净收益也上涨;若该资产价值下降,企业不必经营该项资产,而仅仅损失它在获得该投资机会

[①] 詹姆斯·范霍恩、约翰·瓦霍维奇著,郭浩、徐琳译:《现代企业财务管理》,北京,经济科学出版社,1998。

时的成本开支。因此,实物期权(或投资机会)和期权一样,具备一个必不可少的特征:投资回报与风险分配的不对称性——可能赢得的回报数额大于风险可能带来的损失数额。这是由于期权买方可以停止执行投入期权;或者反过来说,可以控制损失,并通过未来的执行行为,充分获取利润。

为了更好地理解实物期权的概念,我们可以用表4-18将它与金融期权进行比较。

表4-18　　　　　　　　实物期权与金融期权的比较分析表

因素	期权(Option)	实物期权(Real Option)
标的资产	股票	投资项目或实物资产
标的物当前价格(S)	股票市价(S)	投资项目预期现金流量现值
执行价格(K)	股票执行价格(K)	投资项目总成本,完成投资项目所需费用支出现值
权利期间(T)	约定期间(T)	投资项目的期间,直到投资机会消失为止
风险大小(σ)	股价的不确定性	项目预期现金流量的不确定性
贴现率	无风险利率	无风险利率(与投资期间相匹配的同期国债利率)

二、实物期权的类型

在研究实物期权的相关文献中,从选择权性质的角度来看,可能的实物期权的基本类型包括:

(一)扩张(或紧缩)的期权

扩张(或紧缩)的期权(Expanded or Contracted Options)是一种重要的期权,当不确定性出现"好的"一面时,它允许公司扩大生产。例如,一个投资项目的总产出可以随单位时间产出率或生产经营总的时间变化而变化。如果产品比起初预测的更为成功,那么,管理层可能选择建设生产能力超过预测生产水平的项目,从而以更高的效率进行生产;管理层也可能选择建设一个物理寿命超过其期望使用年限的设备,因此公司通过延长生产时间而在项目寿命中生产更多的产品。同样,当不确定性出现"坏的"一面时,它则允许公司紧缩生产。例如,对于相对于初始购建成本而富有较高维护费的设备,管理层也可以获得一种灵活性,即缩短设备寿命期或为减少维护支出而压缩项目规模。对于一个制造厂,管理层往往拥有作出后续投资的选择权。

所以,一个现在要决策的投资项目,即一个执行日为今天的资产选择权,资产的现价即现在预测的项目的现值,执行价格就是投资的额度。如果仅仅如此就很简单根据净现值准则即可作出投资决策。问题是,对现在投资的项目,两年后后续投资就要提到议程上来。这个附加后续投资项目选择权就是一个2年后执行的资产选择权(欧洲式),它的价值自然应该加到现在拟议中的项目净现值中去,即

现项目的净现值 = 不附带后继投资项目的净现值 + 后续投资选择权的价值

式中:后续投资选择权的价值等于资产选择权的价值。

[例4-11] 丰华高技术公司现在打算投资一项高新技术产品,项目首期投资额为8 000万元,项目实施后产生现金流量的现值为7 500万元,该项目的净现值为-500万

元，因此，肯定会被否决。但该项目的投资还意味着，随着该技术市场的拓展和应用，在2年后，会存在一个后续投资项目投资40 000万元，但项目的净现值也为40 000万元的投资机会。针对这样的投资机会，是否现在可以实施该项高新技术产品的投资呢？前后两次投资的资本机会成本为20%，项目未来现金流量均有很高的不确定性，变化率的标准差估计为30%，无风险利率为15%。

按照净现值法，即便存在后续投资，由于两次投资的净现值之后为-500万元，故而可否决该投资计划。但2年后的后续投资是一个以项目资产为标的物的选择权。项目资产的价值现在估计它2年后是40 000万元〔相当于现值$S = 40\,000/1.2^2 = 27\,777.78$（万元），因为未来现金流量是不确定现金流量，所以，使用风险折现率折现〕。在今后两年内，对它的估计可能发生很大的变化，真的到了2年后，它的数值可能很高，当然，也可能比40 000万元低。对它的估值变化越大，选择权的价值就越高。

如果无风险利率为15%，我们可以计算出执行价格（投资额是确定性现金流量，因此，使用无风险折现率折现）的现值为

$$K = 40\,000 \times e^{-0.15 \times 2} = 29\,632.73(万元)$$

根据相关公式，代入对应数据，我们即可求出

$$d_1 = \frac{\ln(\frac{S}{K}) + (r + \frac{\sigma^2}{2})T}{\sigma\sqrt{T}} = \frac{\ln(27\,777.78/29\,632.73) + (0.15 + 0.09/2) \times 2}{0.3 \times \sqrt{2}} = 0.77$$

$$d_2 = d_1 - \sigma\sqrt{T} = 0.77 - 0.42 = 0.35$$

根据以上数值，我们查标准正态分布下的面积表可得

$$N(d_1) = N(0.77) = 0.2793 + 0.5 = 0.7793$$
$$N(d_2) = N(0.35) = 0.1368 + 0.5 = 0.6368$$

将有关数值代入布莱克和斯科尔斯提出的欧式看涨期权的定价公式：

$$C = S \times N(d_1) - Ke^{-rT}N(d_2)$$
$$= 27\,777.78 \times 0.7793 - 29\,632.73 \times e^{-0.15 \times 2} \times 0.6368 = 7\,667.9(万元)$$

项目投资选择权的价值为7 667.9万元。因此，高新技术产品投资项目的净现值不应只是-500万元，而是-500万元加上后续的投资选择权的价值7 667.9万元，即7 167.9万元。考虑到后续投资的选择权价值，因此，高新技术产品项目是值得投资的。

（二）延迟的期权

延迟的期权（Deferral Options）是指对某些项目有等待以接收新信息的期权。有的文献也把它称为学习期权（Learning Options）。也就是说，对于某些投资项目，不必要立即实行该项目。通过等待，公司能够获取关于市场、价格、成本和其他一些事情的新信息。例如，国外石油租赁的承租人可以选择在其承租期间内何时开发石油。再例如，当作一个关于新产品的决策时，管理人员拥有现在推出这种产品，或推迟到将来再推出该产品的期权。等待意味着公司放弃早期的现金流量，而且可能还会失去先动优势。但如果等待的话，公司可能能够以更有利的方式推出这种产品。如果现在推出这种新产品，

那么,相对于等待来说,公司将较早实现现金流量,而且可能还会占有先动优势。但可能会以很不利的方式推出。像其他实物期权一样,可能的结果不确定性越大,延迟的期权的价值就会越大。

[例 4-12] 金鹰电讯公司正在计划依托自身研发的核心专利技术开发一个项目投资,计划投资额为 7 000 万元,项目建成后的有效使用期为 4 年。因为市场对该项核心技术开发的产品具有较大的不确定性,未来项目产生的现金流量取决于市场对产品的接受程度。如果未来市场对产品的需求呈现好的状况,则从第 1 年(2011 年)起,每年产生的现金净流量为 3 900 万元,其概率为 30%;如果未来为正常的情况,则每年可实现 2 500 万元现金净流量,出现的概率为 50%;如果未来为差的可能性出现,则项目每年可实现现金净流量 800 万元,这一情况出现的可能概率为 20%。但如果项目能够延期 1 年(2011 年)投资,企业只有在判断未来可能为好以及正常的情况下进行投资。假如企业对项目投资所要求的必要收益率为 15%,无风险收益率为 6%,我们可以分析现在投资以及延期 1 年后投资的决策情况。表 4-19 为项目可能的现金流量状况。

表 4-19　　　　　　　　项目可能的现金流量状况　　　　　　　　单位:万元

	概率	2010 年	2011 年	2012 年	2013 年	2014 年
投资额		-7 000				
好	0.3		3 900	3 900	3 900	3 900
正常	0.5		2 500	2 500	2 500	2 500
差	0.2		800	800	800	800

第一,项目的传统净现值(NPV)分析。当项目实施时,由于未来不同的可能出现外部环境的概率,项目实施后每年可获得的期望年现金流是 2 580 万元:

每年预计现金净流量 = $0.3 \times 3\,900 + 0.5 \times 2\,500 + 0.2 \times 800 = 2\,580$(万元)

由于项目的投资额为 7 000 万元,投资的必要收益率为 15%,则该项目的净现值为 318.13 万元,计算如下:

$$NPV = -7\,000 + 2\,580 \times (P/A, 15\%, 4) = 365.90(万元)$$

该项目未来现金净流入的现值为 7 365.90 万元,而项目的成本为 7 000 万元,所以,项目实施所实现的净现值为 365.90 万元。

如果仅基于现金流量贴现法分析,公司应该接受该项目。但如果预计现金流略微下降,即当每年实现的现金净流量为 2 430 万元时,该项目的净现值将为负(-62.35 万元),项目将被拒绝。同时也要注意,即便项目通过期望值计算的净现值大于 0,但项目仍然是有风险的——当市场出现差的情况时,尽管概率只有 20%,在这种情况下,项目可能的净现值为负的 4 716.9 万元。不同状况下的项目净现值的计算结果如表 4-20 所示。

第四章 风险条件下的项目投资管理

表 4-20　　按照传统净现值分析法计算的项目净现值状况　　单位：万元

	2010 年	2011 年	2012 年	2013 年	2014 年	NPV	概率	NPV
投资额	-7 000							
好		3 900	3 900	3 900	3 900	4 134.5	0.3	1 240.35
正常		2 500	2 500	2 500	2 500	137.5	0.5	68.75
差		800	800	800	800	-4 716	0.2	-943.2
期望值		2 580	2 580	2 580	2 580	365.90		365.90
标准差								3 074.40
标准离差率								8.40

因为项目的期望净现值为 365.90 万元，好的状况概率为 30%，项目净现值为 4 134.5 万元，正常情况下的概率为 50%，项目净现值为 137.5 万元，差的概率为 20%，项目净现值为 -4 716.9 万元，因此，项目的净现值的标准差为

$$\sigma = \sqrt{0.3 \times (4\,134.5 - 365.90)^2 + 0.5 \times (137.5 - 365.90)^2 + 0.2 \times (-4\,716 - 365.90)^2}$$
$$= 3\,074.40(万元)$$

项目的标准离差率（CV）为

$$CV = \frac{3\,074.40}{365.90} = 8.40$$

根据项目的分析，如果仅从净现值的角度分析，项目是可以现在实施的。但考虑到如果对项目进行延期实施，可能由于延期带来了未来不确定性的减少，从而提高了项目的净现值，使得项目延期实施更为有利。而且，由于项目的延期实施，给项目带来了未来选择的期权价值，如果因为项目延期所带来的期权选择价值大于项目现在实施的净现值的话，那么，延期实施对项目来说，更为有价值。下面我们分别通过决策树法以及期权价值法来对项目是否延期实施的经济可行性进行分析。

第二，情景分析与决策树分析法。如果项目可以通过等待，待一年后再决定项目的实施。如图 4-8 所示，通过 2010 年的等待，在 2011 年仅对未来市场对产品的需求为好和正常的状况下，才进行投资，初始投资依旧为 7 000 万元，但如果出现差的状况时，则选择放弃投资，此时 2011 年的初始投资为零。如果未来是好的状况时，项目的实施每年可产生 3 900 万元的现金净流量；而如果是正常状况下，项目实施带来的每年现金净流量为 2 500 万元。现金流量的分布状况如图 4-9 所示。

2010 年		2011 年	2012 年	2013 年	2014 年	2015 年	净现值	概率	净现值
	↗好	-7 000	3 900	3 900	3 900	3 900	3 595.22	0.3	1 078.566
等待	→正常	-7 000	2 500	2 500	2 500	2 500	119.57	0.5	59.785
	↘差	0	0	0	0	0	0	0.2	0
						净现值期望值			1 138.35
						净现值的标准差			1 609.03
						标准离差率			1.41

图 4-9　延期决策的情景与决策树分析图

根据项目的现金流量分布，我们可以计算每一状态下的项目净现值，未来为好的情况下的净现值为

$$NPV = [3\,900 \times (P/A,15\%,4) - 7\,000] \div (1 + 15\%) = 3\,595.22(万元)$$

未来为正常情况下的净现值为

$$NPV = [2\,500 \times (P/A,15\%,4) - 7\,000] \div (1 + 15\%) = 119.57(万元)$$

因为项目实施好的情况发生的概率为30%，正常情况发生的概率为50%，差的概率为20%，根据各种状况下的净现值，我们可以计算在不确定性环境下实施项目的期望净现值为

$$\overline{NPV} = 30\% \times 3\,595.22 + 50\% \times 119.57 + 20\% \times 0 = 1\,138.35(万元)$$

根据项目的期望净现值以及各种状况下的项目净现值，我们可以计算项目的标准差为

$$\sigma = \sqrt{0.3 \times (3\,595.22 - 1\,138.35)^2 + 0.5 \times (119.57 - 1\,138.35)^2 + 0.2 \times (0 - 1\,138.35)^2}$$
$$= 1\,609.09(万元)$$

项目的标准离差率为

$$CV = \frac{1\,609.03}{1\,138.35} = 1.41$$

从项目延期实施的计算结果来看，项目延期实施后，不仅净现值的期望值远远大于当前即刻实施的项目净现值的期望值，而且延期实施项目的风险程度（用标准离差率表示的值仅为1.41）远远小于当前即刻实施的项目风险程度（其标准离差率为8.4）。所以，项目应该延期实施，因为延期实施的项目能够给企业带来更大的净现值和更低的风险程度。

在以上的决策树分析中，对于项目延期实施的投资额的现值计算，我们是与未来现金流量折现的折现率一样，采用了同一的风险折现率。其实这是不恰当的，因为延期实施的投资额是确定性的投资，即便延期实施，其现值仅仅表现为时间价值，而不应该使用风险折现率，应该采用无风险收益率进行折现。未来不确定的现金流量则应该使用15%的项目必要收益率进行折现。根据这一方法，对于前述的决策树法的净现值计算会发生一些变化，由于投资额的现值增加，故而使得项目的净现值变小。具体计算结果如图4-10所示。

2010年	2011年	2012年	2013年	2014年	2015年	净现值	概率	净现值
↗好	-7 000	3 900	3 900	3 900	3 900	3 078.76	0.3	923.63
等待→正常	-7 000	2 500	2 500	2 500	2 500	-397.03	0.5	-198.52
↘差	0	0	0	0	0	0	0.2	0
						净现值期望值		725.11
						净现值的标准差		1 548.11
						标准离差率		2.14

图4-10 延期决策的情景与决策树分析图

此时好的情况下的净现值为

$$NPV = 3\,900 \times (P/A,15\%,4)(P/F,15\%,1) - 7\,000 \times (P/F,6\%,1)$$
$$= 3\,078.76(万元)$$

未来为正常情况下的项目净现值为

$$NPV = 2\,500 \times (P/A,15\%,4)(P/F,15\%,1) - 7\,000 \times (P/F,6\%,1)$$
$$= -397.03(万元)$$

项目期望净现值为725.11万元,标准差为1 548.11万元,标准离差率为2.14。这一状况下,项目的期望净现值仍然要比现在就实施的项目的期望净现值大,而且风险程度要小,所以仍然可以延期实施。

第三,用布莱克—斯科尔斯模型评估延期期权价值。该公司可能接受项目并且立刻实施,但是由于公司拥有设备核心模块的专利,也可以选择将决策延迟至下一年,到那时可以获得关于产品需求的更多信息。如果延期决策,项目实施的成本仍将是7 000万元,项目仍会产生预计的现金流,只是每一笔现金流量均延期一年。如果该公司延期决策,它可以知道关于需求和现金流系列的情况。该公司延期,只要需求状况能够提供正的现金流,公司则会选择投资。

这种实物延期期权类似于股票的看涨期权。看涨期权赋予期权持有者以固定执行价格购买股票的权利,但只有股价高于执行价格,持有人才会执行期权,购买股票。类似地,如果该公司延期实施,当下一年获得新信息时,如果计算的净现值为正,那么通过投资7 000万元,它将赋予持有人"购买"项目的权利。

决策树方法和敏感性分析可能提供了一个好项目的足够信息,但是,获得额外的关于实物期权价值的信息是有必要的,因此要使用第四种方法——期权定价模型。为了做到这一点,必须找到一个类似项目实物期权的标准金融期权。如前所述,金鹰公司延迟项目的期权与股票看涨期权相似,因此可以使用布莱克—斯科尔斯期权定价模型。该模型需要5个变量:(1)无风险利率;(2)期权执行期限;(3)执行价格;(4)股票的当前价格;(5)股票回报率方差。因此,需要估计这5个因素的数据。

第一,假设1年期国库券的利率为6%,以该利率作为无风险利率。第二,金鹰公司必须在一年内决定是否执行该项目,因此期权执行期为1年。第三,执行项目将投资7 000万元,因此,看涨期权的执行价格为7 000万元。第四,需要基础资产价值的替代品,根据布莱克和斯科尔斯公式中的当前股票价格。注意,股票当前价格是项目未来现金流量期望值的现值。对于金鹰公司的实物期权来说,基础资产是项目本身,当前价格为项目实施的期望未来现金流量的现值。第五,项目期望收益率的方差被用来代表布莱克—斯科尔斯模型中股票收益率的方差。

表4-20显示的是如何估计项目未来现金流入的现值,即找到基础资产的当前价值,也即项目的当前价值。股票的当前价值是所有未来期望现金流量的现值,包括即使看涨期权不执行时的期望现金流。要注意的是,看涨期权的执行价格对股票当前价格没有影响。就本例的实物期权而言,基础资产就是延期的项目,其当前价格是所有期望现金流的现值。和股价包括所有的未来现金流量一样,项目的现值应该包括所有

可能的未来现金流。此外，由于股价不受看涨期权的执行价格影响，在计算现值时，亦可忽略项目的"执行价格"。表4-21表明项目延期的期望现金流，这些现金流的现值（2010年）是6 405.08万元，此即布莱克—斯科尔斯模型中应该使用的当前价格（S）。

表4-21　　　　项目延期实施的未来收益现值以及标准差的计算表　　　　单位：万元

	2010年	2011年	2012年	2013年	2014年	2015年	PV	概率	PV
好			3 900.00	3 900.00	3 900.00	3 900.00	9 682.17	0.3	2 904.65
正常	等待	-7 000	2 500.00	2 500.00	2 500.00	2 500.00	6 206.74	0.5	3 103.37
差			800.00	800.00	800.00	800.00	1 986.09	0.2	397.22
期望值									6 405.24
标准差									2 673.38
标准离差率									0.42

最后一个变量是项目投资收益率方差。该变量有两种不同的估计方法。

第一种方法是直接法，该方法估计每个可能结果的回报率，然后计算这些回报率的方差。首先，表4-21显示了2011年每个可能结果的现值，2011年是期权执行的时间。这里简单地计算所有未来营业现金流量贴现到2011年的现值，加权平均资本成本为15%。当未来出现好的状况时，2011年的现值为11 134.5 [=3 900×（P/A，15%，4）] 万元；当未来为正常情况时，同样的方法计算2011年的现值为7 137.75万元；当未来状况为差时，项目未来现金流量2011年的现值为2 284万元。根据项目未来的不同状况到执行时（2011年）的现值，我们可以项目未来现金流量在2010年的现值6 405.24万元为基础，分别计算每种情况从现在到期权执行时的回报率。如果未来为好的状况，回报率为73.83% [=（11 134.5-6 405.24）/6 405.24]。类似地，未来状况为正常情况下的回报率为11.44%，差的状况时回报率为-64.34%。期望回报率为15.0%，标准差为48.0%，方差为23.04%。

第二种方法也是基于情景数据，但使用数据的方式不同。首先，该方法认为需求不局限于上述三种情况——而是较广的范围区间。类似地，执行看涨期权时的股价也是很多价值中的一个。假设决定执行项目时的项目价值变动与看涨期权执行时的股价变动相似，该假设是合理的。在该假设条件下，使用项目价值的期望值和标准差计算回报率方差σ^2，其计算公式为

$$\sigma^2 = \frac{\ln(CV^2+1)}{t} \qquad (4-14)$$

式中：CV为期权执行时基础资产价格方差的标准离差率；t为距离期权执行期的时间。根据表4-21的计算结果，资产未来收益现值的标准离差率为0.42，t为1年，将以上两个数据代入公式（4-14）即可得出使用间接法计算金鹰公司项目的回报率为

$$\sigma^2 = \frac{\ln(0.42^2 + 1)}{1} = 0.16$$

根据两种计算方法计算的项目的回报率的方差分别为 0.23 和 0.16。两者结果还是比较接近的。本例中,我们选择间接计算方法计算的项目方差为 0.16 作为估计数来进行计算。因为期权的基础资产的现时市值(S)为 6 405.08 万元,执行价格为 7 000 万元,无风险收益率为 6%,时间为 1 年,基础资产回报率的方差为 0.16,根据布莱克—斯科尔斯模型的计算公式与方法。则

$$d_1 = \frac{\ln(\frac{S}{K}) + (r + \frac{\sigma^2}{2})T}{\sigma\sqrt{T}} = \frac{\ln(6\,405.24/7\,000) + (0.15 + 0.16/2) \times 1}{\sqrt{0.16} \times \sqrt{1}} = 0.13$$

$$d_2 = d_1 - \sigma\sqrt{T} = 0.13 - \sqrt{0.16 \times 1} = -0.27$$

根据以上数值,我们查标准正态分布下的面积表可得

$$N(d_1) = N(0.13) = 0.5 + 0.0517 = 0.5517$$
$$N(d_2) = N(-0.27) = 0.5 - 0.1064 = 0.3936$$

将有关数值代入布莱克—斯科尔斯模型,即可计算出延期期权的价值

$$C = S \times N(d_1) - Ke^{-rT}N(d_2)$$
$$= 6\,405.24 \times 0.5517 - 7\,000 \times e^{-0.06} \times 0.3936 = 938.92(万元)$$

根据布莱克—斯科尔斯模型计算的延期投资的期权价值,结果为 938.92 万元。由于此价值明显高于立刻执行的净现值 318.13 万元,故而,金鹰公司应该选择延期执行项目。

(三) 放弃的期权

放弃的期权(Abandonment Options)是指在实行某项目之后,如果某项目变得无利可图时放弃该项目的期权。所以,当将要放弃的项目资产出售时的市场价值大于后续现金流量的现值时就可以放弃该项目。事实上,企业在激烈竞争的市场环境下无法保证所有投资项目都能获得成功。如果企业不能及时地从无利可图的投资中退出,不仅会使其可能遭受到更大的损失,而且还会使企业因此而无法进入新的投资领域以获利发展。所以,企业决策者应及时通过放弃投资项目以达到止损。

放弃期权的价值可能涉及两个方面:出售该项目的资产或把这些资产应用到企业的其他领域。当将某项目的资产在外部市场上出售时,该项目的市场价值就是放弃价值;而当将这些资产应用到公司别的领域时,其机会成本就是放弃价值。一般而言,项目可能的现金流量变化越大,放弃的期权的价值就越大。像其他实物期权一样,放弃的期权让公司当不确定性出现"好的"一面时从中受益;而当不确定性出现"坏的"一面时,又可以通过行使期权而减轻损失。当这种期权的价值足够大时,认识到它的存在可以使一个拒绝某项目的信号变成接受该项目的信号。

三、实物期权与 NPV 法的区别

对于实物期权的研究是伴随着对以净现值法(NPV 法)为代表的传统投资决策的折

现现金流量（DCF）评价方法（以下简称 DCF 或 NPV 法）的否定而发展起来的。正如 Avinash K. Dixit 和 Robert S. Pindyck 所指出的，传统的 NPV 法建立在两个错误的假设之上，该方法假设投资要么是可逆的，要么是不可逆的（也就是说公司现在不投资，以后再也没有机会）。然而，事实上，很多投资机会不满足上述两种假设，在大多数情况下，投资是不可逆的，但是可以被推迟。投资可以被推迟的特性显然使净现值法失去了作用。拥有某种投资机会的公司就像是拥有某种金融看涨期权：它有权利但却不负有义务在它确定的将来某一时刻购买一种资产。传统的 NPV 法的另一个问题是它忽略了创造期权的价值。有时，当把一项投资孤立起来评价时，它并不经济，但是它产生了一个期权，使公司可以在市场条件有利的时候进行投资。在现实世界里，当获得了新的信息或者市场的不确定性得到解决后，原来期望的现金流就有可能会实现。管理者可以根据新出现的信息改变运营战略，以使未来潜在的收益最大或者减少损失。管理者的这种灵活性——比如说延迟、缩小、扩大或放弃其运营战略，增加了期望现金流现值 NPV 的价值。从理论上分析，两者的区别是：

第一，不确定性和投资价值的关系。当一家企业面临未来市场条件的不确定性时，NPV 法则仍然是：首先，算出新投资将产生的预期利润流的现值；其次，算出新投资所需的支出流的现值；最后，算出两者之间的差（投资的净现值，NPV）是否大于零。若大于零，则进行投资。NPV 法则隐含的一个假设是：未来以现金流度量的收益是可以预测的，也就是说，未来收益是确定的。如果出现不确定性（通过敏感性分析得到），则会降低这项投资的价值。因此，不确定性越大，投资的价值就越小。实物期权方法则认为，未来收益是非常不确定的，因此，对未来以现金流度量的收益的预测总是粗略的，只能获得其概率分布情况。但是，不确定性越大，使用期权的机会就越大，从而期权的价值就越大。

第二，投资的可逆性和灵活性、新信息的价值。NPV 规则建立的另一个隐含假定是：它要么假定投资是可逆的，即无论何种原因，如果市场结果比预期条件差，就可撤销投资且收回支出；要么假定投资是不可逆的，它是一种勿失良机的建议，即如果企业现在不进行投资，将来也不可能投资。显然，NPV 规则对投资既可逆又不可逆的假设否认了"灵活性"的价值。而且，按照 NPV 规则，无论是"现在就投资"还是"永远不投资"的决策，都是一种当期的决策，而与决策后可能出现的新信息无关。实物期权法认为，尽管一些投资符合这些条件，但大多数投资并不符合。实物期权法假设大多数投资是不可逆转的。一旦投资，便至少有部分投资转化为沉没成本；但是，一旦接受某些投资项目后，这些项目也不一定非要具体固定下来。管理人员能够而且经常作出某种改变来影响后续的现金流量或项目寿命。原因在于拥有投资机会的企业持有一种类似于金融看涨期权的"选择权"（企业拥有在它所选定的某一未来时刻购买某种资产的权利但不是义务）。当一家企业作出不可逆投资支出时，它就执行或者"消灭"了投资的期权，放弃了等待以获得可能会影响到支出意愿或时机的新信息的可能。一旦市场条件逆转，它不能停止投资。失去的期权价值是一种机会成本，它必须包括在投资成本中。因此，实物期权的出现增加了一个投资项目的价值。一个项目的价值可以被视为其用传统方法计算的净现值与一些期权的价值之和，即项目价值净现值（NPV）加上期权价值。换言之，"当单位资本的价格至少与其购买和安装成本一样大时才投资"的 NPV 法则必须修正。该单位资本的价格必须超过购买和安装成本，差额等于保持投资期权存在的价值。

第三，折现率的主观性和客观性。NPV 法则一直假定一个资本预算项目的现金流量在某种可以预见的范围内发生，然后被贴现成它们的现值。问题是，如何确定合理的贴现率是一个难题。NPV 法则用加权平均资本成本或由资本资产定价模型计算出风险报酬率，而且会随着不确定性增加而调整贴现水平，具有相当的主观性。因此，NPV 法则中的贴现率的确定过程往往是一个带有主观性的过程，所以简单地采用 NPV 法则常常并不能取得满意的评估结果。例如，在实践中，投资者并未将按照 NPV 法则计算出的最低回报率作为是否投资的标准，其投资项目的回报率往往要高于资本成本的 3~4 倍，投资者才会真正投资。再例如，按照 NPV 法则，投资者应该对利率和税收政策的变化非常敏感，但实证中并不如此。投资者对经济环境和风险性的敏感度要远远高于对利率的敏感性。实物期权法中所用的贴现率为无风险利率，客观而准确。这是因为期权定价结果融入了金融市场的规则，不需要根据个人的风险偏好对折现率进行校正。而且，实物期权的价格是根据动态复制的数学思想作出的，在这里主观输入量是无法立足的。因此，虽然实物期权法与 NPV 法则一样，都是建立在未来现金流量之上，但实物期权更能够从实证来考察，能更好地解释实际的投资行为。

【本章小结】

1. 对于未来不确定的现金流量，有两种处理方法，一是风险调整贴现率法；二是确定等值法。

2. 风险调整贴现率法是根据项目现金流量的分布形态所表现的风险程度来调整应用期望现金流量进行折现的折现率，求解项目的净现值，进而判断资本预算项目可行性。

3. 确定等值法是根据项目现金流量的分布形态所展现的风险程度将不确定现金流量转换为确定的现金流量，并用无风险折现率进行折现求解净现值来判断资本预算项目的可行性。

4. 依次连续决策的问题可以用一种树形决策网络来表达和求解，用这种树形结构来进行决策的方法称为决策树法。

5. 敏感性分析是测试当一个不确定性因素发生一定幅度的变化后，可导致决策评价指标值（如 NPV）的变化幅度，以了解各种因素的变化对预期目标的影响程度。

6. 投资项目敏感性分析的一般步骤包括：第一，确定敏感度分析指标；第二，选取需要分析的不确定因素，并设定这些因素的变动范围；第三，调整现金流量。

7. 情景分析就是结合环境的实际状况，综合考虑两种以上的因素共同影响决策评价指标值。

8. 保本分析是指销售量（或收入）达到一定程度时，收入刚好弥补所有的生产经营成本，企业实现盈亏相抵，达到盈亏平衡。有会计利润盈亏平衡和净现值盈亏平衡。

9. 实物期权是指持有在未来特定的某一天以预定的成本去采取特定的行动（如延迟、扩张、缩减、放弃）的一种权利，而非义务。

10. 在直观上，一个不可逆的投资机会非常类似于看涨期权。

【思考与练习题】

1. 风险调整贴现率法是如何对待风险的，通过什么方式来消除不确定性所带来的影响？你认为有效吗？

2. 确定等值法在对待不确定性上与风险调整贴现率法有何异同？比较它们各自的特点。

3. 会计盈亏平衡分析与净现值盈亏分析的主要异同是什么？

4. 为什么决策树法适用于依次连续决策的问题？

5. 在考虑把资本资产定价模型应用于企业资本预算时，应如何选择投资项目的贝塔系数？

6. 远大公司为了提高设备的使用效率、降低设备运行成本，现准备购置一台新设备替代原有旧设备。旧设备原值6 000万元，残值率为10%，已使用2年，估计还可以使用4年，若现在出售可获4 000万元，旧设备的运行成本为1 400万元。若购买新设备，新设备的成本为8 000万元，残值率为10%，新设备可用8年，新设备的运行成本为1 200万元。假设该公司要求的最低报酬率为15%，不考虑所得税的影响，试为远大公司确定是否应进行设备更新。

7. 明达公司新购置设备一台，设备购置成本为8 000万元，预计可以使用8年，估计设备的残值率为10%，设备第一年的运行成本为1 400万元，以后每年递增5%。假设公司可以在若干年内出售该设备，售价等于按平均折旧后的设备折余价值。如果公司要求在设备上的投资报酬率最低为9%，请为申达公司确定该设备的经济寿命。

8. A公司拟投资于一项寿命为3年的项目。项目的初始投资额为100万元，项目投产后所产生的现金流量及分布情况如下表：

第1年		第2年		第3年	
概率	现金流量	概率	现金流量	概率	现金流量
0.1	−5	0.15	0	0.15	−2
0.20	10	0.20	30	0.20	10
0.40	50	0.30	60	0.30	40

续表

第1年		第2年		第3年	
概率	现金流量	概率	现金流量	概率	现金流量
0.20	80	0.20	90	0.20	50
0.10	100	0.15	100	0.15	60

假如无风险投资收益率为10%，根据经验项目的风险报酬系数为0.14。

要求：应用风险调整贴现率法计算该项目的净现值。

9. 某公司正在考虑研发新型掌上设备的项目，该设备能够提供无线网络连接。项目成本为5 000万元，未来现金流依赖于无线网络连接需求，是不确定的。该公司认为新设备需求很大的机会占30%，在这种情况下，期限为3年的项目每年将产生3 300万元的现金流；新设备需求一般的机会为40%，在这种情况下，期限为3年的项目每年将产生2 500万元的现金流；新设备需求较低的机会为30%，在这种情况下，期限为3年的项目每年将产生500万元的现金流。初步分析表明项目风险超过一般水平，其资本成本率为14%，市场无风险利率为6%。该公司可能接受项目并且立刻实施，但是由于公司拥有设备核心模块的专利，也可以选择将决策延迟至下一年，到那时可以获得关于产品需求的更多信息。如果公司延期决策，项目建设成本仍将是5 000万元，项目仍会产生预计的现金流，只是每一笔现金流均延期一年。试分别运用一般净现值法分析项目现在立即执行的净现值状况，应用决策树法分析项目延期实施的净现值的状况，以及应用布莱克—斯科尔斯模型对延期实施的期权价值进行计算，并判断项目是否应该延期执行。

【参考文献与推荐阅读书目】

［1］戴书松：《财务管理》，北京，经济管理出版社，2006。

［2］郁洪良：《金融期权与实物期权——比较和应用》，上海，上海财经大学出版社，2003。

［3］［美］詹姆斯·C. 范霍恩著，刘志远译：《财务管理与政策》，大连，东北财经大学出版社，2000。

［4］［美］尤金·F. 布里格姆、菲利普·R. 戴夫斯著，王化成、黄磊译：《中级财务管理（第8版）》，北京，中国人民大学出版社，2009。

［5］杨丹：《中级财务管理》，大连，东北财经大学出版社，2010。

附　录

1. 风险贴现率法的证明：

对于任意给定的风险资产 j，现时价格为 P_0，下一阶段期末价格为 $\tilde{P}_1$，期末价格期望值为 $\overline{P}_1$，持有资产 j 的预期收益率 $\tilde{r}_j$ 为

$$\tilde{r}_j = \frac{\tilde{P}_1 - P_0}{P_0} \tag{1}$$

持有资产 j 的期望收益率 $\overline{r}_j$ 为

$$\overline{r}_j = \frac{\overline{P}_1 - P_0}{P_0} \tag{2}$$

根据资本资产定价模型，资产 j 的期望收益率 $\overline{r}_j$ 为

$$\overline{r}_j = r_f + \beta_j \times (\overline{r}_M - r_f) = r_f + \frac{\sigma_{jM}}{\sigma_M^2}(\overline{r}_M - r_f) \tag{3}$$

记 $\lambda = \dfrac{\overline{r}_M - r_f}{\sigma_M^2}$，则式（3）可写为

$$\overline{r}_j = r_f + \lambda \sigma_{jM} \tag{4}$$

利用式（2）和式（4）的相等关系，则有

$$\frac{\overline{P}_1 - P_0}{P_0} = r_f + \lambda \sigma_{jM}$$

经过变换，资产的现值 P_0 为

$$P_0 = \frac{\overline{P}_1}{1 + r_f + \lambda \sigma_{jM}} \tag{5}$$

式（5）表明资产的现值可由资产未来的价值期望值经过风险调整贴现率贴现后得出。

2. 确定等值系数法的证明：

对式（5），个别资产 j 的收益率和市场最优组合 M 收益率之间的协方差 σ_{jM} 可以记为 $Cov(\tilde{r}_j, \tilde{r}_M)$，而

$$Cov(\tilde{r}_j, \tilde{r}_M) = \sum E(\tilde{r}_j - \overline{r}_j)(\tilde{r}_M - \overline{r}_M)$$

$$= \sum E\left(\frac{\tilde{P}_1 - P_0}{P_0} - \frac{\overline{P}_1 - P_0}{P_0}\right)(\tilde{r}_M - \overline{r}_M)$$

$$= \frac{1}{P_0}\sum E(\tilde{P}_1 - \overline{P}_1)(\tilde{r}_M - \overline{r}_M) = \frac{1}{P_0} Cov(\tilde{P}_j, \tilde{r}_M) \tag{6}$$

将式（6）代入式（5）得

$$P_0 = \frac{\overline{P}_1}{1 + r_f + \lambda \dfrac{1}{P_0} Cov(\tilde{P}_j, \tilde{r}_M)} \tag{7}$$

经过对式（7）简单变换后，即可得

$$P_0 = \frac{\bar{P}_1 - \lambda Cov(\tilde{P}_j, \tilde{r}_M)}{1 + r_f} \tag{8}$$

式（8）表明，当资产是无风险时，我们只要简单地通过对资产未来现金流量进行无风险利率贴现即可获得。如果是风险资产，则需要通过对未来期望现金流量进行确定等值调整以后的确定等值现金流量按照无风险利率进行贴现。等值现金流量与期望现金流量和协方差之间的关系确定。

第五章

有价证券投资

【本章要点】

- 债券的种类
- 债券收益率及计算
- 债券定价
- 股票估值原理
- 股票现金流估计
- 股票成长性指标分析
- 成长机会对股价的影响

证券是商品经济和社会化大生产发展的产物，其含义非常广泛。从一般意义上来说，证券是指用以证明或设定权利所做成的书面凭证，它表明证券持有人或第三者有权取得该证券拥有的特定权益，或证明其曾经发生过的行为。有价证券上标有票面金额，证明持券人有权按期取得一定收入并可自由转让和买卖的所有权或债权凭证，这类证券本身没有价值，但由于它代表着一定量的财产权利，持有者可凭以直接取得一定量的商品、货币，或是取得利息、股息等收入，因而可以在证券市场上买卖和流通，客观上具有了交易价格。有价证券有广义与狭义两种概念，广义的有价证券包括商品证券、货币证券和资本证券。商品证券是证明持券人有商品所有权或使用权的凭证，取得这种证券就等于取得这种商品的所有权，持券者对这种证券所代表的商品所有权受法律保护。属于商品证券的有提货单、运货单、仓库栈单等。货币证券是指本身能使持券人或第三者取得货币索取权的有价证券，货币证券主要包括两大类：一类是商业证券，主要包括商业汇票和商业本票；另一类是银行证券，主要包括银行汇票、银行本票和支票。资本证券是指由金融投资或与金融投资有直接联系的活动而产生的证券，包括股票、债券及其衍生品种如基金证券、可转换证券等。资本证券是有价证券的主要形式，狭义的有价证券即指资本证券，而在中国又以股票和债券为主，所以本章主要讲债券和股票的投资和收益。有价证券的出现，可以加速资本集中，从而适应商品生产和商品交换规模扩大的需要。

第五章 有价证券投资

第一节 债券投资与收益

一、债券的种类

债券的种类划分比较繁杂，主要的分类方法有七种。

（一）按发行主体分类

按发行主体不同可划分为国债、地方政府债券、金融债券、企业债券，所以国债是中央政府发售的债券，地方政府债券是地方政府发售的债券，金融债券是金融企业发售的债券，企业债券是企业发售的债券，依此类推。国家借债往往是为了弥补国家财政赤字，或者建设一些耗资巨大的建设项目以及某些特殊经济政策甚至为战争等筹措资金。由于国债以国家的税收作为还本付息的保证，因此国债的风险小、流动性强，利率也比其他债券低。从国债的形式来看，我国发行的国债又可分为凭证式国债、无记名（实物）国债和记账式国债三种。地方政府借债，一般用于交通、通信、住宅、教育、医院和污水处理系统等地方性公共设施的建设。同中央政府发行的国债一样，地方政府债券一般也是以当地政府的税收能力作为还本付息的保证。但是，有些地方政府债券的发行是为了某个特定项目（或企业）融资。因而不是以地方政府税收作为担保，而是以借债人经营该项目所获的收益作为担保。比如某地方政府为解决当地中低收入居民的住房困难，利用发行债券所得收入修建一批大众化的商品房，由此获得的租售收入用于偿还债券的本金和利息。地方政府债券的安全性较高，被认为是安全性仅次于国债的一种债券。而且，投资者购买地方政府债券所获得的利息收入一般都免交所得税，这一点是很有吸引力的。

虽然我们常常会认为金融机构最有钱，银行、保险公司、证券公司、信托投资公司，还有资产管理公司，这些机构会借债吗？其实，金融机构也有资金来源不足的时候，如商业银行，它们吸收的存款以短期为多，而它们发放的贷款却以长期为多，这样一来它们也就周转不灵了。发行金融债券能比较有效地解决这个问题。债券在到期之前一般不能提前兑换，只能在市场上转让，从而保证了所筹集资金的稳定性。金融债券的资信通常高于其他非金融机构债券，违约风险相对较小，具有较高的安全性。所以，金融债券的利率通常低于一般的企业债券，但高于风险更小的国债和银行储蓄存款利率。此外，我国还发行政策性金融债券和特种金融债券。

企业债券就比较常见。由于企业主要以本身的经营利润作为还本付息的保证，因此企业债券风险与企业本身的经营状况直接相关。如果企业发行债券后，经营状况不好，连续出现亏损，可能无力支付投资者本息，投资者就面临着受损失的风险。从这个意义上来说，企业债券是一种风险较大的债券。所以，在企业发行债券时，一方面要对发债企业进行严格的资格审查或要求发行企业有财产抵押，以保护投资者利益。另一方面，在一定限度内，证券市场上的风险与收益呈正相关关系，高风险伴随着高收益。企业债券由于具有较大风险，它们的利率通常也高于国债和地方政府债券。另外，需要补充说明的是，由于发行债券有严格的要求，在我国通常是国有企业和上市公司发行债券，而企业债在我国通常指国有企业发行的债券，而公司债是指上市公司发行的债券。

（二）按付息方式分类

按付息方式不同可划分为贴现债券（零息债）与附息债券。贴现债券（零息债）是折价发行的，这种债券无须用利息率去计算它的利息额，因为它的面值与发行价格的差价（债券的贴息部分）就是债券到期偿还时应该得到的投资收益。比如，以70元的发行价格认购了面值为100元的5年期的贴息债券，那么，在5年到期后，可兑付到100元的现金，其中30元的差价即为债券的利息。附息债券是平价发行的，分期计息，也分期支付利息，债券上附有息票，息票上标有利息额、支付利息的期限和债券号码等内容。附息债券的利息支付方式一般应在偿还期内按期付息，如每半年或一年付息一次。

（三）按利率是否变动分类

按利率是否变动可分为固定利率债券和浮动利率债券，前者是时间变化其利率不变，后者随时间变化其利率可能变动。固定利率债券不考虑市场变化因素，发行成本和投资收益可以事先预计，不确定性较小，但债券发行人和投资者仍然必须承担市场利率波动的风险，如果未来市场利率下降，发行人能以更低的利率发行新债券，则原来发行的债券成本就显得相对高昂，而投资者则获得了相对现行市场利率更高的报酬、原来发行的债券价格就相对上升；反之，如果未来市场利率上升，新发行债券的成本增大，则原来发行的债券成本就显得相对较低，而投资者的报酬则低于购买新债券的收益，原来发行的债券价格就相对下降。浮动利率债券的票面利率是随市场利率或通货膨胀率的变动而相应变动的，其利率通常根据市场基准利率加上一定的利率差（通货膨胀率）来确定。浮动利率债券往往是中长期债券，它的种类也较多，如规定有利率浮动上下限的浮动利率债券、规定利率到达指定水平时可以自动转换成固定利率债券的浮动利率债券、附有选择权的浮动利率债券，以及在偿还期的一段时间内实行固定利率而另一段时间内实行浮动利率的混合利率债券等。由于债券利率随市场利率浮动，采取浮动利率债券形式就可以避免债券的实际收益率与市场收益率之间出现任何重大差异，使发行人的成本和投资者的收益与中场变动趋势相一致。但债券利率的这种浮动性也使发行人的实际成本和投资者的实际收益事前带有很大的不确定性，从而导致较高的风险。

（四）按偿还期限长短分类

按偿还期限长短可划分为长期债券、中期债券、短期债券。一般说来，偿还期限在10年以上的为长期债券；偿还期限在1年以下的为短期债券；期限在1年或1年以上10年以下（包括10年）的为中期债券。我国国债的期限划分与上述标准相同。但我国企业债券的期限划分与上述标准有所不同。我国短期企业债券的偿还期限在1年以内，偿还期限在1年以上5年以下的为中期企业债券，偿还期限在5年以上的为长期企业债券。

（五）按募集方式分类

按募集方式划分公募债券、私募债券。这里的公募和私募，可以简单地理解为公开发行和私底下发行。公募债券的发行人一般有较高的信誉，发行时要上市公开发售，并允许在二级市场流通转让，流动性较好。私募债券发行手续简单，一般不到证券管理机关注册，不公开上市交易，但也不能在交易所流通转让，只能私下转让，所以流动性不高。

（六）按担保性质分类

按担保性质可划分为无担保债券和有担保债券。国债以国家税收作为还款保证，资信好的企业可以以它的经营效益作还款保证，这些就归于无担保债券类。有担保债券类的合约上面则写明了一些具体的财产，并规定到偿还期时如果借款人经营不善需要用这些财产抵债。如果是以不动产作担保的债券，我们称它为抵押债券；如果是以动产或权利作担保，这种债券叫做质押债券；以第三人或第三人的财产担保的债券，属于保证债券类。

（七）特殊类型的债券

这类债券主要是指含有期权的债券，比如可转换公司债券。可转换公司债券是指有权利将该公司的债券转换成该公司的股票，它同时具有债券和股票的性质。由于可转换债券附有一般债券所没有的选择权，因此，可转换债券利率一般低于普通公司债券利率，企业发行可转换债券有助于降低其筹资成本。但可转换债券在一定条件下可转换成公司股票，因而会影响到公司的所有权。由于可转换债券兼具债券和股票双重特点，所以比较受投资者的欢迎。我国证券市场早期进行过可转换债券的试点，如深宝安、中纺机、深南玻等企业先后在境内外发行了可转换债券。1996年，我国政府决定要选择有条件的公司进行可转换债券的试点，并于1997年颁布了《可转换公司债券管理暂行办法》。

二、债券收益率

（一）收益率曲线的形状特征

除了风险、流动性等因素对债券的利率产生影响外，期限也是影响债券利率的重要因素。具有相同风险、流动性和税收待遇的国债，其利率由于距离到期日的时间长短不同而不同。风险、流动性和税收待遇相同而期限不同的国债的利率（到期收益率）与期限之间关系的图形描述就是收益率曲线（Yield Curve）。由于收益率曲线将各种国债的到期收益与期限联系起来，因此零息票债券的收益率曲线又被称为利率期限结构。任何特定时刻的收益率曲线都是当时市场参与者的预期和风险偏好决定的。由于市场预期时刻不变，在理论上每一个时点都有不同的收益率曲线。收益率曲线有很多种形状，下面给出典型的四种收益率曲线形状图。向上的收益率曲线如图 5-1 所示。

图 5-2 描述的是向下的收益率曲线。

水平的收益率曲线如图 5-3 所示。

驼峰形的收益率曲线如图 5-4 所示。

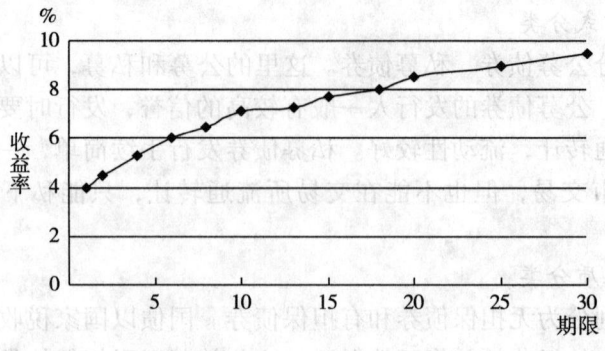

图5-1 向上的收益率曲线

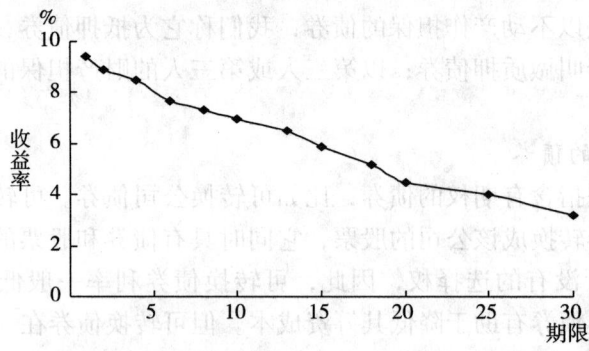

图5-2 向下的收益率曲线

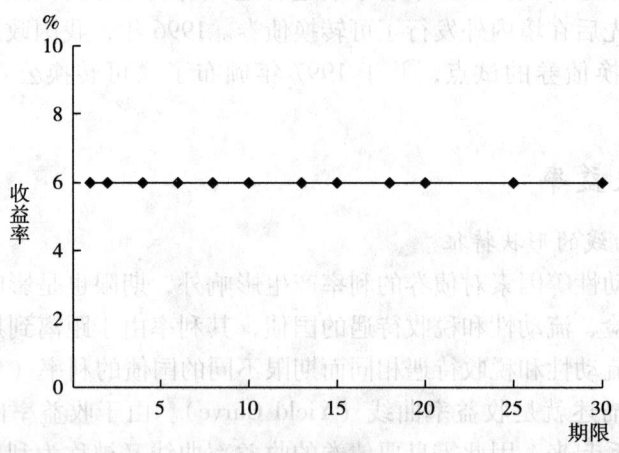

图5-3 水平的收益率曲线

（二）即期利率与远期利率的关系

为了介绍利率期限结构理论，必须先介绍两个重要的术语：即期利率（Spot Interest Rate）和远期利率（Forward Interest Rate）。所谓即期利率，就是零息债券（纯贴现债券）的到期收益率。即期利率可以用如下公式表示：

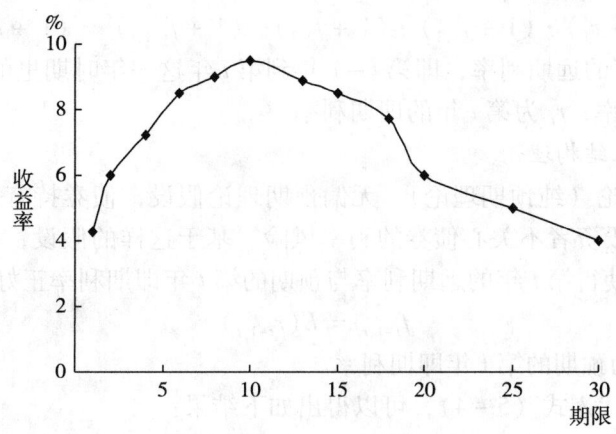

图 5-4 驼峰形的收益率曲线

$$P_t = \frac{M_t}{(1+r_t)} \tag{5-1}$$

式中：P_t 为零息债券的价格；M_t 为零息债券到期日的价值；r_t 为即期利率。

远期利率是指从未来某个日期开始的远期债务合约所要求的利率。下面通过一个例子来解释远期利率的定义。假设某个 1 年期零息债券的即期利率为 8%，而另一个 2 年期的零息债券的即期利率为 10%，如果投资者投资 1 元钱在一个 2 年期的零息债券上，两年后将获得 $1 \times (1.10)^2$ 元。那么，这个投资的收益应该等于先投资于 1 年期的零息债券，到期后再投资于下一年的 1 年期的零息债券。即当投资者投资即期利率为 10% 的 2 年期零息债券时，两年到期时获得的收益与另一种滚动投资策略获得的收益是相等的。从现在看，第 2 年（第 2 年初到第 2 年末）的远期利率假设为 $f_{1,2}$。那么有如下等式成立：

$$1 \times (1.10)^2 = 1.08 \times f_{1,2}$$

求 $f_{1,2}$ 得

$$[1 \times (1.10)^2 / 1.08] - 1 = 12.04\%$$

滚动投资策略就是在第 1 年按照 8% 的收益率进行投资，接着在第 2 年将第 1 年获得的全部本息收入按照确定的 12.04% 的收益率再进行投资。此处，根据 1 年即期利率和 2 年即期利率推导出来的第 2 年收益率 12.04% 就是第 2 年的远期利率。一般来说，如果给定 1 年期即期利率 r_1 和 2 年期即期利率 r_2，就可以用下面的关系式计算出第 2 年的远期利率 $f_{1,2}$：

$$(1+r_1) \cdot (1+f_{1,2}) = (1+r_2)^2 \tag{5-2}$$

根据上述推理可以计算出将来任何 1 年的远期利率，远期利率和即期利率的关系如下：

$$(1+r_{t-1})^{t-1} \cdot (1+f_{t-1,t}) = (1+r_t)^t \tag{5-3}$$

把式（5-3）进一步展开，可以推导出以下关系式：
$$(1+r_1) \cdot (1+f_{1,2}) \cdot (1+f_{2,3}) \cdots (1+f_{t-1,t}) = (1+r_t)^t \quad (5-4)$$

式中：$f_{t-1,t}$ 为第 t 年的远期利率，即第 $t-1$ 年到第 t 年这一年时期里的远期利率；r_{t-1} 为第 $t-1$ 年的即期利率；r_t 为第 t 年的即期利率。

（三）利率期限结构理论

1. 无偏预期理论（纯预期理论）。无偏预期理论假设，债券持有人对期限不同的债券没有特殊偏好，投资者不关心债券的利率风险。基于这样的假设，利率将保持在这样一个水平，该利率使得第 t 年的远期利率与预期的第 t 年即期利率正好相等，即
$$f_{t-1,t} = E(r_{t-1,t}) \quad (5-5)$$

式中：$E(r_{t-1,t})$ 为预期的第 t 年即期利率。

将式（5-5）代入式（5-4），可以得出如下结果：
$$(1+r_1) \cdot [1+E(r_{1,2})] \cdot [1+E(r_{2,3})] \cdots [1+E(r_{t-1,t})] = (1+r_t)^t$$
$$(5-6)$$

从式（5-6）可以看出，无偏预期理论认为，收益率曲线的形状主要由市场预期的未来短期利率水平决定。向上倾斜的收益率曲线就是因为市场预期未来的短期利率会上升。向上倾斜的收益率曲线意味着 r_t 小于 r_{t-1}，由式（5-4）和式（5-5）推导出如下结果：
$$(1+r_{t-1})^{t-1} \cdot [1+E(r_{t-1,t})] = (1+r_t)^t \quad (5-7)$$

由式（5-7）可知，$E(r_{t-1}) > r_{t-1}$，即市场预期未来的短期利率会上升；同样道理，向下倾斜的收益曲线是因为市场预期未来的短期利率会下降；水平的收益率曲线则是市场预期未来的短期利率将基本保持稳定；而驼峰形的收益率曲线则是市场预期较近的一段时期短期利率将会上升，而在较远的将来，市场预期短期利率将会下降。

2. 流动性偏好理论。总的来说，投资者是风险厌恶者，而期限越长的债券，利率风险也越大。在其他条件都相同的情况下，投资者偏好期限更短的债券。仍以上面的例子说明这个观点。不论投资者的计划投资期是一年还是两年，如果两种投资策略的预期收益相同，投资者会倾向于期限短的 1 年期限债券。如果投资者的计划投资期是 1 年，投资者可以购买 1 年期债券，年底获得确定的收入 1.07 元；也可以购买 2 年期债券，年底将未到期的债券售出，年底获得收入将为 $(1+8\%)^2/(1+r_{1,2})$。由于投资者在决策时无法确切地知道第 2 年的实际即期利率 $r_{1,2}$，只能对第 2 年的即期利率进行预期，因此，投资者在第 1 年底的收入是不确定的。

如果投资者的计划投资期是两年，投资者会意识到，将来可能会出现预料不到的资金需求而需要提前将债券卖掉，购买 1 年期（短期）债券将能确保投资者在第 1 年底获得一个稳定的收入；而投资者购买 2 年期债券并在第 1 年底销售，第 1 年底的收入是不确定的。

因此，无论投资者的计划投资期是 1 年还是 2 年，购买 2 年期的债券都面临着更大的风险。投资者要求 2 年期债券比滚动投资策略提供更高的预期报酬。而对于债券发行

人而言，发行长期债券可以避免短期债券滚动发行的高额发行成本并且可以降低利率风险，因此，债券发行人也愿意为长期债券支付更高的利率。综上所述，在均衡状态下，长期债券比滚动策略的预期收益率更高。

对于各种形状的收益率曲线的解释，流动性偏好理论和无偏预期理论存在着显著的差异。对于水平的收益率曲线，无偏预期理论认为市场预期未来的短期利率将基本保持稳定，而流动性偏好理论认为市场预期未来的短期利率将会降低，降低的幅度正好等于流动性报酬，而对于向下倾斜的收益率曲线，流动性偏好理论也认为市场预期未来的短期利率将会下降，但下降的幅度比无偏预期理论预期的下降幅度更大。而对于向上倾斜的收益率曲线，流动性偏好理论则认为市场预期的未来短期利率既可能上升，也可能保持不变，即使市场预期未来的短期利率保持不变，由于存在正的流动报酬，收益率曲线也会上升。

3. 市场分割理论。投资者由于法律制度、文化心理、投资偏好的不同，一般会比较固定地投资某一期限的债券，这就形成了以期限为划分标志的细分市场。即期利率水平完全由各个期限的市场上的供求力量决定，单个市场的利率变化不会对其他市场上的供求产生影响。即使投资于其他期限的市场收益率可能会更高，但市场上的交易者不会转而投资于其他市场，向下倾斜的收益率曲线说明短期债务市场均衡利率水平高于长期债券市场上的均衡利率水平；向上倾斜的收益率曲线说明短期债券市场均衡利率水平低于长期债券市场上的均衡利率水平；而驼峰形的收益率曲线则说明中期债券市场的收益率最高；水平的收益率曲线则说明各个期限的市场利率水平基本一致。

4. 特定期限偏好理论。特定期限偏好理论（Preferred Habitat Theory）同样认为利率期限结构反映了未来短期利率的预期值和流动性报酬两种因素。与流动性偏好理论不同的是，该理论不认为流动性报酬随着期限的增加而增加。该理论认为，上述结构只有在投资者偏好短期债券、发行者倾向于发行长期债券的情况才成立。现实状况并非如此，因为很多金融机构和个人投资者投资期限、发行债券的期限主要取决于本身的资产负债状况，特定期限偏好理论认为，某种期限的资金供求状况经常是不平衡的，一些投资者和借款人可以改变原来的期限偏好来满足这种不平衡，为了让这些投资者和借款人改变原来偏好的特定期限，必须向他们提供某种程度的补偿，这种补偿就是风险报酬，该风险报酬反映了投资者和借款人对利率风险的厌恶程度。

特定期限偏好理论认为风险报酬可正可负，以吸引交易者改变自己原来偏好的特定期限。例如，如果大部分投资者偏好长期投资，那么流动性报酬就可能为负，期限越长的债券预期收益率反而可能越低。很显然，根据特定期限偏好理论，收益率曲线的任何形状都是可能的。

三、债券定价

债券的价格也称为债券的内在价值（Intrinsic Value），等于未来现金流的现值之和。债券的价格依赖于两个因素：一个是预期未来的现金流，即周期性支付的利息和到期偿还的本金。另一个是利率期限结构，即不同期限对应的利率水平，它反映了债券市场上的整体投资者对于不同期限利率水平的一种"共同"看法。对债券进行定价也就是把债券所产生的现金流按对应期限的利率水平进行贴现后加总。下面我们对几种典型的债券进行定价分析。

（一）零息债券的定价

零息债券（Zero Coupon Bond）是指发行人在债券到期之前不向投资者支付利息，而是把债券的到期价值（通常为债券的面值）与发行价格的差额作为利息的债券。零息债券的期限通常不超过1年，一般为3个月、6个月和1年，而且一般是以贴现方式发行，投资者以低于面值的价值购买债券，到期时收到债券的面值。发行价格和面值的差额是投资者获得的收益。美国的3个月和6个月的国库券在每个星期一拍卖，1年期的债券在每个月的第三个星期拍卖。中国财政部和一些政策性金融机构也发行过零息债券。

设零息债券面值为 F，贴现利率为 i，期限为 L，对应的计息基数为 D，则该债券的发行价格为

$$P = F - \frac{L}{D} \times i \times F \qquad (5-8)$$

发行时该债券的收益率为

$$y = \frac{i}{1 - \frac{L}{D}i} \qquad (5-9)$$

[例5-1]　一零息债券，面值为1 000元，期限为3个月（91天），贴现率为6.5%，试计算该债券的发行价格以及收益率。这里，计息基数为360天。

根据式（5-8）和式（5-9），可得价格为

$$P = 1\,000 - \frac{91}{360} \times 6.5\% \times 1\,000 = 983.57(元)$$

收益率为

$$y = \frac{6.5\%}{1 - \frac{91}{360} \times 6.5\%} = 6.61\%$$

如果投资者购买零息债券一段时期 d 以后，将债券卖出，卖出的价格为 S，则在持有期间，投资者获得的收益为卖出价格与购买价格的差额 $S - P$，持有期间的收益率为

$$r_h = \frac{s - p}{p} \times \frac{D}{d} \qquad (5-10)$$

[例5-2]　投资者购买[例5-1]中零息债券50天后将其卖出，卖出价格为992.86，计算投资者持有期间的收益率。

根据公式（5-10）得

$$r_h = \frac{992.86 - 983.57}{983.57} \times \frac{360}{50} = 6.80\%$$

(二) 永久债券的定价

永久债券（Perpetual Bond）是指没有到期日的债券，也就是说债券发行人不需要向投资者偿还本金，但是需要向投资者永久地支付利息。

假设一张永久债券每年支付的利息额为 C，该永久债券的现金流如图 5-5 所示。

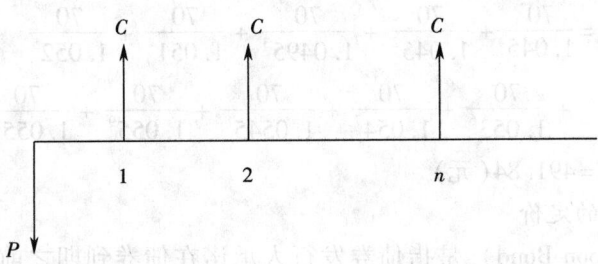

图 5-5 永久债券的现金流

假设不同期限的利率水平为 r_1、r_2、…，则该永久债券的价格等于无穷次利息流量的现值之和，即

$$P = \frac{C}{(1+r_1)^1} + \frac{C}{(1+r_2)^2} + \cdots \frac{C}{(1+r_n)^n} + \cdots \quad (5-11)$$

(三) 等额摊还债券的定价

等额摊还债券（Amortizing Bond）是一种有限期限债券，债券的本息在债券的有效期内平均偿还。

假设一张等额摊还债券的剩余偿还次数为 n，每年偿还的本息金额为 C，其现金流如图 5-6 所示。

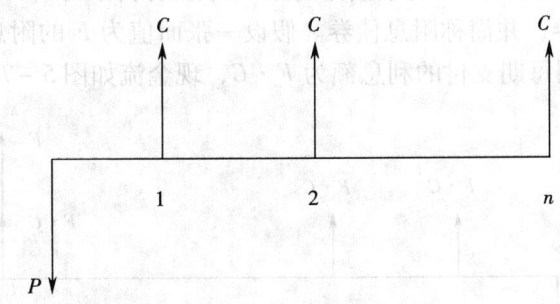

图 5-6 等额摊还债券的现金流

因此，其价格为

$$P = \frac{C}{(1+r_1)} + \frac{C}{(1+r_2)^2} + \frac{C}{(1+r_3)^3} + \cdots + \frac{C}{(1+r_n)^n} \quad (5-12)$$

显然，当 $n \to \infty$ 时，则上式就是永久债券价格的计算公式。

[**例5-3**] 一张期限为 10 年的等额摊还债券，每年等额偿还的金额为 70 元，利率水平如表 5-1 所示，试计算其价格。

表5-1　　　　　　　假设的债券市场上不同期限的利率水平

期限（年）	1	2	3	4	5	6	7	8	9	10
利率（%）	4.5	4.5	4.95	5.1	5.2	5.3	5.4	5.45	5.5	5.5

$$P = \frac{70}{1.045} + \frac{70}{1.045^2} + \frac{70}{1.0495^3} + \frac{70}{1.051^4} + \frac{70}{1.052^5}$$
$$+ \frac{70}{1.053^6} + \frac{70}{1.054^7} + \frac{70}{1.0545^8} + \frac{70}{1.055^9} + \frac{70}{1.055^{10}}$$
$$= 491.84(元)$$

（四）附息债券的定价

附息债券（Coupon Bond）是指债券发行人承诺在债券到期之前，按照债券的票面利率定期向投资者支付利息，并在债券到期时偿还本金的债券。附息债券是债券市场中最普遍、最具有代表性的债券。附息债券的期限一般在1年以上30年以下，但最长可到100年。付息频率一般为一年一次或半年一次。按照票面利率，附息债券可分为固定利率债券和浮动利率债券两种形式。固定利率债券的利率在发行时就已经确定。浮动利率债券在发行时只是规定基准利率（如欧洲债券市场一般采用LIBOR，中国目前采用1年期人民币定期存款利率）以及利差，浮动利率债券的利率为基准利率加上利差。债券发行时，根据起息日的基准利率和利差确定第一个计息期的利率，再根据第一个付息日时的基准利率和利差确定第二个计息期的利率……直到最后一次还本付息。2000年4月26日，国家开发银行发行的10年期浮动利率债券的基本利差为72.5个基本点，基准利率为1年期存款利率，一年付息一次，起息日为2000年5月6日。2000年5月6日1年期存款利率为2.25%，因此该浮动利率债券的第一计息期利率为2.975%。以后我们主要讨论固定利率附息债券，并简称附息债券。假设一张面值为F的附息债券，一年付息一次，票面利率为C，则每期支付的利息额为$F \cdot C$，现金流如图5-7所示。

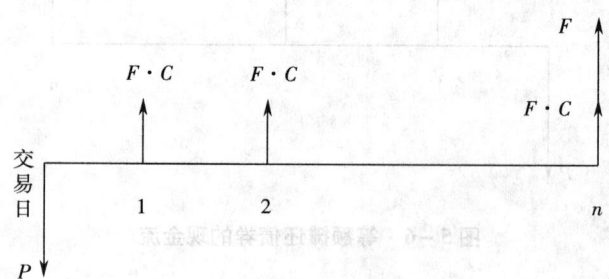

图5-7　附息债券的现金流

同理，附息债券的价格为

$$P = \sum_{t=1}^{n} \frac{F \cdot C}{(1+y_t)^t} + \frac{F}{(1+y_n)^n} \qquad (5-13)$$

第二节 股票投资与价格

一、股票的除息和除权

(一)股票的股息

股票是代表股东权利的一种凭证,当这种权利在某一时点前后发生变化时,股票的价格自然也会变动。除息和除权是在某一时点前后股票所代表的股东权利发生变化时对股票价格所做的一种修正。与除息和除权相联系的事项主要有以下几种:发放股息、公积金转增股份、增资配股。

1. 发放股息。股息的种类很多,大致有以下几种:现金股息、股票股息、财产股息、负债股息、建业股息,但主要形式是现金股息和股票股息。

现金股息是最普遍、最基本的股息形式。一般来说,股东比较注重眼前利益,都希望能分到较多的现金股息。而董事会还要考虑公司的财务状况和未来发展,因此希望保留足够的现金购置固定资产或用于其他投资。所以,在公司可分派盈余一定的情况下,现金股息发放的多少是董事会对公司的长远利益和股东近期利益等因素权衡的结果。

股票股息通常是按公司现有普通股股东的持股比例进行分配。采用股票股息的形式,实际上是当年留存收益的资本化,它在增加公司股本的同时却相应减少了当年的可分配利润,是股东权益账户中不同项目之间的转移,它对股东权益总额、股东所占权益的份额等都不会有影响。但是,以股票股息的发放代替现金股息的发放,对公司来说可以为其进一步发展提供更多资金,对股东来说,股票股息使股东有望分享公司未来更多的利润又不影响其变现,而且大多数国家对股票股息免征个人所得税,所以较受公司和股东的欢迎。

通常每年股份公司的董事会都要开会决定对公司的股东发放股息。其具体的分配程序为:首先从营业收入中减去各项成本和费用支出、应偿还的债务、应交纳的所得税,得到税后净利,然后提取法定公积金、公益金,并给优先股股东分配股息,再提取任意公积金,最后再按持股比例给普通股股东发放股息。

2. 公积金转增股份。为了增强股东信心或者为了调整资本结构,股份公司有时会将法定公积金和任意公积金转为资本金,向原股东按其持股比例无偿派送股票。由于公积金转增的股本并不是来源于可分配利润,所以一般不把它算成股票股息,虽然它也以向原股东送股的形式出现。按照我国有关法律规定,只有法定公积金数额达到注册资本的50%时,才可将其中不超过一半的数额转增股本,而任意公积金则可由股东大会决定转增多少。

3. 增资配股。随着业务的拓展和规模的扩大,上市公司往往为筹集资金而进一步发行股票。在增资发行时,首先考虑的是向原股东配股,即原股东有权按低于市价的某一价格按其持股比例优先认购一定数量的新发行的股票,这样做是为了维持原股东对公司所有权的持有比例从而维护股东利益。获得认股权的原股东，可以行使认股权，即按一定的优惠价格购买新发行的股票，或者将认股权出售他人，当然也可以既不行使又不出售而任其作废。

(二) 除息 (Ex-dividend)

除息是指除去交易中股票领取股息的权利。当股份公司决定对股东发放现金股息时就要对股票进行除息处理。下面是与除息相关的几个概念：

1. 宣布日（Announcement Date）。指公司董事会将发放现金股息的事项予以公告的日期。公告中将宣布股权登记日、除息日等。

2. 派息日（Payment Date）。指股东领取股息的时间，一般有一个时限范围。

3. 股权登记日（Date of Record）。由于股票不断地在投资者之间流通转让，为了确定本次股息具体的发放对象，需要在股息发放之前对股东名册编制整理，股权登记日就是持有者向公司登记的截止日期。在不同的交易制度下，股权登记日有所不同。如有的国家规定股权登记日为若干天，此间停止过户。我国股票交易中股权登记日不停止交易，在当天交易结束后经交易所结算中心确认的股票持有者均有权领取公司本次派发的股息，若在该日未登记，公司股东名册上没有名字，则不能领取本期股息。

4. 除息日（Ex-dividend Date）。又称除息基准日，是除去交易中股票领取股息权利的日期。除息日之前的股票是含息股票，在除息日之前股票含有领取本次股息的权利，在除息日之后则失去这一权利。在有的国家除息日定在股权登记日之前的3~4个营业日，在我国是股权登记日之后的下一个营业日。

5. 除息基准价。为了真实地反映股票的权利变化，对除息日的股票交易价格进行技术处理，将这一天的股票价格减去本次发放的现金股息作为开盘指导价，称为除息基准价。计算公式为

除息基准价 = 除息日前一天收盘价 - 现金股息

6. 填息、贴息。经过技术处理后，除息日前一天的股票收盘价与除息日的开盘价之间会有一个价格缺口，本次发放的现金股息数额越大，价格缺口就越大。除息以后，股价可能向两个方向变动，如果除息后股价上涨并很快将缺口填满甚至超越（即价格大于或等于除息日前一天的收盘价）则称为填息，反之如果股价下跌或虽然上涨但未能将缺口填满（价格小于除息日前一天收盘价）则称为贴息。

[例5-4] 某股份公司在2005年3月21日召开股东大会，审议并通过盈利分配方案，董事会宣布在4月30日向股东发放每股1元的现金股息，并规定4月10日为股权登记日，4月11日为除息日。所以在4月11日以前买入该股票的股东有权获得这次现金股息，在4月11日及之后买入该股票的股东则无权获得。如果4月10日该股票的收盘价为20元，则除息基准价应为19元，作为4月11日开盘指导价，由于还要受供求和投资者预期等其他因素的影响，开盘价可能高于也可能低于19元，如果开盘以后股价超过或等于20元则为填息，否则为贴息。

(三) 除权 (Ex-right)

除权是指除去交易中股票配送股的权利。当股份公司向原股东送股（发放股票股

息、公积金转增股份)、配股时要对股票作除权处理。

1. 与除权相关的几个日期。同除息相似,除权同样有宣布日、股权发放日、股权登记日、除权日(Ex-right Date)。宣布日是公司董事会将送配股方案予以公告的日期,公告中将宣布股权登记日、股权发放日、除权日等。股权登记日是用来确定送配股的具体对象。除权日又称除权基准日,是除去交易中股票所含的本次送配股权利的日期,除权以前的股票称为含权股,除权以后的股票称为除权股。

2. 除权基准价。除权基准价是将除权前一日该股票的收盘价除去所含权值后的价格,可作为除权日开盘指导价。由于受其他因素的影响,除权日的开盘价可能高于也可能低于除权基准价。

根据送配股的方式不同,除权基准价的计算可以分为以下几种。

(1) 无偿送股方式。

$$\text{除权基准价} = \frac{\text{除权日前一天收盘价}}{1 + \text{送股率}} \quad (5-14)$$

[例 5-5] 某股份公司以每 10 股送 5 股的比例向股东派发红股,5 月 23 日为除权日,5 月 22 日该股收盘价为 15 元,则

$$\text{除权基准价} = \frac{15}{1 + 0.5} = 10(\text{元})$$

(2) 有偿增资配股。

$$\text{除权基准价} = \frac{\text{除权日前一天收盘价} + \text{配股价} \times \text{配股率}}{1 + \text{配股率}} \quad (5-15)$$

[例 5-6] 某公司以每 10 股配 5 股的比例向现有股东配股,配股价为每股 6 元。5 月 23 日为除权日,5 月 22 日该股收盘价为 15 元,则

$$\text{除权基准价} = \frac{15 + 6 \times 0.5}{1 + 0.5} = 12(\text{元})$$

(3) 无偿送股与有偿配股搭配方式。

$$\text{除权基准价} = \frac{\text{除权日前一天收盘价} + \text{配股价} \times \text{配股率}}{1 + \text{配股率} + \text{送股率}} \quad (5-16)$$

[例 5-7] 某公司以每 10 股送 3 股和每 10 股配 2 股的比例向现有股东送配股,配股价为每股 6 元。5 月 23 日为除权日,5 月 22 日该股收盘价为 15 元,则

$$\text{除权基准价} = \frac{15 + 6 \times 0.2}{1 + 0.2 + 0.3} = 10.8(\text{元})$$

(4) 连息带权搭配方式。连息带权搭配又分为现金股息与送股搭配、现金股息与增资配股搭配、现金股息与送配股搭配三种。下面是一个总的计算公式,若公司分配方案中不包含其中某一项,则将该项视为零。

$$\text{除权基准价} = \frac{\text{除权日前一天收盘价} - \text{现金股息} + \text{配股价} \times \text{配股率}}{1 + \text{配股率} + \text{送股率}}$$

$$(5-17)$$

[例5-8] 某公司向全体股东发放每股1.5元的现金股息，同时以每10股送3股、配2股的比例向股东送配股，配股价为6元。5月23日为除息除权日，5月22日该股收盘价为15元，则

$$除权基准价 = \frac{15 - 1.5 + 6 \times 0.2}{1 + 0.2 + 0.3} = 9.8(元)$$

3. 填权、贴权。除权日开盘价与除权日前一天收盘价之间会有一个缺口，除权后股价若能很快填补该缺口称为填权，反之称为贴权。

4. 权值。股票除权日前一天的收盘价与除权基准价之间的差额称为权值，公式表示为

$$权值 = 除权日前一天收盘价 - 除权基准价 \qquad (5-18)$$

在上面的举的几个例子中，除权日前一天收盘价相同，均为15元，分配前后股份比例也相同，均为1:1.5，但是由于分配方式不同，导致除权基准价不同，权值也就不同。

无偿送股时，　　　　　　　权值 = 15 - 10 = 5（元）
有偿增资配股时，　　　　　权值 = 15 - 12 = 3（元）
无偿送股与有偿配股搭配时，权值 = 15 - 10.8 = 4.2（元）

可见，无偿送股时，权值最大；有偿增资配股时，权值最小；无偿送股与有偿配股搭配时，权值居中。

二、股票收益率计算

投资者从购入股票到出售为止的整个期间内，所获得的收益包括股息和资本利得两部分。股息是从公司的税后利润中支付，是对股东的投资回报。资本利得是投资者在市场上买卖股票的差价。衡量股票投资收益水平的指标称为股票收益率，主要有股利收益率、持有期收益率。

（一）股利收益率（Dividend Yield）

股利收益率是指股份公司以现金形式派发的股息与股票市场价格的比率。该指标有两种不同的计算方式：一是计算已得的股利收益率，用持有期间已得的年现金股息与股票买入价之比表示，这对长期持有股票的股东较有意义；二是计算预期的股利收益率，用预期未来的年现金股息与当前股票市场价格之比表示，这对投资者制定投资决策有一定的参考价值。

$$股利收益率 = \frac{D}{P_0} \times 100\% \qquad (5-19)$$

式中：D 为实际或预期的年现金股息；P_0 表示股票买入价或当前市场价格。

[例5-9] 某投资者张先生以30元的价格买入一股票，分得的年现金股息为3元，则

$$股利收益率 = \frac{3}{30} \times 100\% = 10\%$$

(二) 持有期收益率 (Holding Period Return)

持有期收益率指投资者持有股票期间的股息收入与买卖差价占股票买入价格的比率，即投资者在一定期间内所获全部收益与投资本金之比，是投资者最关心的指标。股票没有到期日，投资者持有股票的时间短则几天，长则数年，因此如果将它与债券收益率、银行利率等其他金融资产的收益率进行比较时，应注意时间的可比性，这时要将持有期收益率化为年利率。计算公式为

$$持有期收益率 = \frac{D + P_1 - P_0}{P_0} \times 100\% \qquad (5-20)$$

式中：D 为持有期间的现金股息；P_0 为股票买入价格；P_1 为股票卖出价格。

[**例 5-10**] 某投资者张先生在年初以 30 元的价格买入某股票，年内分得股息 3 元，年末股票出售价格为 45 元，则

$$持有期收益率 = \frac{3 + 45 - 30}{30} \times 100\% = 60\%$$

(三) 修正的持有期收益率

如果投资者在持有股票期间，不仅获得现金股息，还获得红股的派送、股票的无偿转赠、有偿配股等，那么持有期收益率公式就需要作些修正，修正后的公式为

$$持有期收益率 = \frac{(P_1 - P_0) + (D - C)}{P_0 + C} \times 100\%$$

或者

$$持有期收益率 = \left(\frac{P_1 + D}{P_0 + C} - 1\right) \times 100\% \qquad (5-21)$$

式中：P_0、P_1 分别为股票的买入、卖出价格；D 为持有期内的收入，包括现金股息收入以及送、配股所折算的收入；C 为持有期内的支出，主要指股东在配股时所缴款项。

[**例 5-11**] 某投资者张先生于 2005 年 3 月 6 日以 10 元的价格买入一股票，后于 12 月 2 日以 12 元的价格卖出。期内先有现金股息每股 1 元，于 3 月 20 日除息；然后有偿配股，配股率为 50%，配股价为 5 元，于 7 月 3 日除权；最后无偿送股，送股率为 20%，于 10 月 2 日除权。则

$$P_0 = 10; P_1 = 12$$
$$C = 5 \times 50\% = 2.5$$
$$P_1 + D = 1 + (1 + 50\%) \times (1 + 20\%) \times 12 = 22.6$$
$$持有期收益率 = \left(\frac{P_1 + D}{P_0 + C} - 1\right) \times 100\%$$
$$= \left(\frac{22.6}{10 + 2.5} - 1\right) \times 100\% = 80.8\%$$

[**例 5-12**] 某投资者张先生于 2005 年 3 月 6 日以 10 元的价格买入一股票，后于 12 月 2 日以 12 元的价格卖出。期内先送股，送股率为 20%，于当年 3 月 20 日除权；然后有偿配股，配股率为 50%，配股价为 5 元，于 7 月 3 日除权；最后派送现金股息每

股 1 元，于 10 月 2 日除息。则

$$P_0 = 10; P_1 = 12$$
$$C = (1 + 20\%) \times 50\% \times 5 = 3$$
$$P_1 + D = (1 + 20\%) \times (1 + 50\%) \times (1 + 12) = 23.4$$

$$持有期收益率 = \left(\frac{P_1 + D}{P_0 + C} - 1\right) \times 100\% = \left(\frac{23.4}{10 + 3} - 1\right) \times 100\% = 80\%$$

实际情况要比所举的例子复杂一些，比如送配的股票可能在期内无权或只能部分参加分配，股东在获得配股权后可能部分或全部出售其配股权，所以在计算时都应作相应处理，但只要正确地确定期内的收入和支出，这些计算并不困难。

三、基于股票成长性的股票定价模型

（一）股票定价原理

按照巴菲特的投资理念，股票投资者比如说天宝公司投资部在购买股票之前，首先要做的事是确定股票的内在价值。那么股票的内在价值如何确定呢？巴菲特认为最正确的内在价值评估模型是现金流贴现模型，它的思想是来自收入资本化原理。根据收入资本化原理，任何资产的内在价值是由该资产在未来预期可得的现金流所决定，用公式表示为

$$V = \frac{c_1}{(1+k)} + \frac{c_2}{(1+k)^2} + \frac{c_3}{(1+k)^3} + \cdots = \sum_{t=1}^{\infty} \frac{c_t}{(1+k)^t} \quad (5-22)$$

式中：V 为资产的内在价值，c_t 为资产在 t 时期的预期现金流，k 为现金流在某种风险水平下的适当的贴现率，并且假设贴现率在各个时期是相同的，符号 ∞ 表示预期获得现金流的期限是无穷的，所有预期的现金流都要以同样的比例来贴现。

根据股票投资者持有期限的不同，我们分两种情况来考察股票内在价值的决定，一是投资者购入股票后永久持有，二是购入股票后在未来 T 时期卖掉。

如果投资者购入股票后永久持有，那么他预期可获得的现金流就是预期股息收益，因此股票的内在价值可以表示为预期股息的折现值，即

$$P = \frac{d_1}{(1+k)} + \frac{d_2}{(1+k)^2} + \frac{d_3}{(1+k)^3} + \cdots = \sum_{t=1}^{\infty} \frac{d_t}{(1+k)^t} \quad (5-23)$$

式中：P 为股票的内在价值，d_t 为股票在 t 时期的预期股息，k 为折现率。

如果投资者购入股票后在未来 T 时期卖掉，那么他预期可获得的现金流分为两部分，一部分是在 T 时期及之前的预期股息，另一部分是 T 时期股票的预期售价 p_T，股票的内在价值就等于这两部分预期现金流的折现值，即

$$P = \frac{d_1}{(1+k)} + \frac{d_2}{(1+k)^2} + \frac{d_3}{(1+k)^3} + \cdots + \frac{d_T}{(1+k)^T} + \frac{p_T}{(1+k)^T}$$
$$= \sum_{t=1}^{T} \frac{d_t}{(1+k)^t} + \frac{p_T}{(1+k)^T} \quad (5-24)$$

由于股票的预期售价 p_T 依然是由 T 期之后的预期股息所决定，即

$$p_T = \frac{d_{T+1}}{(1+k)} + \frac{d_{T+2}}{(1+k)^2} + \frac{d_{T+3}}{(1+k)^3} + \cdots \quad (5-25)$$

将式（5-25）代入式（5-24），可得

$$P = \sum_{t=1}^{T} \frac{d_t}{(1+k)^t} + \frac{1}{(1+k)^T} \left[\frac{d_{T+1}}{(1+k)} + \frac{d_{T+2}}{(1+k)^2} + \frac{d_{T+3}}{(1+k)^3} + \cdots \right]$$

$$= \sum_{t=1}^{\infty} \frac{d_t}{(1+k)^t} \quad (5-26)$$

所以，不管投资者购入股票后永久持有，还是在未来某一时期卖掉，股票的内在价值都可以用公式 $P = \sum_{t=1}^{\infty} \frac{d_t}{(1+k)^t}$ 来决定，该模型通常被称为股息折现模型（Dividend Discount Models，DDMs）。

根据对股息增长率的不同假设，股息折现模型可以分为零增长模型、常数增长模型和多元增长模型。

（二）零增长模型（Zero-growth Model）

零增长模型假定各时期股息固定不变，股息增长率 g 等于零，用数学表示为

$$d_0 = d_1 = d_2 = \cdots = d_\infty, \text{或} g_t = 0$$

式中：d_0 为上一时期发放的股息，于是

$$P = \sum_{t=1}^{\infty} \frac{d_t}{(1+k)^t} = d_0 \left[\sum_{t=1}^{\infty} \frac{1}{(1+k)^t} \right] = \frac{d_0}{k} \quad (5-27)$$

[例 5-13] 假定张先生预期某公司支付的股息将永久地固定在 6 元/股，折现率为 10%，问该公司股票的价值为多少？计算如下：

$$P = \frac{d_0}{k} = \frac{6}{10\%} = 60(元)$$

如果该公司股票市场价格为 55 元，则该股票被低估了 5 元，因此可以作为买进的对象。

零增长模型的应用似乎受到相当的限制，因为假定某一股票尤其是普通股永远支付固定的股息是不合理的。但在特定的情况下，比如在决定优先股的内在价值时，这种模型是相当有用的，因为大多数优先股支付的股息是固定的，不会因每股收益的变化而变化，而且优先股没有固定的生命期，预期支付显然是能永远进行下去的。

（三）常数增长模型（Constant-growth Model）

常数增长模型又称戈登模型（Gordon Model），该模型有三个假定条件：

1. 股息的支付在时间上是永久的；
2. 各期的股息增长率 g_t 恒等于常数 g；
3. 模型中的折现率大于股息增长率，即 $k > g$。

根据以上三个假设条件，我们可以得到

$$d_1 = d_0(1+g)$$
$$d_2 = d_1(1+g)$$

$$d_3 = d_2(1+g)$$
$$\vdots$$
$$d_t = d_{t-1}(1+g) = d_0(1+g)^t$$

于是

$$P = \sum_{t=1}^{\infty} \frac{d_t}{(1+k)^t} = \sum_{t=1}^{\infty} \frac{d_0(1+g)^t}{(1+k)^t} = d_0 \sum_{t=1}^{\infty} \frac{(1+g)^t}{(1+k)^t}$$
$$= \frac{d_0(1+g)}{k-g} = \frac{d_1}{k-g} \tag{5-28}$$

[**例 5-14**] 假定某公司股票上年支付每股股息为 1.80 元,预计股息增长率将永久地维持在 5% 水平上,折现率为 11%,问该公司股票的价值为多少?计算如下:

$$P = \frac{d_1}{k-g} = \frac{1.80 \times (1+0.05)}{(0.11-0.05)} = 31.50(元)$$

显然,如果假设股息增长率 $g=0$,则常数增长模型就变成零增长模型,因此零增长模型是常数增长模型的一种特例。

虽然常数增长模型比零增长模型有较小的应用限制,但是假设公司各期股息按固定的比例增长仍不太现实,为了弥补这一缺陷,在常数增长模型的基础上衍生出了多元增长模型。

(四) 多元增长模型 (Multistage Dividend Discount Model)

多元增长模型是较为普遍地被用来确定普通股股票内在价值的股息折现模型。该模型假设股息的变动在开始一段时间内并没有特定的模式可以预测,但在某时点 T 以后,股息按不变的比例 g 增长。因此,股息流可以分为两个部分。

第一部分包括在股息无规则变化时期的所有预期股息的现值,用 P_{T1} 表示,则

$$P_{T1} = \sum_{t=1}^{T} \frac{d_t}{(1+k)^t} \tag{5-29}$$

第二部分包括在时点 T 之后即股息增长率不变时期的所有预期股息的现值。

首先,该股票在时点 T 的价值 P_T 可通过常数增长模型求出,即

$$P_T = \frac{d_T(1+g)}{k-g} = \frac{d_{T+1}}{k-g} \tag{5-30}$$

然后,求出 P_T 在 0 时刻的现值 P_{T2}:

$$P_{T2} = \frac{P_T}{(1+k)^T} = \frac{d_{T+1}}{(1+k)^T(k-g)} \tag{5-31}$$

将两部分预期股息的现值相加,可得到股票的价值 P:

$$P = P_{T1} + P_{T2} = \sum_{t=1}^{T} \frac{d_t}{(1+k)^t} + \frac{d_{T+1}}{(k-g)(1+k)^T} \tag{5-32}$$

如果假定 $T=0$,即股息从零时刻就开始固定增长,则

$$P_{T1} = 0; P_{T2} = \frac{d_1}{(k-g)}$$

$$P = P_{T1} + P_{T2} = \frac{d_1}{(k-g)} \quad (5-33)$$

这就是常数增长模型的公式。因此，常数增长模型可以看做多元增长模型的一种特例。目前，多元增长模型中用得比较多的是二阶段增长模型和三阶段增长模型。

1. 二阶段增长模型（Two-stage Dividend Discount Model）。二阶段增长模型假设股息的增长分为两个阶段，在时点 T 之前按固定比例 g_1 增长，在时点 T 之后按固定比例 g_2 增长。即在时点 T 之前，

$$d_t = d_0(1+g_1)^t$$

在时点 T 之后，

$$d_{T+m} = d_T(1+g_2)^m \quad m = 1,2,3,4\cdots$$

于是

$$P = \sum_{t=1}^{T} \frac{d_0(1+g_1)^t}{(1+k)^t} + \frac{d_T(1+g_2)}{(k-g_2)(1+k)^T} \quad (5-34)$$

2. 三阶段增长模型（Three-stage Dividend Discount Model）。三阶段增长模型假设股息的增长分为三个不同的阶段，第一阶段从零时刻到第 A 期，股息增长率为常数 g_a；第二阶段从 A 期到 B 期，股息增长率以线性的方式从 g_a 变化到 g_b，如果 $g_a > g_b$，则表示递减的股息增长率，反之为递增的股息增长率；第三阶段从 B 期开始，股息增长率维持在 g_b 不变，该增长率是公司长期正常的增长率。在第二阶段的任意时期 t，由于股息增长率呈线性变化，因此

$$g_t = g_a - (g_a - g_b)\frac{t-A}{B-A}$$

将三个阶段的股息折现相加，可得三阶段增长模型的计算公式：

$$P = d_0 \sum_{t=1}^{A} \left(\frac{1+g_a}{1+k}\right)^t + \sum_{t=A+1}^{B} \left[\frac{d_{t-1}(1+g_t)}{(1+k)^t}\right] + \frac{d_B(1+g_b)}{(1+k)^B(k-g_b)}$$

$$(5-35)$$

[例 5-15] 假定某公司股票期初支付的股息为 1 元，前两年的股息增长率为 15%，然后按线性的方式下降到第 7 年的 10%，之后股息增长率一直维持在这一水平，折现率为 18%，问股票的内在价值是多少？计算如下：

按公式可以得到

$$g_2 = 0.15 - (0.15 - 0.10) \times \frac{2-2}{7-2} = 0.15$$

$$g_3 = 0.15 - (0.15 - 0.10) \times \frac{3-2}{7-2} = 0.14$$

$$g_4 = 0.15 - (0.15 - 0.10) \times \frac{4-2}{7-2} = 0.13$$

$$g_5 = 0.15 - (0.15 - 0.10) \times \frac{5-2}{7-2} = 0.12$$

$$g_6 = 0.15 - (0.15 - 0.10) \times \frac{6-2}{7-2} = 0.11$$

$$g_7 = 0.15 - (0.15 - 0.10) \times \frac{7-2}{7-2} = 0.10$$

表 5-2　　　　　　　　　　各期股息增长率及股息数据

	时期	股息增长率（%）	股息
第一阶段	1	15	1.15
	2	15	1.32
第二阶段	3	14	1.51
	4	13	1.70
	5	12	1.91
	6	11	2.12
	7	10	2.33
第三阶段	8	10	2.56

将以上计算数据代入公式（5-35）中，即可计算某公司股票的内在价值为

$$P = 1 \times \sum_{t=1}^{2}\left(\frac{1+0.15}{1+0.18}\right)^t + \sum_{t=3}^{7}\left[\frac{d_{t-1}(1+g_t)}{(1+0.18)^t}\right] + \frac{d_7(1+0.10)}{(1+0.18)^7(0.18-0.10)}$$
$$= 16.12（元）$$

第三节　公司成长机会对股价的影响

企业的发展需要新的资源投入来支持，如果企业经营活动产生了盈余，这些盈余除去投资者的回报外，一部分留在企业作为新投入的资金来源，这样，随着这一部分资金的投入，给企业带来了可以运作的新的资源，也给企业带来了成长的机会。这一成长机会对于企业而言，是否一定就会增加企业价值呢？本节我们就此问题进行讨论。

一、公司成长机会与可持续增长率

企业所实现的当年盈余，无非有两种去处，一种是作为股利发放给投资者作为对投资的回报；另一种是作为收益留存留在企业追加企业投资，增加企业未来成长的机会。在企业每年保持固定不变的留存比率、不通过新增权益资本来筹集资金，企业保持原有的经营政策（不改变营业利润率和资本周转率）以及维持原有的权益报酬率，在此基础上，企业仍然维持的销售增长率称为可持续增长率（Self-sustainable Growth Rate, SGR）。可持续增长率是指公司在没有通过发行新的权益证券筹集权益资本的情况下，销售额增长的比率。

由于企业维持原有的销售利润率，所以企业的销售增长率也等同于企业的净利润增长率，而股利是企业留存后的部分，且企业保持不变的留存比率，所以，净利润增长率与股利增长率也是一致的。在企业维持相同的营业政策和不通过新增权益资本筹资的前

提下，企业净利润的增加率也等同于净资产的增加率。所以，公司的可持续增长率既是销售增长率、净利润增长率、股利增长率，也是净资产增长率。

根据公司的净资产增长率的定义，由于公司不通过新增权益资本来筹资，所以，公司的净资产的增加只能是来自于企业实现净利润的留存，因此，公司的净资产增长率应该等于当年的留存收益除以当年的所有者权益，有

$$g = \frac{b \times EAT}{E} \quad (5-36)$$

式中：b 为留存比率，EAT 为公司实现的净利润，E 为公司的所有者权益。

因为公司的净利润除以净资产为公司的权益报酬率，所以，式（5-36）可简化为

$$g = b \times ROE \quad (5-37)$$

公式（5-37）既是公司的可持续增长率，也是公司的股利增长率。所以，要根据公式（5-37）估算公司股利所得成长率（g），除了先估算盈余保留比率外，还需要知道保留盈余的净资产收益率。

[例5-16] 某股份公司预估本年度的利润为1 000万元。为筹措投资所需资金，该公司计划保留40%的盈余。过去10年，该公司股东权益收益率平均值为16%。假设新的投资计划和现有生产与营运内容没有显著的差异，请问该公司可持续增长率是多少？股利增长率又是多少？

根据资料中的已知条件，$b=40\%$，$ROE=16\%$，所以由公式（5-37）可得公司的可持续增长率为

$$g = 40\% \times 16\% = 6.4\%$$

由于公司的可持续增长率既是公司的净利润增长率也是公司的股利增长率，所以该公司的股利增长率也为6.4%。

我们在计算公司的可持续增长率（或公司的股利增长率g）时，一定要记住这一计算方法有较为严格的限定条件，要求前后年份的留存收益的比例不变，企业的净资产收益率前后也保持一致。如果企业未来的留存收益比例、净资产收益率与历史数据不同，则会导致我们对g的估算产生不同程度的偏离。

二、公司成长机会净现值

如果一家公司没有任何新的投资计划，当年投资只是弥补资产的正常折旧损耗，公司资产规模不会扩大，每股盈余就维持在原来的水准。由于公司资产规模并未扩大，公司也就没有必要保留任何盈余作为购置资产所需的资本支出。此时，企业当年的盈余全部作为股利发放，因此，公司每年的每股股利都保持相同且等于每股收益。

$$D_1 = EPS_1$$

根据固定股利价格模型，公司的股票价格为

$$P_0 = \frac{EPS_1}{r} \quad (5-38)$$

一般来说，公司的盈余并不会全部作为股利发放，而是将一部分盈余留存企业作为

投资的来源。若公司决定每期保留固定比率的盈余作为资本支出的财源，由于资本支出是用于购置固定资产或无形资产，只要每期都有成长机会，公司资产必然会持续增加。此时，只要股东权益收益率维持不变，股利所得成长率和盈余成长率相同，股票价格就可利用固定股利增长率模型决定。

$$P'_0 = \frac{D'_1}{r-g} \tag{5-39}$$

式中：$D'_1 = EPS_1 \times (1-b)$。

由于公司每期保留固定比率的盈余用于资本支出，资产规模逐期扩大，股利所得自然会有所成长，P_0 和 P'_0 的差异就是反映股利增长对股价的影响。成长机会对股价的影响（$P'_0 - P_0$）亦称之为成长机会的净现值（Net Present Value of Growth Opportunity，NPVGO）：

$$NPVGO = P'_0 - P_0 = \frac{EPS_1 \times (1-b)}{r-g} - \frac{EPS_1}{r} \tag{5-40}$$

企业存在成长机会时，会通过各期投资计划的执行，使得企业的固定资产逐年增加。这种成长机会是否必然会为股东创造更多的价值？若成长机会为公司创造更多的价值，公司就不应完全发放股利而应保留部分盈余。资产规模扩大所带来的成长机会到底为公司带来多少价值成为公司应否保留部分盈余作为新投资计划资本支出的判定准则。为了为股东创造更多的财富，公司应选择 NPVGO 为正的成长机会而非仅仅是追求股利的增长。以下的例子说明纵使公司的股利有所成长，但成长机会净现值（NPVGO）不必然为正。也就是说，股利有成长不必必然会让股价上升。

[**例 5-17**] 三一公司预估未来各期的税后利润为 6 000 万元。该公司流通在外的普通股股数为 4 000 万股。三一公司为增加投资决定保留 20% 的盈余用于投资所需的资本支出，公司过去 10 年净资产收益率为 10%。假设投资必要收益率（r）为 15%。

若三一公司决定维持现有资产规模，则不需保留盈余用于资本支出，每股股利等于每股收益 1.5 元（=6 000 万元/4 000 万股），此时股价为

$$P_0 = \frac{1.5}{15\%} = 10(元)$$

若三一公司决定增加投资，则必须保留部分盈余作为各期资本支出。此时，三一公司的盈余成长率为

留存收益比 × 净资产收益率 = 20% × 10% = 2%

只要股利发放比率维持在 80%，公司股利可保持 2% 的成长率。由于股利发放比率为 80%，所以，下一期的每股股利（D_1）为 1.2 元（=1.5 元×80%）。此时，我们可利用单一固定股利所得成长率设定下的股价决定模型：

$$P'_0 = \frac{1.2}{15\% - 2\%} = 9.2(元)$$

三一公司一旦执行此项计划，则股价会由 10 元降至 9.2 元，此 0.8 元的差额表示成长机会净现值（NPVGO = 9.2 - 10 = -0.8）为负。投资必要收益率可视为留存收益用于资本支出的机会成本，若 ROE 小于资金机会成本（r），表示将保留盈余交由股东自行

运用报酬较高,此时三一公司若仍选择保留部分盈余用于资本支出将对公司股东权益产生负面影响。

假设必要收益率由15%降至10%。若三一公司决定不保留盈余以增加投资,此时股价为

$$P_0 = \frac{1.5}{10\%} = 15(元)$$

若三一公司决定增加投资项目,宣布此项决策后股价将变为

$$P'_0 = \frac{1.2}{10\% - 2\%} = 15(元)$$

此时,$NPVGO = 0$,这表明三一公司的成长机会并未为公司股东创造更多的财富。三一公司保留盈余以增加投资的资本支出的收益率(ROE)和将盈余全数发放给股东,由股东自行从事投资必要收益率(r)相同时,保留部分盈余作为成长机会的财源并不会为股东创造更多的价值。亦即,当保留盈余的投资收益率(ROE)与保留盈余的机会成本(r)相同时,成长机会的净现值为零。

假设市场资本估价率由15%降至8%。三一公司决定不增加投资时,股价维持在18.75元。

$$P_0 = \frac{1.5}{8\%} = 18.75(元)$$

而当宣布决定增加投资后股价变为

$$P'_0 = \frac{1.2}{8\% - 2\%} = 20(元)$$

此时,$NPVGO$为1.25元($= 20$元$- 18.75$元),表示股东权益的投资收益率(ROE)大于投资必要收益率(r)时,公司保留部分盈余作为资本支出将会为股东创造更多的财富。

这个例子说明投资机会带动股利增长并不必然意味着公司成长机会的净现值为正。也就是说,股利增长对股价并不必然有正面效果。而成长机会净现值($NPVGO$)为正的前提是保留盈余的收益率(ROE)必须大于市场资本估价率(r)。这一结论可以通过将公式(5-40)变换后直观地反映出。利用公式(5-40)可以得到

$$NPVGO = \frac{EPS_1 \times b \times (ROE - r)}{r \times (r - g)} \qquad (5-41)$$

从公式(5-41)中,我们可以直观地发现,要使$NPVGO$大于零,必须要保证只有在ROE大于r的前提下。

现实生活中,我们为何看不到一家长期不发放股利而致使股票价格为零的公司存在?当一家公司面对多个成长机会时,公司也面临着一个两难的问题。到底是本期发放股利还是保留盈余用于投资以期待未来发放更多的股利?事实上,不少股东偏好发放股利,然而发放股利的代价可能是公司要放弃不少的成长机会。若公司决定不发放股利,只要投资人或股东相信这家公司不可能永远不发放股利,未来某个期间公司必然会开始发放股利。此时,股价的计算必须改用多重股利增长率模型。然而,公司何时开始发放

股利则是另一个估算困难的问题。

三、股利成长模型和 NPVGO 模型

成长机会净现值决定公司成长机会对股价的影响。成长机会是未来期间所有新的投资计划所创造价值的体现。依此逻辑，成长机会的净现值应是未来所有新投资计划净现值之和。本部分将以［例5-18］说明，当公司在未来期间有新的投资机会时，我们可以通过未来所有投资计划净现值的计算得出成长机会净现值，而且正是由于未来持续的投资机会才带来了股利的固定增长，所以，持续的投资机会产生增长时，有必要对股利固定增长率模型和 NPVGO 模型进行对比。

［例5-18］　金星公司预计第一年末每股收益可实现1.5元，股利发放比率为40%，投资必要收益率（r）为15%，该公司净资产收益率为20%。公司每年保留60%的盈余，并将保留盈余全数用于当期资本支出。请问金星公司的股价应为多少？我们希望应用固定股利增长率模型和 NPVGO 模型来计算每股价格。

（一）股利固定增长率模型

第一年的每股股利为0.6元（=1.5元×40%），留存比例为60%（=1-40%），公司的净资产收益率为20%，据此，我们可以求出公司股利增长率为12%（=60%×20%）。根据这些已知条件，我们可以用股利固定增长率模型计算每股价格为

$$P'_0 = \frac{0.6}{15\% - 12\%} = 20(元)$$

（二）NPVGO 模型

首先，由 NPVGO 模型以及无成长机会情形下股价决定模型，由式（5-40）可得

$$P'_0 = \frac{EPS_1}{r} + NPVGO \qquad (5-42)$$

依照上述公式，新股价（P'_0）由两个部分组成：$\frac{EPS_1}{r}$ 即（P_0）部分为无增长机会时公司的股票价值；NPVGO 部分为公司面对成长机会后，执行新的投资计划所有增长机会的净现值，其值等于（$P'_0 - P_0$）。

若金星公司不选择任何成长机会，而将所有盈余用于发放股利，则每股股利为1.5元。由于公司固定或无形资产完全没有成长机会，此时每股股票价格为

$$P'_0 = \frac{EPS_1}{r} = \frac{1.5}{15\%} = 10(元)$$

以下将说明成长机会中所有的投资计划净现值加总后的价值就等于成长机会净现值。

金星公司宣布未来的投资计划后新股价变为20元。依 NPVGO 的定义，金星公司成长机会净现值为10元（=20元-10元）。

接下来，我们先计算各期投资计划的净现值，予以加总后，说明加总所得的数值其实就是 NPVGO。金星公司预期第一期的每股盈余为1.5元，而该公司将保留每股0.9元

的盈余。若该公司将这0.9元用于第一期的资本支出，由于保留盈余的收益率为20%，所以从第二期开始每股将增加0.18元（=0.9元×0.2）的盈余。第一期成长机会所创造出来的每股净现值为

$$NPV_1 = -0.9 + \frac{0.18}{15\%} = 0.3(元)$$

此处0.3元是第一年留存收益的单一成长机会的价值在第一年末的净现值。到了第二期，股利与盈余又较第一期成长了12%（因为g等于12%）。由于盈余保留比仍维持在60%，所以第二期保留盈余较第一期亦增加12%，而第二期保留盈余数变为

$$1.12 \times 0.9 = 1.01(元)$$

第三期保留盈余数亦较第二期成长了12%：

$$1.12 \times 1.01 = (1.12)^2 \times 0.9 = 1.13(元)$$

依此类推，往后各期保留盈余皆以12%的速度成长，而且所保留的盈余皆全数用于各期投资计划。现以第二期为例说明。第二期投资支出为1.01元（第二期保留盈余）而第二期以后各期投资收益为保留盈余数乘以净资产收益率（ROE=20%）：

$$1.01 \times 20\% = 1.12 \times 0.9 \times 20\% = 0.202(元)$$

故第二期投资计划的净现值为

$$NPV_2 = -1.01 + \frac{0.202}{15\%} = \left(-0.9 + \frac{0.18}{15\%}\right) \times 1.12 = 0.34(元)$$

这0.34元是第二年留存收益的单一成长机会的价值在第二年末的净现值。同理，我们可算出第三期成长机会所创造出来的投资计划净现值为

$$NPV_3 = -1.13 + \frac{0.226}{15\%} = \left(-1.01 + \frac{0.202}{15\%}\right) \times 1.12 = 0.38(元)$$

由于NPV_1、NPV_2以及NPV_3是在不同时点上的价值，必须先对各期投资计划的净现值转换为本期货币所衡量的现值后，再加总可得

$$NPVGO = \frac{0.3}{1+15\%} + \frac{0.34}{(1+15\%)^2} + \frac{0.38}{(1+15\%)^3} + \cdots$$

$$= \frac{0.3}{1+15\%} + \frac{0.3 \times (1+12\%)}{(1+15\%)^2} + \frac{0.3 \times (1+12\%)^2}{(1+15\%)^3} + \cdots$$

$$= \frac{0.3}{15\% - 12\%} = 10(元)$$

由这个例子可以说明，固定股利增长率模型的股票价格20元，与在此条件下的无成长机会下的价值10元和有增长机会的持续投资净现值（NPVGO）10元之和，这两者计算的价值是一致的。这里也有力地说明了公司固定股利增长来自于有增长机会的持续投资。

四、NPVGO 与市盈率

依股价决定模型，计算股票价值时，应以股利所得而非盈余作为各期现金流量。然而，我们常在报章杂志看到或在电子媒体见到不少人常拿市盈率（Price - earning Ratio

或 P/E Ratio）衡量公司的股价表现，有不少股票分析都会建议投资人买进低市盈率的股票。市盈率是否是衡量公司营运绩效一个良好的指标？假如用 P_0 代表固定股利增长模型的股票价值，并应用公式（5-41）则有

$$P_0 = \frac{EPS_1}{r} + NPVGO$$

等号两边同时除以 EPS_1，可得

$$\frac{P_0}{EPS_1} = \frac{1}{r} + \frac{NPVGO}{EPS_1} \qquad (5-43)$$

公式（5-43）中，等号左边为市盈率（P/E 值）。这个式子显示 P/E 值和 NPVGO 存在关联性。NPVGO 值越高，市盈率值就越大。举例说明，A 公司和 B 公司每股盈余（EPS_1）均为 1 元。但公司 A 成长机会较多，依 P/E 决定式可知，有较多成长机会的公司的股票价格应较高，因为持有这家公司股票的报酬除了每年每股 1 元的盈余外，还多了未来成长机会所创造的价值。假设公司 A 的股票价格为 16 元，则其市盈率为 16，而无成长机会公司 B 的股票价格为 8 元，其市盈率为 8。由上面的公式可看出，有较多成长机会（且 NPVGO>0）的公司会有较高的市盈率。

市盈率和 NPVGO 存在正向关系亦和实际状况相符。在证券市场中，近年来增长性较好的信息产业中有不少上市公司市盈率比较高，原因在于其成长机会较多（且多预期 NPVGO 较高）。同样的道理，某些高科技公司即使目前不赚钱，其股价仍然很高。而传统产业，由于缺乏足够成长机会，即便盈利水平不错，但市场股价偏低。各国之间的股票的市盈率亦不相同。举例说，日本股市的市盈率要比美国的高。日本东京证券交易所年平均市盈率在 40~100 倍间，而美国只有 25 倍左右。依上述公式，似乎日本公司有较多的成长机会，事实是因日本投资人较易高估公司成长机会所致。

其他影响市盈率的因素还有投资必要收益率（r）及会计政策选择。首先，投资必要收益率（r）越大，同样的股利所得的现值（股票价值）就越小，市盈率就越低。举例说，公司 A 和公司 B 都不保留任何盈余，且预期这两家公司未来各期盈余皆为 1 元。这两家公司每股盈余预测值均为 1 元，若公司 A 盈余较为确定，但公司 B 较不确定。由于公司 B 风险较高，其对应的投资必要收益率自然要相对公司 A 为高。公司 A 有较低的投资必要收益率，其股价自然相对公司 B 的股价为高。

其次，公司或厂商所采用的会计政策选择亦会影响市盈率。举例说明，在通货膨胀较严重的情形下，采用先进先出法（FIFO）往往会低估存货的真实成本而高估盈余。后进先出法（LIFO）则因其存货价值估算是采用最近时间的成本来估算，盈余被高估情形不如 FIFO 严重。所以，以后进先出法所算出的盈余会较先进先出法低。其他导致市盈率差异的会计处理程序还有建造成本分摊方式（完工法或完工百分比法）以及折旧摊提方式（加速折旧或直线折旧）。

这些讨论说明市盈率是三个不同因素作用的结果。在以下情况下，公司的市盈率可能会比较高：(1) 公司有较多发展机会；(2) 低风险；(3) 采用较为保守的会计方法。尽管这三个因素都比较重要，但我们认为第一个因素要更重要一些。这样，我们关于增

长的讨论与对市盈率的理解是密切相关的。

【本章小结】

1. 本章首先介绍了几种利息的计算方法。
2. 讨论了利率水平的决定理论，可贷资金供给和可贷资金需求共同决定了不同期限的利率水平（即利率期限结构）。
3. 详细介绍了各种类型的债券价格计算方法，包括零息债券、永久债券、等额摊还债券、附息债券等。
4. 收入资本化原理认为，任何资产的内在价值是由该资产在未来预期可得的现金流折现所得。股息折现模型是收入资本化原理在股票定价中的应用。
5. 除息和除权是在某一时点前后股票所代表的股东权利发生变化时对股票价格所作的一种修正。除息是指除去交易中股票领取股息的权利；除权是指除去交易中股票配送股的权利。与除息和除权相联系的事项主要有以下几种：发放股息、公积金转增股份、增资配股。
6. 股票收益率是衡量股票投资收益水平的指标，主要有股利收益率和持有期收益率。如果投资者在持有股票期间，不仅获得现金股息，还获得红股的派送、股票的无偿转赠、有偿配股等，那么持有期收益率公式要注意作些修正。
7. 据对股息增长率的不同假设，股息折现模型可以分为零增长模型、常数增长模型和多元增长模型。市盈率模型可以从股息折现模型中推出，根据对每股收益增长率的不同假设，也分为零增长模型、常数增长模型和多元增长模型。
8. 通过对股票的内在价值与市场价格、正常市盈率与实际市盈率的比较，投资者可以知道该股票是高估还是低估，从而进行投资决策。
9. 当公司留存盈利并用于投资时，就存在成长机会，成长机会对股价的影响称之为成长机会的净现值（NPVGO）。成长机会的净现值可能为正也可能为负。只有成长机会的净现值为正的投资才能增加企业价值。
10. 固定股利增长模型和NPVGO模型的计算结果是一致的。公司股利固定增长来自于有增长机会的持续投资。
11. 相同每股收益的不同公司存在相差较大的市盈率，从NPVGO模型来看，是由于不同公司的成长机会的净现值（NPVGO）有较大的差异所致。

【思考与练习题】

1. 在这一章中我们为了简化起见，假设债券是按整数年计息的，现在假设有如下一只债券，债券发行日为2002年12月6日，到期日为2009年12月6日，息票率为3%，面值为100元，市场上的利率曲线是水平的（折现率为4.5%），并且每隔半年付一次息（每年的6月6日和12月6日付息），今天的时间为2006年10月31日。问：按照本章的债券定价理论，今天的债券价格应为多少？

2. 假设有一永久债券，每年支付的利息额为60元，市场上的利率水平为8.5%，则此债券的市场价格应为多少？

3. 一零息票债券，面值1 000元，期限为6个月，某投资者先以983.57元购进后又于50天后卖出，卖出价格为992.86元，试计算该投资者的持有期收益率。

4. 债券A的到期收益率为6%，由于央行对居民的定期存款加息政策促使债券市场上该债券的到期收益率变为6.5%，该债券的价格下降幅度为5%，试计算该债券的持续期为多少？

5. 某一债券组合由债券A和债券B构成，债券A的持续期为7年，债券B的持续期为9年，它们在债券组合中权重分别为40%和60%，试计算该债券组合的持续期为多少？

6. 假定某公司股票上年支付每股股息为2元，预计股息增长率将永久地维持在5%水平上，折现率为11%，问该公司股票的内在价值为多少？

7. 假定某公司股票现在的市场价格为18元，每股股息为2元，并且该公司每年将全部利润用于发放股利，折现率为5%，请用市盈率模型来分析，投资者应该购买这种股票吗？

8. 某股市某日采集了A、B、C三种股票为样本股，收盘价分别为5元、10元、30元，则简单算术股价平均数为多少？如果C股发生拆股，每1股拆为2股，股价从30元下调为15元，如何采用除数修正法来修正股价平均数？如果在拆股当天股票市场看涨，A股收盘价为6元，B股为12元，C股为20元，则修正的股价平均数为多少？

9. 某公司向全体股东发放每股2元的现金股息，同时以每10股送3股、配4股的比例向股东送配股，配股价为8元。2006年3月25日为除息除权日，3月24日该股收盘价为15元，试计算除权基准价和权值。

10. 某投资者于2005年4月10日以11元的价格买入一只股票，后于12月9日以12元的价格卖出。期内先有现金股息每股1元，于4月26日除息；然后有偿配股，配股率为60%，配股价为6元，于8月7日除权；最后无偿送股，送股率为30%，于11月5日除权。试计算该投资者的持有期收益率。

11. 甲公司是2000年刚成立的公司，预计下一年的每股股东权益账面价值10元，每股收益为2.5元，故股东权益收益率为25%。甲公司为扩充产能决定保留80%的盈余，故下一年度的每股股利为0.5元。对甲公司未来三年的财务预测见下表，从2004年开始，股利所得成长率（g）、ROE以及盈余发放比率都将维持在2004年的水平上，假设资金的机会成本（r）为12%。

年份	2001	2002	2003	2004
股东权益账面价值	10	12	14.4	15.55
每股盈余	2.5	3.0	2.3	2.49
股东权益收益率（%）	25	25	16	16
盈余发放比率（%）	20	20	50	50
每股股利	0.5	0.6	1.15	1.24
股利成长率（%）	—	20	92	8

要求：

(1) 算出甲公司股票价值。

(2) 算出从 2004 年起，成长机会净现值（NPVGO）。

(3) 由于有新竞争者加入市场，甲公司从 2004 年起 ROE 将降为 12%。请问甲公司股票价值变为多少？

12. A 公司目前股价为 10 元，此价格正好等于该公司每股股东权益的账面价值。该公司的股东权益收益率（ROE）为 10%，股利固定发放比率为 60%。假设该公司正处于固定股利增长率的成长状态。要求：

(1) 股利所得成长率（g）为多少？投资必要收益率（r）为多少？

(2) 计算 A 公司成长机会的净现值（NPVGO）。

13. 甲公司预估下一年度每股可发放 0.5 元股利，并预估未来股利所得将维持 5% 的固定增长率。目前该公司的股价为每股 10 元，公司有 3 000 万股在外流通。

请问对甲公司股票投资的必要收益率为多少？

14. 某投资者 1998 年准备投资购买股票，现有 A、B 两家公司可供选择，从 A、B 公司 1997 年 12 月 31 日的有关会计报表及补充资料中获知，1997 年 A 公司发放的每股股利为 5 元，股票每股市价为 40 元；1997 年 B 公司发放的每股股利为 2 元，股票的每股市价为 20 元。预期 A 公司未来 5 年内股利恒定，在此以后转为正常增长，增长率为 6%，预期 B 公司股利将持续增长，年增长率为 4%，假定目前无风险收益率为 8%，市场上所有股票的平均收益率为 12%，A 公司股票的 β 系数为 2，B 公司股票的 β 系数为 1.5。要求：

(1) 通过计算股票的价值并与股票的市价比较，判断两公司股票是否应当购买。

(2) 若投资购买两种股票各 100 股，该投资组合的预期收益率为多少？

(3) 计算该投资组合的综合 β 系数。

15. 某投资人 2002 年欲投资购买股票，现有 A、B 两家公司可供选择，从 A、B 公司 2001 年 12 月 31 日的有关会计报表及补充资料中获知，2001 年 A 公司的税后净利润为 800 万元，发放的每股股利润为 5 元，市盈率为 5，A 公司发行在外的股数为 100 万股，每股面值 10 元；B 公司 2001 年获得税后净利润 400 万元，发放的每股股利为 2 元，市盈率为 5，其对外发行的股数共为 100 万股，每股面值 10 元。预期 A 公司未来 5 年内股利恒定，在此以后转为正常增长，增长率为 6%，预期 B 公司的股利将持续增长，年增长率为 4%，假定目前无风险收益率为 8%，平均风险股票必要收益率为 12%，$\beta_A = 2$，$\beta_B = 1.5$。要求：

(1) 通过计算股票价值并与股票价格比较，判断是否应该购买两公司股票？

(2) 若投资购买两只股票各 100 股，该投资组合的预期报酬率为多少？该投资组合的风险如何（综合贝塔系数）？

16. 某投资者准备从证券市场购买 A、B、C、D 四只股票组成投资组合。已知 A、B、C、D 四只股票的贝塔系数分别为 0.7、1.2、1.6、2.1。现行国库券的收益率为

8%，市场平均股票的必要收益率为15%。要求：

（1）采用资本资产定价模型分别计算这四只股票的预期收益率。

（2）假设该投资者准备长期持有A股票。A股票上年的每股股利为4元，预计年股利增长率为6%，当前每股市价为58元。投资A股票是否合算？

（3）若该投资者按5:2:3的比例分别购买了A、B、C三只股票，计算该投资组合的β系数和预期收益率。

（4）若该投资者按3:2:5的比例分别购买了B、C、D三只股票，计算该投资组合的β系数和预期收益率。

（5）根据上述（3）和（4）的结果，如果该投资者想降低风险，应选择哪一投资组合？

17. 预计A公司明年的税后利润为1 000万元，发行在外的普通股为500万股。要求：

（1）假设其市盈率应为12倍，计算其股票的价值。

（2）预计其盈余的60%将用于发放现金股利，股票利率应为4%，计算其股票的价值。

（3）假定成长率为6%，必要报酬率为10%，预计盈余的60%用于发放股利，用固定成长股利模式计算其股票的价值。

18. 某上市公司本年度的净收益为20 000万元，每股支付股利2元。预计该公司未来三年进入成长期，净收益第一年增长14%，第二年增长14%，第三年增长8%，第四年后将保持其净收益水平。该公司一直采用固定支付率的股利政策，并打算今后继续实行该政策。该公司没有增发普通股和发行优先股的计划。要求：

（1）假设投资人要求的报酬率为10%，计算股票的内在价值。

（2）如果股票的价格为24.89元，计算股票的预期报酬率（精确到1%）。

以上计算结果可用表格形式表示，也可用算式表达。

【参考文献与推荐阅读书目】

［1］高坚：《中国债券》，北京，经济科学出版社，1999。

［2］霍文文：《证券投资学》，北京，高等教育出版社，2004。

［3］黄良文：《投资估价原理》，北京，科学出版社，2002。

［4］寇日明：《债券价格计算理论与实务》，北京，经济科学出版社，2001。

［5］戴书松：《财务管理》，北京，经济管理出版社，2006。

［6］史建平、杜惠芬：《投资学》，武汉，武汉大学出版社，2005。

［7］谢百三：《证券投资学》，北京，清华大学出版社，2005。

［8］张元萍：《现代投资理论与实务》，北京，首都经济贸易大学出版社，2004。

［9］［美］弗兰克·J.法博齐：《投资管理学》，北京，经济科学出版社，

1999。

［10］［美］兹维·博迪等：《投资学》，北京，机械工业出版社，2000。

［11］［美］威廉·F. 夏普等：《投资学》，北京，中国人民大学出版社，1998。

第六章

资本市场与长期筹资

【本章要点】
- 资金需要量预测模型
- 有效市场理论
- 首次公开股票发行
- 认股权证定价
- 可转换债券概念及其定价
- 融资租赁决策

企业进行生产经营活动,需要大量的资金投入。这些资金既可以源自内部,即利用其自身生产经营活动产生并保留在企业内部的留存收益,也可以来源于外部,主要是资本市场,筹资的形式可以是发行股票等基础的金融工具,也可以是认股权证、可转换债券之类的混合融资工具。当然,除了资本市场之外,企业还可以在租赁市场上寻求融资租赁以满足生产经营的需要。

在本章的第一节,我们介绍企业在生命周期不同阶段所具有不同的特点,以及与之相适应的筹资特征,而后在第二节介绍如何进行首次公开发行股票,第三节介绍两种较为复杂的融资工具:权证和可转换债券,第四节介绍企业如何进行融资租赁决策。

第一节 企业生命周期与筹资需求

自然界中生物的由生到死是不可抗拒的自然规律,任何事物的发展都存在着生命周期。一种产品、一个企业乃至一个产业也是一样,也有它们的生命周期。下面我们先来辨析产品生命周期、企业生命周期和产业生命周期的概念,而后分析企业生命周期与融资之间的关系。

一、企业生命周期的概念

产品生命周期(Product Life Cycle)是指产品的市场概念,产品从进入市场开始,直到退出市场为止，它的销量和利润会随着时间推移而改变，呈现一个由少到多又由多到少的过程。典型的产品生命周期一般分为四个阶段：引入期、成长期、成熟期和衰退期。引入期，是新产品投入市场的初级阶段，销售增长速度缓慢，利润较小，可能出现亏损。成长期是产品销售量和利润迅速大幅增长的阶段。在成熟期，产品销售和利润达到饱和点，增长速度缓慢趋于平稳。在衰退期，产品已经陈旧老化，销售量和利润急剧下降，甚至发生亏损。

企业生命周期和产品生命周期存在着很大的不同。产品生命周期的研究主体是产品，企业生命周期的研究主体是企业。产品生命周期主要取决于产品的市场需求，而企业生命周期则是由企业的管理方式、成长速度等因素共同决定，在发展规律上各有特征。但在另一方面，企业生命周期又和产品生命周期存在着密切的关系。实际上，企业生命周期最早源于产品生命周期的概念，企业从事的最主要的生产经营活动就是创造、开发、生产和销售产品，它的销售额和利润就是由企业所生产产品的销售额和利润构成的。无论是产品生命周期还是企业生命周期都经历了由弱到强又转向衰弱的过程。企业的生命周期与其主导产品的生命周期是基本一致的，产品生命周期的实证结果和企业生命周期的实证结果是基本一致的（Mueller，1987）。产品生命周期和企业生命周期分别揭示了产品和企业的发展规律。类似地，产业生命周期揭示的是产业发展的规律，它研究了产业从产生到衰亡的具有阶段性和共同规律性的厂商行为，特别是厂商的进入和退出行为。学者认为，产业生命周期是由企业生命周期汇集而成。因为本章关注的是企业层面的融资行为，所以在本章中我们主要关注的是企业生命周期及其与融资行为之间的关系。

需要特别指出的是，企业是由不同的产品所组成的，这些产品的生命周期可能不同并可能横跨几个产业，它们的不同组合即表征了企业的生命周期，企业的生命周期可以看做企业所生产的多种产品所处的不同的生命周期的包络。但是由于一个企业同时生产多种产品和这些产品有可能跨越几个产业的因素，企业生命周期的衡量是很困难的。不同的学者对于企业生命周期的阶段划分提出了不同的方法，在本章中我们不打算对生命周期的划分进行详细介绍，感兴趣的读者可以参阅相关书籍。在本章中我们按照大多数文献的做法，将企业生命周期分为四个阶段：初创期、成长期、成熟期和衰退期。

1. 初创期。企业处于初创阶段时，需要大量的资金投放于产品的开发和市场的开拓，以确保战略成功，但企业盈利能力和融资能力却十分有限。新产品开发的成败以及未来企业现金流量的大小都具有较高的不确定性，基本上是投入大、产出少，现金流转缓慢，因此经营风险非常高，但发展空间和增值潜力较大。

2. 成长期。企业进入成长期，新技术不断成熟，新产品逐渐被市场接受，市场对产品的需求猛增，市场销售额迅速扩大，盈利能力逐渐增强，为企业带来预期的现金流。但由于企业正处在一个强劲的上升和扩张阶段，市场销售营销费用加大，需要募集大量资金进行项目投资，因此企业可能并无充足的现金流，需要较多的投资资金。市场环境是多变的，企业也需要不断完善企业的管理制度，更新企业未来发展规划，提高企业对市场的应变能力，以保证企业的快速成长。

3. 成熟期。企业的主要业务已经稳定下来,产品销售保持稳定的水平,增长速度开始减慢。企业已经步入正轨,现金流量比较稳定,利润空间稳定,经营风险相对下降,管理制度趋于完善,企业价值不断增加。但随着市场的饱和,企业逐步出现剩余生产能力,投资收益增长率下降。

4. 衰退期。市场对产品的需求逐渐萎缩,产品供大于求的状况日趋严重,企业获利水平不断下降,产品逐渐退出市场,获利能力和获取现金流的能力不断降低,致使偿债能力不断下降,财务状况开始恶化。

需要特别指出的是,与人类生命周期是不可逆的过程相比,企业生命周期有很大的不同。在企业生命周期的每个阶段都有大量的企业走向失败,无法进入下一个发展阶段,但不同的企业在某个阶段经历的时间长短不一,特别是在从成熟到衰亡的过程中,企业可能经过蜕变而发展到二次创业阶段,从而使企业进入新一轮的生命历程,这可以使企业变危机为契机,在新的高起点再次开始,就如同螺旋上升的曲线。

二、企业生命周期各阶段的财务特征及其融资结构

融资结构是指企业各种资金来源及构成,主要表现为自有资金与借入资金的比例。合理的融资结构能够降低企业的资本成本,增强企业的融资能力和市场竞争力。一些学者研究发现,企业在不同的生命周期阶段具有明显不同的融资结构特点,典型的研究如 Wokukwu(2000)发现,在计算机及外设产业,企业生命周期在企业融资结构决策过程中起到了非常重要的作用。我国学者,如赵蒲和孙爱英(2005)基于我国上市公司的数据研究了上市公司在不同的生命周期阶段不同的资本结构;曹裕、陈晓红和万光羽(2009)探讨了上市公司在成长期、成熟期和衰退期三个不同的生命周期阶段表现的不同的融资结构。

结合企业不同的生命周期阶段来进行融资需要满足以下三点:首先,必须从数量和时间上保证企业在各个阶段、各个时期正常周转的资金需要。从数量上,应根据企业的生产经营状况,采用科学的方法对企业未来的资金流入量和流出量进行测算,确定资金的需要量。从时间上,要周密安排,做到有计划地调度资金。我们将在本节最后一部分介绍两种方法以正确地确定资金的需要量。其次,融资方案是否有利,即融资方案的加权平均资本成本率是否低于相应方案的投资收益率。最后,加权资本成本率是否最低。下面我们将分析在不同的生命周期阶段企业的融资结构。

从上面的分析可以看出,在引入期,企业的经营活动和投资活动都属于资金流出大于资金流入,而又很难从银行或其他金融机构那里获得资金,风险投资企业、与公司创立者熟悉的亲戚朋友的私人借款或创业者自身的资金积累就成为了企业资金的主要来源。风险投资,又称创业投资,是由执业金融家投入到新兴的、迅速发展的、有巨大竞争力的企业中的一种权益资本,它是企业创业的重要部分。这一阶段几乎没有或者很少有债务融资,因此,企业的财务风险很小。

处于成长期的企业,已经获得了一定的现金流入,但由于企业此时正处在扩张阶段,也需要大量的投资资金,因此进行分配时尽量选择少量的现金股利或者高额配股、

送股的方式，提供留存收益率，也可以在股票市场上发行股票进行权益融资。当然，由于企业已经具备了一定的盈利能力，它可以得到各类银行和金融机构提供的资金，债务融资成为必然。在这个时期，企业的资产负债率会上升。同时在成长期，企业拥有较多的投资机会，比如扩大生产规模等，资金的周转时间会比较长，所以企业会更倾向于长期负债融资。但企业需要控制债务融资的量，债务融资过多无疑会提高企业的财务风险，不利于企业未来的发展。

处于成熟期的公司，生存已经不是问题。企业主要的任务是尽量延长成熟期的时间。在成熟期，企业已经有了稳定的现金流，内源融资在这一阶段比重相对较高。虽然企业此时已经有了众多可供选择的债务融资渠道，但是也不宜过度负债。另外，在这一阶段，短期债务占有较大的比重。企业增速会逐渐下降，市场萎缩可能在成熟期末端出现，因此企业应选择适度负债和风险较小的融资方式。

在衰退期，企业面临的种种不利条件使其融资重新面临困难，企业股票价格可能下跌，在股市上进行融资难度较大。债权人可能由于担心企业的财务状况而要求提前偿还债务。企业之前积累下来的自有资金主要用来偿还债务以及维持经营。在这个阶段企业的资产负债率可能会比较低，内源融资比重比较大。

三、资金需要量的预测

在前文中，我们提到，企业结合不同的生命周期阶段来进行融资，需要从数量上确定正常周转的资金需要，即需要确定资金需要量。不同的发展阶段，对资金的需要量也是不同的，企业要正确地进行融资就必须科学地对未来资金的需要量进行预测。预测筹资数量，一方面是保证筹集的资金能够满足生产经营的需要，另一方面又不会产生资金多余而闲置的状况。在本节的最后，我们着重介绍如何对资金需要量进行正确的预测。

（一）销售百分比法

对资金需要量进行预测的办法有很多种，常用的一种较为简单的方法是销售百分比法。销售百分比法的前提假设是收入、费用、资产、负债与销售收入之间存在稳定的百分比关系，可以根据预计的销售收入和相应的百分比来预测资产、负债和所有者权益的总额，而后再确定融资需求。

利用销售百分比法来预测资金需要量大致分为三个步骤：

首先，确定随销售额变动而变动的资产和负债项目。企业的经营性资产会随着销售额的变动而成正比例的变动，同时随着经营性资产的增加，相应的经营性短期债务也会增加，比如企业的存货增加，相应地，应付账款也会有所增加，这种债务也被称为"自动性债务"，它可以为企业提供暂时性的资金。经营性资产通常包括库存现金、应收账款、存货等项目，而经营性负债通常包括应付账款、应付票据等项目。需要注意的是，像短期借款、长期负债等并不是自发性负债，它们属于筹资性负债，因此在计算资金需要量时不予考虑。

其次，确定经营性资产和经营性负债有关项目与销售额的比例。销售百分比法假设经营性资产和经营性负债与销售额保持稳定的百分比关系，它会随着销售额的变动而成正比例变动。因此，只要知道了这两个百分比，就可以根据未来销售额的预计变动来预测资金的需要量。

最后，确定需要增加的筹资数量。企业的资金既可以从内部筹集，也可以从外部筹集，在预计由于销售增长而需要增加的资金需求之后，扣除可以从内部筹集的资金，就得到需要从外部筹集的资金数量。公式如下：

$$外部融资额 = \frac{A}{S_0} \times \Delta S - \frac{B}{S_0} \times \Delta S - P \times E \times (S_0 + \Delta S) \quad (6-1)$$

式中：A 代表经营性资产，S_0 代表基期销售额，ΔS 代表销售变动额，B 代表经营性负债，P 代表企业的销售净利率，E 代表利润留存率，$\frac{A}{S_0}$ 代表经营性资产销售百分比，$\frac{B}{S_0}$ 代表经营性负债销售百分比。

公式（6-1）中的利润留存率也可以用"1-预计股利支付率"来代替。下面我们来看一个具体的例子。

[**例 6 – 1**] 南区公司 20×1 年 12 月 31 日简要资产负债表如表 6-1 所示。假定南区公司在 20×1 年销售额为 2 000 万元，销售净利率为 5%，利润留存率为 60%。20×2 年预计销售量增长率为 10%。假设南区公司有足够的生产能力，在 20×2 年无须追加固定资产投资，而且 20×2 年南区公司产品的销售单价没有发生变化。

表 6 – 1   南区公司资产负债表（20×1 年 12 月 31 日）   单位：万元

资产	金额	占销售额百分比（%）	负债与权益	金额	占销售额百分比（%）
货币资产	200	10	短期借款	300	
应收账款	400	20	应付账款	100	5
存货	800	40	预提费用	80	4
固定资产	600		应付债券	420	
			实收资本	600	
			留存收益	500	
合计	2 000	70	合计	2 000	9

首先，确定经营性资产和经营性负债项目及其与销售额的关系百分比。在该资产负债表中可以看出经营性资产是货币资产、应收账款和存货，经营性负债是应付账款和预提费用。将上述五个项目的金额分别除以南区公司 20×1 年的销售额就可以得到各经营性资产和经营性负债与销售额的百分比。

其次，确定需要增加的资金量。预计在 20×2 年，销售量预计增长 10%，而且产品的销售没有发生变化，因此南区公司在 20×2 年销售额也会增长 10%，即 200 万元。根据上一步得到的百分比，可知需要增加货币资金 20 万元，应收账款 40 万元，存货 80 万元，即需要增加经营性资产 140 万元，类似地，可以得到经营性负债相应的增加额为 18 万元。于是，可知企业需要增加的资金需要量为 140 - 18 = 122（万元）。

最后，确定外部融资需求量。20×2年销售净利润为2 000×（1+10%）×5%=110（万元），利润留存收益率为60%，将有66万元利润留在企业内部，作为企业内源融资量，因此，企业的外部融资需求量为122－66=56（万元）。

如果我们对［例6－1］的条件进行修改：假设南区公司预计在20×2年通货膨胀率为10%，南区公司产品的销售单价将相应地增加。此时，南区公司在20×2年的销售额增长率就不再是20%，而是（1+10%）×（1+10%）－1=21%。因此，南区公司在20×2的年销售额增加了420万元。因此，经营性资产的增加额为420×70%=294（万元），经营性负债的增加额为420×9%=37.8（万元），也就是说融资需求量为294－37.8=256.2（万元）。而南区公司在20×2年留存在内部的利润为2 000×（1+21%）×5%×60%=72.6（万元），因此，南区公司在20×2年需要的外部融资额为256.2－72.6=183.6（万元）。

（二）资金习性预测法

资金习性预测法是根据资金习性预测未来资金需要量的一种方法。资金习性是指资金的变动与产销量变动之间的关系，依据它们之间的依存关系可以将资金划分为不变资金、变动资金和半变动资金。所谓不变资金，是指在一定的产销量范围内不会随着销量的变动而变动，保持固定不变的那部分资金。主要包括原材料的保险储备、厂房、机器设备等固定资产所占用的资金。与不变资金正好相反，变动资金是那些随着产销量的变动而成正比例变动的那部分资金，一般包括直接构成产品实体的原料、外购件等占用的资金。半变动资金比较复杂，它会随着产销量的变动而变动，但是它的变动与产销量的变动并不成正比例关系。半变动资金可以进一步划分为变动资金和不变资金。

资金习性预测法有两种形式：一种是根据资金占用总额同产销量的关系来预测资金需要量；另一种是采用先分项后汇总的方式预测资金需要量。接下来我们分别介绍两种方法。

1. 根据资金占用总额同产销量的关系来预测。这种方法是根据历史上企业资金占用总额和产销量之间的关系将资金划分为变动资金和不变资金两个部分，而后结合预计的销售量来预计资金的需要量。假设产销量为自变量X，资金占用为因变量Y，那么它们符合如下关系：

$$Y = a + bX \tag{6-2}$$

式中：a代表不变资金，b代表单位产销量所需的变动资金。

从式（6－2）可以看出，只要知道a和b的数值，就可以通过预计X的值得到Y的值。a和b的值可以通过回归直线法来得到。

假设n代表总的年份数，i代表具体的某一年份，x_i代表第i年的产销量，而y_i代表第i年相应的资金占用量。那么

$$a = \frac{\sum x_i^2 \sum y_i - \sum x_i \sum x_i y_i}{n \sum x_i^2 - (\sum x_i)^2} \tag{6-3}$$

$$b = \frac{n\sum x_i y_i - \sum x_i \sum y_i}{n\sum x_i^2 - (\sum x_i)^2} \qquad (6-4)$$

[例6-2] 某企业历年产销量和资金变化情况如表6-2所示，根据表6-2整理出表6-3。2011年预计销售量为1 000万件，需要预计2011年的资金需要量。

表6-2 产销量与资金变化情况表

年份	销量（x_i）（百万件）	资金占用（y_i）（百万元）
2006	12	10
2007	10	9
2008	11	11
2009	15	13
2010	13	12

利用表6-2中的数据，代入式（6-3）和式（6-4）中，可得$a=1.93$，$b=0.74$。因此2011年的资金需要量为

2011年资金需要量 = 1.93 + 0.74 × 10 = 9.33（百万元）

计算过程如表6-3所示：

表6-3 资金需要量预测表（按总额预测）

年份	销量（x_i）（百万件）	资金占用（y_i）（百万元）	$x_i y_i$	x_i^2	y_i^2
2006	12	10	120	144	100
2007	10	9	90	100	81
2008	11	11	121	121	121
2009	15	13	195	225	169
2010	13	12	156	169	144
合计	61	55	682	759	615

运用回归法时必须注意如下几个问题：首先回归法隐含资金需要量与营业业务之间线性关系的假设，这必须符合实际情况。其次，确定a和b的数值需利用至少连续三年以上的数据。最后，还应考虑价格等因素的变动情况。

2. 先分项后汇总的方式预测。这种方法根据各个资金占用项目（比如现金、存货、固定资产等）同产销量之间的关系，把各个项目的资金都分成不动资金和变动资金两个部分，然后进行汇总，便可求得企业变动资金和不动资金的总额，进而预测资金的需求量。对于各项资金占用项目同产销量的关系，一般采用高低点法进行求解。

[例6-3] 某企业历年现金占用与销售额之间的关系如表6-4所示。

表 6-4	现金与销售额变化情况表	单位：百万元
年份	销售收入（x_i）	现金占用量（y_i）
2005	200	120
2006	220	125
2007	260	150
2008	240	135
2009	250	147

根据上述资料，采用高低点法求 a 和 b 的值。

$$b = \frac{最高收入期的现金占用量 - 最低收入期的现金占用量}{最高销售收入 - 最低销售收入} = \frac{150 - 120}{260 - 200} = 0.5$$

将 $b = 0.5$ 代入 2007 年 $Y = a + bX$，可得：$a = 20$（万元）。

应用类似的方法可以分别求得存货、应收账款、固定资产、流动负债等项目相应的 a 和 b 的值，然后汇总于表 6-5 中。

表 6-5	资金需要量预测表（分项预测）	单位：百万元
项目	年度不变资金（a）	每 1 元销售收入所需变动资金（b）
流动资产		
货币资金	20	0.5
应收账款	10	0.1
存货	18	0.12
小计	48	0.72
减：流动负债		
应付账款及应付费用	30	0.4
净资金占用	18	0.32
固定资产		
厂房、设备	60	0
所需资金合计	78	0.32

根据表 6-5 得出预测模型为：$Y = 78 + 0.32X$。

进行资金习性分析可以从数量上洞悉资金同销售量之间的规律，可以帮助我们准确地预测资金的需要量。通过对销售百分比法和资金习性预测法的分析，可以看出销售百分比法实际上是资金习性分析法的具体运用。

第二节 有效资本市场与筹资方式的选择

有效市场假说始于 20 世纪 50 年代学术界对股票价格行为的随机游走（Random Walk）理论的探讨。1953 年，Kendall 发现股票价格序列就像在做随机游走一样，下一周的价格由上一周的价格加上一个随机数构成。Samuelson（1965）强调了信息的重要性，他指出新信息是股价波动的主要原因，由于新信息的出现没有一定的可测模式，这就导致了合理的预期价格会出现随机波动。1967年，Harry Roberts根据证券价格对相关信息反映的范围首次将有效市场区分为弱有效率市场、半强有效市场和强有效市场三种不同层次的类别。Fama则进一步对这三类效率市场作了更为详细的阐述，提出了一个完整的理论框架。

一、有效资本市场的假设与含义

（一）有效资本市场的概念

金融市场在运行中存在几种不同类别的效率。如果金融市场允许资金流向那些能够以最有效方式使用资金的公司，那么市场上就存在着分配效率。如果交易者在金融市场上进行交易产生的交易成本被保持在尽可能低的水平，那么我们就认为市场是具有运营效率的。第三类的效率是信息处理效率，即股市对股票进行公平快速定价的能力，一个效率高的市场对其证券定价应当反映现有的所有信息。关于市场效率的定义，Fama（1970）给出的定义受到广泛的认可，他认为"价格总是'充分'反映了可获得信息的市场是'有效'的"。后来，Malkiel（1992）给出了更为明确的定义："如果一个资本市场在确定证券价格时充分、正确地反映了所有的相关信息，这个资本市场就是有效的。正式地说，如果证券价格并不由于向所有证券交易参与者披露了某个信息集Φ_t而受影响的话，那么就说该市场对信息集Φ_t是有效率的。更进一步说，对于信息集Φ_t有效意味着根据该信息集进行交易不可能赚取经济利润"。这段定义的第一句话重复了Fama的定义；第二句话表明市场效率可以通过向市场参与者提供信息并通过衡量证券价格的反应来加以检验。如果证券价格在证券信息披露后并未发生变动，那么市场对这一信息而言就是有效率的。第三句话表明可以通过衡量利用某个信息集来判断市场是否有效。这一思想是几乎所有关于市场效率实证研究的分析基础。

（二）有效资本市场的假设

在谈论有效资本市场的假设之前，我们先来回顾一下完全资本市场的假设，而后比较它们之间存在的差别。完全资本市场应当具备的必要条件：

1. 市场是无摩擦的，即不存在任何交易费用或税收，全部资产均是可分割、可交易的，且不存在任何约束性的管制；
2. 证券市场是完全竞争的，在证券市场中所有的参与者均为价格接受者。
3. 市场处于信息有效状态，即信息是没有成本的，且可以被所有个体同时获得。
4. 所有个体均是理性的，它们都力求预期效用最大化。

在完全市场条件下，证券市场处于配置有效和运行有效的状态。而在有效市场当中，条件并没有这么严格，正如我们在前文已经指出的，在一个有效市场当中，价格完全且及时地反映了所有可得到的相关信息，也就是说，价格为我们进行交易提供了资本配置的准确信号。如果资本市场存在摩擦，有效市场能否实现？即使证券交易需要支付给经纪人相关的费用或者诸如人力资本之类的资产不能被分割成无数个组成部分且不能被拍卖，证券的价格也可以反映现存的所有相关信息。另外，如果在证券市场上存在非理性的交易者，有效市场是否就不能实现？答案也是否定的。比如，如果非理性投资者在市场上进行随机交易，由于证券市场上存在大量的投资者，而且他们拥有相互独立的交易策略，那么这些交易策略可能相互抵消，从而不会影响市场效率。因此即使投资者是非理性的，市场也可能是有效的。更何况当市场上既存在非理性投资者也存在理性投资者时，理性投资者的套利行为可以消除非理性投资者的影响，从而使市场达到有效状态。基于上述分析，我们发现有效市场的基本前提和完全市场是不一样的。那么有效市场的基本前提有哪些呢？它不像完全市场那样严格，仅需要满足如下五个条件：

1. 允许部分投资者是非理性的，理性投资者的套利行为可以消除这些非理性投资者对价格的影响。

2. 存在大量的证券，以便每种证券都有"本质上相似"的替代证券，这些替代证券不但在价格上不能与被替代品一样同时被高估或低估，而且在数量上要足以将被替代品的价格拉回到其内在价值的水平。

3. 允许卖空。

4. 存在以利润最大化为目标的理性套利者，他们可以根据现有信息对证券价值进行合理判断。

5. 不存在交易成本和税收。

（三）有效资本市场形式

根据前文的分析显而易见，在财务学上对市场效率的定义指的是第三种类别的效率，即信息处理效率。Fama（1970）以可获得的内幕信息和公众信息在价格中的反映程度为基础，提出三种要求逐渐严格的信息处理效率形式。下面对这三种类型的市场逐一进行介绍。

1. 弱式有效。在弱式有效市场中，证券价格充分反映了过去所有价格变动中的所有信息。弱式有效市场的典型特征是，证券的价格变动遵循一种随机游走模式，两个时间点的价格波动没有任何联系，即价格在时间序列上其前后变化是相互独立、完全不相关的，而且证券的价格一直在做不可预测的随机波动。任何投资者不能利用技术分析来进行证券交易并获得异常收益。简而言之，弱式有效市场具备鞅过程和技术分析无效性两个特征。

2. 半强式有效。在半强式有效的证券市场上，股价既反映了与股价的历史运动及其意义有关的所有信息，也反映了通过公共渠道可以获得的所有信息，这些信息包括了所有能够从公共资源处获得的信息，即使这些信息并不是通过官方途径发布的。因此，在半强式有效市场上，不仅技术分析是无效的，基础分析也不能给投资者带来任何额外收益。

3. 强式有效。在强式有效市场当中，证券的价格应该反映所有的信息，包括公众信息和内幕信息。在这种市场中，即使投资者拥有内幕信息也不能获得超额报酬，因为任何信息都已经反映在证券的价格中了。

二、有效资本市场的检验

(一) 弱式有效市场的实证检验

从前面的分析可以看出,弱式有效市场具有鞅过程和技术分析的无效性两个明显的特征。早期关于弱式有效的实证检验也是从这两个方面入手的。但由于鞅过程无法从计量上得到很好的统计分析形式,因此对鞅过程的检验通常是采用对与鞅过程存在密切联系的两个概念:独立同分布和白噪音两种替代形式。对独立同分布的检验为游程检验,对白噪音的检验为自相关检验。另外,对技术分析无效性的检验主要是通过模拟分析各种可能的技术性交易规律并对由这些规律所产生的收益情况来进行。按照市场有效理论的观点,如果市场是弱式有效的话,那么只依靠过去的历史价格产生的交易规律进行交易的话,投资者所获得的收益不会高于不作技术分析而持有股票得到的收益。

从1970年开始,研究人员主要研究弱式有效市场的预测是否合理,即人们是否可以通过历史或者当期可获得的信息来预测资产价格的波动。Fama 将这些检验称为收益可预测性测试(Tests For Return Predictability)。相关的检验不仅包括研究过去收益的预测能力,还包括用股息率、利息率等变量来预测收益。

(二) 半强式有效市场的实证检验

在半强式有效市场上,股票的价格不仅反映了历史价格,也充分反映了可公开获得的一切信息。投资者无法通过阅读公司报表或者其他公开发表的信息做得更好,因为这些信息都已经包含在股票的价格中了。对半强式有效市场的实证检验大致分为两种:一种是检验股票价格是否对新信息快速作出调整,也就是我们通常所说的事件研究法;另一种是评估职业经理的市场表现。

事件研究法主要是通过观察某个特定信息例如发放股利等公开之后对是否存在超额收益进行检验。事件研究法的大致步骤如下:首先,确定所要研究的事件,以及事件窗,即该事件所覆盖的时间区间,时间窗至少包括事件发生日以及事件发生后的一段时间。为了评价事件的影响,然后我们需要度量异常收益率。所谓异常收益率是指事件窗期间内证券的实际收益率与它的正常收益率之差。令 K_{it} 代表实际收益率,R_{it} 代表正常收益率,ε_{it} 代表异常收益率,则它们之间符合下列关系:$\varepsilon_{it} = K_{it} - R_{it}$。在定义异常收益率之前,我们需要计算正常收益率,通常是采用市场模型。市场模型将某一具体证券的收益率与市场证券组合的收益率联系起来,具体形式如下:$R_{it} = \alpha_i + \beta_i R_{mt} + \varepsilon_{it}$,而且 $E[\varepsilon_{it}] = 0$,$Var[\varepsilon_{it}] = \sigma_{it}^2$。$R_{it}$ 和 R_{mt} 分别代表证券 i 和市场投资组合在 t 期的收益率,ε_{it} 是扰动项,它的均值是0,方差是 σ_{it}^2,β_i 和 σ_{it}^2 是市场模型的参数。我们一般是用估计窗内的相关数据来估计正常收益率。事件期内股票的每天实际收益率 K_{it} 无须估计,这样我们就可以得到异常收益率(即 ε_{it})数据。其次,我们可以根据前面得到的结果计算样本股票组成的股票组合在检验期中每一期的平均异常收益率,可以进而得到检验期内累计平均异常收益率。最后通过统计检验,判断异常收益率或者累计异常收益率是否显著超过0。

第二种半强式有效市场的检验是评估职业分析师和基金经理是否能超越市场。许多实证结果表明，总体上讲，这些专家在某些年份做得比市场好，而在另一些年份却比市场差，这表明他们似乎并不能超越市场。这也证明了市场的半强式有效性。

（三）强式有效市场的实证检验

对强式有效市场的实证检验主要是从两个方面进行。一方面是观察在好消息（或坏消息）公开前，股市的价格中是否已经开始出现上升（或下跌）的趋势？如果是，那么该市场就不是强式有效市场，因为正是有投资者在消息公开前利用该内幕消息进行操作以获利。而如果在这一时期股票价格只是随机波动，表明股票市场是强式有效的。另一方面的研究是检验市场的参与者的行为能否获得额外收益。如果在证券市场上，诸如高层管理者之类的投资者在证券市场中获得了额外收益，表明一小部分人可以利用信息上的优势而获得额外收益，那么市场就不是强式有效的。

大量的研究表明，西方发达国家的股市至少是弱式有效市场，而且它们也基本上是半强式有效的。而对我国证券市场有效性的检验大多集中在弱式有效性的研究上，得到的结论也有很大的差异，有些学者认为我国证券市场已经达到了弱式有效，而有些学者认为我国的证券市场是完全无效的。之所以出现这种情况是由于我国证券市场起步较晚，可供分析的样本太少，不足以推断出一般的结论。

三、学习有效市场理论的注意事项

有效市场理论对公司财务学的理论发展产生了深远的影响。如果不能很好地把握和理解有效市场理论的含义，就容易陷入理解的误区。在学习有效市场理论时，我们必须注意以下几点：

1. 在一个有效的市场中，市场价格是对投资的真实价值的无偏估计。但这并不意味着市场价格在每一个时点都必须等于真实的价值。市场有效性只要求市场价格的错误是无偏的，价格可以偏离真实的价值，但是这种偏离必须是随机的。也就是说，任何股票在任何时点上都存在着均等的被低估或高估的机会，而这些偏离与任何可观察变量无关。

2. 市场有效并不意味着没有一个投资者不能在某一个时期内获得超额报酬。有效市场的直接含义是没有任何一组投资者能够借助普通的投资策略达到持续地击败市场获得超额报酬的目的，但是他们有可能在某些时期在个别投资中利用某一方法击败市场。

3. 有效市场理论中对市场效率的定义是特定的，并不是所有的证券市场对所有的投资者都是同样有效率的，一般来说，一个特定的市场可能对投资者有效率，而另一个特定的市场却不是这样的。比如，美国证券市场对投资者来说比较有效率，但是中国的证券市场就未必了。还有一种情况是，由于不同的税率和交易成本问题，同一个特定的证券市场对某些人是有效的，但对其他一些人却是无效的。

四、有效市场理论对企业融资决策的启示

有效市场理论自诞生之日起就对公司财务的理论研究和实践活动产生了巨大的影响。对广大企业而言，研究有效市场理论，探讨它对企业的融资决策的指导作用和启示

具有重要的意义。

1. 信息是财富。市场通常是有效的，但并不总是有效。当市场并不有效时，企业要及时公允地向市场传递关于企业生产、经营及效益等各方面的信息，避免信息不对称可能引起的各种损失。

2. 市场是没有记忆的。现实当中当股价下跌时企业往往不太愿意发行新股，而是倾向于等到股市反弹后再发行，当股市暴涨时企业又非常愿意发行股票，试图抓住股市中高股价的时机。然而，根据有效市场理论，在股票市场上股价的变动在时间序列上并不相关，过去的股价变动不会对以后的股价变动造成影响。企业花费心思试图把握的股价涨跌规律其实并不存在。企业以发行股票等方式对外筹资其实并不存在择机问题。

3. 市场有效时，管理者应当把精力集中在增加投资的净现值方面，以实现股东财富最大化的目标，而不必在意融资的具体方式。因为在有效市场当中，投资者知道关于企业的全部信息。如果企业的经营状况并未发生实质变化，而只是在融资方式上做文章，并不会对投资者产生任何误导。股东的价值是由投资项目的净现值来决定的，而不是由融资的方式来决定的。

4. 资本市场是有效、可持续融资的场所。投资者的支付是可持续融资的关键。为了得到他们的支持，上市公司必须建立有效的公司治理结构，必须不断提高效益，给股东以满意的回报。

5. 企业没有必要替股东做他们自己也能做好的事情。企业在考虑发行股票还是发行债券上，可以起到财务杠杆的作用，使股票的风险和收益能够同时增加。但是，在有效市场上，股东可以购买自己需要的投资组合，构造他们自己的财务杠杆。企业所需要做的是选取以一种比股东成本更低的方式来进行融资。

第三节　IPO定价与筹资

IPO（Initial Public Offerings），在中文中也叫首次公开发行股票，是指某公司（股份有限公司或有限责任公司）首次向社会公众公开招股的发行方式。截至2010年底，我国国内上市公司总数已经达到2 063家，居全球第二位。IPO融资更是两年高居全球榜首。

在日常生活中，讲到IPO，我们自然而然就会想到另外一个词——上市，我们总是很容易将IPO等同于上市，尽管IPO的过程往往伴随着上市过程，实际上两者之间是有区别的。上市是股份有限公司在证券交易所交易，而IPO则是首次公开发行股票。IPO并不一定就会带来上市，两者并不是不可分割。但通常情况下，我们讲一家公司进行了IPO也包含这家公司同时上市了。在这一节，我们将讲解与企业IPO相关的一些基础知识。

一、首次公开发行股票的优缺点

现在很多企业对 IPO 总是趋之若鹜，它为什么会有这么大的魅力呢？

对于企业来说，IPO 具有很多优点：

1. 企业进行 IPO 可以获得大量的资金，这些资金可以用来扩大企业规模，提高企业的经济效益。

2. 企业进行 IPO 有利于提高企业的知名度和公众形象。企业要进行 IPO 需要通过严格的审查。企业能够顺利进行 IPO，无疑向广大投资者传递了关于自身质量的积极信号，这实际上也是一种广告。

3. IPO 总是和上市联系在一起，大多数企业进行 IPO 的同时也实现了上市。在市场上，企业的股票将面临其他企业股票的竞争。股价的变动形成了对企业的评价机制。只有那些业绩良好、成长性好、股票流动性高的公司才能以较低的资本在后续获得大量的资金。

凡事总是具有两面性，IPO 在给企业带来诸多好处的同时，千万不要忘记它也有缺点：

1. IPO 的主要缺点，实际上同时也是它的主要优点之一，即投资者分散持股时，公司的股票持有者也变得更加分散，这削弱了投资者监督公司管理的能力，容易引起委托代理成本。

2. 企业在进行 IPO 过程中，需要向律师、会计师事务所、券商等支付相应的费用。

3. 企业要进行 IPO 不得不按规定公布自身的部分信息，特别是财务信息，有可能会泄露企业的商业秘密。

企业应当权衡 IPO 给自己带来的好处和弊端，而不能盲目追求 IPO。

二、首次公开发行股票的条件、程序与股票承销[①]

企业进行 IPO 的新股发行制度是证券市场的基础性制度，主要包括发行与上市审核制度、信息披露制度和发行定价制度三项内容，其目的是筛选出优质企业，剔除劣质企业，提高上市公司质量，维护证券市场发行秩序。

从证券市场建立之初一直到 1999 年《证券法》实施之前，我国股票发行管理体制实行额度制。额度制带有很强的计划经济色彩。在额度制下，企业首次发行股票的程序大概如下：每年由国务院证券委制定和分配股票发行年度计划，计划额度分配到各省市区、国务院各部门；计划额度分配后，各地区、各部门在对辖区内的企业进行层层筛选和审批后向证券监管机构作出推荐；证券监管机构对政府推荐的企业进行审查，并对企业发行股票规模、价格、发行方式、时间作出安排。这套方法适应我国当时的市场经济发展状况，为我国证券市场的健康发展起到了一定的积极作用。

---

① 本部分内容参考中国注册会计师协会编写的 2010 年度注册会计师全国统一辅导教材《经济法》，172～179 页，北京，中国财政经济出版社，2010。

2000年之后，随着市场成熟度的提高，证监会明确提出了市场化的发展方向。从2000年开始，证监会取消了原来的额度制，股票发行制度开始实行主承销商推荐制和股票发行核准制。核准制要求对发行人实行强制性信息披露。在核准制下，证券公司、会计师事务所、律师事务所、资产评估机构等中介机构在监督和指导发行人真实、准确、完整地披露信息方面发挥着不可替代的重要作用。2003年之后，为了适应市场的发展形势和基础条件的变化，发行管理体制按照市场化方向进行了一系列改革，先后推行保荐制度和询价制。保荐制度主要内容是建立保荐代表人和保荐机构的资格管理，对其职责和工作提出明确要求。它对保荐机构及保荐代表人的执业条件、业务规程、内控体系、法律责任等作出了明确的规定，规范了行业行为和管理，明确了法律责任。保荐制实施之后，投资银行全行业的执业水平和质量有了显著提高。询价制于2004年由证监会推出，它是对首次公开发行股票定价制度的重大改革，询价制度的主要内容是通过规范化的询价程序，在发行人、承销商和投资者之间建立了相对充分的沟通机制，将定价过程更多地由市场参与主体决定，减少了发行定价的主观性和随意性，提高了询价结果的公平性。询价制将资本市场最重要的定价权交还给了市场。2006年，根据新修订的《证券法》、《公司法》的相关要求，证监会按照核准制的要求进一步明确了有关发行的条件、审核程序和理念，努力做到在保证质量的前提下，提高效率，为资本市场输送大量大型优质企业和高成长性中小企业。下面我们就我国公司首次公开发行股票应符合的条件、发行程序和承销方面的内容作一个简要的介绍。

（一）首次公开发行股票的条件

我国《证券法》、《公司法》和《首次公开发行股票并上市管理办法》（证监会于2006年5月17日公布、2006年5月18日实施，以下简称《首发管理办法》）就公司首次公开发行股票规定了相应的条件。这些条件适用于在上海证券交易所主板市场上市的公司和在深圳证券交易所中小板市场上市的公司。2009年3月31日，证监会公布了《首次公开发行股票并在创业板上市管理暂行办法》（以下简称《创业板首发管理暂行办法》，该办法自2009年5月1日起施行）。该办法就首次公开发行股票并在创业板上市的公司的股票发行条件作出了相应的规定。由于上述两类公司首发上市的规定不完全相同，因此，我们对这两类首发股票的规定分别进行介绍。

1. 在主板和中小板上市的公司首次公开发行股票的条件。根据《证券法》、《公司法》和《首发管理办法》规定，公司在主板和中小板上市，首次公开发行股票，除应当符合《公司法》第七十七条关于股份有限公司设立的规定外，作为拟上市公司，还应当符合如下条件：

（1）发行人应当是依法设立且合法存续一定期限的股份有限公司。发行人合法存续的期限条件符合下列情形之一即可：第一，该股份有限公司应自成立后，持续经营时间在3年以上；第二，有限责任公司按原账面净资产值折股整体变更为股份有限公司的，持续经营时间可以从有限责任公司成立之日起计算，并达3年以上（经国务院批准，有限责任公司在依法变更为股份有限公司时，可以采取募集设立方式公开发行股票）；第三，经国务院批准，可以不受上述时间的限制。

(2) 发行人已合法并真实取得注册资本项下载明的资产。发行人的注册资本已足额缴纳，发起人或者股东用做出资的资产的财产权转移手续已经办理完毕，发行人的主要资产不存在重大权属纠纷。

(3) 发行人的生产经营符合法律、行政法规和公司章程的规定，符合国家产业政策。

(4) 发行人最近3年内主营业务和董事、高级管理人员没有发生重大变化，实际控制人没有发生变更。

(5) 发行人的股权清晰，控股股东和受控股股东、实际控制人支配的股东持有的发行人股份不存在重大权属纠纷。

(6) 发行人的资产完整，人员、财务、机构和业务独立。①生产型企业应当具备与生产经营有关的生产系统、辅助生产系统和配套设施，合法拥有与生产经营有关的土地、厂房、机器设备以及商标、专利、非专利技术的所有权或者使用权，具有独立的原料采购和产品销售系统；非生产型企业应当具备与经营有关的业务体系及相关资产。②发行人的总经理、副总经理、财务负责人和董事会秘书等高级管理人员不得在控股股东、实际控制人及其控制的其他企业中担任除董事、监事以外的其他职务，不得在控股股东、实际控制人及其控制的其他企业领薪；发行人的财务人员不得在控股股东、实际控制人及其控制的其他企业中兼职。③发行人应当建立独立的财务核算体系，能够独立作出财务决策，具有规范的财务会计制度和对分公司、子公司的财务管理制度；发行人不得与控股股东、实际控制人及其控制的其他企业共用银行账户。④发行人应当建立健全内部经营管理机构，独立行使经营管理职权，与控股股东、实际控制人及其控制的其他企业间不得有机构混同的情形。⑤发行人的业务应当独立于控股股东、实际控制人及其控制的其他企业，与控股股东、实际控制人及其控制的其他企业间不得有同业竞争或者显失公平的关联交易。

(7) 发行人具备健全且运行良好的组织机构。①发行人已经依法建立健全了股东大会、董事会、监事会、独立董事、董事会秘书制度，其相关机构和人员能够依法履行职责。②发行人的董事、监事和高级管理人员已经了解与股票发行上市有关的法律法规，知悉上市公司及其董事、监事和高级管理人员的法定义务和责任。③发行人的董事、监事和高级管理人员符合法律、行政法规和规章规定的任职资格，而且不得有：被中国证监会采取证券市场禁入措施尚在禁入期的；最近36个月内受到中国证监会行政处罚，或者最近12个月内受到证券交易所公开谴责；因涉嫌犯罪被司法机关立案侦查或者涉嫌违法违规被中国证监会立案调查，尚未有明确结论意见。④发行人的内部控制制度健全且被有效执行，能够合理保证财务报告的可靠性、生产经营的合法性、营运的效率与效果。⑤发行人的公司章程中已明确对外担保的审批权限和审议程序不存在为控股股东、实际控制人及其控制的其他企业进行违规担保的情形。⑥发行人有严格的资金管理制度，不得有资金被控股股东、实际控制人及其控制的其他企业以借款、代偿债务、代垫款项或者其他方式占用的情形。

(8) 发行人具有持续盈利能力。根据《首发管理办法》规定，发行人应当具有持续盈利能力，不得有下列影响持续盈利能力的情形：①发行人的经营模式、产品或服务的品种结构已经或者将发生重大变化，并对发行人的持续盈利能力构成重大不利影响；②发行人的行业地位或发行人所处行业的经营环境已经或者将发生重大变化，并对发行人的持续盈利能力构成重大不利影响；③发行人最近一个会计年度的营业收入或净利润对关联方或者存在重大不确定性的客户存在重大依赖；④发行人最近一个会计年度的净利润主要来自合并财务报表范围以外的投资收益；⑤发行人在用的商标、专利、专有技术以及特许经营权等重要资产或技术的取得或者使用存在重大不利变化的风险；⑥其他可能对发行人持续盈利能力构成重大不利影响的情形。

(9) 发行人的财务状况良好。①财务管理规范。发行人的内部控制在所有重大方面应是有效的，并由注册会计师出具了无保留结论的内部控制鉴证报告。发行人的会计基础工作规范，财务报表的编制符合企业会计准则和相关会计制度的规定，在所有重大方面都公允地反映了发行人的财务状况、经营成果和现金流量，并由注册会计师出具了无保留意见的审计报告。发行人编制财务报表应以实际发生的交易或者事项为依据；在进行会计确认、计量和报告时应当保持应有的谨慎；对相同或者相似的经济业务，应选用一致的会计政策，不得随意变更。发行人完整披露关联方关系并按重要性原则恰当披露关联交易。关联交易价格公允，不存在通过关联交易操纵利润的情形。②财务指标良好。根据《首发管理办法》的规定，发行人发行股票并上市的财务指标应当达到以下要求：第一，最近3个会计年度净利润均为正数且累计超过人民币3 000万元，净利润以扣除非经常性损益前后较低者为计算依据。第二，最近3个会计年度经营活动产生的现金流量净额累计超过人民币5 000万元；或者最近3个会计年度营业收入累计超过人民币3亿元。第三，发行前股本总额不少于人民币3 000万元。第四，最近一期期末无形资产（扣除土地使用权，水面养殖权和采矿权等后）占净资产的比例不高于20%。第五，最近一期期末不存在未弥补亏损。③依法纳税。发行人依法纳税，各项税收优惠符合相关法律法规的规定。发行人的经营成果对税收优惠不存在严重依赖。④发行人不存在重大偿债风险，不存在影响持续经营的担保、诉讼以及仲裁等大或有事项。⑤财务资料真实完整。发行人披露的财务资料不得存在以下情形：第一，故意遗漏或虚构交易、事项或者其他重要信息；第二，滥用会计政策或者会计估计；第三，操纵、伪造或篡改编制财务报表所依据的会计记录或者相关凭证。

(10) 发行人募集资金用途符合规定。根据《首发管理办法》规定，发行人募集资金应当符合以下条件：①募集资金原则上应当用于主营业务。除金融类企业外，募集资金使用项目不得为持有交易性金融资产和可供出售的金融资产，借予他人、委托理财等财务性投资，不得直接或者间接投资于以买卖有价证券为主要业务的公司。②募集资金数额和投资项目应当与发行人现有生产经营规模、财务状况、技术水平和管理能力等相适应。募集资金投资项目应当符合国家产业政策、投资管理、环境保护、土地管理以及其他法律、法规和规章的规定。③发行人董事会应当对募集资金投资项目的可行性进行认真分析，确信投资项目具有较好的市场前景和盈利能力，有效防范投资风险，提高募集资金使用效益。④募集资金投资项目实施后，不会产生同业竞争或者对发行人的独立性产生不利影响。⑤发行人应当建立募集资金专项存储制度,募集资金应当存放于董事会决定的专项账户。

(11) 发行人不存在法定的违法行为。根据《首发管理办法》规定,发行人存在下列情形之一的,构成首次发行股票并上市的法定障碍:①最近36个月内未经法定机关核准,擅自公开或者变相公开发行过证券;或者有关违法行为虽然发生在36个月前,但目前仍处于持续状态。②最近36个月内违反工商、税收、土地、环保、海关以及其他法律、行政法规,受到行政处罚,且情节严重。③最近36个月内曾向中国证监会提出发行申请,但报送的发行申请文件有虚假记载、误导性陈述或重大遗漏;或者不符合发行条件以欺骗手段骗取发行核准;或者以不正当手段干扰中国证监会及其发行审核委员会审核工作;或者伪造、变造发行人或其董事、监事、高级管理人员的签字、盖章。④本次报送的发行申请文件有虚假记载、误导性陈述或者重大遗漏。⑤涉嫌犯罪被司法机关立案侦查,尚未有明确结论意见。⑥严重损害投资者合法权益和社会公共利益的其他情形。

2. 在创业板上市的公司首次公开发行股票的条件。在创业板上市的公司往往经营规模较小,正处于成长期,具有较大的发展潜力,也具有较大的经营管理风险。根据《创业板首发管理暂行办法》规定,公司在创业板上市,首次公开发行股票,与在主板和中小板上市的公司相比较,其条件相对要低。其首次发行股票,应当符合如下条件:

(1) 发行人是依法设立且持续经营3年以上的股份有限公司。有限责任公司按原账面净资产值折股整体变更为股份有限公司的,持续经营时间可以从有限责任公司成立之日起计算。

(2) 最近两年连续盈利,最近两年净利润累计不少于1 000万元,且持续增长;或者最近一年盈利,且净利润不少于500万元,最近一年营业收入不少于5 000万元,最近两年营业收入增长率均不低于30%。净利润以扣除非经常性损益前后孰低者为计算依据。

(3) 最近一期期末净资产不少于2 000万元,且不存在未弥补亏损。

(4) 发行后股本总额不少于3 000万元。

(5) 发行人的注册资本已定额缴纳,发起人或者股东用做出资的资产的财产权转移手续已办理完毕。发行人的主要资产不存在重大权属纠纷。

(6) 发行人应当主要经营一种业务,其生产经营活动符合法律、行政法规和公司章程的规定,符合国家产业政策及环境保护政策。

(7) 发行人最近两年内主营业务和董事、高级管理人员均没有发生重大变化,实际控制人没有发生变更。

(8) 发行人应当具有持续盈利能力,不存在下列情形:①发行人的经营模式、产品或服务的品种结构已经或者将发生重大变化,并对发行人的持续盈利能力构成重大不利影响;②发行人的行业地位或发行人所处行业的经营环境已经或者将发生重大变化,并对发行人的持续盈利能力构成重大不利影响;③发行人在用的商标、专利、专有技术、特许经营权等重要资产或者技术的取得或者使用存在重大不利变化的风险;④发行人最近1年的营业收入或净利润对关联方或者有重大不确定性的客户存在重大依赖；⑤发行人最近1年的净利润主要来自合并财务报表范围以外的投资收益；⑥其他可能对发行人持续盈利能力构成重大不利影响的情形。

（9）发行人依法纳税，享受的各项税收优惠符合相关法律法规的规定。发行人的经营成果对税收优惠不存在严重依赖。发行人不存在重大偿债风险，不存在影响持续经营的担保、诉讼以及仲裁等重大或有事项。

（10）发行人的股权清晰，控股股东和受控股股东、实际控制人支配的股东所持发行人的股份不存在重大权属纠纷。

（11）发行人资产完整，业务及人员、财务、机构独立，具有完整的业务体系和直接面向市场独立经营的能力。与控股股东、实际控制人及其控制的其他企业间不存在同业竞争，以及严重影响公司独立性或者显失公允的关联交易。发行人具有完善的公司治理结构，依法建立健全股东大会、董事会、监事会以及独立董事、董事会秘书、审计委员会制度，相关机构和人员能够依法履行职责。

（12）发行人会计基础工作规范，财务报表的编制符合企业会计准则和相关会计制度的规定，在所有重大方面公允地反映了发行人的财务状况、经营成果和现金流量，并由注册会计师出具无保留意见的审计报告。发行人内部控制制度健全且被有效执行，能够合理保证公司财务报告的可靠性、生产经营的合法性、营运的效率与效果，并由注册会计师出具无保留结论的内部控制鉴证报告。发行人具有严格的资金管理制度，不存在资金被控股股东、实际控制人及其控制的其他企业以借款、代偿债务、代垫款项或者其他方式占用的情形。

（13）发行人的公司章程已明确对外担保的审批权限和审议程序，不存在为控股股东、实际控制人及其控制的其他企业进行违规担保的情形。

（14）发行人的董事、监事和高级管理人员具备法律、行政法规和规章规定的资格，了解股票发行上市相关法律法规，知悉上市公司及其董事、监事和高级管理人员的法定义务和责任，且不存在下列情形：①被中国证监会采取证券市场禁入措施尚在禁入期的；②最近3年内受到中国证监会行政处罚，或者最近1年内受到证券交易所公开谴责的；③因涉嫌犯罪被司法机关立案侦查或者涉嫌违法违规被中国证监会立案调查，尚未有明确结论意见的。

（15）发行人及其控股股东、实际控制人最近3年内不存在损害投资者合法权益和社会公共利益的重大违法行为。发行人及其控股股东、实际控制人最近3年内不存在未经法定机关核准，擅自公开或者变相公开发行证券，或者有关违法行为虽然发生在3年前，但目前仍处于持续状态的情形。

（16）发行人募集资金应当用于主营业务，并有明确的用途。募集资金数额和投资项目应当与发行人现有生产经营规模、财务状况、技术水平和管理能力等相适应。发行应当建立募集资金专项存储制度，募集资金应当存放于董事会决定的专项账户。

（二）首次公开发行股票的程序

首次公开发行股票大致有如下七个步骤：

（1）发行人董事会应当依法就本次股票发行的具体方案、本次募集资金使用的可行性及其他必须明确的事项作出决议，并提请股东大会批准。发行人股东大会应就本次发行股票作出决议。决议至少应当包括下列事项：本次发行股票的种类和数量；发行对象；价格区间或者定价方式；募集资金用途；发行前滚存利润的分配方案；决议的有效期；对董事会办理本次发行具体事宜的授权；其他必须明确的事项。

（2）发行人应当按照证监会的有关规定制作申请文件，由保荐人保荐并向证监会申报。特定行业的发行人应当提供管理部门的相关意见。依照《证券法》规定聘请保荐人的，应当报送保荐人出具的发行保荐书。保荐人保荐发行人发行股票并在创业板上市，应当对发行人的成长性进行尽职调查和审慎判断并出具专项意见。发行人为自主创新企业的，还应当在专项意见中说明发行人的自主创新能力。

（3）证监会收到申请文件后，应在5个工作日内作出是否受理的决定。证监会如果决定受理，应在受理申请文件后，由相关职能部门对发行人的申请文件进行初审，并由发行审核委员会审核。证监会在初审过程中，将征求发行人注册地省级人民政府是否同意发行人发行股票的意见，并就发行人的募集资金投资项目是否符合国家产业政策和投资管理的规定征求国家发展和改革委员会的意见。证监会依照法定条件对发行人的发行申请作出予以核准或者不予核准的决定，并出具相关文件。

（4）股票发行申请经核准后，发行人应自证监会核准发行之日起6个月内发行股票；超过6个月未发行的，核准文件失效，须重新经证监会核准后方可发行。股票发行申请未获核准的，自证监会作出不予核准决定之日起6个月后，发行人可再次提出股票发行申请。

（5）发行申请核准后、股票发行结束前，发行人发生重大事项的，应当暂缓或者暂停发行，并及时报告中国证监会，同时履行信息披露义务。影响发行条件的，应当重新履行核准程序。

（6）证监会或者国务院授权的部门对已作出的核准证券发行的决定，发现不符合法定条件或者法定程序，尚未发行证券的，应当予以撤销，停止发行。已经发行尚未上市的，撤销发行核准决定，发行人应当按照发行价并加算银行同期存款利息返还证券持有人；保荐人应当与发行人承担连带责任，但是能够证明自己没有过错的除外；发行人的控股股东、实际控制人有过错的，应当与发行人承担连带责任。

（7）发行股票。发行人股票发行申请经核准同意后，发行的股票一般由证券公司承销。股票承销是指证券公司依照协议包销或者代销发行人向社会公开发行股票的行为，它分为代销和包销两种方式。股票代销是指证券公司代发行人发售股票，在承销期结束时，将未售出的股票全部退还给发行人的承销方式；股票包销分两种情况，一种是全额包销，另一种是余额包销。全额包销是指证券公司将发行人的股票按照协议全部购入，然后再向投资者销售，出售股票的全部利润归证券公司所有，当然全部损失也由证券公司全部承担。另一种是余额包销，它实际上是代销和包销混合的一种承销方式。在这种方式下，证券公司要与发行人签订合同，它在承销期结束后，将售后剩余股票全部自行购入。所以，这种承销方式在承销期内是一种代销行为，在承销期满后是一种包销行为。根据《证券法》规定，证券公司在代销、包销期内，对所代销、包销的证券应当保证先行出售给认购人，证券公司不得为本公司预留所代销的证券和预先购入并留存所包销的证券。

三、IPO定价

企业在首次公开发行股票时所确定和使用的价格主要受企业自身因素、市场因素、政治因素、经济因素和社会因素的影响。目前所使用的定价方法主要有以下三种：

（一）固定价格定价法

它是由发行人和主承销商在新股公开发行前商定的一个固定价格，然后按照这个价格在市场上公开发行销售股票。应用这种定价方法时，股票的发行价格和最小以及最大发行量由发行人和投资银行在发行前商定，投资银行在发行时向投资者推销股票。如果在规定时间内，股票销售额低于商定的最低发行量，发行人将终止发行股票，已经筹集的资金将返还给投资者。固定价格定价法有利于发行人确定筹资金额，而且定价过程比较简单，周期也较短，但是由于发行价格在发行前已经固定，因此发行前的定价是否准确就变得非常关键。

（二）市场询价法

这种方法主要包括两个步骤：首先，发行人和主承销商根据新股的价值和股票发行时一些市场因素（比如市场走势、所处行业股票的市场表现等）确定新股发行的价格区间，然后，主承销商协同发行人向投资者推介该股票，并向投资者发送预订邀请文件，通过对反馈回来的投资者在不同价位上的需求进行分析，并对最初的发行价格进行修正，最后确定新股发行价格。市场询价法目前已经得到普遍的应用。

（三）竞价发行

它是一种直接的市场化定价方式，由各股票承销商或者投资者以投标方式相互竞争确定股票发行价格。相比于上述两种方法，竞价发行更能直接反映投资者对新股价格的接受程度，采用该方法确定的发行价格也更接近新股上市后的价格。但在不成熟的市场，该方法容易导致发行定价过高、筹资额过大、市场资金使用效率低下等现象。

新股定价是新股发行的核心。我国证券市场起步较晚，早期的新股定价机制带有较强的行政色彩，在1993年的《公司法》和1998年的《证券法》中均规定，新股发行价格须经证券监管部门批准。2004年修订的《证券法》取消了该规定。2005年初证监会推出了询价制度，采用发达市场通行的向合格机构投资者累计投标询价方式确定新股发行价格。我国首次公开发行股票询价制度，主要步骤如下：

1. 发行人及其保荐机构公告发行价格和发行市盈率，与此同时，发行人也可披露市净率等反映发行人所在行业特点的发行价格指标。

2. 发行申请经中国证监会核准后，发行人应公告招股意向书，开始进行推介和询价。询价分为初步询价和累计投标询价两个阶段。发行人及其保荐机构应通过初步询价确定发行价格区间，通过累计投标询价确定发行价格。

根据规定，发行人及其保荐机构应向不少于20家询价对象进行初步询价，并根据询价对象的报价结果确定发行价格区间及相应的市盈率区间。公开发行股数在4亿股（含4亿股）以上的，参与初步询价的询价对象应不少于50家。

发行价格区间确定后，发行人及其保荐机构应在发行价格区间内向询价对象进行累计投标询价，并应根据累计投标询价结果确定发行价格。对于首次公开发行的股票在中小企业板上市的，发行人及其主承销商可以根据初步询价结果确定发行价格，不再进行累计投标询价。

3. 发行人及其保荐机构应向参与累计投标询价的询价对象配售股票。按照规定，公开发行数量在4亿股以下的，配售数量应不超过本次发行总量的20%，公开发行数量在4亿股以上（含4亿股）的，配售数量应不超过本次发行总量的50%。发行人及其保荐机构经中国证监会同意后可以根据市场情况对上述比例进行调整。

4. 累计投标询价及配售完成后，发行人及其保荐机构应刊登配售结果公告。配售结果公告至少应包括累计投标询价情况、发行价格以上的有效申购获得配售的比例及超额认购倍数以及获得配售的询价对象名单、获配数量和退款金额等内容。

2009年5月22日，中国证监会公布了新股发行体制改革的原则、基本内容和预期目标，并向社会公开征求意见。证监会在《关于进一步改革和完善新股发行体制的指导意见（征求意见稿）》中指出，为了进一步健全机制、提高效率，有必要对新股发行体制进行改革和完善，以适应市场的更大发展。在新股定价上，未来将完善询价和申购的报价约束机制，淡化行政指导，形成进一步市场化的价格形成机制。

四、IPO三大谜团

自20世纪80年代以来，金融经济学家们对新股首次公开发行问题进行了系统的理论、实证研究，首次公开发行问题已经成为金融学的一个重要分支。目前国外的研究主要集中于IPO研究领域的三大热点。

第一，IPO价格通常看起来被低估，也就是说股票上市交易第一天的收盘价往往比IPO价格高出很多，这造成了较高的首日收益率[①]。很多文献将这种现象称IPO抑价之谜。实际上，关于IPO之谜的理论大多可以分为两类：理性与非理性。从理性的角度看，二级市场是有效的，股票上市第一天的高收益主要是由于发行价格低于股票的内在价值才导致第一天出现超额收益，因此IPO之谜是由于新股发行价过低引起的，也就是说存在抑价。另一种观点是从非理性的角度来进行解释，认为股票上市第一天的高收益是由于投资者在新股上市首日存在过度反应，也就是认为存在溢价。因为国外主流的研究基础是从理性的角度来解释股票上市第一天高收益之谜的，所以我们在本教材中主要是从抑价的角度来进行阐释。IPO抑价现象在实际所有的股票市场几乎都存在，但是不同国家之间在抑价程度方面存在差异。大量研究表明，发达国家市场的抑价幅度普遍比新型市场国家小。加拿大、法国等国家的IPO抑价不到10%，马来西亚的IPO抑价高达

---

① 首日收益率指的是股票价格从发行价到公开交易后短期内收市价格之间的变化百分比，它表示投资者以发行价买入股票并在当天收盘时卖出所获得的收益。

80%，而在我国 IPO 抑价更高，统计表明，从 1991 年 A 股市场诞生以来到 2007 年，1 576 只新股评价抑价率高达 187%。目前国外关于 IPO 抑价的理论解释主要有如下三种理论：(1) 投资银行信息垄断理论。投资银行作为专业机构，显然比发行人拥有更多的关于资本市场发行与定价的信息，由它来决定新股的定价。为了确保发行的成功并建立自身良好的声誉，投资银行往往倾向于采取抑价方式来发行。(2) 赢者诅咒理论（The Winner's Curse）。Rock（1986）提出市场上存在着知情的投资者和不知情的投资者。知情的投资者只会去认购那些定价偏低的股票，不会认购那些定价偏高的股票。如果股票在首次公开发行时定价偏高，那么知情的投资者就不会去认购，股票会完全出售给不知情的投资者。最终不知情的投资者很可能只能拿到少量定价偏低的股票和大量定价偏高的滞销股票，也就是说作为赢者的不知情的投资者获得的只是知情的投资者不想要的，他们在首次交易中获得的是负的收益。为了吸引那些不知情的投资者参与，需要给他们足够的折扣以补偿他们所承受的信息风险，因此在首次公开发行时以低价的方式进行。(3) 信号显示模型（Signaling Models）。一些研究人员认为，新股发行时之所以出现新股抑价主要是高质量的新股发行公司向市场发出的一种信号——本公司拥有美好的前景，在上市后增资发行中将有能力通过高价发行来弥补在首次公开发行中所造成的损失，以此把自己同质量较低的公司区别开来，达到把质量较低的竞争者从新股发行市场中驱逐出去的目的。当然这种解释适用于发行者直接同投资者进行交易的情况。如果发行人通过委托投资银行为其承销股票，发行人可以通过雇佣声誉卓著的投资银行来进行承销，以此向投资者传递风险较低的信号。大量的实证结果表明理性理论对于成熟市场中存在的 IPO 抑价之谜具有一定的解释力，但是这些理论在新兴市场中却不适用。对于新兴市场中的 IPO 之谜，学者从非理性的角度提出了解释，主要有投资泡沫假说（Speculative Bubble Hypothesis）和异质预期假说（Heterogeneous Expectation Hypothesis）。投资泡沫假说认为新股首日收益过高的原因在于噪声交易者的参与，他们对新股的股价存在过度反应。新股的发行价格没有低于它的内在价值，但是噪声交易者使其溢价。异质预期假说认为在观点分歧和卖空限制的假设下，对 IPO 最乐观的投资者将决定新股上市后的价格。随着时间的推移，越来越多的信息得到披露，不同的投资者的分歧将减少，因此市场价格将下降。

第二，新上市公司的长期业绩（1 年或者更长）普遍较差，即新股的长期弱势现象。新股长期弱势问题最初由 Ritter（1991）提出，他选取美国资本市场 1975～1984 年间的 1 526 只新股作为样本，研究其在 3 年中的表现。结果发现，新股在长期内的回报率分别低于市场指数收益率和可配比公司收益率 29% 和 47.12%。世界各国（地区）新股长期绩效研究结果大多表明，新股存在长期弱势现象（有些国家存在例外，比如韩国），而在我国这种弱势现象更为严重，1996～2007 年我国发行的新股 3 年持有期收益平均低于市场（流通市值加权指数）54.5 个百分点，5 年持有期收益更是平均低于市场高达 84 个百分点，这远远高于全球其他国家市场的水平。目前对新股长期弱势并没有非常令人信服的理论解释，影响力较大的理论解释是从投资者角度进行阐述的。一种解释认为众多投资者对上市公司未来现金流及其潜在的成长性存在不同的预期，也就是说投资者的预期是异质的，大体可以分成乐观投资者和悲观投资者。如果新股价值的不确定性较大，乐观投资者的估价会远高于悲观投资者，他们会以高于新股真实价值的价格购买新股，因此新股价格在最初的一段时间攀升较高。之后，随着信息的不断披露，投资者会逐渐趋于理性，对新股价值预期的分歧会减小，对上市公司的估价也会逐步回落到真实价值水平上。新股的长期表现与投资者意见分歧的程度负相关，这种解释也被称为"异质预期假说"；另一种解释与 Ritter（1991）的发现有关。Ritter（1991）发现，新股长期表现欠佳现象集中于在发行量较高的年份上市的年轻公司。投资者可能在某段时间对上市公司的成长潜力特别乐观，愿意支付较高的价格购买新股。很多公司则会抓住这个机会利用投资者情绪的波动发行新股。在高发行量时期发行新股的公司，其 IPO 定价过高肯定比其他时期发行新股的公司更为严重，也就是说长期回报较低。这种解释也被称为"机会窗口假说"。

第三，股票发行交易的数目呈现出高度的周期性特征，当经济状况良好时，会出现公司扎堆上市的情况，新股发行充斥市场。当经济状况不好时，股票发行交易几近干涸。这在实证研究中表现为在股票发行的不同时段，发行量和平均收益存在周期性的现象。较高的股票首次公开发行收益往往意味着随后首次公开发行数量的增大，即低定价发行常常是作为股票首次公开发行高峰期到来的先行指标出现的，而且这一现象会持续一段时间。这种现象也被称为"热销市场"（Hot Issue Market）。热销市场现象在很多国家都存在。从 1980 年 1 月开始的 15 个月内，美国新股发行抑价高达 48%，而且这段时期市场发行量也呈现递增趋势。芬兰的大多数股票发行明显集中于 1987 年和 1988 年，韩国在 1988 年出现了"热销市场"现象。但我国学者对热销市场的研究形成的结论并不统一。杨丹（2003），孙国茂（2003），谢升峰、李家艳（2003）结合我国股票发行制度变化背景，揭示了我国股票市场 IPO 定价和热销市场的基本特征，但应益荣、刘士杰（2004）选取 2001 年 3 月至 2003 年 12 月在沪深两市新发行并上市的 241 只 A 股为样本，检验我国新股首次公开发行是否存在热销市场。研究结果表明，新股首次公开发行热销市场现象在我国并不显著，造成这种现象的原因可能是因为在我国新股发行还存在制约性因素。总的来说，相对于 IPO 抑价和新股长期弱势现象，目前对热销市场的研究较少，尚未形成有说服力的理论解释。

第四节 可转换债券筹资

1843 年美国纽约 Eric Railway 公司发行了世界上第一只可转换公司债券，可转换债券融资已有 100 多年的历史，在资本市场上发挥着重要的作用。我国的可转换债券发展的历史较短，但近年来发展迅速。2000 年我国上市公司利用可转债筹资 28.5 亿元，占当年再融资总额的 3.87%，2001 年筹资额为 26.5 亿元，占当年的 3.97%，2002 年占当年的 12.74%，2003 年全年累计发行筹资 132 亿元，占当年再融资总额的 35.5%，2004 年全年筹资 209.03 亿元，占当年再融资总额的 41.41%。2008 年可转换债券一级市场总融资更是达到了710.05亿元,其中分离交易可转换债券在一级市场占据主导地位。

可转换债券属于混合融资工具,它的性质比较复杂。在正式介绍可转换公司债券之前,我们先介绍另外一种稍微简单些的混合融资工具——认股权证,实际上可转换公司债券中的分离交易可转换公司债券包含了认股权证。

一、权证的基本概念

权证,顾名思义,是一种权利的证明,它是发行人和持有者之间的一种契约,赋予持有者在约定的时间以约定的价格买入或卖出一定数量的标的资产。最基本的权证通常包括四个要素:相关主体、标的资产、附带权利和特别条款。

相关主体。权证在发行以及交易过程中主要涉及发行人、承销机构、做市商和权证交易者。权证的发行人可以是上市公司,比如深宝安认股权证是由深宝安公司发行的,也可以是上市公司以外的其他金融机构,比如作为股改对价出现的权证就是由上市公司的非流通股大股东发行的。承销机构是在以融资、证券减持或收购为目的的权证发行中引入的承销商,但权证承销在我国之外的其他市场比较普遍,在我国到目前为止尚未出现。做市商是在市场上充当交易对手的机构,一般由证券管理机构指定,并且有严格的要求,我国到目前为止尚未引入做市商制度。权证交易者是在二级市场参与权证投资的交易者。

权证的标的资产可以是单个股票,也可以是一揽子商品、股票、指数或者其他衍生产品。但到目前为止国内推出的权证都是以股票为标的资产的,这个股票通常也被称为正股。在本节中我们主要介绍以股票为标的资产的权证的相关知识。

附带权利主要包括七个方面:(1)权利的方向是指买权或者卖权。买权赋予持有者买入标的资产的权利,卖权赋予持有者卖出标的资产的权利。具有买权的权证也被称为认股证,具有卖权的权证也被称为认沽证。(2)有效期,权证作为一种契约,一般都有有效期。权证到期时,持有者需要对是否执行该权证作出选择。以股票作为标的资产的权证有效期一般都比较长,通常在一年以上。(3)行权价是持有者在执行权证赋予的权利时买入或者卖出标的股票的价格。行权价是持有者依据权证契约的规定买入或者卖出股票的价格,它并不是买入或者卖出股票时标的股票的市价。(4)认购比例是指一份权证可以买或者卖几股股票。国内一般规定一份权证只能购买(或者出售)一股股票,即认购比例是1:1。(5)行权时间是指持有者可以行使权证权利的时间,有的权证规定持有者可以在权证到期前任意交易时间行使其权利,有的权证规定持有者只能在权证到期日才能行使其权利,还有的权证规定持有者可以在权证到期日前的最后几个交易日行使其权利。(6)货币单位。通常权证的货币单位与其标的资产的货币单位是一致的。(7)交割方式包括实物交割和现金交割两种方式。实物交割就是以标的资产进行结算,而现金交割就是以实物结算后的差价进行交割。目前我国国内的认股权证全部是以实物进行交割的。

权证中包含如下三个特别条款:(1)行使价格或比例的调整。这主要是针对股票权证而言的。如果在权证持有期间碰到诸如正股股份总额增减或者正股分红除权除息时,权证的执行价格或者执行比例需要作出相应的调整。(2) 收购权益，这一特别条款主要是针对认股权证而言的。如果有投资者对发行认股权证的上市公司提出了收购要约，那么收购方还需要对这家上市公司已经发行在外但尚未到期的认股权证一同提出收购要约。而且不管认股权证是否已到有效期，认股权证的持有者都可以行使权利。(3) 赎回权是指在规定的条件下发行人有权赎回其发行在外的认股权证。

刚才我们介绍了权证契约所包含的主要内容。接下来，我们将对权证进行分类。依据不同的标准，权证有不同的分类。我们之前提到过权证的权利方向包括买权和卖权。如果权证赋予持有者购买的权利，该权证被称为认购权证，认购权证的持有者有权利（而非义务）在某段期间内以契约中约定的价格向发行人购买特定数量的标的证券。如果权证赋予持有者出售的权利，该权证被称为认沽权证。与认购权证正好相反，认沽权证的持有者有权利（而非义务）在某段期间内以契约中约定的价格向发行人出售特定数量的标的证券。如果根据权证的发行人来进行分类，可以将权证分为股本认股权证和备兑权证。股本认股权证是由权证标的资产的发行人自行发行，它一般伴随着企业的股票或者债券发行，是公司借以融资的主要手段之一。我们本节末尾将提到的分离交易可转换债券中所附带的认股权证就属于这种类型的权证。备兑权证则是由标的资产发行人以外的第三者发行，发行人一般是符合资格的金融机构，如投资银行。备兑权证是衍生认股权证，发行人发行备兑权证的目的并不是为了融资，而是提供给投资者一种管理投资组合的有效工具。如果按照权证的行权时间可以分为三类：如果持有者可以在权证到期前任意交易时间行使其权利，该类型权证称为美式权证；如果持有者只能在权证到期日才能行使其权利，该类型权证称为欧式权证；如果持有者可以在权证到期日前的最后几个交易日行使其权利，这种类型的权证称为百慕大权证。如果按照权证行权价格与标的股票市价的关系，可以分为价内、平价和价外权证。与期权的定义相似，若权证标的股票的当前市价大于行权价格，持有人立即行使权利可以获得收益此时权证就是价内权证，类似地，如果当前市价小于行权价格是价外权证，还有一种特殊情况，当前市价等于行权价格，此时称为平价权证。

接下来我们把认股权证和看涨期权做一个比较。从认股权证的定义来看，它与看涨期权有很多的相同点。比如，认股权证和看涨期权都是以公司股票作为标的物，在到期前都可以选择执行或者不执行，而且如果执行的话，执行价格是事前已经约定了的。但是认股权证和看涨期权也存在着明显的区别。如果投资者执行看涨期权的话，他得到的股票是公司业已发行且在市场上流通的股票，而如果投资者执行认股权证的话，他得到的股票应当是公司新发的股票。从定价来看，看涨期权可以直接用布莱克—斯科尔斯模型来进行定价，但是认股权证却不能。另外，从时间上看，看涨期权的存续时间一般比认股权证要短。

发行认股权证可以为企业进行低成本的连续融资，但是我们更需要注意的是认股权证可能摊薄企业的每股收益。因为一旦认股权证持有者执行期权，企业就需要新发股票，使得企业的股本增加，从而摊薄每股收益。如果通过认股权证募集的资金规模过大，造成企业每股收益被过分摊薄，可能损害原有股东的利益。

二、权证的定价[①]

在这一部分我们将先介绍影响权证价值的几个重要因素。它是我们理解权证定价的基础。而后介绍认股权证定价的一种简化方法。

影响权证定价的重要因素主要包括:

(一) 相关资产的价格

与期权类似,权证的价值也可以分为内在价值和时间价值。权证的内在价值是指如果立即行权,权证持有人能够获得的收益。它等于权证标的股票的当前市价与行权价格之间的差。我们在上文中根据权证标的股票市价与行权价格之间的关系将权证分为价内、平价和价外,实际上就是权证的内在价值。需要注意的是,这三种状态在权证有效期内可能都会出现,它们相互之间可能相互转换,可能今天处于价内状态,明天就转换为价外状态。

(二) 权证的时间价值

与期权类似,权证的价值也被划分为内在价值和时间价值。它的时间价值等于权证价格和行权比例的乘积与权证的内在价值之差。举个例子来说,假设某认购权证在2011年7月20日的价格为13.6元,当天该权证的正股价格为120元。已知权证的行权价格为114元,换股比例为1(即1份认股权证可在行使日以行权价换购正股1股)。则该权证的内在价值为6元(=120元-114元),时间价值为7.6元(=13.6元-6元)。权证之所以具有时间价值,是因为权证的正股价格的波动可能给投资者带来收益。权证的剩余期限越长,正股价格在未来发生变化的机会就越多,因而它的时间价值就越大。

(三) 权证的引伸波幅

波动率是评估权证价格的最重要的因素。权证的价值多半来自波动率。但必须注意的是,这里的波动率指的是权证的标的资产的价格波动率,而非权证自身的价格波动率。然而问题在于要对权证进行合理定价需要正股价格未来的波动率,这显然是不可预知的。我们需要找出办法来解决波动率的问题。引伸波幅就是解决方法之一。引伸波幅是市场对认股权证有效期内预期波幅的预期,它是把权证的市场价格代入权证定价模型(如布莱克—斯科尔斯模型)当中,反推得到的波动率的数值。引伸波幅与权证价格呈正相关关系,也就是说,在其他因素不变的条件下,正股价格的波幅越高,认股权证的价格也越高。举个简单的例子来说,假设市场上有一只股票A,它当前的市价是80元,市场预期在未来的一段时间内该股票的价格大部分时间都是以+/-2元来变动,另外还有一只股票B,当前市价也是80元,市场预期在未来的一段时间内该股票的价格大部分时间会以+/-5元来变动。那么在半年之后,A和B这两只股票谁更有可能上升到120

[①] 关于认股权证理论价值的确定我们主要参考戴书松编著的《财务管理》一书的方法(259~264页,北京,经济管理出版社,2006)。罗伯特·惠利在其《衍生工具》一书中对认股权证的定价采用另外一种较为复杂的方法,感兴趣的读者可以阅读罗伯特·惠利著,胡金焱等译:《衍生工具》,294~298页,北京,机械工业出版社,2010。

元呢？显然，股票 B 更有可能。如果标的资产的价格越有机会超过行权价格（对认购权证而言是升高于行权价，对认沽权证而言是跌低于行权价），认股权证的价值就越高。

就认股权证而言，在上述几种影响因素中，正股价格（包括价格本身和价格的波动）对其价值的影响更为明显，我们将在本章的附录简要讨论正股价格会对权证的价值产生怎样的影响。接下来我们来探讨如何对认股权证进行定价，这是一个仍有待深入研究的领域，我们在这里只是介绍一种简化的方法。认股权证的一个重要特点是，如果它被投资者执行的话，那么发行方就必须新发股票，这样会增加企业的股本，可能对原有股东的股权造成稀释。这就是认股权证的稀释效应，会对认股权证的定价造成重要的影响。在给出认股权证定价公式之前，我们先来看一下认股权证的稀释效应。

当认股权证被执行时，企业需要发行新股，新股会从多个方面对原有股票产生稀释效应。下面我们分别从每股收益和股价两个方面来考察稀释效应。

我们先看一下对每股收益的稀释效应。假设认股权证执行前公司原有普通股 n 股，当天市价为 S，则在认股权证执行前，该企业的权益为 nS。企业发行在外的认股权证共有 m 份，每份可认购 q 股股票，行权价为 K（$K<S$）。为了讲解的方便，我们把认股权证全部执行后的公司称为参照公司。如果当天认股权证全部被执行，参照公司的股票将增加 mq 股，假设 mq 占认股权证执行前已发行股票的比例为 α，即 $mq=n\alpha$。执行后参照公司的权益为 $nS+mqK$（假设权证执行后股价仍保持不变），而总的股数为 $n+mq$，则在认股权证执行后，参照公司的股票价格变为 $S'=\dfrac{nS+mqK}{n+mq}=\dfrac{S+\alpha K}{1+\alpha}$。

我们将认股权证执行前后的股价作一比较：

$$S-S'=S-\frac{S+\alpha K}{1+\alpha}=\frac{S-K}{1+\alpha}$$

显然，由于 $S>K$，$S-S'>0$，并且在 m、n 和 q 不变的情况下，S 和 K 的差异越大，认股权证执行后股价下降的幅度越大。

我们知道，在执行日认股权证的价值为

$$C_w=\max(S'-K,0)=\max\left(\frac{S+\alpha K}{1+\alpha}-K,0\right)=\frac{1}{1+\alpha}\max(S-K,0)$$

式中：$\max(S'-K,0)$ 是参照公司发行的行权价格为 K 的股票看涨期权的价值，因此在执行日认股权证的价值等于参照公司行权价格为 K 的股票看涨期权价值的 $\dfrac{1}{1+\alpha}$ 倍。如果其他条件一样，现在认股权证的价值也应当等于参照公司发行的行权价格为 K 的股票看涨期权价值的 $\dfrac{1}{1+\alpha}$ 倍。应当着重指出的是，当我们应用布莱克—斯科尔斯期权定价模型计算行权价格为 K 的股票看涨期权时，需要用当前的股票市价并估计股票价格变化率。当计算认股权证的价格时，我们应当估计的是执行认股权证后参照公司股票价格以及此时股价的变化率。因此，应当根据公司股票历史价格的变化来重新估算执行认股权证后参照公司股票价格的变化率，而后根据新股价和重新估算的变化率套用布莱克—斯科尔斯期权定价模型来进行估价。执行认股权证后股票的价格我们已经在前文中解释过了,这里的问题是,如何估算执行认股权证后股票价格的变化率?可以假定公司所拥有的资产的风险不受执行认股权证的影响,由于资产价值变化率与股票价格变动率之间存在如下等式关系:资产价值变化率等于股票价格变动率与权益/资产比率的乘积,因此可以利用资产价值的变动率在执行认股权证前后没有发生变化来进行求解。

假设在执行认股权证前,企业的权益价值为 E_1,资产总额为 A_1,股票价格变化率为 σ_S,执行认股权证之后,企业的权益价值为 E_2,资产总额为 A_2,股票价格变化率为 $\sigma_{S'}$。认股权证执行前后资产价值变动率均为 σ_A。则有

$$\frac{E_1}{A_1} \times \sigma_S = \sigma_A = \frac{E_2}{A_2} \times \sigma_{S'}$$

于是有

$$\sigma_{S'} = \frac{\frac{E_1}{A_1}}{\frac{E_2}{A_2}} \times \sigma_S$$

[例 6-4] 某公司发行在外的股票共有 100 万股,每股股价 10 元,公司现有负债 50 万元。现公司拟发行附认股权证的债券 2 万张,每张面值 100 元,每张债券配搭 5 张认股权证。认股权证的规定如下:每张认股权证可认购普通股 1 股,执行期为 2 年,行权价格为 13 元,在此期间不发放红利。另外,根据测算,该公司历史股票回报率的方差为 0.4,无风险利率为 10%。请问附认股权证债券发行时认股权证的理论价值是多少?

根据题意,如果认股权证全部执行的话,公司需要新发行 10 万张股票,占执行认股权证前公司已发行股票总数的 10%($\alpha = 10\%$),二次融资募得资金 130 万元。根据前文的公式可得执行认股权证后公司的新股价为 10.27 元。

认股权证执行前,公司权益价值为 1 000 万元,负债为 250($=50 + 2 \times 100$)万元,则资产价值为 1 250 万元,所以权益/资产比率为 80%。得出该公司资产价值变化率为 80%×0.4 = 0.32。认股权证执行后,权益价值为 1 130 万元,负债价值仍为 250 万元,资产价值为 1 380 万元,此时权益/资产比率为 81.88%。由于资产价值变化率在认股权证执行前后并未发生变化,因此容易得到执行认股权证后公司股价的变动率为 0.32 ÷ 81.88% = 0.39%。将相关的数据带入布莱克—斯科尔斯期权定价模型后可得此时行权价格为 13 元,执行期为 2 年的股票看涨期权价格为 0.40 元[①],于是容易得到发行附认股权证的公司债券时该认股权证的理论价值为 0.36($=0.4 \div 1.1$)元。

三、可转换债券的概念和发行条款

可转换债券是指某种债券,其持有者可以选择将其转换成同一公司的普通股股票。可转换债券的投资者可从债券上获取债券利息,除此之外,投资者还具有一项普通股的

---

① 我们在这里直接套用 John Hull 提供的利用 Black-Scholes 期权定价模型计算期权价值的 Excel 模板,该模板可从多伦多大学约翰·赫尔的网页上下载,网址为 http://www.rotman.utoronto.ca/~hull/software/。

期权。我国可转换债券的发行条款通常包括发行期限、转换期、转换价格、转股溢价、票面利率、赎回条款、回售条款、特别向下修正条款等。

1. 发行期限，根据 2006 年 5 月正式实施的《上市公司证券发行管理办法》将可转换债券的期限规定为最短 1 年、最长 6 年。

2. 转换期指的是可转换债券转换为股份的起始日至结束日的期间。可转换债券的转换期可以与债券的期限相同，也可以比债券的期限短。根据不同的情况，转换期通常有以下四种：①发行一段时间后的某日至到期日前的某日；②发行一段时间后的某日至到期日；③发行日后至到期日前的某日；④发行日后至到期日。超过转换期后的可转换债券，不再具有转换权，自动成为不可转换债券。根据我国《上市公司证券发行管理办法》规定，我国的可转换债券自发行结束之日起 6 个月后方可转换为公司股票。

3. 转换价格，可转换债券发行之时，明确了以怎样的价格转换为普通股，这一规定的价格就是可转换债券的转换价格，例如，一张面值为 1 000 元的债券规定了转换价格为 50 元，那么一张这样的债券在转换成股票时可以转换成 20 股普通股。当然，转换价格并不一定一直保持不变。有些可转换债券的转换价格可能会定期增加。例如，一张面值为 1 000 元的债券的转换价格可能在第一个 3 年内为 50 元，在第二个 3 年内为 100 元。通常，转换价格要依据该债券出售后发生的股票分割或者股票股利的情况而进行调整。比如，如果该公司的普通股按照 1:2 的比例进行分拆，那么转换价格就应当相应地变为原来的一半。与转换价格紧密联系的是转换比率的概念。转换比率是指可转换债券持有人通过转换可获得的普通股股数。转换比率与转换价格、债券面值之间存在如下关系：转换比率 = 债券面值 ÷ 转换价格。例如，一张面值为 1 000 元的债券，规定的转换价格为 50 元，那么该张债券的转换比率就是 2。我国《上市公司证券发行管理办法》规定：转股价格应不低于募集说明书公告日前 20 个交易日该公司的股票交易的均价和前一交易日的均价。

4. 转换溢价。在谈转换溢价之前，我们需要先了解一下"转换价值"的概念，所谓转换价值，是指将可转换债券以标的股票当前的价格转换时所能得到的价值。转换溢价就是转股价格超过转股价值的部分。在实务中，我们通常是用"转换溢价率"来表达，转换溢价率是转换溢价相对于转换价值的比率，用公式可以表示为转换溢价率 =（转换价格 − 股票当前价格）/股票当前价格。例如，某公司发行一种可转换债券，每张面值 1 000 元，若规可在 10 年内可以按照每股 40 元的价格将债券转换为该公司的普通股股票，普通股每股市价 35 元，则 C 公司的转换溢价为 5（=40−35）元，通常情况下，转换溢价用百分比表示，则有 14.29%（=5÷35×100%）。转换溢价率一般在 5%~20% 之间。

5. 票面利率，与普通债券一样，可转换公司债券也设有票面利率。可转换公司债券的票面利率通常要比普通债券的低，有时甚至还低于同期银行存款利率。可转换公司债券的票面利率之所以这样低是因为可转换公司债券的价值除了利息之外还有转换成普通股的期权这一部分，一般情况下，该部分的价值可以弥补股票红利的损失，这也正是吸引投资者的主要原因。

6. 赎回条款。赎回条款是可转换债券的发行企业可以在债券到期日之前提前赎回债券的规定，发行公司设立赎回条款的主要目的是降低发行公司的发行成本，避免因市场利率下降而给自己造成利率损失，同时也出于加速转股过程、减轻财务压力的考虑，赎回条款也被称为加速条款。赎回条款主要包括四个方面的内容：

（1）赎回保护期，也称不可赎回期。它是从债券发行时开始，不能被赎回的那段期间。大多数可转换债券具有赎回条款，且大多数赎回条款具有重要的限定或者保护。通常公司利用可转换债券会设计出对投资人保护程度强弱不一和保护长度长短不等的赎回条款。具体有以下4种：①绝对保护，在可转换债券存续期间，公司不得以任何理由要求赎回流通在外的可转债。②硬保护，在一个特定的禁止赎回期间（赎回权生效之前），公司不能赎回流通在外的可转债。③软保护，只要公司的股价超过转换价格一定的百分比时，公司就可以赎回流通在外的可转债。④无保护，在可转债存续期间，公司可以随时赎回流通在外的可转债。

（2）赎回期。赎回期是可转换债券的发行公司可以赎回债券的时间。不可赎回期结束之后，就进入了可赎回期。

（3）赎回价格。赎回价格是事先约定的，发行公司赎回债券的出价。赎回价格一般为可转换债券面值的103%~106%，高出债券面值的部分称为赎回溢价。需要注意的是，赎回溢价并不是一成不变的，它随着债券到期日的临近而减少。

（4）赎回条件。在标的股票的价格发生某种变化时，发行公司可以行使赎回权利。这是赎回条款中最重要的要素。按照赎回条件的不同，赎回可以分为无条件赎回和有条件赎回。无条件赎回是指发行公司在赎回期内可随时按照赎回价格赎回债券；有条件赎回是对赎回债券有一些条件限制，只有在满足了这些条件之后才能由发行公司赎回债券。国外通常把股价达到或超过转股价格的100%~150%作为涨幅界限，同时在该价格水平上维持30个交易日作为赎回条件。但我国2006年《上市公司证券发行管理办法》中并没有相应的明确规定。

7. 回售条款。回售条款是在可转换债券发行公司的股票价格达到某种恶劣程度时，债券持有人有权按照约定的价格将可转换债券卖给发行公司的有关规定。设置回售条款是为了保护可转换债券持有者的利益，使他们能够避免遭受过大的投资损失，降低投资风险。回售条款主要有以下几个要素：（1）回售期限，可转换公司债券一般将整个期限最后30%的时间作为回售时期，但如果可转换公司债券的期限在10年以上的，大都规定为5年。（2）回售价格。可转换公司债券的回售价格一般都比市场利率低，但远高于可转债的票面利率。（3）回售条件。当标的股票较长时间没有良好表现、转换无法实现时，可转债的持有者有权按指定的收益率将可转债出售给发行企业。我国《上市公司证券发行管理办法》规定，上市公司改变募集资金用途的，应赋予债券持有者一次回售的权利。

8. 特别向下修正条款。特别向下修正条款是指当标的股票价格表现不佳时，允许在预订的期限内将转换价格向下进行修正，设置特别向下修正条款的主要目的是保障债券持有人在持有期间，由于标的股票价格持续走低而无法行使转换权利时，仍能在约定的时点进行转股价格的重新设定，促使调整后的转股价接近于当时的股票价格，鼓励转债投资人选择转股来获利。另外，为了防止过度损害原有股东利益，涉及事项应由股东大会决议通过。我国《上市公司证券发行管理办法》规定：转股价格修正方案须提交公司股东大会表决，且需经出席会议的股东所持表决权的 2/3 以上同意。股东大会进行表决时，持有公司可转换债券的股东应当回避；修正后的转股价格不低于股东大会召开日前 20 个交易日该公司股票交易的均价和前一交易日的均价。

9. 担保和评级。根据我国《上市公司证券发行管理办法》第二十条规定，公开发行可转换公司债券，应当提供担保，但最近一期末经审计的净资产不低于人民币 15 亿元的公司除外。提供担保的，应当为全额担保，担保范围包括债券的本金及利息、违约金、损害赔偿金和实现债权的费用。以保证方式提供担保的，应当为连带责任担保，且保证人最近一期经审计的净资产额应不低于其累计对外担保的金额。证券公司或上市公司不得作为发行可转债的担保人，但上市商业银行除外。设定抵押或质押的，抵押或质押财产的估值应不低于担保金额。估值应经有资格的资产评估机构评估。另外，管理办法的第十七条规定，公开发行可转换公司债券，应当委托具有资格的资信评级机构进行信用评级和跟踪评级。资信评级机构每年至少公告一次跟踪评级报告。

可转换债券作为比较受欢迎的融资工具，有它的融资优势，比如：

1. 易于企业融资。首先，可转换债券具有转换特性，能够吸引投资者，而且可转换债券的转换价格通常都高于发行可转换债券时标的股票的市场价格，这可以使企业间接获得溢价发行股票的好处，由于溢价的存在，转换后的新增普通股股票的股数少于直接发行普通股股票的股数，这样减少了对股权的稀释。其次，在经济低迷时，股市疲软，直接发行股票价格偏低，融资成本太高，通过可转换债券进行融资可以相应降低融资成本，待到经济形势好转时，股票市价上升，投资者也很可能进行转换，这样发行人可以实现间接融资的目的。

2. 降低资金成本。可转换债券的票面利率往往比普通债券的利率还要低，投资者之所以愿意购买可转换债券，主要是因为可转换债券自身具有的普通股股票买入期权。

3. 增强资本结构的弹性。资本结构的弹性包括时间弹性、转换弹性和转让弹性。时间弹性指企业各种融资的期限是否具有灵活性，如能否缩短或者延长期限。可转换公司债券在转换前可以由发行公司收回，转换后形成公司的权益资本，因此具有一定的时间弹性。转换弹性是指企业某种形式的融资可以在一定条件下转换成另一种形式的融资，可转换债券当然具有转换的弹性，因为它可以转换成普通股。转让弹性是指企业的各种融资能否在市场上交易、转让，可转换公司债券作为流通工具，有流通市场，具有较强的转让弹性。

4. 弱化信息不对称问题。按照融资优序理论，好的公司总是倾向于先进行内部融资，然后是债务融资，最后才是股票融资。如果公司在市场上直接发行股票进行融资，可能向市场传递对公司不利的信号，而采用发行可转换债券进行融资则避免了这个问题。另外，投资者可以在日后将可转换债券转成普通股，这就实现了股权融资的最终目的。

然而，可转换债券也具有它自身的劣势，利用可转换公司债权进行融资可能的融资风险主要体现在两个方面：(1) 发行条款不能吸引投资者的目光或者公司自身经营状况不佳，都会增大发行风险。(2) 转股不成会使企业面临较大的财务风险。

四、可转换债券的价格

可转换债券定价是一个非常复杂的问题，大量学者已经应用了高深的数学工具，做了很多工作，也取得了丰富的成果。在这一节，我们只介绍可转换债券定价的基础方法，感兴趣的读者可以参阅《可转换债券投融资——理论与实践》（陈守红，2005）一书的相关章节。

（一）简化的情形

为了简化分析，我们先对没有赎回条款、回售条款、强制性转股而仅有转股权的可转换公司债券进行分析。这种简化了的可转换债券的价格取决于该可转换债券的纯债券价值和转换价值。我们在之前已经介绍了转换价值的概念。每张可转换债券的转换价值实际上等于转换比率与每股股票当前价格的乘积。当转换价格或转换比率未作调整时，转换价值的变化仅与标的股票的价格有关。假设某可转换债券面值为1 000元，转换比率为50，当股票的价格为10元/股时，该债券的转换价值为500元；当股票的价格为15元时，该债券的转换价值为750元。

另外影响可转换债券价格的是纯债券价值。可转换债券具有债券性一面，它也像普通债券一样规定了票面利率和期限，债券持有人在持有期间可以得到债券的利息以及到期时的本金。纯债券价值就是假设可转换债券永不被转换时，每份可转换债券的价值。此时，实际上是把可转换债券具有的转换期权取消掉，把可转换债券当做普通债券看待所具有的价值。根据我们之前所学的知识，普通债券的价值等于它的未来现金流量的贴现值。在这里，要计算纯债券的价值，需要选定贴现率。贴现率一般选择具有相同经营业绩、相同资信等级的普通债券收益率或者市场平均收益率。明显地，如果企业经营不善，贴现率就变大，纯债券价值就越小。反之，如果企业经营良好，贴现率就会变小，纯债券价值就会越来越大，但贴现率不会逐渐减小到零，贴现率的最小值应当是市场无风险利率，此时对应的价值便是纯债券价值的最大值。

从上面的分析可以看出，可转换债券价值的下限有两个：纯债券价值与转换价值。当企业经营状况不佳时，下限为纯债券价值；当企业经营状况良好时，下限为转换价值。可转换债券的最低价格并不仅仅表现为纯债券价值和转换价值两者中的较高者，因为可转换债券的持有者拥有是否转换以及何时进行转换的选择权，也就是说，他们可以等待最好的时机来作出转换与否的决策，以获得最高的支付。这种转换的选择权也是有价值的，我们将其称为期权价值，这使得可转换债券的价值总是大于它的下限（债券到期的情况除外）。

（二）进一步的讨论

上述分析只是告诉我们可转换债券价值的大致情况，并不能给出它的具体价格。实际上，可转换债券是一种极其复杂的信用衍生产品。它包含着众多的期权，比如债券持有者可以按照一定的价格在一定的期限内将债券转换为公司的股票，这种权利称为转股权；债券持有者可以在一定条件下按照一定的价格将该债券回售给发行人，这种权利称为回售权；发行人可以在一定条件下调整转股价格，这叫做转股价调低权，另外，发行人还可以在一定的条件下赎回可转换债券，这种权利称为赎回权。在这些期权当中，转股权和回售权属于投资者的多头期权，而转股价调低权和赎回权又是属于发行人的多头期权。可转换债券的发行人和持有者双方在各自行使期权时存在着复杂的博弈，这又使得可转换债券的定价更加复杂化。目前很多有关可转换债券定价的研究都无法得到解析解，只能求助于数值求解。罗伯特·惠利在其《衍生工具》一书中运用 Excel 工具对可转换债券进行定价，感兴趣的读者可以阅读该书的第 298～301 页。

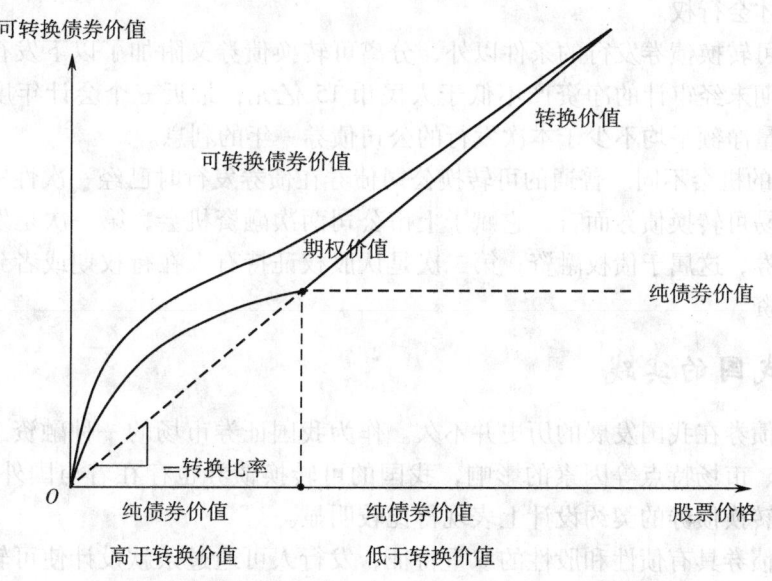

图 6 – 1 纯债券价值、转换价值、可转换债券价值、期权价值之间的关系

五、分离交易可转换债券

2006 年 5 月《上市公司证券发行管理办法》正式实施以来，分离交易可转换债券逐渐受到上市公司的青睐，2008 年它更是在我国一级市场占据主导地位。分离交易可转换债券是一种全新的可转债，它是"认股权和债券分离交易的可转换公司债券"的简称，该种债券中的公司债券和认股权分别符合证券交易所上市条件的，应当分别上市交易。作为可转债中的新品种，它和普通的可转换债券存在以下不同之处：

1. 到期日不同。普通可转换债券的认股权一般与债券同步到期。分离交易可转换债券"认股权证的存续期间不超过公司债券的期限，自发行结束之日起不少于六个月"。

2. 条款设定不同。普通可转换公司债券在发行时一般会增设赎回条款和回售条款。所谓赎回条款，是指当公司股票价格达到或者超过可转化价格一定幅度后，公司有权以一定的价格赎回可转换债券，这限定了投资者向上的获利空间。回售条款是指公司股票价格在一段时间内连续低于转股价格并达到一定幅度时，持有人有权以一定的价格将可转换债券回售给相关公司。分离交易可转换债券没有赎回条款和回售条款,认股权证单独交易。

3. 转股修正不同。普通可转换债券一般附有转股价格修正条款,当公司股票价格下跌到一定幅度时,发行人有权或者必须将转股价格下调一定幅度,这有利于保护债券持有人的利益,但同时也使发行人通过向下修正转股价格促使转股从而给投资者带来了损失。对于分离交易可转换债券,即使在标的股票价格大幅下跌后,认股权证的行权价格也不会作出修正,增加了权证持有者的风险。但公司为了发挥可分离转换债券二次融资的功能,会通过加强管理提升业绩来促使估价保持在权证的执行价格之上,这样权证到期后持有者才会行权。

除具备可转换债券发行的条件以外,分离可转换债券又附加了以下发行条件:发行公司最近一期末经审计的净资产不低于人民币15亿元;最近三个会计年度经营活动产生的现金流量净额平均不少于本次发行的公司债券一年的利息。

4. 融资的机会不同。普通的可转换公司债券在债券发行时已经一次性完成融资,但对于分离交易可转换债券而言,它赋予上市公司两次融资机会,第一次是发行附认股权证的公司债券,这属于债权融资;第二次是认股权证持有人在行权期或者到期行权,这属于股权融资。

六、我国的实践

可转换债券在我国发展的历史并不久。作为我国证券市场的一种融资工具,由于受到法律法规、市场特点等因素的影响,我国的可转换债券也存在着与国外不同的地方,这一点在可转换债券的契约设计上表现得比较明显。

可转换债券具有债性和股性的双重特征,发行人可通过条款设计使可转换债券更趋向于股性或者债性,以体现其不同的融资偏好。不少学者,如牟晖等(2006),经过研究发现,我国的可转换债券表现出了偏股性。可转债股性较强,发行者设计的初衷是期望未来大部分可转债转换为公司股票。以下我们分别从赎回保护类型、发行期限、票面利率、转股条款等方面来分析我国可转换债券的特点。

1. 从赎回保护类型来看,王冬年、杨淑娥(2007)发现,我国在2000~2004年间发行的35只可转债,只有1只是绝对保护,另外34只属于硬保护,这34只可转债禁止赎回保护期有6个月保护期、12个月保护期和2年保护期三种。从数据上看,我国可转换债券对赎回保护方面的设计比较一致。作者认为,这种一致性虽然与目前美国及国际可转债赎回条款设计的主导类型相符,但它并不是可转债发行人自行选择的结果,而是体现出我国可转债融资法规的强制效应。

2. 从可转换债券的发行期限来看,在王冬年、杨淑娥(2007)的35家样本公司中,有31家规定了5年,仅有4家选择了3年。明显短于国外可转债公司债权一般规定的10年以上。当然这也可能很大程度归因于2006年5月正式实施的《上市公司证券发行管理办法》将可转换债券的期限规定最短为1年、最长为6年。

3. 在票面利率方面,杜金岷、黄勇民(2007)以2002年1月1日至2006年10月

31日作为样本期间,剔除属于金融类公司的可转债,得到36个样本。样本公司的实际票面利率都很低廉,平均只有1.81%,并且差异很小,多数在1.87%,最高也只有2.28%。美国市场上的票面利率一般比较高,差异也较大,多数在5%以上,最高达到10%以上。

4. 在转股条款(包括转股期、转股价和初始溢价率)的设计方面,我国《可转换公司债券管理暂行办法》规定"上市公司发行的可转换公司债券,在发行结束6个月后,持有人可以依据约定的条件随时转换股份"。王冬年、杨淑娥(2007)发现,在2000~2004年发行的可转债的35家上市公司中有30家把转股期限设定在发行结束6个月后,仅有5家把转股期限设定在发行结束12个月后。杜金岷、黄勇民(2007)的样本公司中大部分可转债期限都是5年,少数几只为3年,2006年有2只期限为6年。与我国形成鲜明对比的是,发达市场期限大多在10年以上。

可转债转股价格的确定与国际上通行的一致,即以发行前一个月或一周的股票收盘价的平均值为基础,再上浮一定比例作为转股价格。王冬年、杨淑娥(2007)和杜金岷、黄勇民(2007)都发现,发行人把可转债初始溢价率定得很低,王冬年、杨淑娥(2007)经过计算发现,平均初始溢价率2000年为4.44%,2002年为4.8%,2003年迅速下降到1.0257%,2004年为1.3%。杜金岷、黄勇民(2007)经过统计后,得到我国转换溢价率的均值和中值分别为2.61%和3.62%,大多在3个百分点左右,但差异较大。发达市场上可转债的转换溢价率一般在15%~30%,其中以20%~25%居多。我国可转换债券过低的初始溢价率使得可转债逐渐蜕变成一种变相的增发,侵害了流通股股东的利益。

第五节 融资租赁

现代租赁于20世纪50年代诞生于美国,并在之后得到迅猛发展。20世纪60年代至70年代,全球融资租赁业务额年均增长达30%,主要分布在美洲、欧洲和拉丁美洲。作为一种将"融资"与"融物"有机地结合为一体的新型融资手段,融资租赁被称为是金融业继银行、证券、保险和信托之后的"第五大支柱产业"。本节我们将学习融资租赁的主要概念以及如何进行融资租赁决策。

一、租赁的主要概念

租赁是在约定期间内,出租人将资产使用权让与承租人以获取租金的协议。租赁涉及的主要概念如下:

(一)租赁的当事人

租赁合约的当事人至少包括出租人和承租人两方,出租人是标的资产的所有者,承租人是标的资产的使用者。按照租赁当事人之间的关系,可以将租赁分为三种类型:

1. 直接租赁。租赁的出租人直接向承租人提供标的资产,在这种类型的交易中只涉

及出租人和承租人两方。

2. 杠杆租赁。杠杆租赁至少有三方面的人参加：贷款人、出租人、承租人。某些标的资产过于昂贵，出租人不愿或无力独自购买并将其出租，它在引入资产时只支付所需款项的一部分，其余款项则以该资产为抵押向另外的贷款者借入，待资产出租之后，出租人以向承租人收取的租金来偿还借款。

3. 售后租回。承租人先将标的资产出售给出租人，再将该资产租回的一种租赁形式，这样承租人一方面得到了资金，另一方面通过租赁满足了对资产的需求。

（二）标的资产

所谓标的资产就是租赁合同中涉及的资产。

（三）租赁费用

租赁费用是承租人向出租人支付的款项，包括了出租人进行该项租赁业务的成本和利润。租赁费用的报价形式有三种：合同中分别约定租金、利息和手续费；合同中分别约定租金和手续费，此时将出租人的利润隐含在租金当中；合同只约定一项综合租金，综合租金中包含了出租人为该租赁业务所发生的所有成本和利润。

在租赁费用方面，特别需要注意租金的支付形式，不同的租赁合同对租金支付的时间规定可能不一样，有些可能在每期的期初，也可能在期末，还有可能每期支付的租金金额不相等，等等。

（四）租赁期

租赁期指租赁开始日到终止日的时间。根据租赁时间的长短可以把租赁分为长期租赁和短期租赁。长期租赁的时间接近租赁资产的经济寿命，而短期租赁时间明显要短。

（五）租赁是否可以撤销

根据租赁合同是否可以随时撤销分为可以撤销合同和不可撤销合同。如果合同中注明承租人可以随时解除合同，那么该合同为可撤销合同。不可撤销合同是指承租人不能单方面解除的租赁合同，并不是不能撤销的合同。如果承租人要解除不可撤销合同，需要征得出租人的同意或者支付一定数额的违约金。

（六）租赁资产的维修费用由谁支付

租赁资产的维修费用可能由出租人支付也可能由承租人支付。如果维修费用由出租人支付，那么该租赁也称为毛租赁，如果是由承租人承担则称为净租赁。

我们这一章所要讲解的融资租赁是租赁中很重要的一部分内容，根据租赁的目的对租赁进行分类可以划分为融资租赁和经营租赁。一般来说，融资租赁和经营租赁的合同具有一些比较典型的特征，比如典型的融资租赁合同是长期的、不可撤销的净租赁。当然要对融资租赁进行正确的划分并不是一件容易的事情，我们将在下一部分详细讲解。

二、融资租赁的判断标准

在财务、会计和税务意义上对租赁的定义和处理并不完全一致，我们在学习过程中需要注意加以甄别。首先来看在财务会计准则中对"租赁"以及"融资租赁"的一些规定。

《企业会计准则第21号——租赁》在第二条和第五条分别给出了租赁和融资租赁的定义,"租赁,是指在约定的期间内,出租人将资产使用权让与承租人,以获取租金的协议"。"融资租赁是指实质上转移了与资产所有权有关的全部风险和报酬的租赁。其所有权最终可能转移,也可能不转移"。所谓"实质上转移了与资产所有权有关的全部风险和报酬",按照准则规定,满足下列标准之一的,应认定为融资租赁,否则就是经营租赁:

1. 在租赁期届满时,资产的所有权转移给承租人。
2. 租赁资产性质特殊,如果不作较大修整,只有承租人才能使用。
3. 承租人有购买租赁资产的选择权,所订立的购价预计远低于行使选择权时租赁资产的公允价值,因而在租赁开始日就可合理地确定承租人将会行使这种选择权。
4. 租赁期占租赁资产使用寿命的大部分。
5. 就承租人而言,租赁开始日最低租赁付款额的现值几乎相当于租赁开始日租赁资产的公允价值。

在上述五点中,需要说明的是,第三条标准提到的"远低于行使选择权时租赁资产的公允价值"一般认为购价应该小于或者等于行使选择权时租赁资产的公允价值的25%,第4条中提到的"使用寿命的大部分"是指租赁期占租赁开始日租赁资产使用寿命的75%以上(含75%),此外第4条标准是有前提条件的,即如果租赁资产是旧资产,在租赁前已使用年限超过资产自全新时起算可使用年限的75%以上时,则这条判断标准不适用,此时即使租赁期等于该资产剩下的可使用年限,也不能确认为融资租赁。第5条标准中提到的"几乎相当于"指的是租赁开始日最低租赁付款额的现值不低于租赁开始日租赁资产公允价值的90%。最低租赁付款额指的是在租赁期内,承租人应支付或可能被要求支付的款项(不包括或有租金和履约成本),加上由承租人或与其有关的第三方担保的资产余值,但是出租人支付但可退还的税金不包括在内。对最低租赁付款额进行折现所用的折现率的选择依据如下方法:承租人在计算最低租赁付款额的现值时,如果知悉出租人的租赁内含利率,应当采用出租人的租赁内含利率作为折现率;否则,应当采用租赁合同规定的利率作为折现率。如果出租人的租赁内含利率和租赁合同规定的利率均无法知悉,应当采用同期银行贷款利率作为折现率。

如果一项租赁业务在会计意义上属于融资租赁,那么站在承租人的角度应该如何进行会计处理呢?按照准则规定,在租赁开始日,承租人应当将租赁开始日租赁资产公允价值与最低租赁付款额现值两者中较低者作为租入固定资产的入账价值,将最低租赁付款额作为长期应付款的入账价值,其差额作为未确认融资费用。未确认融资费用在以后各个期间采用实际利率法进行摊销。

在税务上,把租赁划分为可直接抵扣租赁和不可直接抵扣租赁。所谓可直接抵扣租赁,是指租赁费可以直接从当期应税所得中直接抵扣的租赁。由于我国税法上对租赁的规定存在不明确的地方,不同的教材对这一部分的理解也不一样,我们在本章主要采用的是2011年注册会计师全国统一辅导教材《财务成本管理》一书中所用的方法。依据我国2008年修改后的所得税法及其实施条例的精神,在税务上采用会计准则对于融资租赁和经营租赁的分类方法和确认标准对租赁进行划分。在财务会计准则中可以资本化的租赁（即融资租赁）就是税务意义上的不可直接抵扣租赁，在财务会计准则中必须费用化的租赁（即经营租赁）就是税务意义上的可直接抵扣租赁。另外，依据我国《企业所得税法》的有关规定，以经营租赁方式租入固定资产发生的租赁费支出，按照租赁期均匀扣除，而以融资租赁方式租入固定资产发生的租赁费支出，按照规定构成融资租入固定资产价值的部分应当提取折旧费用，分期扣除。规定当中提到的构成融资租入固定资产价值的具体内容，由于税法上没有特别指明因此可以理解为遵从会计准则的有关规定，所谓"分期扣除"指的就是税法规定的折旧分期。①

财务意义的"融资租赁"与会计和税务意义上的"融资租赁"存在着较大的不同。"一项租赁合同，只要是长期的、不可撤销的租赁，在财务上都属于融资租赁，需要采用融资租赁的决策分析方法，而不管它在会计上是否需要资本化，也不管它在税务上是否可以直接扣除"②，因此财务意义上的融资租赁在会计以及税务意义上有可能是经营租赁，也有可能是融资租赁。比如，如果企业签订了一份6年、租金现值44万元的不可撤销租赁合同，该标的设备价值50万元，预计使用寿命为10年，并且回避了有关租赁期满所有权转移的条款，那么这种租赁行为在会计及税务上是经营租赁，但在税务上却是融资租赁。由于在税务意义上，经营租赁和融资租赁所引起的现金流有可能是不一样的，我们在财务意义上分析融资租赁时就必须分成两种情况来进行分析，一种是会计或税务意义上的经营租赁，另一种是会计或税务意义上的融资租赁。

三、融资租赁决策分析框架

承租人在进行融资租赁决策时通常面临两个问题：第一个问题是如果是自行购买资产，该项目是否值得投资？第二个问题是该项资产应通过哪种方式获得，是自行购买还是租赁？对于融资租赁决策的分析框架大致如图6-2所示。分析人员首先计算在购买资产进行项目投资情况下该项目的净现值 $NPV(P)$，如果该项目的净现值为正，那么就按照框架图的左侧分支，并沿左侧分支计算 NAL（NAL 指采用租赁方案与采用购买方案相比现金流量的差值）。如果 NAL 为正，表明租赁与购买相比提供了更多的正的净现值，因此应该选择租赁方案；如果 NAL 为负，表明租赁与购买相比提供的净现值较少，因此应该选择购买方案。假设采用购买方案时，该项目的净现值为负，表明以购买资产的方式进行该项目投资并不可行，但这并不意味着该项目就应予以抛弃，因为仍可能可以采用购租赁方案，所以我们同样需要检验采用租赁方案与采用购买方案形成的现金流量净现值的差异。如果 NAL 大于0并且 NAL 的绝对值大于 $NPV(P)$ 的绝对值，那么采用租赁方案给该项目带来的净现值是大于0的，在这种情况下，租赁方案是可行的，否则租赁方案也不可行，那么该项目必须放弃。

---

① 这部分内容引自中国注册会计师协会：《2011年度注册会计师全国统一考试辅导教材——财务成本管理》，341页，北京，中国财政经济出版社，2011。

② 引自中国注册会计师协会：《2011年度注册会计师全国统一考试辅导教材——财务成本管理》，345页，北京，中国财政经济出版社，2011。

第六章 资本市场与长期筹资

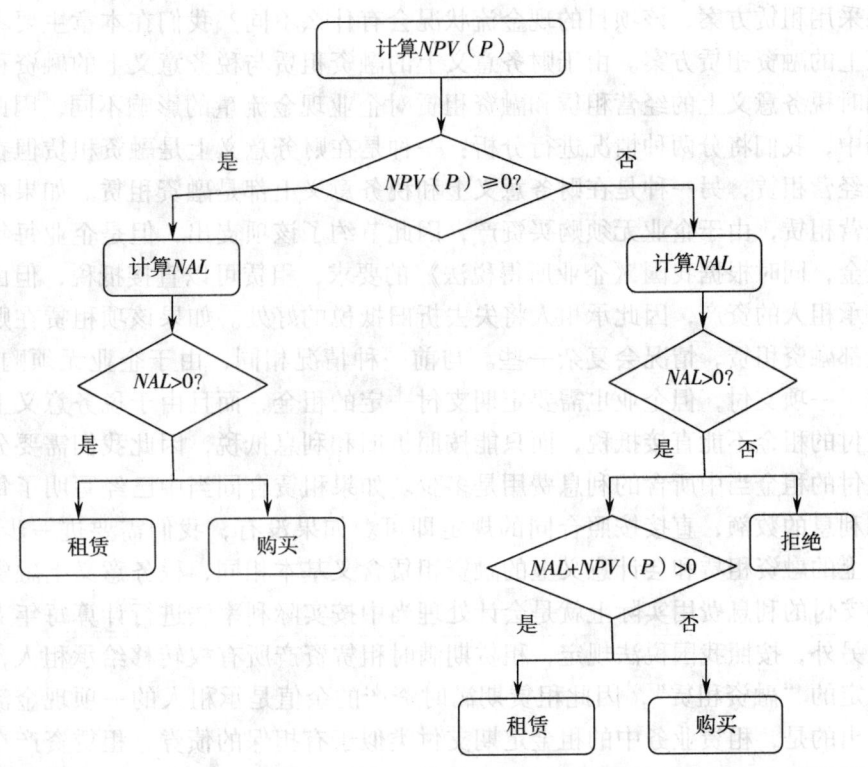

图 6-2 购买—租赁决策分析框架

从上面的分析，我们可以看出，到底是采用购买方案还是采用租赁方案，分析的重点在于在两种情况下该项目的现金流量。因此，接下来我们就来分析在两种方案下影响该项目现金流的因素。

我们首先来看一下在购买方案下，该项目的现金流状况。购买方案下该项目经营期间大致可以分成两个部分：项目建设期和项目运营期。假设整个项目从开始到结束总共需要经历 N 年。为简化分析，我们一般假设项目建设期为 0，即为时刻 0，即该项目所用的设备购买之后无须安装，可以立即使用。在时刻 0 发生的现金流一般用 $NCF_0(P)$ 表示，它是支付购买该设备的价款，是现金流支出。而在项目运营期间情况稍微复杂一些。在项目运营期间，每年可能会增加收入或者减少支出，而且这些增加的收入或者减少的支出通常都假设是在年末发生的。另外，设备的折旧费可以起到抵税的作用，第 N 年末企业可能将资产变现，如果变现价值低于该资产税务意义上的账面价值的话，损失部分还可以抵税。假设 CF_t 表示经营性现金流量，D_t 表示按照税法规定的年限计提的年折旧额，T 表示税率，t 表示年份，则在购买方案下从第 1 年到第 $N-1$ 年每年的净现金流量为 $NCF_t(P) = (1-T) \times CF_t + T \times D_t$，它们一般都表现为正数。假设企业在最后一年将资产变现，变现价值为 NV，税务意义上的变现损失为 L，那么变现损失可以抵税 $T \times L$，所以第 N 年的净现金流量为 $NCF_N(P) = (1-T) \times CF_N + T \times (L + D_N) + NV$。最后，将各年的净现金流量进行折现可以得到购买方案下该项目的净现值。

如果采用租赁方案,该项目的现金流状况会有什么不同?我们在本章主要考察的是财务意义上的融资租赁方案。由于财务意义上的融资租赁与税务意义上的融资租赁存在差异,同时税务意义上的经营租赁和融资租赁对企业现金流量的影响不同,因此,在租赁方案当中,我们将分两种情况进行分析:一种是在财务意义上是融资租赁但在税务意义上却是经营租赁,另一种是在财务意义上和税务意义上都是融资租赁。如果在税务意义上是经营租赁,由于企业无须购买资产,因此节约了该项支出,但是企业每年需支付一定的租金,同时根据我国《企业所得税法》的要求,租赁可以直接抵税,但由于该项资产不是承租人的资产,因此承租人将失去折旧抵税的好处。如果该项租赁在财务和税务意义上都融资租赁,情况会复杂一些。与前一种情况相同,由于企业无须购买资产,因此节约了一项支付,但企业也需要定期支付一定的租金,而且由于税务意义上的融资租赁其支付的租金不能直接抵税,而只能按照折旧和利息抵税,因此我们需要分析每年承租人支付的租金当中所含的利息费用是多少。如果租赁合同当中已经写明了每年支付的本金和利息的数额,直接按照合同的规定即可。如果没有,我们需要进一步的分析:税务意义上的融资租赁和会计意义上的融资租赁含义基本相同,税务意义上融资租赁过程中每年支付的利息费用实际上就是会计处理当中按实际利率法进行计算每年支付的实际利息。另外,按照我国税法规定,租赁期满时租赁资产所有权转移给承租人,则属于税法上认定的"融资租赁",因此租赁期满时资产的余值是承租人的一项现金流入。需要特别指出的是,租赁业务中的租金定期支付类似于有担保的债券,租赁资产在经济意义上可以看做租赁融资的担保物,租赁业务的现金流量类似于债务的现金流量,因此对租赁业务过程发生的现金流量进行折现所用的折现率一般是采用有担保债券的税后成本。而在租赁期届满时,归承租人持有的资产的经营风险要明显高于该企业进行借款的风险,因此租赁期结束时收到的资产余值所代表的现金流量应采用项目的必要报酬率来进行折现,它与租赁业务过程中现金流量所用的折现率并不相同。

下面我们举一个具体的例子来说明如何进行融资租赁决策。

[例6-5]① A公司是一家制造企业,拟添置一台设备,有关资料如下:

如果自行购置该设备,预计购置成本1 260万元,税法折旧年限为7年,残值率为购置成本的5%。预计该设备可以降低生产成本(税后)250万元/年,至少可以持续5年。预计该设备5年后的变现价值为350万元。

B租赁公司表示可以为此项目提供融资,并提供了如下租赁方案:每年租金298.88万元,在每年末支付;租期5年,租赁期内不得撤租;租赁期满时设备所有权不转让。

A公司的所得税税率为30%,税前借款(有担保)利率为10%,项目的资本成本为12%。

我们先假设企业如果直接购买该项资产来对该项目进行投资。如果直接购买该资产,那么在时刻0,企业需要支付1 260万元,因此$NCF_0 = -1\,260$万元,该资产每年税

---

① 本例题引自中国注册会计师协会:《2011年度注册会计师全国统一考试辅导教材——财务成本管理》,347页,北京,中国财政经济出版社,2011,解答部分由作者自行整理。

务意义上的折旧额为 1 260 × (1 - 5%) ÷ 7 = 171 (万元),因此每年末可以抵税 171 × 30% = 51.3 (万元),另外该设备可以使企业每年降低 250 万元的税后生产成本,因此项目运营期的第 1 年到第 4 年,每年末的现金流量为 $NCF = 250 + 51.3 = 301.30$ (万元)。根据题意,该设备在第 5 年末的变现价值为 350 万元,但在税务意义上在第 5 年末该设备的账面价值应当为 1 260 - 171 × 5 = 405 (万元),因此若将该设备变现将实现损失 55 万元,可以抵税 16.5 万元。该项目在第 5 年末带来的净现金流量 $NCF_5 = 250 + 51.3 + 350 + 16.5 = 667.8$ (万元)。因此,若采用购买设备,则该项目净现值为

$$NCF = NCF_0 + NCF \times (P/A, r, N-1) + NCF_N \times (P/F, r, N)$$
$$= -1\ 260 + 301.3 \times (P/A, 12\%, 4) + 667.8 \times (P/F, 12\%, 5)$$
$$= 34.08(万元)$$

因此,如果购买设备,该项目净现值大于 0,值得投资。

接下来探讨如果采用租赁方式,是否会比采用购买方式更适合。我们需要首先判断该项租赁在税务意义上,同时也是在会计意义上,是经营租赁还是融资租赁。分析如下:按照合同规定,租赁期满时资产所有权不转让;租赁期占资产税法使用年限 71%,低于规定的 75%。最低租赁付款额的现值 = 298.88 × (P/A, 10%, 5) = 1 132.99 (万元),低于租赁资产的公允价值的 90%,因此,该租赁合同的租金可以直接抵税。每年租金抵税额为 298.88 × 30% = 89.664 (万元)。下面我们对采用租赁方案与采用购买方案进行比较。如果采用租赁方案,企业无须购买该设备,在时刻 0 时,现金流出量为 0,此时两种方案的差异现金流量为 $\Delta NCF_0 = 0 - (-1\ 260) = 1\ 260$ (万元)。如果采用租赁方案,每年因租赁支付的税后现金流出量为 298.88 - 89.664 = 209.216 (万元)。采用租赁方案每年同样可以节约税后生产成本 250 万元,因此,从第 1 年到第 4 年,两种方案每年的差异现金流量 $\Delta NCF = -209.216 + 250 - 301.3 = -260.516$ (万元)。最后一年的情形比较复杂,如果采用租赁方案的话,最后一年资产并不归承租人所有,因此承租人既没有设备余值变现现金流入,也不会产生变现损失的抵税效应。在租赁方案下,第 5 年的现金流量仍只包含两个方面,节约的税后生产成本 250 万元和支付的税后租金 209.216 万元。而在购买方案中,第 5 年现金流量既包含与生产经营活动相关的 301.3 万元,即节约的税后生产经营成本 250 万元和折旧抵税 51.30 万元,也包含了第 5 年末设备处置的相关现金流量 366.5 万元,即设备变现的 350 万元和变现损失抵税的 16.5 万元。这两部分现金流量在企业购买设备进行项目投资的情况下都是按照项目报酬率来进行折算的,但在租赁方式下却不一样,因为生产经营活动现金流是与租赁业务相关的,应当用租赁业务的必要报酬率(即有担保债券的税后成本)来进行折现,而资产处理的现金流量则是与企业的项目风险相关。因此第 5 年在两种方案下的现金流量差异时应当把差异分成两部分,一部分是生产经营业务的现金流量差异,它与前 4 年相同,都是 -260.516 万元,另一部分是资产处理业务现金流量差异为 -366.5 万元。因此,租赁方案相对于购买方案的差异净现值为

$$\Delta NPV = 1260 + (-260.516) \times (P/A, 7\%, 5) + (-366.5) \times (P/F, 12\%, 5)$$
$$= -16.12(万元)$$

由于 $\Delta NPV<0$，租赁方案不如购买方案，因此租赁方案不可行。

刚才我们介绍了税务上为经营租赁而财务上为融资租赁情况下的企业如何进行决策，接下来我们介绍税务上和财务上均为融资租赁的情况下企业如何进行融资租赁。

[**例 6-6**][①] 假设租赁双方的所得税税率均为30%，合同规定在租赁期满租赁资产归承租人所有，并为此需向出租人支付资产余值价款350万元，其他资料与[例6-5]相同。

[例6-6]的分析思路与[例6-5]大致相同。只是由于在合同中规定了租赁期满时资产归承租人所有，因此，这项租赁业务在税务上也属于融资租赁。租赁类型的改变会影响该项业务对企业现金流量。我们接下来探讨企业现金流量产生的变化：主要的变化在于项目运营期间，承租人每年支付的租金不能直接抵税，但在税务意义的融资租赁中，企业可以对融资租入的资产计提折旧。另外在承租人每年支付的租金中只有属于利息支付的部分才可以抵税。因此，我们首先需要知道在该项融资租赁业务中每年支付的实际利息的数额。根据会计上的处理方法，每年支付的实际利息是各年初摊余成本与实际利率的乘积。按照会计上的规定，入账价值就是该项设备第一年的年初摊余成本（初始摊余成本）。依题意，很容易得到该项设备的入账价值是按照最低租赁付款额现值与设备公允价值孰低来确定，最低租赁付款额现值为1 331.58万元，公允价值为1 260万元，因此设备入账价值为1 260万元。由于设备的入账价值为公允价值而非最低租赁付款额现值，因此需要重新计算实际利率。假设实际利率为 i，则有

$$298.88 \times (P/A, i, 5) + 350 \times (P/F, i, 5) = 1\ 260 (万元)$$

利用插值法可得，$i=12.4543\%$。根据初始摊余成本和实际利率可以得到如下摊销（见表6-6）：

表6-6 租金区分为还本金额和付息金额

年数	年初未还本金	实际利息	当年归还的本金	年末未还本金
1	1 260	156.92	141.96	1 118.04
2	1 118.04	139.24	159.64	958.41
3	958.41	119.36	179.52	778.89
4	778.89	97.01	201.87	577.02
5	577.02	71.86	227.02	350

由此我们可以得到租赁决策与购买决策下该项目前4年每年现金流量差异情况：

$\Delta NCF_0 = 0 - (-1\ 260) = 1\ 260(万元)$

$\Delta NCF_1 = -298.88 + 156.92 \times 30\% + 51.3 + 250 - 301.3 = -251.80(万元)$

$\Delta NCF_2 = -298.88 + 139.24 \times 30\% + 51.3 + 250 - 301.3 = -257.11(万元)$

$\Delta NCF_3 = -298.88 + 119.36 \times 30\% + 51.3 + 250 - 301.3 = -263.07(万元)$

---

① 本例题引自中国注册会计师协会：《2011年度注册会计师全国统一考试辅导教材——财务成本管理》，351页，北京，中国财政经济出版社，2011，解答部分由编者自行整理。

$\Delta NCF_4 = -298.88 + 97.01 \times 30\% + 51.3 + 250 - 301.3 = -269.78(万元)$

第5年的现金流量也分成两个部分：生产运营业务和资产处置业务，生产运营业务的现金流量差异的计算方法与前面四年一致：

$\Delta NCF_5 = -298.88 + 71.86 \times 30\% + 51.3 + 250 - 301.3 = -277.32(万元)$

同时，资产处理业务的现金流量差异为 $\Delta NCF_5 = -350$（万元）。

根据上述计算过程，我们便可以得到两者方案的差异净现值为

$\Delta NPV = 1\,260 - 251.80 \times 0.9346 - 257.11 \times 0.8734 - 263.07 \times 0.8136$
$\quad\quad - 269.78 \times 0.7629 - 277.32 \times 0.7130 - 350 \times 0.5674 = -16.78(万元)$

因此，在这种情况下，相比于购买决策，租赁决策的差额净现值小于0，仍应该选择购买设备并进行项目投资。

【本章小结】

1. 企业生命周期大致可以分为四个阶段：初创期、成长期、成熟期和衰退期。在每个生命周期阶段都有与其相对应的融资结构。

2. 销售百分比法是一种较为简单的资金需要量预测方法。它假设收入、费用、资产、负债与销售收入之间存在稳定的百分比关系，因此可以根据预计的销售收入和相应的百分比来预测资产、负债和所有者权益的总额，而后再确定融资的需求。

3. 以可获得的内幕信息和公众信息在价格中的反映程度为基础，可以将有效资本市场划分为三种形式：弱式有效、半强式有效和强式有效。对弱式有效市场的检验主要为收益可预测性测试；对半强式有效市场的检验大致分为两类：事件研究和评估职业经理的市场表现；对强式有效市场的实证检验主要是从两个方面进行：一方面是观察在好消息（或坏消息）公开前，股市的价格中是否已经开始出现上升（或下跌）的趋势，另一方面是检验市场的参与者行为能否获得额外收益。

4. 企业首次公开发行股票应符合相关的条件，并且按照规定的程序进行操作。在首次公开发行股票过程中，股票定价是非常关键的一部分。目前所使用的股票定价方法主要有固定价格定价法、市场询价法和竞价发行三种。

5. 对首次公开发行股票的理论研究存在三大谜团：IPO抑价、新股的长期弱势现象和"热销市场"现象。

6. 权证是发行人和持有者之间的一种契约，赋予持有者在约定的时间以约定的价格买入或卖出一定数量的标的资产。最基本的权证通常包括四个要素：相关主体、标的资产、附带权利和特别条款。影响权证定价的重要因素主要包括相关资产的价格、权证的时间价值和权证的引伸波幅。在对认股权证进行定价时，必须考虑认股权证的稀释效应。

7. 可转换债券是指某种债券，其持有者可以选择将其转换成同一公司的普通股股票。我国可转换债券的发行条款通常包括发行期限、转换期、转换价格、转股溢价、票面利率、赎回条款、回售条款、特别向下修正条款、担保和评级等。可转换债券价值包

括纯债券价值、转换价值和时间价值三个部分。可转换债券具有债性和股性的双重特征。

8. 财务、会计和税法上对融资租赁的理解并不完全相同，需要我们在学习过程中认真加以区别。在财务上，承租人在进行融资租赁决策时通常面临两个问题：第一个问题是如果是自行购买资产，该项目是否值得投资？第二个问题是该项资产应通过哪种方式获得，是自行购买还是租赁？

【思考与练习题】

1. 企业资金需要量的预测方法有哪几种？如何进行预测？
2. 简述有效市场理论的含义。
3. 什么是 IPO？出现 IPO 抑价的可能原因有哪些？
4. 可转换债券的发行条款有哪些？我国发行的可转换债券在契约设计方面有哪些特点？
5. 请简述可转换债券的价值包含哪几个部分，如何确定。
6. 已知：甲、乙两个企业的相关资料如下：

资料一：甲企业历史上现金占用与销售收入之间的关系如下表所示。

年份	销售收入（万元）	现金占用（万元）
2001	10 200	680
2002	10 000	700
2003	10 800	690
2004	11 100	710
2005	11 500	730
2006	12 000	750

资料二：乙企业 2006 年 12 月 31 日资产负债表（简表）如下表所示。

乙企业资产负债表（简表）
2006 年 12 月 31 日　　　　　　　　　　　　　　　　单位：万元

资产		负债和所有者权益	
货币资金	750	应付费用	1 500
应收账款	2 250	应付账款	750
存货	4 500	短期借款	2 750
固定资产净值	4 500	公司债券	2 500
		实收资本	3 000
		留存收益	1 500
资产合计	12 000	负债和所有者权益合计	12 000

该企业 2007 年的相关预测数据为：销售收入 20 000 万元，新增留存收益 100 万元；不变现金总额 1 000 万元，每元销售收入占用变动现金 0.05，其他与销售收入变化有关的资产负债表项目预测数据如下表所示。

现金与销售收入变化情况表　　　　　　　　单位：万元

年份	年度不变资金（a）	每元销售收入所需变动资金（b）
应收账款	570	0.14
存货	1 500	0.25
固定资产净值	4 500	0
应付费用	300	0.1
应付账款	390	0.03

要求：

（1）根据资料一，运用高低点法测算甲企业的下列指标：

①每元销售收入占用变动现金；②销售收入占用不变现金总额。

（2）根据资料二为乙企业完成下列任务：

①按步骤建立总资产需求模型；②测算 2007 年资金需求总量；③测算 2007 年外部筹资量。

7. 为扩大生产规模，F 公司拟添置一台主要生产设备，经分析该项投资的净现值大于零。该设备预计使用 6 年，公司正在研究是自行购置还是通过租赁取得。相关资料如下：

如果自行购置该设备，需要支付买价 760 万元，并需支付运输费 10 万元、安装调试费 30 万元。税法允许的设备折旧年限为 8 年，按直线法计提折旧，残值率为 5%。为了保证设备的正常运转，每年需支付维护费用 30 万元，6 年后设备的变现价值预计为 280 万元。

如果以租赁方式取得该设备，租赁公司要求的租金为每年 170 万元，在每年末支付，租期 6 年，租赁期内不得退租。租赁公司负责设备的运输和安装调试，并负责租赁期内设备的维护。租赁期满设备所有权不转让。

F 公司适用的所得税税率为 25%，税前借款（有担保）利率为 8%，该投资项目的资本成本为 12%。要求：

（1）计算租赁资产成本、租赁期税后现金流量、租赁期末资产的税后现金流量。

（2）计算租赁方案相对于自行购置方案的净现值，并判断 F 公司应当选择自行购置方案还是租赁方案。

【参考文献与推荐阅读书目】

［1］戴书松：《财务管理》，北京，经济管理出版社，2006。

［2］杨朝军、费一文：《现代公司金融学（第二版）》，上海，上海交通大学出版社，2007。

［3］罗伯特·惠利著，胡金焱、王起、李颖译：《衍生工具》，北京，机械工业出版社，2010。

［4］张晋生：《公司金融》，北京，清华大学出版社/北京交通大学出版社，2010。

［5］汤谷良：《财务管理案例》，北京，北京大学出版社，2007。

［6］中国注册会计师协会：《2011年度注册会计师全国统一考试辅导教材——财务成本管理》，北京，中国财政经济出版社，2011。

［7］宋邵杰、曾祥文：《权证理论与套利策略》，广州，广东经济出版社，2005。

［8］李颂慈：《窝轮大时代：解读认股权证》，上海，上海交通大学出版社，2005。

［9］李颂慈：《权证大智慧》，北京，中国金融出版社，2008。

附录 正股价格变化对认股权证理论价值的影响

正股（认股权证的标的资产）的价格及其变动会对认股权证的理论价值产生很大的影响，我们可以通过观察正股价格本身及引伸波幅（主要由正股价格波动来决定）的变动对认股权证的理论价值的影响来分析。认股权证的理论价值的获取可以用本章中介绍的模型得到，也可以利用目前有关公司或者机构提供的权证计算器来进行计算。①我们以中国移动发行的编号为29085名称为"中移法兴109A"为例，利用法国兴业证券（香港）有限公司提供的权证计算器来计算认股权证的理论价值，并进行分析。

中移法兴109A认股权证属于认购权证，该权证于2011年2月25日上市，2011年9月5日到期，最后交易日为2011年8月30日。权证行权价为79.88港元，换股比率为10。

假设在2011年8月22日，正股价格为78元，引伸波幅为18.04%，通过权证价格计算器得到该权证的理论价值为0.042港元。表1列示了2011年8月23日正股价格介于77.7港元到78.3港元之间、引伸波幅位于16.24%～19.84%之间认股权证的理论价值。

---

① 当前有不少网站提供了免费的权证计算器，比如法国兴业证券（香港）有限公司网站（http://hk.warrants.com/home/gb/home_gb.cgi）、金融界网站（http://warrant.jrj.com.cn/CalcWide.aspx）、联合证券网站（http://www.lhzq.com/qz/ptcalculate.jsp）、权证网网站（http://awarrant.com/quanzheng/）。

表1　　　　　2011年8月23日"中移法兴109A"认股权证理论价值表　　　单位：港元

相关资产价格/引伸波幅	16.24%	17.14%	18.04%	18.94%	19.84%
77.700	0.027	0.031	0.035	0.039	0.043
77.750	0.028	0.032	0.036	0.040	0.045
77.800	0.029	0.033	0.037	0.042	0.046
77.850	0.030	0.034	0.038	0.043	0.047
77.900	0.031	0.035	0.040	0.044	0.048
77.950	0.032	0.037	0.041	0.045	0.050
78.000	0.034	0.038	0.042	0.047	0.051
78.050	0.035	0.039	0.043	0.048	0.052
78.100	0.036	0.040	0.045	0.049	0.054
78.150	0.037	0.041	0.046	0.051	0.055
78.200	0.038	0.043	0.047	0.052	0.057
78.250	0.040	0.044	0.049	0.053	0.058
78.300	0.041	0.045	0.050	0.055	0.060

资料来源：法国兴业证券（香港）有限公司网站。

从表1可以看出，当引伸波幅固定时，随着正股价格的提高，认股权证的价格也相应地提高；当正股价格不变时，随着引伸波幅的增加，认股权证的价格也相应地提高。

下面我们把时间往前推进，假设在2011年8月28日，正股价格同样介于77.7港元到78.3港元之间、引伸波幅位于16.24%~19.84%之间认股权证的理论价值等于多少？表2列示了该认股权证的价值分布。

表2　　　　　2011年8月28日"中移法兴109A"认股权证理论价值表　　　单位：港元

相关资产价格/引伸波幅	16.24%	17.14%	18.04%	18.94%	19.84%
77.700	0.015	0.017	0.020	0.022	0.025
77.750	0.015	0.018	0.021	0.023	0.026
77.800	0.016	0.019	0.021	0.024	0.027
77.850	0.017	0.019	0.022	0.025	0.028
77.900	0.018	0.020	0.023	0.026	0.029
77.950	0.018	0.021	0.024	0.027	0.030
78.000	0.019	0.022	0.025	0.028	0.031
78.050	0.020	0.023	0.026	0.029	0.032
78.100	0.021	0.024	0.027	0.030	0.033
78.150	0.022	0.025	0.028	0.031	0.035

续表

相关资产价格/引伸波幅	16.24%	17.14%	18.04%	18.94%	19.84%
78.200	0.023	0.026	0.029	0.032	0.036
78.250	0.024	0.027	0.030	0.033	0.037
78.300	0.025	0.028	0.031	0.035	0.038

资料来源：法国兴业证券（香港）有限公司网站。

将表2和表1加以比较，我们可以发现认股权证的时间价值。当时间越靠近到期日，在其他条件相同的条件下，认股权证的理论价值越低。

第七章

资 本 结 构

【本章要点】

- 传统资本结构理论
- MM 理论
- 权衡理论
- 信息不对称理论
- 资本结构决策

在《财务管理基础》中关于资本成本及杠杆分析的内容中，我们分析了不同来源资本的成本特性及计算模式，而且由于债务资本的费用税前列支的抵税功能，以及债务资本的利息费用固定的性质，使得债务资本存在杠杆效应，在企业的投资收益率大于债务资本成本率的条件下，借入债务资本能够带来更高的每股收益的增长率。由于任何一家企业的长期资本来源不可能是唯一的，而是由负债和权益资本不同比例组成的资本所构成。对于不同来源资本存在的特性，我们自然会问，不同资本来源对企业价值是否存在影响，或者说资本结构对企业是否重要？人们是否能够通过改变负债与权益资本结构的比率来增加或减少公司有价证券的市场价值？如果这一问题的答案是肯定的，那么是什么因素决定了负债与权益资本的最佳比率，从而使得公司的市场价值最大化和资本成本最小化？本章我们将从资本理论出发，通过介绍不同环境条件下的 MM 理论，分析不同资本结构对公司价值的影响，并确定公司的资本结构。

全章共分五节。第一节介绍传统资本结构理论，这是我们了解现代资本结构理论的开端；第二节介绍 MM 理论，它是现代资本结构理论的基础，为我们考察企业资本结构与企业价值之间的关系提供了理论基础；第三节介绍权衡理论，它拓展了 MM 理论在存在企业财务拮据成本时的企业资本结构与价值之间关系；第四节介绍信息不对称理论，拓展了 MM 理论，探讨了在存在信息具有成本及分布不对称情况下企业资本结构与价值之间的关系；第五节介绍资本结构确定的方法。

第一节　传统资本结构理论

资本结构（Capital Structures）是指企业各种长期资金来源的构成及比例关系。如何确定最优的资本结构，是现代企业财务管理的重要论题。

20世纪50年代前的资本结构理论被美国财务学者归纳为"早期资本结构理论"，50年代后以MM理论为代表的资本结构理论则被称为"现代资本结构理论"。

早期资本结构理论是美国财务学家大卫·杜兰特（David Duland）于1952年发布的研究成果。他在美国国家经济研究局召开的"公司理财研究学术会议"上发表《公司债务和所有者权益费用：趋势和问题的度量》一文，系统地总结和提出资本结构的三种理论，即净利理论、净营业收入理论、传统理论，并认为这三种理论的区别在于对投资者如何确定企业负债和股本价值的假设条件和方法的不同。

一、净利理论

净利理论（Net Income Theory）的基本观点是，企业价值或股东财富不只取决于企业资产盈利能力亦即息税前利润水平，还取决于由资产盈利能力和资本结构共同决定的归于股东的净收入之大小。

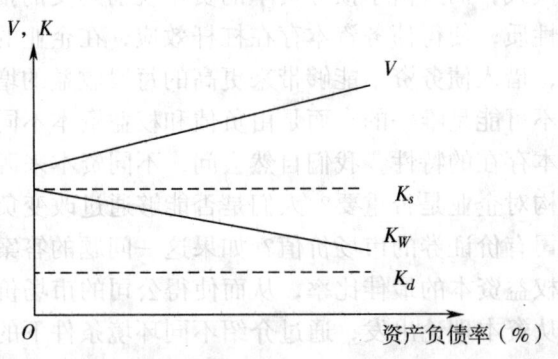

图7-1　净利理论下的资本成本和企业价值

在净利法下，该理论以两个假设为前提：第一，投资者以一个固定不变的比例投资或估价企业的净收入；第二，企业能以一个固定利率筹集所需债务资金。负债资金成本 K_d 与权益资金成本 K_s 均为固定不变，不随财务杠杆而变动。由于 $K_d < K_s$，公司可通过资产负债比率的逐渐增加，而使得加权平均资金成本 K_W 逐渐下降（见图7-1）。亦即当一企业完全以负债来经营时，$K_W = K_d$，其成本最低而公司总价值却最高。因此在净利理论之下，承认有最佳资本结构存在，而此结构则以百分之百方式来举债（见图7-1）。然而净利法并未提出在高度举债情况下所带来的高风险，将使权益资金成本提高或股东价值降低。

二、净营业收入理论

净营业收入理论（Net Operating Income Theory）假设负债利率也是固定的值，但假设投资者对企业负债的态度与前者完全不同，投资者以一个固定的加权资本成本来估计企业的息税前利润（EBIT）。该理论的基本结论：（1）不管企业负债率的高低，固定的加权资本成本率使企业价值也成为固定数值；（2）固定的加权资本成本和负债利率意味着负债杠杆会提高股本成本，而股东则认为增加负债资本同时会增加股本现金流量的风险，这会使主权资本的成本提高，一升一降，加权平均总成本仍保持不变。

在净营业收入理论下，无论财务杠杆度如何，负债利率为固定值，加权平均资金成本都固定不变，而权益资金成本 K_s 则会随着负债比率之增加而上升。亦即企业的总价值并不因资本结构的改变而受影响。在任一财务杠杆度之下 K_d 与 K_s 之加权平均数维持不变（见图7-2），由此表示，在营业净利法理论架构下是不存在最佳资本结构的，且不影响公司的价值。

净营业收入理论下的加权平均资本成本 K_W 和企业价值 V 的关系，如图7-2所示。

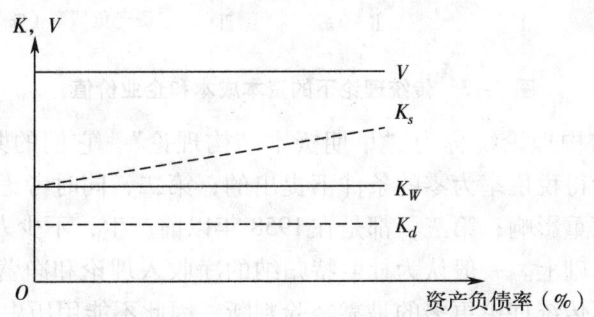

图7-2 净营业收入理论下的资本成本和企业价值

三、传统理论

传统理论（Traditional Theory）认为每一企业皆存在着最佳资本结构，在此结构区间其平均资金成本最低、公司的价值最大，且可通过适当的负债来提高企业价值。这一理论通过综合净利理论与净营业收入理论，认为随着企业资产负债率的提高，企业的经营风险跟着上升，从而使投资人要求较高的投资报酬率，所以权益资金成本亦随着资产负债率而增加，且其资金成本呈现U形或V形。该理论将资产负债率由零开始划分为三个阶段，如图7-3所示。

第Ⅰ阶段，提高资产负债率、提高企业价值，这一阶段的权益资金成本 K_s 随着资产负债率的增加而呈缓慢地上升，且上升部分全部由成本较低的负债资金成本 K_d 来吸收，因此，虽然资产负债率增加，却造成加权平均资金成本 K_W 下降，而使公司价值提升。

第Ⅱ阶段，提高负债比率，对公司价值影响不明显且此时的加权平均资金成本 K_W

最低，这一阶段的权益资金成本 K_s 和负债资金成本 K_d，虽然都会因负债的比率增加而成本上升，但经过加权平均互相冲抵后，使得加权平均资金成本 K_W 会维持一个定数，此即该企业最佳资本结构区间，而资金成本最低、企业价值却达到最大化。

第Ⅲ阶段，提高负债比率、降低企业价值，这一阶段因高度举债、高风险，使得权益资金成本 K_s 及负债资金成本 K_d 大幅调升，而 K_s 上升幅度远大于 K_d 上升幅度，造成整体加权平均资金成本 K_W 增加，而使公司价值下降。

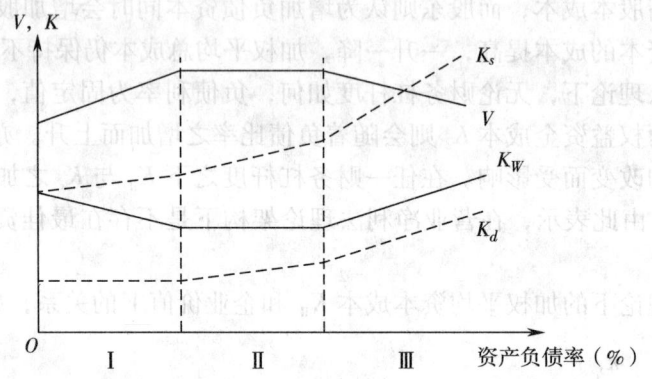

图 7-3　传统理论下的资本成本和企业价值

以上三种资本结构理论统称为"早期资本结构理论"。它们的共同特点是：第一，都是在企业和个人所得税税率为零的条件下提出的；第二，同时考虑了资本结构对资本成本和企业价值的双重影响；第三，都是在 1958 年以前产生，不少人认为这些理论不是建立在周密分析的基础上。一般认为杜兰特归纳的净收入理论和净营业收入理论在数学上更精确，相比之下传统理论更多的是靠经验判断，因此不能用历史资料来解释。

[例 7-1]　现有 A 公司，每年预期营业收益为 90 万元。公司的资金来源于公司债券和发行普通股。现公司债券为 100 万元，债务利率为 8%。公司的加权平均成本保持在 15% 的水平不变，在此条件下，则公司的价值 V、股权价值 S 分别为

$$V = \frac{90}{0.15} = 600(\text{万元})$$

$$S = 600 - 100 = 500(\text{万元})$$

权益资金成本 K_s 根据公司的经营业绩为

$$K_s = \frac{90 - 100 \times 8\%}{500} = 16.4\%$$

加权平均成本为

$$K_W = \frac{90}{600} \times 100\% = \frac{100}{600} \times 8\% + \frac{500}{600} \times 16.4\% = 15\%$$

当公司的公司债务增加到 250 万元时，则股权价值 S 为

$$S = 600 - 250 = 350(\text{万元})$$

权益资金成本 K_s 根据公司的经营业绩为

$$K_s = \frac{90 - 250 \times 8\%}{350} = 20\%$$

加权平均成本为

$$K_W = \frac{90}{600} \times 100\% = \frac{250}{600} \times 8\% + \frac{350}{600} \times 20\% = 15\%$$

在此条件下，当公司可以用不变的成本筹到债务资本，并保持加权平均成本不变时，在公司营业收益不变的情况下，公司的价值也不变，只是股权的成本随着负债的增加而上升。计算结果如图7-2所示。

第二节 MM 理论

1958年6月，美国财务学家莫迪利安尼和米勒在《美国经济评论》发表了著名的论文《资本成本、公司财务和投资理论》。在文章中，他们提出了被后人称做"整个现代企业资本结构理论的奠基石"的 MM 定理，是现代资本结构研究的起点。

一、无公司税条件下的 MM 理论

(一) 资本结构与圆饼理论

在简化的资本结构假设下，公司的产权比率（负债/股东权益比）(B/S)是表现资本结构最有用的表达方式。那么，公司或厂商会如何选择它们的负债/股东权益比？讨论公司或厂商的融资决策时，我们利用圆饼模型（Pie Model）来表述。由资产负债表可知，公司因投资、营运活动所创造的价值（以 V_L 表示），若从资金来源的角度看，它是公司所发行有价证券价值之和。即

$$V_L = B + S \tag{7-1}$$

式中：B 为债务的市场价值，S 为股东权益的市场价值。B/S 就决定圆饼的分配方式。不同的资本结构对 V_L 有不同的切法。图7-4中呈现对圆饼（V_L）的两种切法。由于公司或厂商经营目标是追求公司价值（V_L）极大，除非 B/S 的选择对 V_L 没有影响，不然公司或厂商应选择 B/S 让公司价值（V_L）最大。

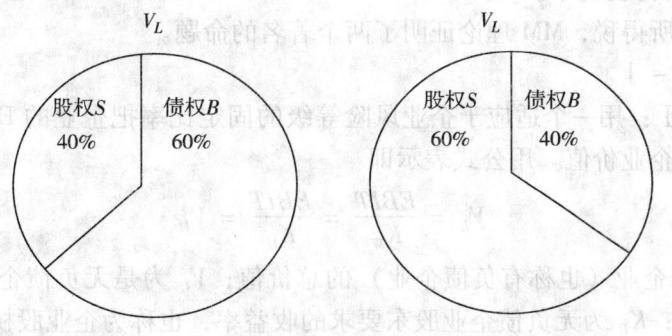

图7-4 资本结构与圆饼模型

(二) MM 理论

综上所述,可知资本结构理论阐述了企业负债、企业价值和资本成本之间的关系。早期的资本结构理论是建立在经验和判断基础上的,缺乏严格的推理及证明。1958 年美国的莫迪利安尼和米勒两位教授在一系列假设条件下建立并证明了资本结构理论——MM 理论。他们证明了由于债务利息免税作用使企业在全部使用债务时其价值达到最大。

MM 定理的内容是:如果投资决策和筹资决策相互独立,不考虑企业所得税、个人所得税和企业破产风险,资本市场充分有效,那么,企业的资本结构与企业的市场价值无关,即企业在筹资决策时,资本结构的选择不会影响企业的市场价值。

MM 理论严格地基于下列假设:

第一,完全资本市场。这意味着债券和股票的交易无交易成本;投资者和公司以同等利率借款。

第二,企业的经营风险可用 EBIT 的方差衡量,有相同经营风险的企业处于同一风险级别上。

第三,所有债务都无风险,债务利率为无风险利率。

第四,投资者对企业未来收益和收益风险的预期是相同的。

第五,投资者预期的 EBIT 固定不变。所有现金流量都是固定年金,即企业的增长率为零。

为了阐述 MM 理论方便起见,我们设立了一些符号,用于表述某些量化的经济指标,如下所示:

S——企业普通股价值;

B——企业负债价值;

V——企业总价值;

$EBIT$——企业息税前利润;

K_b——企业负债利率;

K_s——杠杆企业的股本成本;

K_U——无负债企业的股本成本;

K_W——企业加权平均成本(有时也记为 $WACC$);

T——企业所得税税率。

假定公司无所得税,MM 理论证明了两个著名的命题。

1. MM 命题 - I。

MM 命题 - I:用一个适应于企业风险等级的固定比率把企业的 EBIT 转换为资本,据此,可以确定企业价值。用公式表示即

$$V_L = \frac{EBIT}{K_W} = \frac{EBIT}{K_U} = V_U \qquad (7-2)$$

式中:V_L 为杠杆企业(也称有负债企业)的总价值;V_U 为是无负债企业的总价值;K_W 为加权平均成本;K_U 为无负债企业股东要求的收益率,也称为企业股权资本成本。

MM 命题 - I 的证明:

莫迪利安尼和米勒（1958）提出 MM 理论：在前述假设条件下，公司的价值不受资本结构（或财务结构）的影响。亦即，没有一个财务结构会比任何其他财务结构来得好或坏。莫迪利安尼和米勒教授证明 MM 定理的方法很简单。假设公司 A 和公司 B 具有完全相同的营运现金流入（EBIT）。换句话说，这两家公司有完全相同的投资决策，它们的差别只在于资本结构：公司 A 没有任何举债（B = 0）而公司 B 则有举债（B≠0）。

为方便说明，以 V_U 和 V_L 分别表示公司 A 和公司 B 的价值，S_U 和 S_L 分别是公司 A 和公司 B 股东权益的市场价值。依前述圆饼模型可知：$V_U = S_U$，$V_L = S_L + B$。由于这两家公司在下一期有完全相同的营运现金流入，假若资本结构对公司的价值没有任何影响，则我们必须证明 $V_U = V_L$。假设某投资者正评估以下两种投资策略：

投资策略 1：投资者王先生购买公司 B 的 α 股权。由于公司 B 所发行的一期公司债券金额为 B，下一期公司 B 必须对公司债持有人给付 $K_b \times B$ 的利息，K_b 为债务成本，而公司 B 股东则可获配 $EBIT - K_b \times B$ 的股利所得。依投资策略 1，由于王先生持有公司 B 的 α 股权，下一期的投资收益为

$$\alpha(EBIT - K_b B) \qquad (7-3)$$

而投资策略 1 所需的投资支出为 $\alpha \times S_L$。

投资策略 2：投资者向银行借入 $\alpha \times B$，再将所借得的 $\alpha \times B$，连同自有资金的 $\alpha \times S_L$ 全数用以购买公司 A 的 β 股权，即 $\beta \times S_U$，其自有资金的投资额为 $\beta S_U - \alpha B$。

由于公司 A 并未发行举债筹资，故在下一期所有的营运现金流入将全数发放给公司股东。假如投资者决定采取投资策略 2，其在下一期的投资收益为

$$\beta \times EBIT - \alpha K_b B \qquad (7-4)$$

式中：第一项为公司 A 发放给投资者的股利，第二项则是投资者在下一期应支付给银行的利息。

因为两项投资策略的投资成本均为 $\alpha \times S_L$，所以，在完全信息市场条件下，两者的投资收益应该完全相同，因而有式（7-3）与式（7-4）相等，据此可以导出 $\alpha = \beta$。投资者的两个投资策略的投资成本与收益，我们用表的方式表示（见表 7-1）。

表 7-1　　　　投资者 A、B 两个投资方案的投资与收益

投资方案	投资额	收益
杠杆公司（B）	αS_L	$\alpha(EBIT - K_b B)$
无杠杆公司（A）	$\alpha S_U - \alpha B$	$\alpha EBIT - \alpha K_b B = \alpha(EBIT - K_b B)$

由表 7-1 中可知，两个投资策略的投资收益相等，而该两个投资的风险是一样的，所以，这两个投资策略的投资额也应该是相等的，所以

$$\alpha S_L = \alpha S_U - \alpha B \Rightarrow \alpha(S_L + B) = \alpha S_U$$

也即

$$V_L = V_U \qquad (7-5)$$

这里证明了企业的价值在此条件下与企业的资本结构无关。表示这两家公司的市场价值不为资本结构差异所影响。

这个定理是财务管理中最重要的定理,也是现代财务管理理论发展的起始点。莫迪利安尼和米勒教授利用投资人自制财务杠杆(Home-made Leverage)来调整投资人的投资组合证明了该定理。只要投资人和公司借贷利率相同,投资人可自创财务杠杆。既然可以自创财务模型,则资本结构对公司价值不应有任何影响。由此可知,当公司和投资人所适用的借贷利率不相同,且公司的借贷利率较低时,由公司举债会增加公司的价值。

[例7-2] 有两家除资本结构差异外,其他完全相同的公司,公司都预期产生80万元的营业收益,A公司无负债,B公司有300万元的负债,该债券的利率为8%,根据传统理论,两公司的价值计算如表7-2所示。

表7-2 不同资本结构两公司的有关计算结果

项目	公司A	公司B
(1) 净营业收益(万元)	80	80
(2) 债务利息(万元)	—	24
(3) 普通股股东可分配收益(万元) = (1) - (2)	80	56
(4) 必要权益收益率(K_s)	0.125	0.14
(5) 股权市值(万元) S = (3) ÷ (4)	640	400
(6) 债务市值(万元) B	0	300
(7) 公司总价值(万元) $V = B + S$ = (5) + (6)	640	700
(8) 加权平均成本(K_W) = (1) ÷ (7)	12.5%	12.9%
(9) 负债权益比率(产权比率) = B/S = (6) ÷ (5)	0	75%

MM理论认为,这种情况不会持久存在,因为套利活动将使两个公司的价值趋于一致。B公司不会只因融资组合的不同而出现高于A公司的总价值。MM理论认为,若B公司投资者投资于A公司,则可获得相同的报酬,且并不因此而增加财务风险。此外,投资于A公司的投资支出也相对较小。由于较小的投资支出会使投资者受益,所以投资者会售出B公司股票,同时购入A公司股票。这种套利行为使得A公司股价上升而B公司股价下降,直至两公司总价值相等。

套利步骤:

设某理性投资者拥有杠杆公司B的1%股票,价值(市值)4万元,他将进行以下操作:

第一步,卖出所持B公司1%的股票,获资金4万元。

第二步,以8%的利率借入3万元。该项个人债务相当于B公司负债300万元的1%,即该投资者持有B公司股票时,也同时承担了相同的债务比例,或者说该投资者持有资金的来源与B公司的资本来源具有相同的结构。

第三步,购入无杠杆公司A 1%的股票,A公司股票的市值为640万元,则需支出6.4万元。

在这一系列交易前,该投资者所持有1%的B公司股票上的预期投资报酬为0.56万元，是B公司预期收益56万元的1%。投资者改变投资，预期从改投后的A公司获利为0.8万元，即A公司预期收益80万元的1%。扣除个人债务利息0.24万元（=3万元×0.08），改投后的投资收益额仍维持为0.56万元（=0.8万元-0.24万元）。

虽然投资者投资A公司的收益0.56万元与投资于B公司的收益相同，但投资A公司的个人现金支出仅为3.4万元（=6.4万元-3万元），即投资A公司1%需要6.4万元，但投资者借入了3万元，所以投资者个人仅需支出现金3.4万元。该项现金支出少于投资举债公司B的现金支出4万元，因而投资者愿意投资A公司。实际上，该投资者通过个人举债，对未利用杠杆融资的A公司股票增加了杠杆。这样，投资者用占B公司市值700万元1%的7万元投资A公司，持有A公司1%的股权只需6.4万元，剩余0.6万元，投资者如果将该0.6万元仍用于购买A公司的股票，将可多获得720元（=6 000元×0.12）的收益，获得该项收益并没有使投资者的风险增加。由于套利存在，所以其他投资者也会作相同的选择，卖出B公司股票，买入A公司股票，将驱使A公司股价上升，其K_s下降，B公司股价下降，其K_s上升。这一套利过程将一直持续，直至套利消失，此时，两家公司的市值必然相等。

2. MM命题-Ⅱ。

负债企业的股本成本等于同一风险等级中全部为股本的企业的股本成本加上风险报酬。这里的风险报酬是债务对企业权益资本之比（B/S）与无负债企业股本成本K_U及债务成本K_b之差（$K_U - K_b$）的乘积，即$\frac{B}{S}(K_U - K_b)$。所以，负债企业的股本成本为$K_U + \frac{B}{S}(K_U - K_b)$。

从无税MM命题-Ⅱ可知，随着企业负债的增加，企业股本成本也随之增加。下面我们对该命题进行推导：

根据命题-Ⅰ有：$V_L = S_L + B = \frac{EBIT}{K_U}$

由此，可以推出：$EBIT = (S_L + B)K_U$

所以，负债企业的股本成本为

$$K_s = \frac{EBIT - K_b B}{S_L} = \frac{(S_L + B)K_U - K_b B}{S_L}$$

进一步简化，可得

$$K_s = K_U + \frac{B}{S_L}(K_U - K_b) \tag{7-6}$$

据此，命题-Ⅱ得证。

对于无杠杆公司，由于没有负债，其权益成本就是企业加权平均成本，即$WACC_U = K_U$。但对于杠杆公司，其加权平均成本$WACC_L$为

$$WACC_L = \frac{B}{S_L + B}K_b + \frac{S_L}{S_L + B}K_s$$

将式（7-6）代入上式，即有

$$WACC_L = \frac{B}{S_L+B}K_b + \frac{S_L}{S_L+B}\left[K_U + \frac{B}{S_L}(K_U - K_b)\right]$$

经过简化后，杠杆公司的加权平均成本等于杠杆公司的股权资本成本，即

$$WACC_L = K_U \tag{7-7}$$

公式（7-6）即MM命题-Ⅱ，该表达式的含义可以用图示方法表述（见图7-5）。

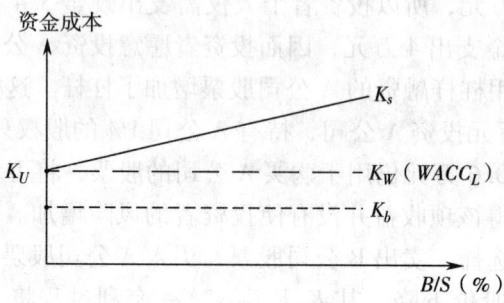

注：K_U 是一个点，表示无负债时的股权成本和加权平均成本；K_b、K_s 和 K_W 是整条线。

图7-5　没有公司税的MM命题-Ⅱ：权益成本、债务成本和加权平均成本

根据 β 值的表述，公司整体的系统风险 β^A 是公司各种证券 β 值的加权平均值，即杠杆公司的股权杠杆 β^L 与公司债务杠杆 β^B 的加权平均，即

$$\beta^A = \frac{B}{S_L+B}\beta^B + \frac{S_L}{S_L+B}\beta^L$$

因为债务不存在不确定性，所以，债务的 β^B 为0，因此有

$$\beta^L = \left(1 + \frac{B}{S_L}\right)\beta^A \tag{7-8}$$

对于无杠杆公司而言，公司整体的系统性风险 β^A 是无杠杆公司的股权杠杆 β^U。由于无杠杆公司与杠杆公司具有相同的经营业绩以及占用相同的资产，所以具有相同的风险，两公司具有相同的公司整体系统性风险 β^A。将式（7-8）中的 β^A 用 β^U 替代，则有

$$\beta^L = \left(1 + \frac{B}{S_L}\right)\beta^U \tag{7-9}$$

因此，当公司的负债权益比提高时，股东的预期收益率和 β 值都会相应增加。在完善资本市场下，两者的增加是等比例的，股东收益增加的部分刚好抵消因 β 值提高而要求的投资回报，从而不影响公司股价。

二、公司税条件下的MM理论

资本结构无关性是建立在不考虑资本市场缺陷的基础上的。在此条件下，公司资本结构即负债和股东权益的组合无论如何变化，公司的价值不变，也即各部分价值之和是相等的。但实际上，现实的资本市场是不完善的，因而公司资本结构的变动会对公司的价值带来影响，资本成本也会发生变动。市场不完善的表现之一是税收的存在。下面我们将先研究公司所得税对公司价值的影响。

在存在公司所得税的环境下，公司债务资本的优势是负债的利息可以在税前扣除。莫迪利安尼和米勒在1963年对MM定理进行改进，提出由于负债利息可以在所得税前列支而具有抵税作用，企业可以通过增加负债筹资，改变原有资本结构，享受免税优惠，从而提高企业价值。这个修正后的MM定理，在财务界产生了极大的影响，也促使公司为此开始重视其资本结构。

（一）圆饼图

由于公司的债务利息可以在税前扣除，所以公司的价值与其债务正相关。这一观点可以从图7-6看出。图7-6左右各有一圆饼，两圆饼的面积相等。左边的圆饼表示无负债公司的价值由股东及政府税务部门分别享有，其中政府税务部门是依据税法而取得部分公司价值，对公司股东而言，可视为成本（或费用）。右边的圆饼表示有负债公司的价值则由债券持有人（或债权人）、股东及政府税务部门所共享。公司管理者在选择资本结构时，其目标应是让公司价值最大。换句话说，公司管理者应该选择让 $B+S$ 值最大的资本结构。

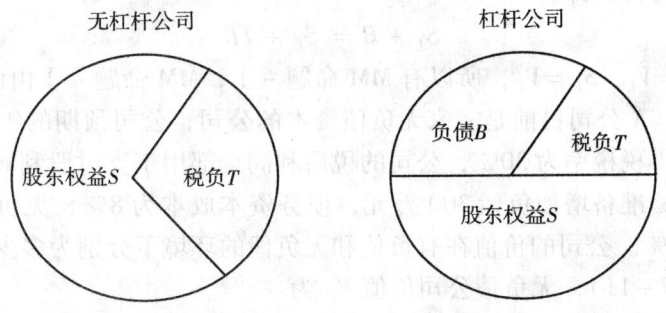

图7-6　存在公司税的资本结构圆饼模型

（二）MM命题-Ⅰ

由于公司所得税规定，公司支付债券持有人利息属于公司费用，而股利是公司税后利润。我们以下面的例子说明在公司税的情形下，公司管理者应选择负债比较高的资本结构。

MM命题-Ⅰ表述为：杠杆公司的企业价值等于相同风险等级的无杠杆公司的企业价值加上负债税负节约价值（也称税盾）。

$$V_L = V_U + TB \tag{7-10}$$

在所得税环境下，负债的杠杆公司的价值超过同样情况下的非负债无杠杆公司的价值，这主要是因为负债降低了企业纳税的数量，增加了企业的现金流量，从而增加了企业价值。理论上说，当企业百分之百负债时，企业价值最大。在存在企业所得税的环境下，假设企业的现金流量为永续年金，则无杠杆公司的企业价值为

$$V_U = \frac{EBIT(1-T)}{K_U} \tag{7-11}$$

此时，无杠杆公司的股权资本成本为

$$K_U = \frac{EBIT(1-T)}{V_U} \qquad (7-12)$$

为了证明公式（7-10），在有所得税的情况下，我们假设投资者仍然有两个投资策略。投资杠杆公司的方案，投资 α 比例的杠杆公司的权益；投资无杠杆公司的方案，借入 $\alpha B(1-T)$，连同与投资杠杆公司相同的资金，投资无杠杆公司 α 比例的权益，两个投资策略的投资成本与收益如表 7-3 所示。

表 7-3　　　　　　　投资者 A、B 两个投资方案的投资与收益

投资方案	投资额	收益
杠杆公司（B）	αS_L	$\alpha(EBIT - K_bB)(1-T)$
无杠杆公司（A）	$\alpha S_U - \alpha B(1-T)$	$(\alpha EBIT - \alpha K_bB)(1-T) = \alpha(EBIT - K_bB)(1-T)$

由于两个投资方案的投资收益相等，所以，两个投资方案的投资额也相等，因此有

$$\alpha S_L = \alpha S_U - \alpha B(1-T)$$

经过简单简化和移位，即有

$$S_L + B = S_U + TB \qquad (7-13)$$

因为 $S_L + B = V_L$，$S_U = V_U$，所以有 MM 命题-Ⅰ，MM 命题-Ⅰ由此得证。

[例 7-3]　A 公司目前是一家无负债资本的公司，公司预期的年息税前利润为 80 万元，公司的所得税税率为 30%，公司的税后利润全部用于支付股利。公司现在打算考虑调整资本结构，准备增加负债 300 万元，债务资本成本为 8%，无负债企业的必要权益收益率为 12.5%。公司的价值在有负债和无负债的环境下分别为多少？

根据公式（7-11），无负债公司价值 V_U 为

$$V_U = \frac{EBIT \times (1-T)}{K_U} = \frac{80 \times (1-30\%)}{12.5\%} = 448(万元)$$

而根据公式（7-10），有负债公司价值 V_L 为

$$V_L = V_U + TB = 448 + 0.3 \times 300 = 538(万元)$$

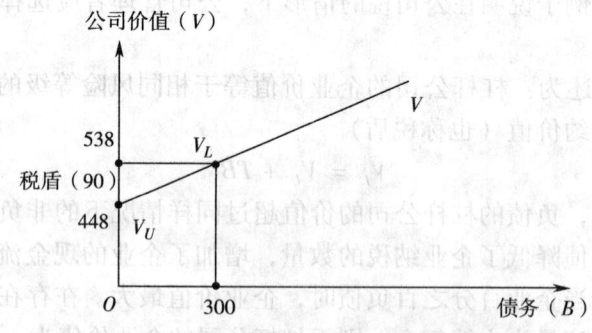

图 7-7　公司的价值与公司资本结构之间的关系

计算结果显示，在存在公司所得税的条件下，有负债的杠杆公司的企业价值为 538 万元，要高于无负债的无杠杆公司的企业价值 448 万元。A 公司的价值与公司资本结构

（也即表现为财务杠杆）之间的关系如图 7-7 所示。如果这一理论在实践中是正确的话，那么，企业价值最大化的资本结构就是全部资本通过负债来获取，也就是百分之百的负债将会带来企业价值的最大。

（三）MM 命题-Ⅱ

在没有税收的环境下我们明确了权益的期望收益率与财务杠杆之间的正相关关系。这是由于随着财务杠杆增加，企业的财务风险也相应地增大，因此权益收益率亦随之增加。在存在公司所得税的环境下，结论依然成立，因为，税收并未改变风险状况，税收只是改变了价值的分配，权益期望收益率与财务杠杆正相关。MM 命题-Ⅱ为：

在存在公司所得税的环境下，杠杆公司的股权资本成本等于同风险等级的无杠杆公司的股权资本成本加上风险溢价。该风险溢价取决于无杠杆公司的股本成本与债务成本的差异、财务杠杆的状况以及所得税税率。用公式表示为

$$K_s = K_U + \frac{B}{S_L}(K_U - K_b)(1 - T) \qquad (7-14)$$

其表达式通过以下方式推导出来：

对于杠杆公司，杠杆公司的净利润 EAT 为

$$EAT = (EBIT - K_b B)(1 - T) = EBIT(1 - T) - K_b B(1 - T) \qquad (7-15)$$

根据式（7-10）和式（7-12），有

$$K_U = \frac{EBIT(1-T)}{V_L - TB} \Rightarrow EBIT(1-T) = K_U V_L - K_U TB$$

将式中的 $EBIT(1-T)$ 代入式（7-15），则有

$$EAT = K_U V_L - K_U TB - K_b B(1-T)$$

根据杠杆公司的股权资本成本的计算方法，我们有 $K_s = \dfrac{EAT}{S_L}$

所以有

$$K_s = \frac{K_U V_L - K_U TB - K_b B(1-T)}{S_L} = \frac{K_U(S_L + B)}{S_L} - \frac{K_U TB}{S_L} - \frac{K_b B(1-T)}{S_L}$$

$$= \frac{K_U(S_L + B)}{S_L} - \frac{K_U TB}{S_L} - \frac{K_b B(1-T)}{S_L}$$

$$= K_U + \frac{K_U B}{S_L} - \frac{K_U TB}{S_L} - \frac{K_b B(1-T)}{S_L}$$

$$= K_U + \frac{K_U B(1-T)}{S_L} - \frac{K_b B(1-T)}{S_L}$$

$$= K_U + \frac{B}{S_L}(K_U - K_b)(1-T)$$

由此，得证 MM 命题-Ⅱ，也即证明式（7-14）。

此时，无杠杆公司的企业加权平均成本仍然是 $WACC_U = K_U$，杠杆公司的加权平均成本为

$$WACC_L = \frac{B}{V_L}K_b(1-T) + \frac{S_L}{V_L}\left[K_U + \frac{B}{S_L}(K_U - K_b)(1-T)\right]$$

$$= \frac{B}{V_L}K_b - \frac{B}{V_L}K_bT + \frac{S_L}{V_L}K_U + \frac{B}{V_L}K_U - \frac{B}{V_L}K_UT - \frac{B}{V_L}K_b + \frac{B}{V_L}K_bT$$

$$= K_U\left(1 - \frac{B}{V_L}T\right) \tag{7-16}$$

继续 [例 7-3] 的资料，因为 $V_L = 538$ 万元，负债 $B = 300$ 万元，所以权益 $S = 238$ 万元，$K_W = 12.5\%$，$K_b = 8\%$，$T = 30\%$，将数据代入公式（7-14）则有

$$K_s = K_U + \frac{B}{S_L}(K_U - K_b)(1-T)$$

$$= 12.5\% + \frac{300}{238} \times (12.5\% - 8\%) \times (1 - 30\%) = 16.47\%$$

根据权益资金的现金流量及所计算的权益收益率来验算这一计算结果。权益的价值等于权益的现金流量按权益收益率的折现现值。

$$S_L = \frac{(EBIT - K_bB)(1-T)}{K_s} = \frac{(80 - 0.08 \times 300) \times (1 - 0.3)}{0.1647} = 238(万元)$$

从计算结果来看，折现计算的权益价值与根据 MM 命题-I 计算的权益价值 238 万元是一致的。我们还可以进一步通过计算加权平均成本来验算企业的价值。根据式（7-16）有

$$WACC_L = K_U\left(1 - \frac{B}{V_L}T\right) = 12.5\% \times \left(1 - \frac{300}{538} \times 30\%\right) = 10.41\%$$

根据企业实现的现金流量及所计算的加权平均成本来验算企业价值。企业价值等于企业实现的现金流量按加权平均成本为折现率的折现现值。

$$V_L = \frac{EBIT \times (1-T)}{WACC_L} = \frac{80 \times (1-0.3)}{0.1041} = 538(万元)$$

这一计算结果与企业价值 538 万元也是一致的。在公司所得税环境下，企业有关成本的形态和相互关系如图 7-8 所示。负债的资本成本保持不变，如图 K_d 线所示；随着公司债务权益比（财务杠杆）的增大，权益资本风险亦随之增大，所要求的必要收益率也增大，如图 K_s 线所示；由于负债资本的利息费用的税前列支效应，负债资本的实际资本成本为名义成本乘以 1 减去所得税税率，当企业债务权益比增加时，这一效应使得加权平均成本逐渐下降，如图 K_W 线所示。

与无税条件下的杠杆公司 β 值和无杠杆公司的 β 值之间的关系式（7-9）所表述 $\beta^L = \left(1 + \frac{S_L}{B}\right)\beta^U$ 的一样，在存在公司税的条件下，杠杆公司 β 值与无杠杆公司的 β 值之间也存在相类似的关系，其关系如式（7-17）所示。

$$\beta^L = \beta^U\left[1 + \frac{B}{S_L}(1-T)\right] \tag{7-17}$$

该式的证明可以通过有税条件下的杠杆公司股权成本与无杠杆公司的股权成本之间关系的命题-II 即式（7-14）和资本资产定价模型来给出。根据式（7-14）

第七章 资本结构

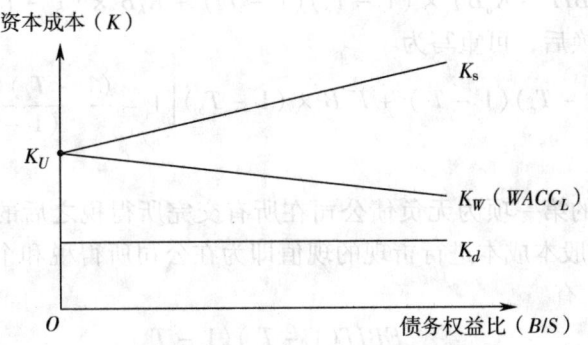

图 7-8 资本结构（财务杠杆）对资本成本的影响

$$K_s = K_U + \frac{B}{S_L}(K_U - K_b)(1-T)$$

因为根据资本资产定价模型，我们可以通过以下方式给出股权成本 K_s、K_U 和 K_b：

$$K_s = K_f + \beta^L(K_M - K_f)$$
$$K_U = K_f + \beta^U(K_M - K_f)$$
$$K_b = K_f$$

将以上三式代入式（7-14），即可得出式（7-17），式（7-17）也即得以证明。

因此，当公司的负债权益比提高时，股东的预期收益率和 β 值都会享有增加。在完善资本市场下，当存在公司税的条件下，与无税条件下两者增加是等比例的不同，杠杆公司因为存在负债，负债利息的税前支付而减少了企业的所得税税负，尽管股东收益的增加部分被因 β 值提高而要求的投资回报所抵消，但股东收益还是因此有了增加，因而增加公司股价。

三、米勒模型

尽管公司税环境下的 MM 理论对无税环境下的 MM 理论进行了修正，充分考虑了公司税在企业负债情况下对企业价值的影响，但仍然忽视了个人所得税可能对企业价值的影响。1976 年米勒在美国金融学会所做的学术报告中，发表了一种改进的资本结构理论模型，以说明在同时考虑公司所得税和个人所得税的因素下，负债经营对企业价值的影响，即所称的米勒模型。其基本思想是：修正的 MM 理论过高地估计了负债经营对企业价值的作用，实际上，个人所得税在某种程度上抵减了负债利息的减税利益。

政府税务部门除对企业的利润征收企业所得税外（设公司所得税税率为 T_c），还将对个人的股利所得征收个人所得税，假设公司股利所得的个人所得税税率为 T_s。在此情形下，负债经营企业的股东在企业的最后所得应为

$$(EBIT - K_b B) \times (1 - T_c)(1 - T_s) \qquad (7-18)$$

设个人利息税税率为 T_b，则债权人的税后所得为

$$K_b B \times (1 - T_b) \qquad (7-19)$$

所以，公司所有权益人的总现金流量应为式（7-18）和式（7-19）之和：

$$(EBIT - K_bB) \times (1 - T_c)(1 - T_s) + K_bB \times (1 - T_b) \quad (7-20)$$

式（7-20）经过变换后，可重写为

$$EBIT \times (1 - T_c)(1 - T_s) + K_bB \times (1 - T_b)\left[1 - \frac{(1 - T_c)(1 - T_s)}{(1 - T_b)}\right]$$
$$(7-21)$$

式（7-21）中的第一项为无负债公司在所有交完所得税之后的现金流量，该现金流量用无杠杆公司的股本成本进行折现的现值即为在公司所得税和个人所得税环境下的无杠杆公司价值 V_U，有

$$V_U = \frac{EBIT(1 - T_c)(1 - T_s)}{K_U} \quad (7-22)$$

式（7-21）中的第二项是企业杠杆作用，即由于负债融资而引起的与支付利息相关的现金流量，其对企业价值产生的影响，用 K_b 对其进行贴现而得。因此，通过对杠杆公司的现金流量分别进行折现后，我们可以得到杠杆公司的价值为

$$V_L = V_U + B \times \left[1 - \frac{(1 - T_c)(1 - T_s)}{1 - T_d}\right] \quad (7-23)$$

当 $T_c = T_s = T_d = 0$ 时，有 $V_L = V_U$，这就是无税环境下的 MM 理论，企业价值与资本结构无关的结论。如图 7-9 所示的 $V_L = V_U$ 线。

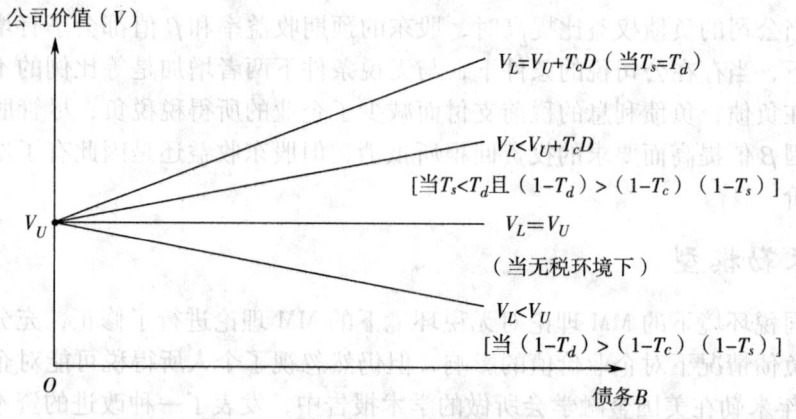

图 7-9 在存在公司税和个人税时的财务杠杆对公司价值的影响

当 $T_s = T_b = 0$ 时，公式（7-23）可简化为 $V_L = V_U + T_cB$，该式与只有公司税环境下的 MM 理论结论一致，杠杆公司价值等于无杠杆公司价值加上税盾。

当 $T_s = T_b$ 时，公式（7-23）也可简化为 $V_L = V_U + T_cB$，该式也与只有公司税环境下的 MM 理论结论一致，这说明只要权益分配的所得税税率与个人获得利息收入的所得税税率相同，个人所得税的引入不影响公司的估价公式。

当 $T_s < T_b$ 时，因为财务杠杆而获得的收益减少，且当 $1 - T_d = (1 - T_c)(1 - T_s)$ 时，公式（7-23）可简化为 $V_L = V_U$。表示此时的财务杠杆并未带来任何收益，简而言之，杠杆公司的价值等于无杠杆公司的价值。这种无收益的情形之所以发生，是因为杠

杆公司的较低公司税正好被较高的个人税所抵消。其他情况下的影响结果如图7-9所示。

四、对MM理论的评价

MM理论本身的发展也是随着对前面理论中未考虑到的因素，通过放松条件而进入新的理论考虑的因素，从而实现了对早先理论的延续和发展，形成不考虑税收条件下的MM理论、考虑公司税条件下的MM理论以及同时考虑公司税和个人所得税条件下的MM理论。MM理论的各个命题都是在各自严格的假设前提下通过论证推演而得出的。如果这些假设前提是正确的话，那么由这些假设所推导出的结论也应该是正确的。然而，由于理论推导的需要，对于理论形成做了一些非常严格的假设条件，这些假设条件有些可能在现实中根本没有办法满足，这样就极有可能使得这些理论的结论与实际的现实情况相去甚远，使得理论失去对现实的指导作用。对MM理论的质疑主要是在以下几个方面：

第一，MM理论的分析假设公司和个人都能在不增加风险的条件下举债，且两者之间完全可以替代，个人可以自制杠杆进行投资。事实上，大多数金融机构都不允许投资者以负债的形式在证券市场上进行投资，而且由于信用和担保方面的原因，个人举债的利率通常要高于公司的借款利率，两者之间无法完全实现替代。

第二，MM理论完全忽略交易成本的存在，认为资金可以在企业与企业之间、企业与个人之间实现无成本的转移。实际上经纪费用和其他形式交易费用是一种客观存在，因此，会阻碍市场套利交易。

第三，MM理论假定不论企业和个人的借债额度大小，企业和个人均可以按照无风险利率水平进行借贷。事实上，随着债务人借入债务的增加，债务人偿付债务能力的风险也在增加，因此，债权人对债务人所要求的补偿率会相应地增加。

第四，MM理论在考虑杠杆公司的债务节税功能时，未考虑公司盈利的变化。对杠杆公司来说，当公司的盈利能力增加时，公司可以从负债中得到更多的税盾效益，但当公司的盈利能力减弱时，公司不仅不可能从负债中获得税盾效益，反而会给公司带来财务风险。

尽管MM理论在实务中受到各种质疑和挑战，但并不能因此而否认MM理论在财务管理中关于资本结构理论和实践中的奠基性的作用和地位。正是由于MM理论从数量上所揭示的资本结构中的根本问题——资本结构与企业价值的关系，才使后人在通过逐渐放松对MM假设条件的限制后，逐步完善了现代资本结构理论，并使新的理论更加接近于现实环境，提高了资本结构理论对现实财务活动的指导作用。

第三节 权衡理论

MM理论认为在有公司所得税的税收环境下，杠杆公司的企业价值随财务杠杆增加而上升，如图7-7所揭示的。根据这一理论的指引，公司在选择资本结构时应该尽可能地选择最高限额的债务。但实际现实中公司行为并非如其所述。这是由于，对于 MM 理论而言，它们没有考虑到：企业负债的增加，一方面在增加杠杆公司的节税效益的同时，也带来了公司财务拮据等相关财务拮据成本，从而减少了杠杆公司的价值。权衡理论（Trade-off Theory）正是既要考虑负债给企业带来的利益，也要考虑由于负债所带来的各类成本，并对它们进行适当的平衡来确定资本结构的理论。权衡理论是在 MM 理论基础上发展起来的，在 MM 理论分析负债的收益的基础上引入了负债的财务拮据成本和代理成本，而得出了与 MM 理论具有很大不同的理论结论。

一、财务拮据成本

企业负债经营除了可以给企业带来节税效益外，也会产生其他方面的效应，其中之一就是带来财务拮据成本。财务拮据是指企业没有足够的偿债能力，不能及时偿还到期债务。许多企业可能都会经历财务拮据的困扰。当一个企业出现财务拮据时，可能会出现以下一些情况：

1. 由于企业面临大量债务到期，为了履行债务义务偿还到期债务，企业不得不在债务市场上以较高的利率借款来偿还前期到期债务，从而更加恶化企业当前的财务状况。

2. 当企业出现严重的财务拮据时，企业为了解决短期经营困难，往往会选择一些短期措施，如推迟对机械设备的大修以减少现金支付、变卖企业盈利能力良好的资产以获取现金流量、降低产品的质量和服务以降低经营成本，这些短期措施可以暂时缓解企业经营困难，但不能从根本上解决企业面临的困难，并且可能有害于企业的长远发展和降低企业市场价值。

3. 当企业进入破产保护程序时，会发生大量的律师费用、诉讼费用和其他行政支出，这都会降低企业价值。

4. 当企业陷入财务危机时，企业的客户和供应商，出于自保的需要，往往会推迟或者取消对企业的订单或供应原材料，这会进一步加剧企业的财务困境，甚至引起企业破产。

总之，当企业出现财务拮据时，即便企业没有进入破产保护程序，也会因此而产生大量的直接成本和间接成本，这些成本便是财务拮据成本（Financial Distress Cost）。财务拮据成本可以分为直接成本和间接成本，直接成本包括清算和重组的法律成本及管理成本，与此对应的经营方面受到的影响则为间接成本。财务拮据成本是由企业负债所造成的，其存在会降低企业价值。

二、代理成本

现代企业制度一个显著的特征是两权分离，股东拥有公司的财产所有权，而公司的经营者则拥有公司财产的经营权，公司的股东将其财产委托给经营者进行经营活动，获取经营收益。在企业经营活动中，公司除了利用股东投入的资金外，公司还有可能利用外部债权人的资金。这样，在公司的经营过程中，存在着两个委托代理关系，一个是股东和经营者之间的委托代理关系，另一个是债权人和股东之间的委托代理关系。这些委托代理关系的存在一方面增加公司的收益,但同时由于这些委托代理关系的存在,产生代理成本,从而影响企业价值。

(一)股东与经营者的代理成本——过度投资问题

当公司的所有权与经营权发生分离时,经营者与股东之间的利益冲突会表现为经营者的机会主义行为倾向。具体表现形式为,如果企业的自由现金流量相对充裕,即使在企业缺乏可以获利的投资项目和成长机会时,经营者仍然会倾向于通过扩大企业规模实现自身对企业资源的管理控制权,表现为随意支配企业自由现金流量,或将现金流量投资于净现值为负的投资项目,而不是向股东支付股利。有时经营者也会过分乐观,并自信地认为其行为是有助于提升股东价值的,如果在并非意识到项目投资风险的情况下进行投资,也会导致过度投资行为。因为过度投资是将企业经营所得的自由现金流量用于净现值小于零的投资项目,这是损害公司价值的行为,过度投资会减少企业价值。

企业经营者这种出于自身效用最大化对企业自由现金流量进行处置的行为是以损害股东利益为代价的。为此,股东一方面会增加对经营者的监督和设立比较严厉的奖惩和防范措施,这些都会增加股东财富的损失,增加代理成本;另一方面会通过提高债务的筹资比例,增加债务固定性的利息支付在自由现金流中的比例,实现对经营者自利性机会主义行为的制约。而随着企业债务比例的提高,在企业经营出现困难的时候,可能会出现另外的代理成本——资产替代问题以及投资不足问题。

(二)股东与债权人的代理成本——资产替代与投资不足问题

1. 资产替代问题。当杠杆公司遇到财务危机时,股东和债权人的利益发生冲突,股东会选择倾向于投资高风险的项目,即便这些投资项目的净现值小于零,股东也会倾向于选择投资。这是因为,在企业股东和债权人存在潜在冲突时,在信息不对称的条件下,股东可能会把资金投资于一个风险程度超过债权人对债务资金原有预期水平的项目上。因为,一旦这个项目投资成功的话,股东将获得全部的超额收益,但如果项目投资失败,由于股东只承担有限责任,项目损失则主要由债权人承担。显然,企业股东凭借选择高风险项目提高了债务资金的实际风险水平,降低了债务价值,这种通过高风险项目的过度投资实现把债权人的财富转移到股东方面的现象称为"资产替代问题"。

由于企业股东存在对债权人的资产替代现象,企业债权人为了保障自己的权益不受侵害,因此,在订立债务合约时,就考虑到这一情况的可能性,除了增加对债务资金使用的约束性条件外,可能还会要求提高债务的收益率水平,这一方面降低了债务资金的使用效率,同时也提高了债务成本,由此产生的成本会抵消债务所产生的价值。

2. 投资不足问题。投资不足问题是指企业因放弃净现值大于零的投资项目,债权人利益受损并进而降低企业价值的现象。投资不足问题发生在企业陷入财务困境且有比较高的债务时,如果用股东的资金去投资一个净现值大于零的投资项目,可以在增加股东价值的同时,也增加债权人的债权价值。但当这一投资的结果使得债权的价值增加超过权益价值的增加时,即投资项目从企业整体角度而言是大于零的新项目,但对股东的现金流量来说却是净现值小于零的项目,投资该项目将会使企业的财富从股东转移至债权人。因此,如果股东事先预见到新项目实施后的大部分收益将由债权人获得并导致自身价值下降，股东就会拒绝这一投资项目，即便是这一投资项目的净现值大于零。

陷入财务困境的公司股东如果预见新的投资项目会以牺牲自身利益为代价补偿债权人，因股东和债权人之间存在利益冲突，股东就缺乏积极性选择该项目进行投资。股东放弃净现值大于零的项目，降低债权人和企业的总价值造成损失而减少企业价值。

三、权衡理论模型

如果公司税条件下的 MM 理论正确的话，随着企业负债的增加，企业价值也会不断增加，当企业负债为 100% 时，企业的价值也就达到了最大。但当我们考虑杠杆企业的财务拮据成本和代理成本时，杠杆公司价值的计算就有所变化，将公式（7-10）进行一些改变，即

$$V_L = V_U + TB - FPV - APV \qquad (7-24)$$

式中：FPV 为财务拮据成本现值；APV 为代理成本现值。

图 7-10 显示了企业债务的节税效应和财务拮据成本以及代理成本的综合作用。图中直线 $V_L = V_U + T_c B$ 代表在无财务拮据成本、代理成本的条件下的企业价值。倒 U 形曲线代表考虑这些成本后的公司价值。

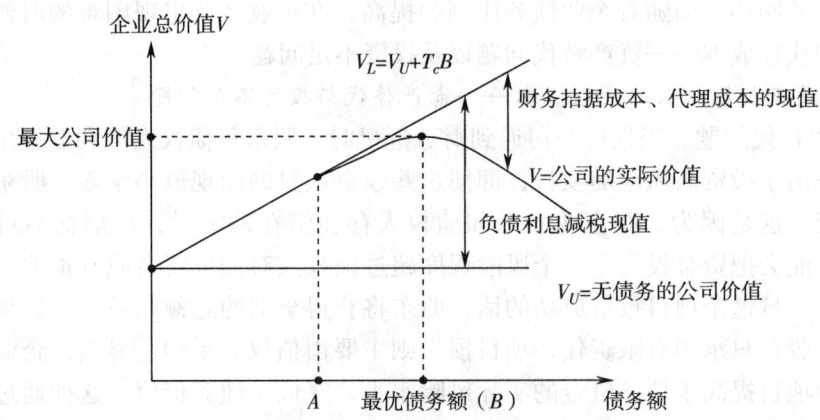

图 7-10 考虑财务危机成本时的最优债务额与公司价值

当公司由完全权益结构转向含有少量债务的资本结构时，倒 U 形曲线也随之上升。当负债逐渐增加（在达到 A 点之前），因财务拮据成本和代理成本很小，此时企业负债的节税利益起完全支配作用，公司的价值与负债水平完全成正比例关系，当企业负债水平增加时，企业的价值也增加。当债务水平超过 A 点，企业债务的财务拮据成本和代理成本开始发生作用，抵消一部分债务节税的利益，但负债对企业还带来企业价值的增加。当企业的债务水平达到 B 点时，企业负债的节税利益完全被企业负债的财务拮据成本和代理成本所抵消，企业价值此时达到最大值，此时企业有最佳债务水平。当企业债务水平超过 B 点，企业债务的财务拮据成本和代理成本对企业价值的损害大于企业负债的节税利益，企业价值开始转而向下，随着企业负债水平的进一步提高，企业价值逐渐下降。

第四节 信息不对称理论

在 MM 理论中,市场被假设为是一个完全信息的外部环境。随着微观经济学的信息不对称理论的提出,MM 理论的完全信息的假设也被放松,在信息不对称假设的环境下,MM 理论被进一步完善和发展。

一、委托代理理论

在完全信息条件下,委托人实施委托代理关系是没有成本的。而不对称信息的存在是委托代理关系中代理成本的主要原因。

众所周知,公司的股东、债权人和经营者之间存在着利益冲突,而为解决这些冲突和冲突本身引起的公司价值的损失则称为代理成本。Jensen 和 Macking(1976)用代理成本来解释现实的资本结构,他们把资本结构的安排作为解决代理问题的一种手段,认为最优资本结构是使代理成本最低的资本结构,形成了资本结构的代理成本说。他们分析了公司存在的两种代理关系:经营者和股东之间以及经营者和债权人之间的代理关系。

经营者和股东的冲突是由于现代公司的所有权、控制权分离引起的。只要经营者拥有的剩余索取权低于100%,那么经营者付出的努力就不能获得全部的回报,之前所有努力的成本都是由经营者承担的,经营者为追求自身利益的最大化,就不会总是根据股东的利益行动,如盲目扩大公司规模和个人过度消费,这种低效率和经营者持股比例呈反方向变化。在经营者所持绝对股份不变时,增加债务可提高经营者持股比例,可缓减经营者和股东之间的冲突。股东和经营者的利益冲突还表现在支出政策上,这种冲突是由自由现金流量引起的,股东希望用现金支付股利或回购,经营者根据自己的利益把现金投资于低回报的项目(建立公司帝国)或个人消费,这会给经营者以未来的现金使用控制权,从而使股东受损,股东要对经营者实行监督需要发生成本,这就构成了自由现金流量的代理成本。债务有利于降低自由现金流量的代理成本,债务引起的本金和利息的支出限制了经营者对现金的控制权,但并不能因此任意提高债务水平,随着债务水平的提高,债务本身的代理成本在提高。

此外,举债引起更多的现金流出,增大了破产的可能,提高了经营者的努力程度从而降低了监督成本(Grossman 和 Hart)。最优债务权益比是公司价值最高,债务的边际成本等于边际收益的比率(Jensen,1986)。在 Stulz(1990)的模型中,经营者总是想用可获得的资金进行投资,即便分红对投资者更有利。债务可减少自由现金流量,但债务也可能使企业失去好项目的投资机会。最优资本结构是权衡债务减少的代理成本和债务引起的成本的债务比率。

二、企业控制权理论

企业融资的控制权理论可以看成 Jensen 和 Macking 代理成本说的延续。在市场经济条件下，企业资本结构不仅决定着企业收入流的分配，而且决定着企业控制权的分配。

从公司治理的角度来看，现代公司的一个典型特征或者说顽疾是公司的内部人控制问题，往往是内部的经营者而不是股东实质上掌握了公司的控制权。这里的内部经营者被定义为拥有很少的部分或根本不拥有公司的股份，但他们却在事实上掌握了公司的实质经营决策权，因此公司的很多经营决策是出于经营者利益的考虑，而并非是为公司股东的利益着想。由于经营者的利益或权威是来自对公司的控制，因此一般而言，经营者都有控制权偏好。从这个角度来看，内部融资仍然是最好的选择，因为它不但不会影响经营者的控制权而且由于经营者将前期获得的收益用于新的投资而不必向股东派发股利，因此经营者事实上控制的资金更多，拥有的权力更大了。在需要进行外部融资时，经营者也会更加偏好股权融资而不是债权融资。因为从根本上讲，经营者对公司的事实控制就是源自公司股权的过度分散，而进一步地发行新股，将会导致公司的股权进一步分散，有利于经营者进一步控制公司；而在比较严格的债务约束下，债权人会通过指定保护性条款的手段，对经营者的行为进行限制和干涉，妨碍经营者的实际控制。

另外，如果公司经营者过分地依赖外部股权融资，形成了事实上的内部人控制，那么就向市场传递了不好的信息，给定其他条件不变，公司的股票价值就会下跌，经营者持有的公司股票的价值就会下降，影响了经营者的利益。而且公司价值的下降也向市场传递了经营者经营不善的信息，降低了经营者的人力资本价值，影响了经营者人力资本的转移，因此这就迫使经营者不得不使用一定的债权资本。内部融资则不存在这样的问题，使用内部资本只会向市场表明经营者经营良好，股东对经营者满意并且信任，因此经营者仍然会偏好内部融资的方式。

在这种情况下，资本结构决策是经营者的利益最大化而不是股东利益最大化，资本结构是每期经营者权衡建立帝国的野心和避免控制权挑战的最优反应。债务因增加破产的可能约束着经营者，破产意味着经营者控制权的失去，这是经营者不愿意发生的，然而经营者可以用债务作为自律的信号，避免控制权的挑战。

三、信号传递理论

在 MM 理论中，假设投资者和经营者都是信息的完全持有者。而实际上，由于市场的缺陷和人自身的客观限制，人们不可能拥有完全信息。对公司而言，公司的经营者相对于股东而言拥有更多的关于企业的信息，这就是所谓的信息不对称。针对这种现实的情况，20 世纪 70 年代晚期，罗斯（1977）与其他的几个学者提出了公司资本结构的信号传递理论，该理论建立在拥有企业更多信息的经营者和拥有较少企业信息的公司外部股东之间存在信息不对称的基础上。这些模型以这样一个理论为基础，那就是当有好的内部消息时，公司的经营者会有很强的愿望把这一正面消息传递给外部的投资人，从而提升该公司股价。然而由于存在信息不对称的问题，那么经营者就不能简单地声称他们有了利好结果的好消息,因为其他每个经营者也都有这样的动机,并且都会向股东适当地描述自己的利好,而这些陈述只能随着时间的流逝被证实。

这个问题的一个解决办法就是高价值公司的经营者可以采取一些行动(或一些财务政策)来把信息传递给投资人,而这些对于价值比较小的公司来说,由于成本高而难以模仿,从而被阻止进入同样的市场,就像财经文献中提到的那样,信号就是一种行为,信号采用高成本将有价值的信息传递给相关的信息匮乏的外部人员(通常是投资者)。如果这一成本对一个价值弱小的公司而言是不能模仿的禁止进入性质的成本,那么信号显示就是可信的。罗斯(1977)指出,在一个价值比较高的公司里,设计一套以激励为基础的给经营者的报酬合约,以此引导经营者为其公司采取较高杠杆作用率的资本结构,是可行的。价值小的公司不愿承担如此多的负债,因为它们更愿意带着自己全部的成本去破产。给定这些假定,那么分离均衡就产生了,高价值的公司运用较多的负债进行融资,低价值的公司依赖更多的股票进行融资。投资者通过对资本结构的观察来区分高价值的公司与低价值的公司,他们愿意给高杠杆作用率的公司赋予较高的价值。正如梅耶斯(Myers)和麦杰拉夫(Majluf)所指出的,在现有股票价值被高估时发行股票,在其价值低估时发行债券,而理性的投资者会认识到发行债券是"利好消息",股票发行是"利空消息"。所以,从总体上来说,资本结构中选择不同证券所产生的财务信息效应是存在的。

四、融资优序理论

在信息不对称条件下,资本结构研究的另一个分支是:资本结构被作为减少由信息不对称引起的投资低效率的机制。

在罗斯分析的基础上,梅耶斯和麦杰拉夫(1984)进一步考察了非对称信息对企业融资成本的影响。梅耶斯和麦杰拉夫同样认为,在信息不对称的条件下,企业的融资结构是内部管理者传递项目质量信息的手段。在企业需要为新投资项目进行融资方式选择时,如果使用股权融资的方式,对投资者来说,则是个坏消息,因为管理层比潜在投资者更了解投资项目的真实价值。如果项目的净现值为正,说明项目具有较好的盈利能力,这时,代表旧股东利益的管理者不愿意作出发行新股、把投资收益转让给新股东的决策,而更愿意发行债券融资。因此,由于逆向选择,企业只可能在股价高估时才愿意发行股票。这样外部投资者自然不愿意购买股票,从而引起股票价格下跌,直到新投资者获取的收益大于新投资项目的净现值。股票价格下跌显然会增加企业的融资成本,影响企业的投资决策。在这种情况下,即使新投资项目的净现值为正,该项目也可能被拒绝,但这时,如果企业能够发行一种不被市场严重低估的证券,如无风险债券等,这种投资不足就可以避免。因此,在企业面对良好的投资机会时,一般会按照先内源融资、再发行债券、最后发行股票的顺序进行融资。梅耶斯将此称为企业融资的"融资优序理论"。

基于以上分析,梅耶斯和麦杰拉夫提出了公司融资优序理论,其主要观点为:公司偏好内部融资;如果需要外部融资,公司首先选择最安全的证券,即先考虑债务融资,然后考虑混合证券融资（如可转换债券）；最后才是股权融资。根据融资优序理论，不存在企业最优资本结构和目标债务比例，债务比例是融资结果的积累；融资优序理论的重要贡献是考虑到了"信息不对称"对企业投资决策和融资行为的影响。融资优序理论可以解释现实中类似的企业为什么有不同的资本结构（这是人们对权衡理论提出的质疑之一），但是却不能解释许多公司可以用债务融资，却偏偏采用外部股权融资的原因。

梅耶斯的理论被发达国家的投融资实践所检验。从本章前面的小案例中可以看出，发达国家的资本结构特征，在内部融资和外部融资关系上，内部融资比重占绝对优势；外部融资中，包括银行贷款、企业债券等债权融资比重大，而股权融资比重很低。

但在我国，上市公司的融资偏好与西方发达国家"内部融资优先，债务融资次之，股权融资最后"的融资顺序有很大的不同，体现出一种"强股权"偏好。这种强烈的股权融资偏好体现在如下几个方面：

第一，我国上市公司大多保持比国有企业要低得多（10个百分点左右）的平均资产负债率，甚至有些上市公司为零负债。

第二，国际比较表明：我国上市公司的融资顺序表现为股权融资、长期债务融资和内源融资，即我国上市公司的融资顺序与现代资本结构理论关于融资偏好的原则存在明显的差异。

第三，拟上市公司上市之前有着极其强烈的冲动去谋求公司首次公开发行股票并成功上市，公司上市之后在融资方式选择上，往往主要采用配股或增发新股等股权融资方式，以至一度形成"配股热"和"增发热"。

第五节 资本结构决策

狭义来讲，企业的长期债务和权益资本的组合构成了企业的资本结构。债务融资一方面可以实现抵税收益，但另一方面在增加债务的同时也会加大企业的风险，并最终要由股东来承担风险的成本。因此，企业资本结构决策的主要内容是权衡债务的收益与风险，实现合理的目标资本结构，实现企业价值最大化。

一、资本结构的影响因素

影响资本结构的因素较为复杂，大体可以分为企业的内部因素和外部因素。

（一）内部因素

内部因素通常有成长性、盈利能力、资产结构、管理层偏好、财务灵活性以及股权结构等。

成长性好的企业因其快速发展，对外部资金需求比较大，要比成长性差的类似企业的负债水平高；盈利能力强的企业因其内源融资的满足率较高，要比盈利能力较弱的类似企业的负债水平低;一般性用途资产比例高的企业因其资产作为债务抵押的可能性较大,要比具有特殊用途资产比例高的类似企业的负债水平高;财务灵活性大的企业比财务灵活性小的类似企业的负债能力强。这里财务灵活性是指企业利用闲置资金和剩余的负债能力以应付可能发生的偶然情况和把握未预见机会(新的好项目)的能力。

需要强调的是:企业实际资本结构往往是受企业自身状况与政策条件及市场环境多种因素的共同影响,并同时伴随着企业管理层的偏好与主观判断,从而使资本结构的决策难以形成统一的原则与模式。

(二)外部因素

外部因素通常有资本市场的供求关系、贷款机构与信用评级机构的态度、企业所处行业特征等。

1. 资本市场的供求关系。企业能否达到其目标资本结构,要看资本市场的实际供求情况。如果股市低迷、股价定价偏低,企业可先依靠负债筹资,利用这部分资金进行投资后,待股价上升了,再以较高的价格发行股票,用所得的资金偿还负债,使其资本结构恢复到目标范围内。如果市场利率较低而预期可能上升时,则管理当局可能举借较多的负债,以便利用低利率贷款的好处。

2. 贷款机构与信用评级机构的态度。贷款机构和信用评级机构的态度对企业资本结构的设定有重要的影响。贷款机构和信用评级机构会参照企业的盈利能力和偿债能力等因素,依照不同的利率对企业发放不同数额的贷款。

3. 公司所处行业特征。所处行业不同的企业在债务权益结构上是不相同的。比如,可作抵押的资产多些的企业,负债可以多些,而无形资产比例高的行业,负债水平会低一些。

再者,公司所处行业的发展前景也会决定公司负债水平的高低。比如,生物科技和电信行业的前景看好,负债可能就会高一些。

二、资本结构决策方法

适当利用负债可以降低企业资本成本,但当债务比率过高时,杠杆利益会被债务成本抵消,企业面临较大财务风险。因此,企业应该确定其最佳的债务比率(资本结构),使加权平均资本成本最低,企业价值最大。由于每个企业都处于不断变化的经营条件和外部经济环境中,使得确定最佳资本结构十分困难;资本结构决策有不同的方法,常用的方法有资本成本比较法和每股收益无差异点法。

(一)资本成本比较法

资本成本比较法是指在不考虑各种融资方式在数量与比例上的约束以及财务风险差异时,通过计算各种基于市场价值的长期融资组合方案的加权平均资本成本,并根据计算结果选择加权平均资本成本最小的融资方案,确定为相对最优的资本结构。

[例7-4] 盛大公司初始成立时需要资本总额为8 000万元,有以下三种筹资方案,筹资数额与各自的资本成本如表7-4所示。

表7-4　　　　　　　　　　　　各种筹资方案基本数据　　　　　　　　　　　　单位：万元

筹资方式	方案一		方案二		方案三	
	筹资金额	资本成本（%）	筹资金额	资本成本（%）	筹资金额	资本成本（%）
长期借款	800	4	1 200	4.5	1 600	5
公司债券	1 200	5	1 600	5.5	2 000	6.5
优先股	400	10	400	10	400	10
普通股	5 600	14	4 800	13	4 000	12.5
合计	8 000	11.45	8 000	10.08	8 000	9.38

表内债务筹资方式的资本成本均为税后成本，所得税税率为25%。

根据表7-4的数据，代入企业加权平均成本的计算公式，我们可以分别计算出三个不同方案的加权平均成本。

方案一的加权平均成本是

$$K_W = \frac{800}{8\,000} \times 4\% + \frac{1\,200}{8\,000} \times 5\% + \frac{400}{8\,000} \times 10\% + \frac{5\,600}{8\,000} \times 14\% = 11.45\%$$

方案二的加权平均成本是

$$K_W = \frac{1\,200}{8\,000} \times 4.5\% + \frac{1\,600}{8\,000} \times 5.5\% + \frac{400}{8\,000} \times 10\% + \frac{4\,800}{8\,000} \times 13\% = 10.08\%$$

方案三的加权平均成本是

$$K_W = \frac{1\,600}{8\,000} \times 5\% + \frac{2\,000}{8\,000} \times 6.5\% + \frac{400}{8\,000} \times 10\% + \frac{4\,000}{8\,000} \times 12.5\% = 9.38\%$$

通过计算比较不难发现，方案三的加权平均资本成本最低。因此，在适度的财务风险条件下，企业应按照方案三的各种资本比例筹集资金，由此形成的资本结构为相对最优的资本结构。

资本成本比较法仅以资本成本最低为选择标准，因测算过程简单，是一种比较便捷的方法。但这种方法只是比较了各种融资组合方案的资本成本，难以区别不同融资方案之间的财务风险因素差异，在实际计算中有时也难以确定各种融资方式的资本成本。

（二）每股收益无差异点法

每股收益无差异点法，或者称为无差异点法（EBIT-EPS Break-Even, or Indifference Analysis Method），它是利用不同筹资方案下每股收益无差异的息税前利润水平，即无差异点，来判断选择何种筹资方案的方法。下面我们通过一个例子来说明这种方法的使用。

[例7-5] A公司现有产权资本1 000万元，全部为普通股。该公司希望通过以下三种方案增资500万元以扩大规模：(1) 全部为普通股；(2) 全部为利率为8%的负债；(3) 全部为股利为10%的优先股。公司目前的息税前收益为160万元，所得税税率为25%，发行在外的股份为200万股，融资方案（1）中的普通股以每股5元卖出，折算为普通股为100万股。假设A公司增资后的息税前收益可达到240万元。在此条件下，如何判断应该采用何种筹资方案？

首先，我们先计算每种筹资方案的每股收益（EPS）。计算结果如表7-5所示。

表7-5　　　　　　　　　　不同筹资方案的EPS计算结果

项　　目	普通股	债券	优先股
（1）息税前收益（万元）	240	240	240
（2）利息（万元）	—	40	—
（3）息后税前利润（万元）=（1）-（2）	240	200	240
（4）所得税（万元）=（3）×25%	60	50	60
（5）税后利润（万元）=（3）-（4）	180	150	180
（6）优先股股利（万元）	—	—	50
（7）普通股股东可分利润（万元）=（5）-（6）	180	150	130
（8）普通股股份数（万股）	300	200	200
（9）每股收益EPS（元）=（7）÷（8）	0.60	0.75	0.65

计算结果显示，发行债券的每股收益为0.75元，发行普通股的每股收益为0.60元，而发行优先股的每股收益为0.65元。从计算结果来看，公司通过发行债券所获得的每股收益最高，因此，公司应该采用负债筹资。对这种计算结果，我们可以通过无差异点的公式法和图示法来得出。

根据每股收益（EPS）的计算公式

$$EPS = \frac{(EBIT - I)(1 - T) - I_P}{N} \quad (7-25)$$

式中：$EBIT$ 为息税前利润；I 为负债利息；T 为公司所得税税率；N 为普通股股数；I_P 为优先股股利。

当不同筹资方案在某一息税前利润水平下的每股收益相等时，下列公式成立：

$$\frac{(EBIT^* - I_1)(1 - T) - I_{P1}}{N_1} = \frac{(EBIT^* - I_2)(1 - T) - I_{P2}}{N_2}$$

$$(7-26)$$

式中：$EBIT^*$ 为无差异点的息税前利润；I_1 为第一种资本结构所含负债利息；I_2 为第二种资本结构所含负债利息；N_1 为第一种资本结构所含普通股股数；N_2 为第二种资本结构所含普通股股数；I_{P1} 为第一种资本结构所含优先股股利；I_{P1} 为第二种资本结构所含优先股股利。

根据公式（7-26），对普通股和负债这两种筹资方式，其无差异点的 $EBIT^*$ 值为

$$\frac{EBIT^*(1-T)}{N_1} = \frac{(EBIT^* - I_2)(1-T)}{N_2} \Rightarrow \frac{EBIT^*}{300} = \frac{EBIT^* - 40}{200}$$

得 $EBIT^* = 120$ 万元。也即当息税前利润为 120 万元时，通过发行普通股和通过发行债券筹集资金对 EPS 是没有影响的。但当 EBIT 不为 120 万元时，该如何判断应用哪种筹资方法呢？我们作普通股筹资的 EPS 与 EBIT 之间关系的曲线图，如图 7-11 所示的普通股筹资直线。因为此时筹资没有负债和优先股，所以利息和优先股股利均为零，所以，直线过原点，且直线斜率为 $(1-T)/N_1$。如果筹资是通过负债实施的，则负债的利息为 I，普通股股数为 N_2 且小于 N_1，此时的 EPS 和 EBIT 之间的函数关系，根据公式 (7-26)，当 $EBIT = I_1$ 时，$EPS = 0$，直线斜率为 $(1-T)/N_2$，因为 $N_2 < N_1$，所以，$(1-T)/N_2 > (1-T)/N_1$，此时的直线在图 7-11 中表示为：在 EBIT 线上过 I_1 点，与普通股筹资直线交于 E_D 的债券筹资线。

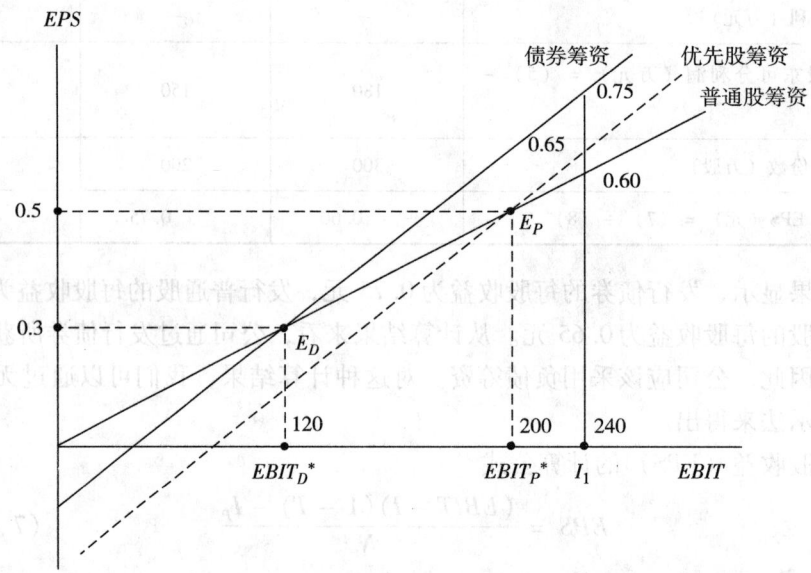

图 7-11 无差异点与筹资方式的确定

当筹资后的 EBIT 处于 $EBIT_D^*$ 的右边，即 $EBIT > EBIT_D^*$ 时，因为债券筹资线处于普通股筹资线上方，所以应以负债筹资；反之，EBIT 处于 $EBIT_D^*$ 的左边，即 $EBIT < EBIT_D^*$ 时，因为普通股筹资线处于债券筹资线上方，所以应以普通股筹资。由于 A 公司筹资后的息税前收益可达 240 万元，大于无差异点的 120 万元，所以，对普通股和负债筹资方式，A 公司选择负债筹资方式可以获得更高的 EPS。

同理，对普通股筹资和优先股筹资，这两种筹资方式，其无差异点的 $EBIT^*$ 值为

$$\frac{EBIT^*(1-T)}{N_1} = \frac{EBIT^*(1-T) - I_P}{N_2}$$

$$\Rightarrow \frac{EBIT^*(1-0.25)}{300} = \frac{EBIT^*(1-0.25) - 50}{200}$$

得 $EBIT^* = 200$ 万元。也即当息税前利润为 200 万元时，通过发行普通股和通过发行优先股筹集资金对 EPS 是没有影响的。通过优先股筹资，由于普通股的数量与负债筹资时的数量相同，故而该筹资方式下的 EPS 和 EBIT 间的直线，其斜率与负债筹资直线的斜率都等于 $(1-T)/N_2$，由于优先股股利大于负债利率，且优先股股利是税后利润支付，所以，该直线与普通股筹资直线交于 E_P 点，此时的息税前利润为 200 万元。因为 A 公司筹资后的息税前收益为 240 万元，大于此时的无差异点 200 万元的水平，所以，对比普通股和优先股筹资方式，A 公司选择优先股筹资方式可以获得更高的 EPS。

综合两步分析，就 A 公司筹资来说，通过负债筹资可以获得更高的 EPS，所以，公司筹资方案在此条件下，应选择负债筹资方式。

每股收益无差异点法在为企业经营者解决在某一特定预期盈利水平下应该选择什么融资方式提供了一个简单的分析方法。显然，这种方法侧重于对不同融资方式下的每股收益进行比较，但预期盈利水平与每股收益无差异点所对应的盈利水平之间的距离不同，反映的状态稳定性也不同。在［例 7-5］中，长期债务和普通股筹资方式的每股收益无差异点所对应的息前税前利润 $EBIT = 120$ 万元，当预期收益超过 120 万元时，债务融资方式的每股收益总是大于普通股融资方式的每股收益，且距离每股收益无差异点对应的息前税前利润 150 万元越远，两种融资方式的每股收益差距越大，债务融资相对于普通股融资的优势越明显。

（三）企业价值比较法

以上以每股收益的高低作为衡量标准对筹资方式进行了选择。这种方法的缺点在于没有考虑风险因素。从根本上讲，财务管理的目标在于追求公司价值的最大化或股价最大化。然而，只有在风险不变的情况下，每股收益的增长才会直接导致股价的上升，实际上经常是随着每股收益的增长，风险也会加大。如果每股收益的增长不足以补偿风险增加所需的报酬时，尽管每股收益增加，股价仍然会下降。所以，公司的最佳资本结构应当是可使公司的总价值最高，而不一定是每股收益最大的资本结构。同时，在公司总价值最大的资本结构下，公司的资本成本也是最低的。

衡量企业价值的一种合理方法是：企业的市场价值 V 等于其股票的市场价值 S 加上长期债务的价值 B，即

$$V = S + B$$

为使计算简便，设长期债务（长期借款和长期债券）的现值等于其面值。股票的现值则等于企业未来的净收益按股东要求的报酬率贴现。假设企业的经营利润永续，股东要求的回报率（权益资本成本）不变，则股票的市场价值为

$$S = \frac{(EBIT - I)(1-T) - I_P}{K_s}$$

根据资本资产定价模型计算的股票资本成本 K_s 为

$$K_s = K_f + \beta(K_M - K_f)$$

通过上述公式计算出企业的总价值和加权平均成本，以企业价值最大化为标准确定最佳资本结构，此时对应的加权平均成本最小。

[**例 7-6**] 三洋公司当前的长期资本均为股权资本，没有长期债务和优先股资本。公司的股票账面价值为 4 000 万元。预计未来公司的每年息税前利润（EBIT）为 800 万元，公司所得税税率为 25%。公司认为当前的资本结构不尽合理，准备通过发行公司债券回购部分股票调整资本结构，以提高公司价值。经咨询，当前的长期债务利率和公司的权益资本成本计算的有关数据如表 7-6 所示。

表 7-6 不同债务水平下的债务资本成本和权益资本成本

债券市场价值 B（万元）	税前债务资本成本 K_b（%）	股票 β 值	无风险报酬率 K_f（%）	市场组合必要收益率 K_M（%）	权益资本成本 K_s（%）
0.00	0.00	1.10	4.00	12.00	12.80
400.00	6.00	1.15	4.00	12.00	13.20
800.00	6.50	1.20	4.00	12.00	13.60
1 200.00	7.70	1.30	4.00	12.00	14.40
1 600.00	9.20	1.42	4.00	12.00	15.36
2 000.00	10.80	1.56	4.00	12.00	16.48

根据表 7-6 的数据，即可计算出不同的长期债务规模下的企业价值和加权平均资本成本。计算结果如表 7-7 所示。

表 7-7 企业市场价值和加权平均资本成本

企业市场价值 B（万元）(1) = (2) + (3)	债券市场价值 B（万元）(2)	股票市场价值 S（万元）(3)	税前债务资本成本 K_b（%）	权益资本成本 K_s（%）	加权平均资本成本 K_W（%）
4 687.50	0.00	4 687.50	0.00	12.80	12.80
4 809.09	400.00	4 409.09	6.00	13.20	12.48
4 925.00	800.00	4 125.00	6.50	13.60	12.18
4 885.42	1 200.00	3 685.42	7.70	14.40	12.28
4 787.50	1 600.00	3 187.50	9.20	15.36	12.53
4 657.77	2 000.00	2 657.77	10.80	16.48	12.88

从表 7-7 可以看到，初始情况下，企业没有长期负债，公司价值等于股权价值为 4 687.5 万元，此时公司的股权资本成本等于公司加权平均成本为 12.8%；当公司发行债券回购股票时，初期公司价值增加，当公司发行 800 万元债券时，公司的价值达到最大为 4 925.0 万元，加权平均成本最低为 12.18%，股权价值为 4 125 万元，股权资本成本为 13.6%；当再增加公司债务时，公司的价值逐渐降低，而加权平均成本逐渐上升。因此，公司的最佳资本结构为发行债务 800 万元时。

【案例】 迪士尼公司的最佳资本结构

迪士尼公司（Disney Corporation）是一家在娱乐和媒介业界拥有大量资产的公开上

市公司。迪士尼的资产包括不动产（在佛罗里达和南卡罗来纳以分期和租赁资产的形式存在）、电视广播事业（ABC 和 ESPN）、出版业、电影业（Touchstone Pictures）和零售店（全世界共有 610 家迪士尼商店）。迪士尼从到 1996 年的过去五年中，经历了在行业结构和财务杠杆方面的一个重要变化。迪士尼不仅收购了 Capital Cities/ABC，使其获得了在电视广播行业的一个重要立足点，而且为了这次收购，迪士尼公司举债约 100 亿美元，导致它的财务杠杆水平迅速提高。以此确定在新的财务结构下的 β 值、权益资本成本和资本成本，并进一步判断公司的最佳财务结构。下表是迪士尼公司 1996 年的损益表。

表 1　　　　　　　　　　迪士尼公司 1996 年损益表　　　　　　　　单位：百万美元

收入	18 739
减：经营支出	12 046
折旧利息税前收益	6 693
减：折旧	1 134
息税前收益	5 559
减：利息支出	479
税前收益	5 080
减：税收	847
税后收益	4 233

根据以上资料，可以计算出公司对债务偿还的保障能力——利息保障倍数：

利息保障倍数 = 息税前收益 ÷ 利息 = 5 559 ÷ 479 = 11.61

公司 1996 年的债务账面价值为 123.42 亿美元，所有者权益账面价值为 160.86 亿美元，公司共发行 675.13 百万股，每股市场价格为 75.38 美元。所以所有者权益的市场价值为 508.91 亿美元（=675.13 百万股×75.38 美元/股）。公司所得税税率为 36%，风险溢价为 5.5%。

迪士尼公司所发行债券的成本与债券的等级是密切相关的。表 2 是企业发行债券的利息保障倍数与企业债券等级的对应关系。

表 2　　　　　　　　　债券等级和利息保障倍数对应关系表

债券等级	利息保障倍数	
	低	高
AAA	8.50	∞
AA	6.50	8.50
A+	5.50	6.50
A	4.25	5.50
A−	3.00	4.25
BBB	2.50	3.00
BB	2.00	2.50

续表

债券等级	利息保障倍数	
	低	高
B+	1.75	2.00
B	1.50	1.75
B-	1.25	1.50
CCC	0.80	1.25
CC	0.65	0.80
C	0.20	0.65
D	$-\infty$	0.20

根据表2，由于迪士尼公司的利息保障倍数为11.61，所以迪士尼公司债券的等级可初步确定为AAA级（见表3）。

表3　　　　　　　　　　债券等级和市场利率对应关系表

债券等级	利率（%）	与长期债券利率的差别（%）
AAA	7.20	0.20
AA	7.50	0.50
A+	7.80	0.80
A	8.00	1.00
A-	8.25	1.25
BBB	8.50	1.50
BB	9.00	2.00
B+	9.50	2.50
B	10.25	3.25
B-	11.25	4.25
CCC	12.00	5.00
CC	13.00	6.00
C	14.50	7.50
D	17.00	10.00

由于迪士尼公司的债券的等级为 AAA 级，根据上表中债券等级与债券利率之间的关系，迪士尼公司债券的利率水平应为 7.20%，公司债券的账面价值为 123.42 亿美元，根据公司的损益表，公司的利息费用为 4.79 亿美元，负债的平均期限为 3 年，据此可以计算公司债券的市场价值为 $4.79 \times \dfrac{1-\dfrac{1}{(1+0.072)^3}}{0.072} + \dfrac{123.42}{(1+0.072)^3} = 112.71$（亿美元）。

根据以上资料，$B/S = 112.71/508.91 = 0.22$。

迪士尼公司由于至 1996 年的五年来财务杠杆发生了很大的变化，所以为了计算出新的财务杠杆下的 β^L 值，先要计算出无杠杆条件下的 β^U 值。由于迪士尼公司涉及许多不同的行业，故而采用对不同产业部门的对应 β^U 值的加权平均方法进行计算得出表 4。

表 4　　迪士尼公司各个经营领域无杠杆效应的 β 值估算

业务	估计价值（亿美元）	具可比性的公司	无杠杆效应的 β 值	部门价值权重（%）	加权后的 β 值
创造性部门	221.87	动画片和电视节目制作商	1.25	35.71	0.4464
零售商	22.17	最终专业零售商	1.5	3.75	0.0536
广播电视	188.68	电视广告公司	0.9	30.36	0.2732
主题乐园	166.75	主题乐园和娱乐中心	1.1	26.79	0.2946
不动产	22.17	专营旅馆和度假地产的不动产公司	0.7	3.57	0.0250
整个公司	621.62			100.00	1.0929

资料来源：[美] 阿斯沃斯·达摩达兰：《应用公司理财》，北京，机械工业出版社，2000。

根据计算，迪士尼公司的无杠杆的 $\beta^U = 1.09$，据此和前述的有关数据，可以计算出新的条件下的 β^L 值。即

$$\beta^L = \beta^U \left[1 + (1-T)\dfrac{B}{S}\right] = 1.09 \times [1 + (1-0.36) \times 0.22]$$
$$= 1.24$$

此时的权益资本成本为

$$K_s = K_f + \beta^L(K_M - K_f) = 0.07 + 1.24 \times 0.055$$
$$= 13.8\%$$

为了得出公司的最佳资本结构，要计算公司在不同债务水平上的等级。为此先要计算在每一债务水平上的经营收入报表，计算在该债务水平上的利息保障倍数，并找出与其债务水平相适应的等级。

表 5 列示的是公司的债务比率从 0 增加到公司总价值的 10% 时，财务杠杆作用对资本成本的影响。

迪士尼公司的价值 = 公司权益资本的市场价值 + 公司债务资本的市场价值
= 508.91 + 112.71 = 621.62（亿美元）

公司价值10%的债务 = 10% × 621.62 = 6 216.2（百万美元）

表5　　　　　　　　　　　提高债务比率的影响　　　　　　　单位：百万美元

债务/（债务+股权）（%）	0.00	10.00
债务/股权（%）	0.00	11.11
债务	0	6 216
息税前收益	5 559	5 559
利息支出	0	448 *
应税收入	5 559	5 111
利息保障倍数	∞	12.41
可能等级	AAA	AAA
利率（%）	7.20	7.20
所得税税率（%）	36	36
税后债务成本（%）	4.61	4.61

注：* 448 = 6 216 × 7.2%。

注意在确定利息支出费用所使用的利率和计算出利息保障倍数以确定债券信用等级之间存在循环求证，也即计算利息保障倍数时要先求解利率，而计算利率则需要先求解利息保障倍数。为此，在解决这一问题时需要进行一系列迭代，直至用于计算利息支出的利率和从利息偿付比率中获得的利率一致。一般需从AAA级开始进行迭代。下面以债务比率为20%时的情况为例进行说明：

当债务比率为20%时，公司债务总额为62 162 × 20% = 12 432（百万美元），假定公司债券仍为AAA级，其债券利率为7.2%，故而，债务利息 = 12 432 × 7.2% = 895（百万美元），此时的利息保障倍数 = 5 559 ÷ 895 = 6.2，因为利息保障倍数为6.2，公司债券的信用等级依前表应为AA级，债券利率应为7.5%，显然这一结果相互矛盾。再假定公司债券为AA级，适用利率为7.5%，债务利息 = 12 432 × 7.5% = 932（百万美元），利息保障倍数 = 5 559 ÷ 932 = 6.0，应为A+级，这次迭代也不合理。再进一步迭代，假定公司债券的信用为A+级，适用利率为7.8%，公司债券利息 = 12 432 × 7.8% = 970（百万美元），利息保障倍数 = 5 559 ÷ 970 = 5.7，刚好在A+级，故而本次迭代的结果即为所求解值。税后债务成本 = 7.8% × （1 − 36%） = 4.99%。以此方法依次对公司债务比率分别为30%、40%、50%、60%、70%、80%、90%的情况进行测算，得出相应的债务成本。表6即计算结果。

表6　　　　　　　　　　　　不同债务比率的债务成本

债务比率（%）	债务（百万美元）	利息（百万美元）	利息保障倍数	债券等级	债券利率（%）	实际债务成本（%）
0	0	0	∞	AAA	7.20	4.61
10	6 216	466	11.93	AAA	7.20	4.61
20	12 432	970	5.70	A+	7.80	4.99
30	18 649	1 539	3.61	A−	8.25	5.28
40	24 865	2 238	2.48	BB	9.00	5.76
50	31 018	3 186	1.75	B	10.25	6.56
60	37 297	4 476	1.24	CCC	12.00	7.68
70	43 513	5 222	1.06	CCC	12.00	7.68
80	49 730	5 967	0.93	CCC	12.00	7.68
90	55 946	7 273	0.76	CC	13.00	9.42

在不同的债务比率下，由于 B/S 因之改变，由此与 B/S 相关的杠杆 β^L 值也随之变化 $\left\{\beta^L = \beta^U \left[1 + (1-T)\dfrac{B}{S}\right]\right\}$，所以相应地股权资本的成本也会改变。如债务比例为 0 时，$B/S = 0$，所以 $\beta^L = \beta^U = 1.09$，股权成本 $K_s = K_f + \beta^L (K_M - K_f) = 7.0\% + 1.09 \times 5.5\% = 13.00\%$。当债务比例为 10% 时，$B/S = 10\%/90\% = 11\%$，所以 $\beta^L = \beta^U \left[1 + (1-T)\dfrac{B}{S}\right] = 1.09 \times [1 + (1-36\%) \times 11\%] = 1.17$，权益成本 $K_s = K_f + \beta^L (K_M - K_f) = 7.0\% + 1.17 \times 5.5\% = 13.44\%$。以此方法依次计算在债务比例分别为 20%、…、90% 的 β^L 值和相对应的股权成本 K_s。表7为计算结果。

表7　　　　　　　不同债务比例下的 β^L 值和相对应的股权成本 K_S

债务比率（%）	债务/股权（%）	β^L 值	股权成本（%）
0	0	1.09	13.00
10	11	1.17	13.44
20	25	1.27	13.96
30	43	1.39	14.65
40	67	1.56	15.56
50	100	1.79	16.85
60	150	2.14	18.77
70	233	2.72	21.97
80	400	3.99	28.95
90	900	8.21	52.14

在不同的债务比例下,根据各已知条件,已分别计算出债务成本和股权成本,以此为基础,可以进一步计算出迪士尼公司的加权平均成本 K_{WACC}:

$$K_{WACC} = \frac{B}{B+S}K_b + \frac{S}{B+S}K_s$$

如当债务比例为 0 时,$\frac{B}{S+B} = 0$,$\frac{S}{B+S} = 1$。所以有

$$K_{WACC} = \frac{B}{B+S}K_b + \frac{S}{B+S}K_s = K_s = 13.00\%$$

如当债务比例为 10% 时,$\frac{B}{S+B} = 10\%$,$\frac{S}{S+B} = 90\%$。所以有

$$K_{WACC} = \frac{B}{B+S}K_b + \frac{S}{B+S}K_s = 10\% \times 4.61\% + 90\% \times 13.43\%$$
$$= 12.55\%$$

以此方法依次计算债务比例分别为 20%、30%、…、90% 时的加权平均成本。表 8 为计算结果。

表 8　　　　　　　　迪士尼公司的资本成本的计算表

债务/权益（%）	利息保障倍数	债券等级	利率	债务成本（%）	β 值	股权成本（%）	加权平均资本成本
0	∞	AAA	7.20	4.61	1.09	13.00	13.00
10	11.93	AAA	7.20	4.61	1.17	13.43	12.55
20	5.70	A+	7.80	4.99	1.27	13.96	12.17
30	3.61	A−	8.25	5.28	1.39	14.65	11.84
40	2.48	BB	9.00	5.76	1.56	15.56	11.64
50	1.75	B	10.25	6.56	1.79	16.85	11.66
60	1.24	CCC	12.00	7.68	2.14	18.77	12.11
70	1.06	CCC	12.00	7.68	2.72	21.97	11.97
80	0.93	CCC	12.00	7.68	3.99	28.95	11.93
90	0.76	CC	13.00	9.42	8.21	52.14	13.69

根据表 8 的计算结果,可以发现,公司无杠杆效应时的资本成本为 13.00%,资本成本随着公司债务的增加逐渐下降,在 40% 债务水平时资本成本实现最小值为 11.64%,然后又开始增加。故而从计算的结果看,公司的最佳资本结构为债务比例为 40%。

【本章小结】

1. 资本结构是指企业各种长期资金来源的构成及比例关系。如何确定最优的资本结构,是现代企业理财的重要论题。早期关于资本结构的理论有:净利理论,净营业收入理论,传统理论。

2. 现代财务理论是由美国的弗朗哥·莫迪利安尼（Franco Modigliani）和默顿·米

勒（Merton Miller）两位教授在1958年开创的。他们在一系列假设条件下建立并证明了资本结构理论。

3. MM定理的内容是：如果投资决策和筹资决策相互独立，不考虑企业所得税、个人所得税和企业破产风险，资本市场充分有效，那么，企业的资本结构与企业的市场价值无关，即企业在筹资决策时资本结构的选择不会影响企业的市场价值。这就是MM命题-Ⅰ。该命题的另一种描述为：负债企业的股本成本等于同一风险等级中全部为股本的企业的股本成本加上风险报酬，即为MM命题-Ⅱ。

4. 由于公司所得税法规定，公司支付债券持有人利息属于公司费用，而股利是公司税后利润。在资本市场充分有效的条件下，公司管理者应选择负债比较高的资本结构。因为，有负债公司的价值等于无负债公司价值与 T_cB（公司所得税税率乘以债务价值）之和。T_cB 为公司负债后的利息永续节税的现值。负债越高，节税现值越大，企业价值就越大。这就是税收环境下的MM命题-Ⅰ。

5. 因为税收并未改变风险状况，税收只是改变了价值的分配，所以，随着企业财务杠杆的增加，企业的财务风险也相应增大，因此权益收益率亦随之增加，权益期望收益率与财务杠杆正相关，这也是在税收环境下的MM命题-Ⅱ。

6. 由于考虑到企业负债筹资，并随着负债的增加，企业破产的可能性也增大，所以，负债的增加一方面在增加杠杆效应的同时，也由于可能的破产所产生的财务危机成本减少了杠杆公司的价值。由于公司价值随着债务增加而呈倒U形，在债务达到某一水平时，公司价值最大。这样，为公司寻求最佳资本结构提供了可能。

7. 由于企业负债所存在的经营者对债权人的债权侵蚀问题和资产替代问题，债权人为了保障自己的权利，要求对经营者的行为进行监督，就引起代理成本。代理成本和财务危机成本一样会减少企业价值。并降低企业的最佳债务筹资水平。

8. 由于信息的不对称，公司经营者拥有更多的关于企业价值的信息，经营者为了把企业高价值的信息传递给投资者，采取信号传递方式，通过高成本的不可复制的负债筹资方式传递公司价值低估的信息。所以，发行债券是"利好消息"，股票发行是"利空消息"。

9. 无差异点法，它是利用不同筹资方案下每股收益无差异的息税前利润水平，即无差异点，来判断选择不同筹资方案的条件。

10. 在选择合适的资本结构时，我们还应分析公司补偿固定支出的现金能力。公司发行的优先证券数额越大，偿还期越短，公司的固定支出越高。这些支出包括债务的本金和利息、租赁支出和优先股股利。

11. 针对信息的不对称，梅耶斯（1984）认为，管理层在融资过程中有优先次序。第一，优先考虑内部融资的投资机会。第二，优先考虑单纯债务。第三，接下来的融资偏好是优先股股票，它带有负债的某些特征。第四，再接着是各种混合证券，比如可转换公司债。第五，可以发行的最不理想的证券是单纯权益证券。

12. 在选择最佳资本结构时，常用的方法还是计算加权平均资本成本法，通过计算不同资本结构下的加权平均成本，并以所有备选方案中加权平均成本最低的为最优方案。无差异点法是利用不同筹资方案下每股收益无差异的息税前利润水平，即无差异点，来判断选择何种筹资方案的方法。它实际是以能够实现每股收益（EPS）最大作为方案选择的标准。

【思考与练习题】

1. 早期的资本结构理论有哪些内容？
2. 无公司税条件下的 MM 理论的基本内容有哪些？并给出推导过程。
3. 有公司税条件下的 MM 理论的基本内容有哪些？并给出推导过程。
4. 说明公式 $\beta^L = \beta^U \left[1 + \frac{B}{S_L}(1-T) \right]$ 的理论与实践含义。
5. 当考虑债务筹资的财务拮据成本时，给 MM 理论带来什么影响？
6. 为什么要考虑代理成本对 MM 理论的影响，有什么表现形式？
7. 在信息不对称条件下，会给公司的筹资带来什么影响？
8. 试对我国企业资产负债的情况进行调查、分析，并对改良我国企业资本结构提出自己的见解。
9. 资料：有两家除资本结构差异外，其他完全相同的公司，公司都预期产生 100 万元的营业收益，A 公司无负债，B 公司有 100 万元的负债，该债券的利率为 6%。A 公司的必要权益收益率为 10%，B 公司的必要权益收益率为 12%。要求：

    （1）分别计算 A、B 公司的权益价值和公司价值。

    （2）分别计算 A、B 公司的加权平均成本。

10. 资料：A 公司目前是一家无负债资本的公司，公司预期的年息税前利润为 100 万元，公司的所得税税率为 30%，公司的税后利润全部用于支付股利。公司现在打算调整资本结构，准备增加负债 400 万元，债务资本成本为 6%，无负债企业的必要权益收益率为 12%。要求：

    （1）分别计算没有负债、存在负债条件下的公司价值。

    （2）计算在负债条件下的公司加权平均成本。

11. 资料：A 企业现有长期资本 100 万元，其中长期负债 20 万元，权益资本 80 万元。现拟追加筹资 50 万元，有两个方案可采用：方案一，追加资本；方案二，增加负债。增资前后借款利率均为 10%，企业所得税税率为 30%。增资后企业的息税前利润可达 20%。要求：

    （1）计算无差异点 EPS；

    （2）计算无差异点的息税前利润；

    （3）进行筹资决策。

12. 资料：C 公司 2004 年资本总额 1 000 万元，其中普通股总额 800 万元（200 万股），借款 200 万元。借款利率 10%，公司所得税 30%。

    该公司预定 2005 年将资本总额增至 1 400 万元，需要追加筹资 400 万元。现有两个方案可供选择：方案（1）发行债券，年利率 12%；方案（2）增发普通股 100 万股。

预计 2005 年的息税前利润为 180 万元。要求：
(1) 计算 2005 年两个追加筹资方案下无差异点的息税前利润；
(2) 测算 2005 年的两个方案下普通股每股收益；
(3) 作出筹资决策。

【参考文献与推荐阅读书目】

［1］弗朗哥·莫迪利安尼、默顿·H. 米勒：《资本成本、公司财务和投资理论》，见卢俊编译：《资本结构理论研究译文集》，上海，上海三联书店、上海人民出版社，2003。

［2］麦克尔·C. 詹森、威廉·H. 麦克林：《公司理论：管理行为、代理成本和所有权结构》，见卢俊编译：《资本结构理论研究译文集》，上海，上海三联书店、上海人民出版社，2003。

［3］［美］阿斯沃斯·达摩达兰：《应用公司理财》，北京，机械工业出版社，2000。

［4］戴书松：《财务管理》，北京，经济管理出版社，2006。

附录　杠杆贝塔系数与权益成本

股票的预期报酬以及它所带来的股利和价值增值都与风险有关。对厌恶风险的投资者来说，必须要用更高的期望收益率来补偿他们承担的风险。造成风险的原因之一是股东所在公司的资本结构中含有负债，因而引起了财务风险。根据资本资产定价模型：

$$\overline{r}_j = r_f + \beta_j \times (\overline{r}_M - r_f)$$

根据公司筹资成本与市场投资者期望投资收益率对等的原理，我们可定义：

K_s 表示企业股权筹资的股权资金成本；

K_M 表示市场期望收益率，也即市场的股权资金成本；

B/S_L 表示公司的产权比率；

β^U 表示公司无杠杆时的贝塔系数；

β^L 表示公司的杠杆贝塔系数。

根据资本资产定价模型确定的公司权益资金成本为

$$K_s = K_f + \beta^L (K_M - K_f) \qquad (1)$$

杠杆贝塔系数公式为

$$\beta^L = \beta^U \left[1 + \frac{B}{S_L}(1 - T) \right] \qquad (2)$$

把公式（2）代入公式（1）中，则股权资金成本可以简单地变化为

$$K_s = K_f + \beta^U \times \left[1 + \frac{B}{S_L}(1 - T) \right] \times (K_M - K_f) \qquad (3)$$

因为 $\beta^U\left[1+\dfrac{B}{S_L}(1-T)\right]=\beta^L$，所以式（3）可以进一步变化为

$$K_s = K_f + \beta^U \times (K_M - K_f) + (\beta^L - \beta^U)(K_M - K_f) \quad (4)$$

式中：$\beta^U(K_M - K_f)$ 为经营风险补偿，$(\beta^L - \beta^U)(K_M - K_f)$ 为财务风险补偿。公式（4）的关系可通过图1表示。

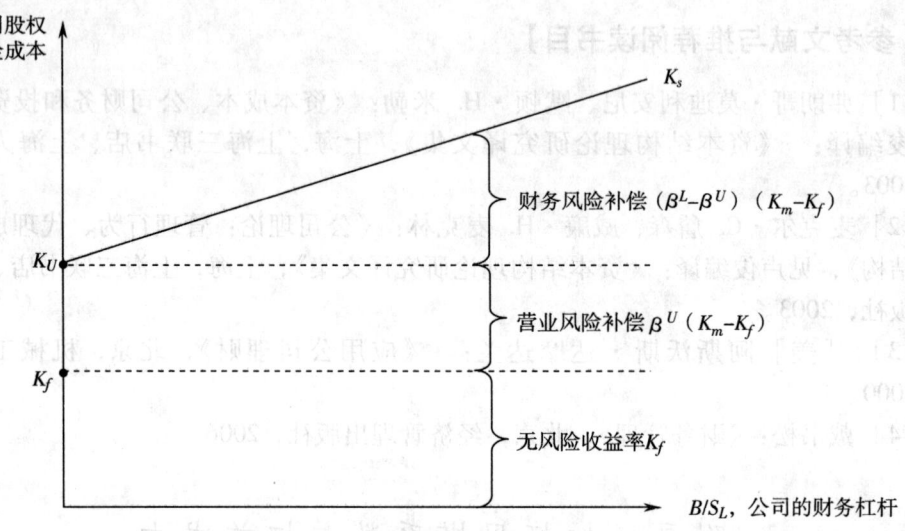

图1 公司财务杠杆与公司权益资金成本的关系

第八章

企业价值预期分析与财务预警

【本章要点】

- 预计财务报表的目的与意义
- 预计财务报表的编制
- 现金流量折现法的基本原理与模型
- 相对价值法的基本原理与模型
- 财务预警的功能与机制
- 财务预警的技术方法

在《财务管理基础》教材里,我们进行财务分析的目的是通过分析企业实体经济活动的财务报表信息,了解企业经济运行的状况,诸如企业负债所反映的偿债能力状况;企业资产运营的效率如何;企业控制成本、获取利润的能力水平。所有这些信息都将影响企业对未来的财务活动的规划与安排。而在《中级财务管理》教材里,我们的企业财务分析主要是集中于对企业价值创造能力以及企业价值的评估上。这与我们所称的财务管理的目标是为企业创造价值并使得企业价值最大化相一致。财务预警是财务的一项非常重要但也是非常困难的一件事。如果企业财务工作能够预先对企业运行状况进行预警的话,那么,企业的经营管理者就能够于企业运行出现问题的初期采取行动,从而避免企业可能出现更大的困境。

本章共分四节。第一节预计财务报表,主要介绍了预计财务报表的编制方法,这是企业价值估值的基础;第二节介绍企业价值的预期评估方法,主要包括企业价值评估的现金流量折现法与相对价值法;第三节介绍企业财务风险与财务预警概念等,由于企业经营活动中时刻会产生财务风险,为了有效管控财务风险,企业有必要进行事先财务预警;第四节着重介绍了财务预警的一些具体方法和模型。

第一节 预计财务报表

一、预计财务报表的目的与意义

对企业价值进行预期分析时,必须在历史数据的基础上,预测企业未来的财务状况与经营成果。为此,需要编制预计资产负债表、预计利润表和预计现金流量表等预计财务报表。

预计财务报表不仅有助于对企业价值进行预期分析,还有助于管理者和投资者进行相关问题的决策。通过预计财务报表分析,管理者可以评价企业预期经营业绩是否与企业总体经营管理目标一致,例如,如果预计财务报表分析显示,权益净利率远低于行业平均水平,管理者就应该着手调查原因并采取相应措施;管理者还可以利用预计财务报表预测企业未来的融资需求,例如,当销售增长率较高时,企业留存利润不能满足企业资金需求,管理者就需要提前安排融资计划,以满足企业未来扩大投资所需要的资金需求,否则,就可能发生资金需求缺口,导致资金周转困难。投资者可以利用预计财务报表寻找价值被低估的企业,在金融市场上进行投资决策,以获得必要的投资回报。

二、预计财务报表的编制

(一) 预测企业未来销售收入增长率

企业大部分财务数据都与企业销售收入有内在的联系,销售收入预测是编制预计财务报表的起点。销售收入增长率的预测要以企业历史增长率为基础,并根据未来的变化进行修正,在修正时,既要考虑宏观经济因素变化,同时也要充分考虑企业所处的行业状况和企业未来的发展战略等方面的因素。如果预计这些方面未来不会发生较明显变化,则可按上年的销售增长率进行预测。如果未来有较大的变化,则需要根据其主要影响因素进行调整。历史销售增长率可以使用算术平均值计算方法,也可以使用几何平均值计算方法。算术平均值是计算历史销售增长率的平均值,该方法计算简单,使用方便,是预测未来销售增长率的常用方法;几何增长率则需要考虑复利计算的影响,它能更加准确反映真实的销售增长率。这里可以用一个简单的例子予以说明。

[例8-1] 试分别运用算术平均值和几何平均值计算X公司2005~2010年间的销售收入增长率,具体数据见表8-1。

表8-1　　　　　　　　X公司2005~2010年各年销售收入

年份	2005	2006	2007	2008	2009	2010
销售收入(万元)	660	900	910	1 270	1 130	1 270
销售增长率(%)		36.36	1.11	39.56	-11.02	12.39

采用算术平均值法计算的销售增长率 =（36.36% + 1.11% + 39.56%
　　　　　　　　　　　　　　　　　－ 11.02% + 12.39%）/5 = 15.68%

采用几何平均值法的销售增长率 =（1 270/0.66）$^{1/5}$ － 1 = 13.99%

显然，两种方法计算的销售增长率存在一定的差异，不可能完全一致。实际估算时，可以参考两种方法的计算结果，预测人员还要根据实际情况进行分析，科学、谨慎地匡算预计销售增长率。

（二）确定预测期间

预测的时间范围涉及预测基期和预测期。基期是指作为预测基础的时期，它通常是预测工作的上一年度。基期的各项数据被称为基数，它们是预测的起点。预测期指预测的时间长短，预测期越长，影响因素的不确定性越大，预测结果的可靠性将大大降低。实际常用的方法是将预测期分为两个阶段：第一个阶段为明确的预测期间，一般为整个预测期的 5～7 年，但很少超过 10 年。第二个阶段为后续期，企业进入稳定增长阶段，判断企业进入稳定增长阶段的主要标志是企业具有稳定的销售增长率和稳定的投资回报率，销售增长率与宏观经济的名义增长率接近，投资回报率与企业的资金成本接近。

（三）编制预计利润表

企业价值分析的基本方法是现金流量折现法，现金流的基础是息前税后利润，因此需要编制预计利润表。预计利润表编制时需要考虑未来影响销售收入增长率的各项因素以及成本费用的变动，其格式、内容与企业对外报告的利润表基本相同，但需要做一定的加工，如需要单列折旧、长期资产摊销等非付现费用等。

（四）编制预计资产负债表

编制预计资产负债表的目的也是为计算现金流量提供依据。预计资产负债表的格式、内容与对外报告的资产负债表相同。编制预计资产负债表时，应确定各资产水平与销售收入之间的变动关系，综合考虑企业的资本结构、股利政策以及筹资方式等影响资产负债表项目金额的关键因素。

（五）编制预计现金流量表

在预计利润表、预计资产负债表编制的基础上，需要进一步编制预计现金流量表。预计现金流量表的格式、内容与对外报告的现金流量表有所不同，它是根据预计利润表与预计资产负债表数据，采用间接法编制而成的。

三、预计财务报表编制实例

为了说明预计财务报表的具体编制方法，下面举例加以说明。

[例 8-2]　假定 ABC 公司是一家上市公司，有关公司 2010 年实际的资产负债表、利润表如表 8-2、表 8-3 所示。

表8-2　　　　　　　　　　　ABC公司资产负债表
编制单位：ABC公司　　　　　　2010年12月31日　　　　　　　　　　　　　单位：万元

资产	年末余额	年初余额	负债和股东权益	年末余额	年初余额
货币资金	1 300	1 070	短期借款	2 600	2 500
应收账款	2 440	2 360	应付账款	1 400	1 300
存货	4 840	4 720	其他流动负债	1 000	1 100
其他流动资产	1 110	1 120	流动负债合计	5 000	4 900
流动资产合计	9 690	9 270	长期借款	8 810	9 320
固定资产原值	17 310	15 840	其他非流动负债	380	400
减：累计折旧	2 070	1 630	非流动负债合计	9 190	9 720
固定资产净值	15 240	14 210	负债合计	14 190	14 620
其他长期资产	570	720	股本	4 160	4 160
非流动资产资产总计	15 810	14 930	未分配利润	7 150	5 420
			股东权益合计	11 310	9 580
资产合计	25 500	24 200	负债股东权益合计	25 500	24 200

表8-3　　　　　　　　　　　ABC公司利润表
编制单位：ABC公司　　　　　　2010年1~12月　　　　　　　　　　　　　　单位：万元

项目	本年发生额	上年发生额
一、销售收入	14 600	13 300
减：销售成本	7 700	6 840
二、销售利润	6 900	6 460
减：销售费用	1 100	1 000
管理费用	1 160	1 120
折旧与摊销	590	550
财务费用	420	410
三、营业利润	3 630	3 380
加：营业外收入	70	100
减：营业外支出	60	70
四、利润总额	3 640	3 410
减：所得税	910	850
五、净利润	2 730	2 560
加：年初未分配利润	5 420	3 890
六、可供分配利润	8 150	6 450
减：应付股利	1 000	1 030
七、年末未分配利润	7 150	5 420

预计财务报表的编制步骤如下：

1. 预测企业未来销售收入增长率。表8-4列示了 ABC 公司 2006~2010 年各年间的销售收入，采用算术平均法计算销售收入的历史增长率，计算结果如表8-4所示。可以看出，近5年 ABC 企业的实际销售收入在 9%~10.92% 之间波动，以算术平均法计算的销售增长率为 9.92%。为方便计算，将未来销售收入的预计销售增长率调整确定为 10%。

表8-4　　　　　　　　　　　ABC 公司历年销售收入及增长率

项目	2006 年	2007 年	2008 年	2009 年	2010 年	平均数
销售收入（万元）	10 000	11 000	11 990	13 300	14 600	1 217.8
销售收入增长率（%）		10	9	10.92	9.77	9.92

2. 确定预测期间。根据已掌握的有关资料，未来5年 ABC 公司所处的行业经济状况将处于较快增长阶段，为企业发展带来了良好的外在环境。因此，未来5年设定为明确的预测期，未来销售收入增长率为 10%；从第6年起为后续期，假定后续期期间 ABC 公司处于稳定增长阶段，具有稳定的销售增长率和稳定的投资回报率，销售收入增长率确定为 8%。

3. 编制预计利润表。ABC 公司的核心产品具有较强的竞争力，企业制定的未来中长期战略是继续保持核心产品竞争优势。根据 2010 年的利润表分析：销售成本率历史平均值为 52.08%，由于产品结构没有发生较大变化，预测值设定为 52%；销售费用历史平均值为 7.52%，预测值取 7%；管理费用历史平均值为 8.18%，预测值取 8%；折旧与长期资产摊销占销售收入比重为 4.09%，预测值取 4%；假设 ABC 公司将逐年降低负债程度，改善资本结构，财务费用将逐年递减 8%；由于资产减值、公允价值变动损益、投资收益、营业外收支不具有预测性，预计利润表中将忽略不计；平均所得税税率为 25%；ABC 公司采用固定股利支付政策，股利支付率为 70%。根据以上条件，编制 ABC 未来年度的预计利润表，如表8-5所示。

表8-5　　　　　　　　　　ABC 公司预计利润表　　　　　　　　　　单位：万元

项目	2010 年	2011 年	2012 年	2013 年	2014 年	2015 年	2016 年
一、销售收入	14 600	16 060	17 666	19 433	21 376	23 513	25 395
减：销售成本	7 700	8 351	9 186	10 105	11 115	12 227	13 205
二、销售利润	6 900	7 709	8 480	9 328	10 260 *	11 286	12 190
减：销售费用	1 100	1 124	1 237	1 360	1 496	1 646	1 778
管理与销售费用	1 160	1 285	1 413	1 555	1 710	1 881	2 032
折旧与摊销	590	642	707	777	855	941	1 016
财务费用	420	386	355	327	301	277	255
三、营业利润	3 630	4 271	4 768	5 308	5 898	6 542	7 110
加：营业外收入	70	0	0	0	0	0	0
减：营业外支出	60	0	0	0	0	0	0

续表

项目	2010年	2011年	2012年	2013年	2014年	2015年	2016年
四、利润总额	3 640	4 271	4 768	5 308	5 898	6 542	7 110
减：所得税	910	1 068	1 192	1 327	1 475	1 636	1 778
五、净利润	2 730	3 203	3 576	3 981	4 424	4 907	5 333
加：年初未分配利润	5 420	7 150	9 392	11 895	14 682	17 779	21 213
六、可供分配利润	8 150	10 353	12 968	15 877	19 106	22 685	26 546
减：应付股利	1 000	661	1 073	1 194	1 327	1 472	1 600
七、年末未分配利润	7 150	9 392	11 895	14 682	17 779	21 213	24 946

注：*数值存在的一些误差是由于对计算结果进行四舍五入所致。

4. 编制预计资产负债表。假设 ABC 公司除固定资产净值与累计折旧外，其他资产的周转速度不变，与销售收入同步增长，流动负债、长期负债（不含利息）与销售收入同步增长，股本规模不变。编制 ABC 公司的预计资产负债表如表 8-6 所示。

表 8-6　　　　　　　　　　　ABC 公司预计资产负债表　　　　　　　　单位：万元

项目	2010年	2011年	2012年	2013年	2014年	2015年	2016年
货币资金	1 300	1 430	1 573	1 730	1 903	2 094	2 261
应收账款	2 440	2 684	2 952	3 248	3 572	3 930	4 244
存货	4 840	5 324	5 856	6 442	7 086	7 795	8 418
其他流动资产	1 110	1 221	1 343	1 477	1 625	1 788	1 931
流动资产合计	9 690	10 659	11 725	12 897	14 187	15 606	16 854
固定资产原值	17 310	19 041	20 945	23 040	25 344	27 878	30 108
减：累计折旧	2 070	2 456	2 812	3 139	3 440	3 717	4 732
固定资产净值	15 240	16 585	18 133	19 901	21 904	24 161	25 376
其他长期资产	570	627	690	759	835	918	991
非流动资产总计	15 810	17 212	18 823	20 659	22 738	25 079	26 367
资产合计	25 500	27 871	30 548	33 557	36 925	40 685	43 221
短期借款	2 600	2 860	3 146	3 461	3 807	4 187	4 522
应付款项（无息）	1 400	1 540	1 694	1 863	2 050	2 255	2 435
其他流动负债（无息）	1 000	1 100	1 210	1 331	1 464	1 611	1 739
无息流动负债合计	2 400	2 640	2 904	3 194	3 514	3 865	4 174
流动负债合计	5 000	5 500	6 050	6 655	7 321	8 053	8 696
长期借款	8 810	8 400	7 833	7 554	7 110	6 647	4 758
其他长期应付款（无息）	380	418	460	506	556	612	661
无息长期负债合计	380	418	460	506	556	612	661
长期负债合计	9 190	8 818	8 443	8 060	7 666	7 259	5 419

续表

项目	2010年	2011年	2012年	2013年	2014年	2015年	2016年
负债合计	14 190	14 318	14 493	14 715	14 987	15 312	14 115
股本	4 160	4 160	4 160	4 160	4 160	4 160	4 160
未分配利润	7 150	9 392	11 895	14 682	17 779	21 213	24 946
股东权益合计	11 310	13 552	16 055	18 842	21 939	25 373	29 106
负债及股东权益	25 500	27 871	30 548	33 557	36 925	40 685	43 221

注：预计资产负债表中的数据均为四舍五入后的结果。

表8-6中2011年个别数据计算说明如下：

2011年累计折旧 = 2010年累计折旧 + 2011年折旧 = 2 070 + 386 = 2 456（万元）

2011年固定资产净值 = 2011年固定资产原价 - 2011年累计折旧 = 19 041 - 2 456 = 16 585（万元）

长期借款与销售收入没有直接关联，所以先用倒退法计算负债合计与长期负债合计，然后计算：

2011年长期借款 = 2011年长期负债合计 - 2011年其他长期应付款（无息） = 8 818 - 418 = 8 400（万元）

除累计折旧、固定资产净值、长期借款外，2011年其他资产和负债与销售收入同步增长，增长率为10%，2011年末未分配利润数据由预计利润表中获得。其他各年数据的计算参照2011年计算方法。

预计利润表与预计资产负债表有着内在的联系，一般会同时编制，例如，预计利润表中的财务费用，一般需要参考资产负债表中的短期借款与长期借款，同时结合预计利率确定（本例为方便计算，没有考虑）。因此，一般会先编制预计利润表，只有完成预计利润表的编制，才能完成预计资产负债表的编制。预计现金流量表一般采用间接法编制，具体编制方法详见本章第二节。

第二节 企业价值预期分析

一、企业价值预期分析的目的

企业价值预期分析，也被称为企业价值评估或企业价值分析，它是以财务报表数据为依据，综合分析企业历史财务经营状况以及未来影响财务状况变动的各项因素，运用专门的方法估计企业价值的过程。早在20世纪50年代中期，国外就有人提出企业价值的概念，以后人们对企业价值进行了广泛深入研究。企业作为有组织的经济资源的集合体，通过特定的生产经营管理活动，不断为投资人（股东）创造新的财富。企业价值是指一个企业作为一个整体的经济价值（或市场价值），通常用一个企业未来所产生的现金流量的现值加以计量。企业价值预期分析的目的是帮助投资人和企业管理当局改善决策，其主要目的表现在如下几个方面：

（一）投资分析

企业价值预期分析是基础分析的核心内容，依据基础分析理论，企业价值与企业财务数据之间存在密切关系，这种关系在一定时间内是稳定的，证券价格与价值的偏离经过一段时间的调整会向价值回归，据此原理，投资者在进行投资决策时会寻找被市场低估的企业，以获得高于市场平均收益率的投资回报。企业价值预期分析有助于投资者发现企业价值（证券），作出正确的投资决策。

（二）战略分析

企业战略分析包括环境分析、产业分析和公司内部分析，目的是评价企业目前和今后为股东创造股东财富的关键因素，其核心内容是运用定价分析模型，清晰地说明企业经营设想并发现这些设想可能创造的价值。战略分析常常使用价值判断方法，例如，在决定是否购买目标企业战略问题时，收购企业要估计目标企业的合理价格，通过价值预期分析，既可以确定合理的收购价格，也可以对收购企业合并前后的价值变动进行估计，以判断收购能否增加股东财富，为企业的战略决策提供依据。

（三）企业价值管理

依据现代财务理论，企业价值管理的目标是使股东财富最大化或企业价值最大化，企业一切决策都必须紧紧围绕这一目标，从这种意义上来说，企业决策正确性的根本标志是能否增加企业价值。企业价值预期分析作为评估企业价值的方法，将财务决策、企业战略和公司价值紧密结合，成为改善决策的重要手段。在此基础上，实施以价值链为基础的价值管理，以实现企业价值最大化目标。

企业价值预期分析使用的分析方法有很多种，有的比较简单，有的相对比较复杂，最常使用的方法是现金流量折现法和相对价值法，下面将分别做详细的介绍。

二、现金流量折现法

（一）现金流量折现法的基本原理与模型

任何一项资产的价值等于其未来所创造现金流量的现值。现金流量折现法将企业视为一项资产，企业价值等于企业未来现金流量的现值。现金流量折现的基本模型如下：

$$企业价值 = \sum_{t=1}^{n} \frac{企业未来现金流量_t}{(1+资本成本)^t} \qquad (8-1)$$

依据现金流量折现法模型，决定企业价值的关键因素是企业未来现金流量、资本成本以及时间。按照未来现金流量含义的不同，现金流量折现模型可分为实体现金流量模型和股权现金流量模型。

1. 实体现金流量模型。实体现金流量模型将企业未来的现金流量定义为企业所有资本提供者（包括股权投资人和债券投资人）带来的现金流量，实体现金流量的现值反映的是企业整体价值，即实体价值。实体现金流量模型的基本形式是

$$\text{实体价值} = \sum_{t=1}^{\infty} \frac{\text{实体自由现金流量}_t}{(1+\text{加权平均资本成本})^t} \quad (8-2)$$

式中：实体自由现金流量是企业全部现金流入扣除付现成本和必要的投资回报后剩余的部分，是企业一定期间可以提供给股权投资人和债权人的税后现金流量；加权平均资本成本是与企业现金流量匹配的风险投资的必要报酬率，由企业的资本结构所决定。

2. 股权现金流量模型。股权现金流量模型将企业未来的现金流量定义为股权投资人的现金流量，是指企业在一定期间能够提供给股权投资人的现金流量，现金流量的现值反映的是企业股权价值。股权现金流量模型如下：

$$\text{股权价值} = \sum_{t=1}^{\infty} \frac{\text{股权自由现金流量}_t}{(1+\text{权益资本成本})^t} \quad (8-3)$$

式中：股权自由现金流量是实体现金流量扣除对债权人负债后剩余的部分，有多少股权现金流量作为股利分配给股东，它取决于企业的筹资和股利分配政策。当把股权现金流量全部作为股利分配给股东后，股权现金流量模型也可以表示为

$$\text{股权价值} = \sum_{t=1}^{\infty} \frac{\text{股利现金流量}_t}{(1+\text{权益资本成本})^t} \quad (8-4)$$

公式（8-4）被称为股利现金流量模型，它是股权现金流量模型的特例。由于股利分配有较大的不确定性，所以实务中很少使用。

将股权价值加上企业债务价值，可得到企业价值。其债务价值是指债务的公平市场价值，也就是债权人现金流量的现值。

$$\text{债务价值} = \sum_{t=1}^{\infty} \frac{\text{债权自由现金流量}_t}{(1+\text{债务资本成本})^t} \quad (8-5)$$

实务中为计算方便，经常假定债务的公平市场价值等于债务的账面价值。

实体价值、股权价值与债务价值三者之间的关系如图 8-1 所示。

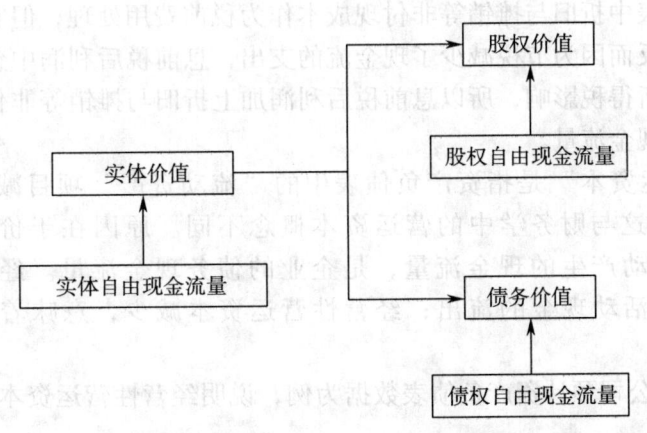

图 8-1 实体价值、股权价值与债务价值关系

(二) 自由现金流量的计算

公司的资本来源于债权人和股东投入的资本,债权人投入部分分为无息负债和有息负债。无息负债是伴随公司日常生产经营活动自发形成的,例如应付职工薪酬、应付税费等,这些负债可能经常需要偿还,但又不断出现新的负债,企业除非停止营业,否则不需要全部清偿,其账面余额是企业可以长期占用的无须支付利息的资本。无息负债的债权人不要求分享企业收益,鉴于此,由无息负债资本带来的相关现金流量属于企业生产经营活动产生的现金流量,不应包括在债权人现金流量中。债权人现金流量仅指与有息负债的债权人有关的现金流量。

1. 实体自由现金流量。无论是实体自由现金流量还是股权自由现金流量,都是扣除一些必需的支出后剩余的现金流量,因此称为"可自由支配的现金流量"。实体自由现金流量是企业经营活动产生的现金流量净额,而负债筹资利息不属于经营活动,属于企业的融资活动,应作为债务现金流量单独考虑。实体自由现金流量可以根据公式 (8-6) 计算:

$$
\begin{aligned}
\text{实体自由现金流量} &= \text{经营活动产生的现金流量} - \text{经营资产总投资} \\
&= (\text{息前税后利润} + \text{折旧与摊销等非付现成本}) - (\text{经营性营运资本净增加额} + \text{资本支出}) \\
&= (\text{息前税后利润} + \text{折旧与摊销等非付现成本}) - (\text{经营性营运资本净增加额} + \text{净经营性长期资产增加额} + \text{折旧与摊销})
\end{aligned} \quad (8-6)
$$

其中:

$$
\begin{aligned}
\text{息前税后利润} &= \text{息税前利润} \times (1 - \text{所得税税率}) \\
&= (\text{净利润} + \text{所得税} + \text{财务费用}) \times (1 - \text{所得税税率}) \\
&= \text{净利润} + \text{财务费用} \times (1 - \text{所得税税率}) \\
&= \text{净利润} + \text{税后财务费用} \quad (8-7)
\end{aligned}
$$

尽管在利润表中折旧与摊销等非付现成本作为税前费用处理,但它们并不造成相关的现金流支出,反而因为节税减少了现金流的支出,息前税后利润中包括了折旧与摊销等非付现成本的所得税影响,所以息前税后利润加上折旧与摊销等非付现成本才是企业经营活动产生的现金流量。

"经营性营运资本"是指资产负债表中的"流动资产"项目减去"无息流动负债"后的余额,这与财务学中的营运资本概念不同。原因在于价值分析中把有息负债看做筹资活动产生的现金流量,是企业的债务现金流量。经营性营运资本增加,意味着经营活动现金的流出;经营性营运资本减少,意味着经营活动现金的流入。

下面以 ABC 公司预计资产负债表数据为例,说明经营性营运资本净增加额的计算,详见表 8-7。

第八章　企业价值预期分析与财务预警

表8-7　　　　　　　　　经营性营运资本净增加额计算表　　　　　　　单位：万元

项目	2010年	2011年	2012年	2013年	2014年	2015年	2016年
流动资产合计	9 690	10 659	11 725	12 897	14 187	15 606	16 854
减：无息流动负债	2 400	2 640	2 904	3 194	3 514	3 865	4 174
经营性营运资本	7 290	8 019	8 821	9 703	10 673	11 741	12 681
经营性营运资本净增加额		729	802	882	970	1 067	940

"资本支出"是指用于购置各项长期资产的支出减无息长期负债的差额，这部分支出是维持企业可持续增长及竞争优势所必需的现金流支出。

"净经营性长期资产"是指资产负债表中的"非流动资产"与"无息长期负债"的差额。净经营性长期资产的增加，意味着经营活动现金的流出；经营性长期资产的减少，意味着经营活动现金的流入。固定资产折旧与其他长期资产摊销虽减少了非流动资产的账面价值，但并没有影响当期的现金流量。因此，净经营性长期资产的增加额与当期折旧、摊销之和才是企业的资本支出。

下面以ABC公司预计资产负债表数据为例，说明资本支出的计算，详见表8-8。

表8-8　　　　　　　　　　　资本支出计算　　　　　　　　　　单位：万元

项目	2010年	2011年	2012年	2013年	2014年	2015年	2016年
非流动资产合计	15 810	17 212	18 823	20 659	22 738	25 079	26 367
减：无息长期负债合计	380	418	460	506	556	612	661
净经营性长期资产	15 430	16 794	18 363	20 154	22 182	24 467	25 706
净经营性长期资产增加额		1 364	1 570	1 790	2 028	2 285	1 239
加：折旧等非付现成本		642	707	777	855	941	1 016
资本支出		2 006	2 276	2 568	2 883	3 226	2 255

注：资本支出计算中的数据均为四舍五入后的结果。

2. 股权自由现金流量。企业的实体自由现金流量可以分为两部分：第一，债务自由现金流量，是与债权人之间的交易形成的现金流，包括支付债权人利息、偿还本金或借入债务；第二，股权自由现金流量，发生于企业与股东之间的现金流量，包括股利分配、股份发行与股份回购等。

二者的计算公式如下：

$$债权人现金流量 = 利息支出 - 利息所得税 + 偿还债务本金 - 新借债务本金$$
$$= 税后利息费用 - 有息债务净增加 \quad (8-8)$$

$$股权自由现金流量 = 股利分配 - 股权资本净增加 \quad (8-9)$$

股权自由现金流量是实体自由现金流量扣除属于债权人的现金流量后的部分，因此，其计算公式也可以为

$$股权自由现金流量 = 实体自由现金流量 - (税后利息费用 - 有息债务净增额) \quad (8-10)$$

(三) 预计现金流量表的编制

自由现金流量预测的方法有很多，最基本的方法是编制预计财务报表。在上节中，我们已经编制了ABC公司的预计利润表与预计资产负债表，下面根据现金流量折现法编制ABC公司的预计现金流量表。预计现金流量表是根据预计利润表与预计资产负债表编制的，详见表8-9。

表8-9　　　　　　　　　　　ABC公司预计现金流量表　　　　　　　　　　单位：万元

项目	2010年	2011年	2012年	2013年	2014年	2015年	2016年
实体自由现金流量计算							
一、净利润	2 730	3 203	3 576	3 981	4 424	4 907	5 333
加：财务费用	420	386	355	327	301	277	255
加：所得税	910	1 068	1 192	1 327	1 475	1 636	1 778
二、息税前利润	4 060	4 657	5 123	5 635	6 199	6 819	7 365
减：息税前利润所得税	1 020	1 164	1 281	1 409	1 550	1 705	1 841
三、息前税后利润	3 040	3 493	3 842	4 227	4 649	5 114	5 524
加：折旧等非付现成本	590	642	707	777	855	941	1 016
四、营业现金流量	3 630	4 135	4 549	5 004	5 504	6 055	6 540
减：经营性营运资本净增加额	420	729	802	882	970	1 067	940
减：资本支出	1 490	2 006	2 276	2 568	2 883	3 226	2 255
五、实体自由现金流量	1 720	1 400	1 471	1 554	1 651	1 761	3 345
债权人现金流量计算							
利息支出	420	386	355	327	301	277	255
减：利息费用所得税	110	97	89	82	75	69	64
减：短期借款净增加	100	260	286	315	346	381	335
减：长期借款净增加	-510	-410	-418	-429	-444	-463	-1 889
六、债权人现金流量	720	439	398	360	324	390	1 745
股权现金流量计算							
股利分配	1 000	961	1 073	1 194	1 327	1 427	1 600
减：股权资本净增加	0	0	0	0	0	0	0
七、股权现金流量	1 000	961	1 073	1 194	1 327	1 427	1 600

(四) 折现率的确定

折现率的高低应能准确反映现金流量的风险程度，只有折现率能准确反映现金流量的风险，价值评估结果才能准确，否则，将导致以折现率为基础计算的价值预期结果偏高或偏低。与现金流量定义相一致，计算企业实体价值时，应使用加权平均资本成本，计算股权价值时应使用权益资本成本。实体自由现金流量与股权自由现金流量都扣除了所得税的影响，因此现金流量折现法中使用的折现率都是税后资本成本。

（五）企业价值计算

根据现金流量分布的特征，现金流量折现法的模型分为永续增长模型、两阶段增长模型与三阶段增长模型，分析人员使用哪个模型，取决于其对未来现金流量分步的预期估计。

1. 股权现金流量模型。

（1）永续增长模型。假设企业未来以固定的自由现金流量增长率增长，即永续增长的情况下，企业价值是下期股权自由现金流量的函数：

$$\text{企业股权价值} = \frac{\text{下期股权自由现金流量}}{\text{权益资本成本} - \text{永续增长率}} \quad (8-11)$$

如果现金流量永续增长率为零，则为永续增长模型的特例，即零增长模型：

$$\text{企业股权价值} = \frac{\text{下期股权现金流量}}{\text{权益资本成本}} \quad (8-12)$$

永续增长模型的假设条件是企业处于永续增长状态，即销售净利率、总资产周转率、权益乘数和股利支付率等保持不变。使用永续增长模型时，企业价值对永续增长率的估计很敏感，当永续增长率接近于折现率时，股票价值趋近于无穷大，因此，对于永续增长率和权益资本成本的预测质量要求很高。

[例8-3] 某公司2010年每股息前税后净利润为12元，每股折旧与长期资产摊销为30元，每股资本支出为35元，该年比上年每股营运资本增加2元，每股债权人现金流量为3元。预计公司在未来将保持6%的自由现金流量增长率。假定公司的权益成本为10%。试计算企业股权价值：

$$\text{每股股权自由现金流量} = \text{每股息前税后利润} + \text{折旧摊销} - \left(\text{营运资本增加} + \text{资本支出}\right) - \text{每股债权人现金流量}$$

$$= 12 + 30 - (2 + 35) - 3 = 2(\text{元／股})$$

$$\text{企业股权价值} = \frac{2 \times (1 + 6\%)}{10\% - 6\%} = 53(\text{元／股})$$

（2）两阶段增长模型。两阶段增长模型假设企业自由现金流量的增长分为两个阶段：第一个阶段增长较快，称之为预测期；第二个阶段增长较慢，且增长率不变，称之为后续期。两阶段增长模型如下：

$$\text{企业股权价值} = \text{预测期股权现金流量现值} + \text{后续期股权价值现值}$$

$$= \sum_{t=1}^{n} \frac{\text{预测期股权自由现金流量}_t}{(1 + \text{权益资本成本})^t}$$

$$+ \frac{\text{后续期股权现金流量}/(\text{权益资本成本} - \text{永续增长率})}{(1 + \text{权益资本成本})^n}$$

$$(8-13)$$

[例8-4] 据估计，ABC公司的自由现金流量具备典型的两阶段增长特征，假设ABC公司从2016年开始进入稳定增长期，增长率为8%，该公司预测期的权益资本成本为12%，后续期的权益资本成本为16%，ABC公司的股权价值计算过程详见表8-10。

表 8-10　　　　　　　　　　　ABC 公司股权价值计算表　　　　　　　　　　单位：万元

项　目	2010 年	2011 年	2012 年	2013 年	2014 年	2015 年	2016 年
股权自由现金流量（万元）		961	1 073	1 194	1 327	1 427	1 600
权益资本成本		12%	12%	12%	12%	12%	16%
折现系数		0.8929	0.7972	0.7112	0.6355	0.5674	
预测期现金流量现值	4 215.63	858.08	855.40	849.17	843.31	809.68	
后续期现金流量增长率	8%						
后续期股权价值	11 348						
股权价值合计	15 563.63						

表 8-10 中数据计算过程说明如下：

$$预测期股权现金流量现值 = \sum_{t=1}^{5} \frac{股权自由现金流量_t}{(1 + 预测期权益资本成本)^t}$$

$$= 961 \times 0.8929 + 1\,073 \times 0.7972 + 1\,194 \times 0.7112$$
$$+ 1\,327 \times 0.6355 + 1\,427 \times 0.5674$$
$$= 4\,215.63（万元）$$

$$后续期股权价值 = \frac{后续期第一年股权自由现金流量}{后续期权益资本成本 - 永续增长率} \times \frac{1}{(1 + 12\%)^5}$$

$$= \frac{1\,600}{(16\% - 8\%)} \times 0.5674$$

$$= 11\,348（万元）$$

$$股权价值合计 = 预测期股权现金流量现值 + 后续期股权价值$$
$$= 4\,215.63 + 11\,348$$
$$= 15\,563.63（万元）$$

（3）三阶段增长模型。三阶段增长模型假设自由现金流量的增长呈现高速增长阶段、递减阶段和永续增长三个阶段。三阶段增长模型如下：

$$股权价值 = 高速增长期自由现金流量现值 + 递减期自由现金流量现值 + 后续期自由现金流量现值 \quad (8-14)$$

三阶段模型比较复杂，在这里不再做介绍。

2. 实体现金流量模型。在实务中，股权现金流量模型并不经常使用，主要原因是权益资本成本受资本结构的影响较大。企业债务增加时，风险加大，权益资本成本会上升，但上升的幅度不容易确定，估计起来比较困难。而加权平均资本成本受资本结构的影响较小，比较容易估计。由资本结构无关论可知，当企业债务增加时，一方面债务成本较低使得加权平均资本成本下降，另一方面企业风险增加导致加权平均资本成本上升，在无税和交易成本的情况下，两者可以完全抵消。在有税和交易成本的情况下，债务成本的下降将大部分会被股权成本的上升所抵消，加权平均资本成本对资本结构变化不敏感，估计起来比较容易。所以，实务中大多使用实体现金流量模型估计企业价值。

第八章 企业价值预期分析与财务预警

实体现金流量模型在计算企业价值时，与股权现金流量模型一样，也可以分为三种类型：

（1）永续增长模型。

$$实体价值 = \frac{下期实体自由现金流量}{加权平均资本成本 - 永续增长率} \quad (8-15)$$

（2）两阶段增长模型。

实体价值 = 预测期实体现金流量现值 + 后续期实体价值现值

$$= \sum_{t=1}^{n} \frac{实体自由现金流量_t}{(1+加权平均资本成本)^t}$$

$$+ \frac{实体自由现金流量/(加权平均资本成本-永续增长率)}{(1+加权平均资本成本)} \quad (8-16)$$

[**例 8-5**] 仍以 ABC 公司为例，说明实体价值的计算。已知 ABC 公司预测的加权平均资本成本为 10%，ABC 公司从 2016 年开始进入稳定增长期，增长率为 8%，后续期加权平均资本成本为 14%，则 ABC 公司的实体价值计算过程如表 8-11 所示。

表 8-11　　　　　　　　ABC 公司实体价值计算表　　　　　　　　单位：万元

项目	2010 年	2011 年	2012 年	2013 年	2014 年	2015 年	2016 年
实体自由现金流量		1 400	1 471	1 554	1 651	1 761	3 345
加权平均资本成本		10%	10%	10%	10%	10%	14%
折现系数		0.9091	0.8264	0.7513	0.6830	0.6209	
预测期现金流量现值	5 876.93	1 272.74	1 215.63	1 167.52	1 127.63	1 093.41	
后续期增长率	8%						
后续期实体价值	3 4615.18						
实体价值	4 092.11						

表 8-11 中数据计算说明如下：

$$预测期实体现金流量现值 = \sum_{t=1}^{5} \frac{实体自由现金流量_t}{(1+预测期加权平均资本成本)^t}$$

$$= 1\,400 \times 0.9091 + 1\,471 \times 0.8264 + 1\,554 \times 0.7513$$
$$+ 1\,651 \times 0.6830 + 1\,761 \times 0.6209$$
$$= 5\,876.93(万元)$$

$$后续期股权价值 = \frac{后续期第一年实体自由现金流量}{后续期加权平均资本成本 - 永续增长率} \times \frac{1}{(1+10\%)^5}$$

$$= \frac{3\,345}{(14\% - 8\%)} \times 0.6209$$

$$= 34\,615.18(万元)$$

实体价值 = 预测期实体现金流量现值 + 后续期实体价值
$$= 5\,876.93 + 34\,615.18$$

$$= 40\ 492.11(万元)$$

(3) 三阶段模型。

$$股权价值 = 高速增长期实体现金流量现值 + 递减期实体现金流量现值 + 后续期实体自由现金流量现值 \qquad (8-17)$$

三、相对价值法

(一) 相对价值法的基本原理

相对价值法是将目标企业与可比企业对比，用可比企业的价值来衡量目标企业的价值。相对于可比企业而言，如果可比企业的价值被低估了，则目标企业的价值也会被低估，因此是一种相对价值，而非目标企业的内在价值。

使用相对价值法有两个条件：一是存在一个决定企业价值的关键变量，例如每股收益、每股净资产、每股收入等；二是市场中存在与目标企业相类似的可比企业。理论上，可比企业与目标企业越相似越好，一般应选取在行业、主营业务或主导产品、资本结构、企业规模、市场环境以及风险程度等方面相同或相近的企业。其具体做法是首先寻找一个影响企业价值的关键变量，如每股收益；其次，确定一组可以比较的类似企业，计算可比企业的市价与关键变量比值的平均值，如平均市盈率；最后，根据目标企业的关键变量乘以得到的平均值计算目标企业的相对价值。

(二) 相对价值法的基本模型

相对价值法模型分为两大类，一类是以股权市价为基础的模型，包括市盈率、市净率和市价收入比等；另一类是以企业实体价值为基础的模型，包括实体价值/息前税后利润、实体价值/实体现金流量、实体价值/投资成本等。实际应用中，以股票价格为基础的模型比较容易获取信息，这里只介绍三种常用的股权市价比模型。

1. 市盈率模型。市盈率是以普通股每股市价除以每股收益的倍数，它说明投资人愿意为每股收益支付的价格，反映了市场对企业未来成长的期望：

$$市盈率 = \frac{每股市价}{每股收益} \qquad (8-18)$$

$$目标企业每股价值 = 可比企业平均市盈率 \times 目标企业每股收益 \qquad (8-19)$$

企业价值分析的真正目的是分析找出价值的驱动因素，而不仅仅是计算企业价值。那么影响市盈率高低的驱动因素是什么？下面做简要分析：

依据股利现金流量模型，处于稳定增长状态企业的股权价值为：

$$每股市价 = \frac{下期每股股利}{权益资本成本 - 增长率}$$

将等式两边同时除以每股收益：

$$\frac{每股市价}{每股收益} = \frac{下期每股股利 \div 每股收益}{权益资本成本 - 增长率}$$

$$= \frac{[基期每股收益 \times (1+增长率) \times 股利支付率] \div 基期每股收益}{权益资本成本 - 增长率}$$

$$= \frac{股利支付率 \times (1+增长率)}{权益资本成本 - 增长率}$$

即

$$市盈率 = \frac{股利支付率 \times (1+增长率)}{权益资本成本 - 增长率} \quad (8-20)$$

从公式（8-20）可以看出，市盈率的驱动因素是企业的增长率、股利支付率和权益资本成本。可比企业实际上应当是这三个比率类似的企业，而同行业企业不一定都具有这种类似性。市盈率驱动因素分析可以帮助人们纠正投资过程中经常犯的错误，有人认为市盈率低的股票便宜，这其实不一定。一个企业的市盈率比同行业高，可能是因为它有更高的未来增长率，而不是被市场高估了。

市盈率模型数据容易取得，计算较为简单，同时，市盈率涵盖了风险补偿率、增长率、股利支付率的影响，具有很高的综合性，但对于亏损企业市盈率不具有适应性。市盈率还受到宏观经济景气程度的影响，宏观经济繁荣时，企业整体市盈率会上升，宏观经济衰退时，企业整体市盈率会下降。

[例8-6] 假定甲公司2010年每股收益为0.5元，每股支付股利0.35元，甲公司净利润和股利支付的增长率均为6%，β值为0.75，无风险收益率R_f为5%，市场平均收益率R_m为12%。假定乙公司是与甲公司类似的可比公司，2010年实际每股收益为1.5元。试根据以上资料，计算甲公司2010年市盈率，并估计乙公司的股票价值。

甲公司股利支付率 $= \dfrac{每股股利}{每股收益} = \dfrac{0.35}{0.5} = 70\%$

甲公司权益资本成本 $= R_f + \beta \times (R_m - R_f) = 5\% + 0.75 \times (12\% - 5\%) = 10.25\%$

甲公司市盈率 $= \dfrac{股利支付率 \times (1+增长率)}{权益资本成本 - 增长率} = \dfrac{70\% \times (1+6\%)}{10.25\% - 6\%} = 17.46$

乙公司股票价值 = 甲公司市盈率 × 乙公司每股收益 = 1.5 × 17.46 = 26.19

2. 市净率模型。市净率是以普通股每股市价除以每股净资产的倍数，它反映投资人愿意为每股净资产支付的价格。

$$市净率 = \frac{每股市价}{每股净资产} \quad (8-21)$$

运用市净率估价的模型如下：

$$\frac{目标企业}{每股价值} = \frac{可比企业平}{均市净率} \times \frac{目标企业每}{股净资产} \quad (8-22)$$

同理，可以分析影响市净率的驱动因素。依据股利现金流量模型，处于稳定增长状态企业的股权价值为

$$每股市价 = \frac{下期每股股利}{权益资本成本 - 增长率}$$

将等式两边同时除以每股净资产：

$$\frac{每股市价}{每股净资产} = \frac{下期每股股利 \div 每股净资产}{权益资本成本 - 增长率}$$

$$= \frac{\frac{基期每股股利}{每股收益} \times \frac{每股收益}{每股净资产} \times (1 + 增长率)}{权益资本成本 - 增长率}$$

$$= \frac{净资产收益率 \times 股利支付率 \times (1 + 增长率)}{权益资本成本 - 增长率}$$

即

$$市净率 = \frac{净资产收益率 \times 股利支付率 \times (1 + 增长率)}{权益资本成本 - 增长率} \quad (8-23)$$

从公式（8-23）可以看出，市净率的驱动因素是企业的净资产收益率、增长率、股利支付率和权益资本成本。

市净率模型具有广泛的适用性。除盈利企业以外，亏损企业也可以使用市净率模型估计企业价值，除非企业净资产为负值。市净率模型容易受到会计政策选择与会计估计的影响，如果各企业执行不同的会计政策，市净率就会失去可比性。另外，固定资产很少的服务性企业和高科技企业，净资产与企业价值的关系不大，使用市净率估计企业价值可能会出现较大的偏差。因此，市净率方法适用于拥有大量有形资产、净资产账面价值为正值的企业。

[例8-7] 表8-12列示了20××年汽车制造业6家上市公司的市盈率和市净率以及全年实际平均股价。另江铃汽车20××年每股收益为0.06元，每股净资产为1.92元，全年的平均股价为6.03元。试分别以6家公司的平均市盈率、市净率评价估计分析江铃汽车的价值。

表8-12　　　　汽车制造业6家上市公司20××年市盈率和市净率

公司名称	每股收益（元）	每股净资产（元）	平均价格（元）	市盈率	市净率
上海汽车	0.53	3.43	11.98	22.6	3.49
东风汽车	0.37	2.69	6.26	16.92	2.33
一汽四环	0.52	4.75	15.4	29.62	3.24
一汽金杯	0.23	2.34	6.1	26.52	2.61
天津汽车	0.19	2.54	6.8	35.79	2.68
长安汽车	0.12	2.01	5.99	49.92	2.98
平均数				30.23	2.89

按市盈率法估价 = 0.06 × 30.23 = 1.81（元/股）

按市净率法估价 = 1.92 × 2.89 = 5.55（元/股）

显然，用两种方法估计的江铃汽车价值存在很大的差异。进一步分析，汽车制造业是一个需要大量有形资产的行业，假定汽车制造业采用相同的会计政策和会计估计，相比净利润指标而言，净资产账面价值相对比较稳定，因为会计利润更容易被人为操纵。因此，采用市净率的估价模型估算更容易接近实际价值。

第八章 企业价值预期分析与财务预警

3. 收入乘数模型。收入乘数是每股市价除以每股销售收入的倍数，它反映投资人愿意为每股销售收入支付的价格：

$$收入乘数 = \frac{每股市价}{每股销售收入} \quad (8-24)$$

收入乘数估价的模型如下

$$\frac{目标企业}{每股价值} = \frac{可比企业平}{均收入乘数} \times \frac{目标企业每}{股销售收入} \quad (8-25)$$

依据股利现金流量模型，处于稳定状态企业的股权价值为

$$每股市价 = \frac{下期每股股利}{权益资本成本 - 增长率}$$

将等式两边同时除以每股销售收入

$$\frac{每股市价}{每股销售收入} = \frac{下期每股股利 \div 每股销售收入}{权益资本成本 - 增长率}$$

$$= \frac{\dfrac{基期每股股利}{每股收益} \times \dfrac{每股收益}{每股销售收入} \times (1+增长率)}{权益资本成本 - 增长率}$$

$$= \frac{销售净利率 \times 股利支付率 \times (1+增长率)}{权益资本成本 - 增长率}$$

即

$$收入乘数 = \frac{销售净利率 \times 股利支付率 \times (1+增长率)}{权益资本成本 - 增长率} \quad (8-26)$$

从公式（8-26）可以看出，收入乘数的驱动因素是企业的销售净利率、利润（或股利）增长率、股利支付率和权益资本成本。

收入乘数模型不能反映成本的变化，而成本是影响企业现金流量和价值的重要因素之一。因此，这种方法适用于销售成本较低的服务类企业，或者销售成本率相近的企业。

[例8-8] 假定A企业2010年每股销售收入为83元。与该企业相类似的B企业每股销售收入为86元，每股净利润为5元，B企业采用固定股利支付政策，假定股利支付率为70%，预期利润和股利的增长率为8%，B企业的风险β值为1.2，该时期的无风险利率为5%，市场平均收益率为12%。试以收入乘数模型估计A企业的股票价值。

$$B企业销售净利率 = \frac{5}{86} \times 100\% = 5.81\%$$

$$B企业权益资本成本 = 5\% + 1.2 \times (12\% - 5\%) = 13.4\%$$

$$B企业收入乘数 = \frac{5.81\% \times 70\% \times (1+8\%)}{13.4\% - 8\%} = 0.81$$

采用收入乘数模型估计A企业每股价值为：$83 \times 0.81 = 67.23$（元/股）。

以上分别介绍了相对价值法三种具体的估值模型，孰优孰劣，不能一概而论。实际应用当中应对被分析企业所处的行业、企业的具体情况，并充分考虑估值模型的适用条件加以选择。

第三节　财务风险与财务预警

一、财务风险概述

随着经济全球化步伐的加快，企业所面临的经济环境日趋复杂多变，企业既要面对外部不确定因素的挑战，如国家宏观调控政策、全球经济危机等，又要应对内部环境的变化，如资产重组、经营战略的改变等，使得企业的生产经营活动具有很大的不确定性，企业的经营风险和财务风险也随之增加。企业所面临的各种风险最终会体现在企业的财务风险上，因此，现代企业越来越重视财务风险的管理。

（一）财务风险含义

风险是指人们对结果的预期值与客观实际结果发生差异的不确定性，这种结果的不确定有可能带来收益，也有可能带来损失。财务风险是与企业资金的筹措、运用、管理以及维护企业正常生产经营活动相关的财务不确定性。

对财务风险的理解有狭义与广义之分。狭义的财务风险通常指举债筹资风险，是指企业运用了债务筹资方式而产生的丧失偿债能力的风险。企业在经营中经常会借入资本进行负债经营，不论经营利润多少，企业到期要偿还本金和支付利息。如果企业经营成果良好，投资收益率高于利息率，企业在支付利息后还有剩余，那么企业可以获得财务杠杆带来的收益；如果企业决策失误或由于外部环境造成经济不景气，投资收益率低于利息率，企业可能无力偿还利息，甚至无能力偿还到期本金，企业便会陷入财务困境甚至于倒闭。因此，狭义的财务风险只存在于负债经营的企业。

广义的财务风险是指在企业的各项财务活动中，由于内外部环境及各种难以预计或无法控制的因素影响，导致财务状况的不确定性，这是从价值方面反映企业在理财活动中的不确定性。在日益复杂的市场环境下，财务风险贯穿于企业的供应、生产、销售、财务、人力资源、财务管理等各个环节中，是各种风险因素在企业财务上的集中体现。例如，目前我国为了控制通货膨胀，中央银行采用加息手段，使得企业举债的资金成本不断上升，举债规模大的企业的利息支出大大增加，这就会增加企业的筹资风险。又譬如，近期随着世界范围内石油价格的快速上升，航空企业会大大增加其营运成本，导致其无法实现预期的收益，有可能使企业陷入财务困境。本章中的财务风险是指广义的财务风险。

（二）财务风险特征

1. 客观性。财务风险是由于企业内外不确定性因素所产生的，由于市场环境竞争日益复杂且瞬息万变，企业人、财、物等内部环境也在不断地变化中，这些难以预料或无法控制的不确定性因素是客观存在的，因此，财务风险也是客观存在的，人们不能完全消除财务风险，只能在一定的范围内控制财务风险。财务风险作为最普遍的一种风险，贯穿于所有企业的资金运动过程中，是各种风险因素在企业财务上的集中体现。

2. 不确定性。财务风险的存在既是客观的又是普遍的，但是财务风险是否发生、何时何地发生、产生何种影响是不确定的，这是由于企业内外环境的不确定性因素决定的，人们不能完全准确掌握财务风险。

3. 双重性。财务风险的双重性是指财务风险是一把双刃剑，它既可能使企业遭受损失，也可能给企业带来额外的收益。例如，汇率的上升使得以外币计价的资产、经营利润减少，但同时以外币计价的负债也会减少，但到底是产生有利影响还是不利影响，还要看汇率上升的整体影响。

4. 可控性。财务风险虽然具有不确定性，但其发生并不是一种纯粹的偶然，企业可以通过运用一定的技术方法和管理措施，例如财务预警系统，预测财务风险发生的时间、范围、程度及概率，采取各种风险管理措施来预防、转移和分散财务风险，使财务风险产生的结果尽可能向有利方面发展，同时使其产生的不利影响降到最低。

（三）财务风险分类

1. 负债风险。对于负债经营的企业来说，不能偿还到期债务是最大的隐含风险。这既包括不能偿还到期债务本金及利息的风险，也包括公司偏离最佳资本成本而导致资本成本上升的风险。

2. 现金流风险。现金流风险是指企业现金流不足以满足必要的经营支出和投资支出项目的风险。如果企业净现金流量出现问题，无法满足正常的生产经营和投机活动的需要，即使是盈利的企业也可能陷入信誉危机，使企业的形象和声誉遭受严重损害，最终导致破产。对于过度扩张的公司来说，这类风险是致命的。

3. 投资风险。投资风险是指企业在投资活动中，由于投资决策失误和投资过程控制失灵，致使投资收益率达不到预期目标而产生的风险，这是扩张成长性企业面临的最大财务风险。

4. 利率风险。利率风险是指由于利率的波动性而导致经济损失的可能性。从宏观经济角度看，利率下降会刺激消费和投资，资金供应增加，企业的筹资成本也随之降低，有利于企业筹措资金；利率上升会减少消费和投资，资金供应减少，企业筹资成本上升，不利于企业筹措资金。另外，利率变动还会影响证券价格，间接影响企业融资成本。

5. 外汇汇率风险。外汇汇率风险也称货币风险，是指汇率变化而产生的资金回收与盈利方面的不确定性。这类风险对从事国际筹资、国际投资和国际贸易活动的企业影响较大。

二、财务预警概述

事实上，任何风险的产生都必然经历一个蕴藏、生成、演化、临近、显现和作用的过程。"冰冻三尺，非一日之寒"，企业的财务风险是日积月累的结果，必然有一定的先兆性和可预测性。为防范和规避财务风险，企业应建立和完善财务预警机制，通过对企业经营全过程进行跟踪、监控，特别是对公司财务报表及其他相关资料的分析，及早发现和预测财务风险，并着手进行应变防范，从而最大限度避免或降低财务风险的破坏作用，不断增强企业抵御财务风险的免疫能力。

(一) 财务预警含义

所谓财务预警，就是以企业的财务报表及相关经营资料为基础，利用及时的财务数据和相应的数据化管理方式，对企业可能或将面临的财务危机实现预测预报和实时监控的财务分析体系。企业处在复杂多变的市场环境和内部不确定因素作用的条件下，需要尽可能地预先察觉到财务风险，以便于及时采取相应的措施，使企业始终处于安全、可靠的运行状态。

有效的财务预警可以帮助企业预知财务危机的征兆，及时发现导致公司财务状况恶化的原因，在危机到来之前预先向企业经营者和其他相关利益人发出警告，避免或减弱财务危机对企业的破坏程度，防患于未然。建立财务预警系统，对企业的各个利益相关者都具有重要的意义，当企业可能出现财务危机时，经营者可以积极采取有效的措施改善企业经营管理，预防经营失败；投资者可以及时处理现有投资，避免更大损失；金融机构可以作出正确的贷款决策，进行贷款控制；注册会计师可以据此确定其审计程序，预测企业未来前景等。

(二) 财务预警功能

1. 监测功能。监测即对企业财务运行过程进行跟踪、实时监视，根据财务状况的变化，通过分析比较找出偏差，进行核算考核，从中发现产生偏差的原因或存在的问题。当危害企业财务的关键因素出现时，及时提出预警，让企业经营者早日寻求对策，以减少财务损失。这一功能要求企业收集与企业经营相关的行业政策、市场竞争状况、宏观经济政策等同企业息息相关的各种信息，例如，当宏观经济状况不好时，企业可能出现信用风险。若监测发现企业应收账款周转率低于行业平均值，则企业的应收账款可能存在较大的坏账风险。

2. 诊断功能。诊断是根据跟踪监测的结果，运用现代企业的管理技术、企业诊断技术、财务分析方法等，对企业的实际财务状况与行业或标准进行对比分析，找出导致企业财务运行恶化的原因所在。例如，当企业资产负债率过高，可能是由于企业过度实施扩张战略，负债增加过多，而产生财务危机。

3. 治疗功能。治疗功能是财务预警的一项重要功能。在监测危机和诊断问题原因的基础上，修正企业运营中的偏差或过失，积极寻求内部资金创造渠道和外部融资渠道，使企业恢复到正常的运行轨道上。例如，当企业过度扩张规模，大举收购其他企业，造成企业支付能力下降，企业管理者一方面要积极吸引外部投资，另一方面要果断调整企业经营方针，减少投资项目，集中有限的财务资源，化解财务危机，待企业有实力后再谋求新的发展。

4. 健身功能。通过财务预警，企业能系统而详细地记录财务危机的发生、处理和解决过程，处理反馈与改进建议，作为未来事件的前车之鉴，以避免重复犯同样或类似的错误，从而增强企业的免疫能力。

三、财务预警机制

企业应建立健全财务预警机制,形成良好的动态循环,通过监视、诊断、治疗,进而达到健身的目的。

（一）组织机制

财务预警的组织应与合理的公司治理结构相配合。预警组织由企业经营者、熟悉企业内部管理业务、具有现代经营风险管理知识和技术的人员组成,也可以由现有的职能部门来承担,譬如风险管理部门或财务管理部门。财务预警组织机制的运行使预警分析工作经常化、制度化和规范化。

（二）信息收集和传递机制

财务预警发挥监测职能预测企业财务危机时,首先需要收集企业内外大量的信息,然后通过系统分析判断,最后作出财务危机预警预报。财务预警需要收集、整理、分析大量的数据,需要建立计算机辅助系统,通过计算机辅助系统可以处理大量的数据,辅助财务预警部门发现企业内部存在的财务风险水平,及时传递给管理者和相关信息使用者。计算机辅助系统的建立是财务预警机制完善的必要条件。

（三）财务风险分析机制

风险分析机制是财务预警的关键,通过分析比较可以识别排除对企业财务影响较小的风险,从而将分析人员的主要精力集中在有可能造成重大影响的风险上,重点加以分析研究,及时、准确诊断出企业面临的重大财务风险,评估其可能造成的损失程度。预警分析系统一般涉及预警指标设计和警界值。预警指标是用于测评企业营运状况不佳的彼此紧密联系的指标体系,警界值是指这些指标的临界点,一旦预警指标达到或超过设定的临界点,财务风险处理机制立即启动。

（四）财务风险处理机制

财务风险处理机制是企业制定的应急处理预案的实施过程。企业事先制定的应急预案是根据风险等级不同而设计的,不同的风险等级启动的风险应急预案等级也不同。启动风险应急预案既要审慎,又要做到及时准确,这需要风险分析预警的科学性,也需要风险管理者的实际经验判断。

第四节　财务预警的方法和模型

一、财务预警常用分析方法

企业财务风险涉及许多因素,如企业管理结构不合理,内部控制缺乏,权力过于集中,负债经营过度,财务制度失灵,等等。因此,财务预警分析应从这些因素入手,运用一定的分析方法加以分析。

(一) 标准化调查方法

标准化调查方法就企业可能遇到的实际问题进行详细调查与分析,并形成报告文件供企业经营者参考。之所以称为标准化方法,是因为它提出的问题对所有企业或组织都有意义,并具有普遍适用性,但对特定的企业而言,标准化调查方法无法提供对特定问题的解决方案。另外,该方法需要根据相关专业人员的职业判断对企业的情况给予定位,有可能出现主观判断偏颇的情况。标准化调查方法主要包括企业在行业中的地位、企业偿债情况、企业经营活动中存在的问题及原因、企业发展前景等内容。具体调查方法可以采用问卷调查法。

(二) "四阶段症状"分析法

一般而言,企业财务情况不佳,甚至出现财务危机,是逐步显现、逐步加剧的,呈现阶段性特征。因此,每个阶段肯定有其特定的症状。财务预警分析任务就是,及早发现各个阶段的症状特征,对症下药。企业财务症状大体可分为四个阶段,各个阶段的症状如表 8-13 所示。如果企业有相应症状出现,应尽快弄清病因,采取积极有效的措施,使企业摆脱财务危机,恢复正常运行。这一方法直观明了、简单易行,适合企业进行自我诊断,但每个阶段划分比较困难,要求诊断者具有非常丰富的经验。

表 8-13 财务运营与危机的四个阶段

Ⅰ 财务危机潜伏期	Ⅱ 财务危机发作期	Ⅲ 财务危机恶化期	Ⅳ 财务危机实现期
①盲目扩张 ②无效市场营销 ③疏于风险管理 ④缺乏有效地管理制度 ⑤无视环境的重大变化 ……	①自有资本不足 ②过分依赖外部资金,利息负担过重 ③缺乏会计预警作用 ④债务拖延偿付 ……	①经营者无心经营业务,专心于财务周转 ②资金周转困难 ③债务到期违约不支付 ……	①负债超过资产,丧失偿付能力 ②宣布倒闭 ……

(三) 流程图分析法

流程图分析是一种动态分析方法。通过流程图分析,可以找出企业生产经营和财务活动中的关键点,通过分析哪些关键点容易发生问题,发生损失的程度如何,有无预先防范措施等,及时发现企业潜在的风险,从而避免财务损失。但这种方法只是一种防范手段,并不能识别企业的财务危机,应与识别危机的其他方法结合使用。

(四) A 记分法

A 记分法又称管理记分法,该方法先找出企业经营失败的可能影响因素,然后,根据它们的影响程度大小进行赋值,再进行加权处理,根据最后的分值综合判断企业的风险程度。使用这种方法要求评分者对被评企业有相当的了解,以便对企业的管理进行客观的评价。这种方法以定量化的数据弥补了定性分析的不足。

二、财务预警模型

财务预警模型是根据企业财务指标综合反映企业财务状况、进行财务预测的技术方法。财务预警模型可分为单变量预警模型和多变量预警模型。

(一) 单变量预警模型

单变量预警模型分析通常指用单一的财务比率值或趋势来预测或判定企业财务危机发生的可能性。美国学者 Fitzpatric（1932）最早进行了单变量破产预测研究，他以19家上市公司为样本，运用单个财务比率将样本分为破产和非破产两组，发现破产上市公司与非破产上市公司的一些可比指标有明显区别，结果发现判别能力最高的是利润/股东权益和股东权益/负债这两个比率，而且在经营失败之前这些比率就呈现出显著差异。其研究为后人使用比率比较的方法预测财务危机起到了启发作用。

1966年，美国学者 Beaver 在财务比率预警研究上取得了突破性的进展。Beaver 使用由79家公司组成的样本，分别检验了反映公司不同财务特征的6组30个变量对公司破产前1~5年的财务危机预警能力。他发现最有效的判别变量有三个，按其预测能力强弱分别为

$$债务保障率 = \frac{现金流量}{债务总额} \times 100\% \quad (8-27)$$

$$资产收益率 = \frac{净收益}{债务总额} \times 100\% \quad (8-28)$$

$$资产负债率 = \frac{负债总额}{资产总额} \times 100\% \quad (8-29)$$

一般来说，陷入财务困境的企业，这三个比率低于行业平均水平，且呈现不断下降趋势。这一方法在企业危机前5年可达到70%以上的预测能力，失败前1年更可达到87%以上的准确率。

在对每一个预测企业进行财务预警分析时，应对这三个比率的变化趋势予以特别关注。首先，从该企业所属行业中选择一个具有相同资产规模的成功企业，然后比较预测企业与成功企业三个比率。如果发现预测对象的三个比率存在明显差距时，就应该对这些比率连续几年的变化给予足够的关注。当发现预测对象三个比率中任何一个出现恶化情况时，需要关注预测企业流动资产项目之间的关系是否正常。Beaver 在计算了各财务报表项目的平均值之后，发现危机企业有较少的现金而有较多的应收账款，而且危机企业的存货一般较少，所以在预测企业的财务危机时，应特别注意现金、应收账款和存货等流动资产项目及其变动原因。

单变量财务预警模型选取的预测指标除了上述三个指标外，也可以根据企业所处的不同阶段、不同行业及其特点选用其他一些财务指标，例如速动比率、流动比率、存货周转率、资本结构比率、资本回报率、销售变动率等。

单变量财务预警模型分析较为简单，但不能综合说明公司整体财务状况，在运用过程中，指标易受主观选择因素影响，存在一定局限性。第一，哪些是最重要的财务比率，不同分析者存在不同的观点，对于同一企业采用不同的财务比率也可能会预测出不

同的结果;第二,尽管对较长一段时期进行的单变量财务比率分析可能说明企业正处于困境或未来可能处境困难,但不能具体说明企业可能破产以及何时会破产;第三,单变量财务比率得出的结论可能会受到通货膨胀因素的影响,例如,固定资产账面价值在用于资产周转分析时,可能会出现误导的结果,看似说明企业经营好转的比率若按实际价值衡量,情况可能恰恰相反;第四,单变量模型只注重某些指标的分析能力,若企业管理人员粉饰这些指标,会掩盖企业的财务危机,例如,高估库存价值或低估应收账款坏账数额以提高企业的流动比率,改善资产负债率。

(二) 多变量预警模型

多变量预警模型就是运用多个财务指标加权汇总来综合反映企业的财务状况,并在此基础上建立预警模型,预测财务危机的方法。具体应用时,只需要将预测企业的多个财务比率输入模型中,模型就会自动计算出一个结果,然后根据结果就可以判别预测企业是否面临财务危机。

1. Z – Score 模型。Z – Score 模型是多变量预警模型,该模型最早是由美国 Altman 在 20 世纪 60 年代中期创立的。Z 分数模型主要考察企业流动性、获利能力、财务杠杆、偿债能力和企业营运能力等五个方面的财务指标,通过加权汇总计算总判别分(Z 值)来预测企业财务危机的预警模型。Altman 通过对 1946~1965 年间 33 家破产制造企业和 33 家非破产配对企业进行分析,挑选 22 个财务比率进行实验,根据判别率最小原则,逐步剔除判别能力最差的财务比率,最终确定营运资本/资产总额等五项财务比率的多元线性判别模型:

$$Z = 1.2X_1 + 1.4X_2 + 3.3X_3 + 0.6X_4 + 0.999X_5 \qquad (8-30)$$

式中:Z 为判别函数值,X 是 Altman 选取确定的财务比率,它们分别是:

X_1 为营运资本/期末总资产,反映企业资产的变现能力和规模特征。营运资本是企业的期末流动资产与流动负债的差额,具有周转速度快、变现能力强、投资风险小等特征。一个企业若营运资本持续减少,往往预示着企业资金周转不灵或出现短期偿债危机。

X_2 为期末留存收益/期末总资产,反映企业的累计获利能力。期末留存收益是由企业税后净利润留存于企业累积而成的,一般来说,新企业的资产与收益较少,因此相对于老企业来说,新企业的 X_2 较小,财务失败的风险较大。

X_3 为息税前利润/期末总资产。息税前利润即 EBIT,是指扣除债务利息和所得税之前的正常业务利润。因此该比率扣除了税收和财务杠杆因素的影响,是从企业资金(包括所有者权益和负债)来源的角度,对企业资金使用效率进行的评价,通常是反映企业财务失败的最有力的依据之一。

X_4 为期末股东权益的市场价值/期末总负债,反映企业的财务结构。其中,分子为股东权益的市场价值,更能客观地反映公司价值的大小,分母为流动负债、长期负债的账面价值之和,反映企业在无偿债能力之前其资产可能的跌价程度。

X_5 为本期销售收入/期末总资产,是企业的总资产周转率,反映企业资产的周转使用效率。如果企业总资产周转效率高,说明企业经营效率高;反之,说明企业经营成果差,效率低,最终将影响企业的获利能力。如果总资产周转率长期处于较低的状态,企业就应当采取措施提高各项资产的利用程度。

通过 Z 分数模型可以计算 Z 分数值，Z 分数值越低，企业遭受财务危机的可能性就越高，反之亦然。Altman 亦给出了判断企业财务危机的临界点：当 Z 分数值达到 3.0 以上时，企业财务失败的可能性很小；当 Z 值低于 1.81 时，企业财务失败的可能性非常大。在这两个数字之间的区域被称为"未知区域"或"灰色区域"，也就是难以简单地得出企业财务是否肯定失败的结论。具体判断标准如表 8-14 所示。

表 8-14　　　　　　　　　　　企业财务失败临界点

Z 值	财务危机的可能性	分　类
Z≥3.0	财务失败的可能性很小	财务安全组
2.8≤Z≤2.9	有财务失败的可能	未知区域组
1.81≤Z≤2.7	财务失败的可能性很大	灰色区域组
Z≤1.8	财务失败的可能性非常大	财务危机组

下面我们通过例子对 Altman Z 分数模型应用加以具体说明：

[例 8-9]　假定 A、B 公司 2010 年度财务报表相关数据如表 8-15 所示。

表 8-15　　　　　　　　　A、B 公司财务报表数据　　　　　　　　单位：万元

项　　目	A 公司	B 公司
货币资金	100	258
应收账款	1 488	2 100
存货	580	80
流动资产	1 768	2 438
非流动资产	732	3 490
总资产	2 500	5 928
流动负债	1 430	3 080
营运资金	338	642
长期借款	120	480
长期应付款	140	350
长期负债	260	830
实收资本	594	898
留存收益	216	120
所有者权益合计	810	1 018
营业收入	3 200	2 820
营业成本	2 440	2 190
息税前利润	192	86
利息	44	86
税前利润	148	20

根据以上资料，计算分析如下：

$$Z_A = \frac{338}{2\,500} \times 1.2 + \frac{216}{2\,500} \times 1.4 + \frac{192}{2\,500} \times 3.3 + \frac{810}{1\,690} \times 0.6 + \frac{3\,200}{2\,500} \times 0.999$$
$$= 2.10$$

$$Z_B = \frac{642}{5\,928} \times 1.2 + \frac{120}{5\,928} \times 1.4 + \frac{86}{5\,928} \times 3.3 + \frac{1\,018}{3\,910} \times 0.6 + \frac{2\,820}{5\,928} \times 0.999$$
$$= 0.84$$

根据 $1.81 \leq Z_A \leq 2.7$，判断 A 企业属于"灰色区域"之列，不能简单判别其是否发生财务危机，而 $Z_B \leq 1.81$，说明 B 企业处于财务危机之列。

需要进一步说明的是，Altman Z 分数模型在破产前一年的准确率达95%，在破产前两年的预测准确率降到了72%，而企业破产前三年准确率仅为48%，由此可见，Altman 的 Z 分数模型主要适用于两年以内的财务危机预测。除此之外，Z 分数模型受所选取企业样本和国家经济环境等因素的限制，其统计结果并不完全适用所有国家。近年来，中国、澳大利亚、巴西、加拿大、法国、德国、爱尔兰、日本和荷兰都进行了类似的研究分析，Z 分数值的判断标准在各国之间也存在相当大的差异。即使是同一个国家或地区，不同行业、不同规模企业的 Z 值判断标准也不相同。对此，可选用差别比较分析法，即在同一行业的企业中，尽可能选取 Z 分值高的企业，因为 Z 分值低的企业比 Z 分值高的企业更容易走向财务危机。另外，Altman 模型虽然可以预测企业财务危机，但无法预测企业何时会破产。

尽管 Altman 的 Z 分数模型存在缺陷，但几乎所有的多元线性模型都源于 Altman 的思想，通过建立一个区别危机企业与非危机企业最有效的财务变量线性组合，将有关数据代入该线性组合中得出一个分值，通过该分值预测企业是否会发生财务危机，这种预测方法也叫线性识别分析（Linear Discriminant Analysis）。

由于 Z 分数模型的变量并未包含风险概念，也没有考虑企业规模效果，导致模型对前两年以上的企业财务危机预测大大降低。为此，Altman 等人于 1977 年对 Z 分数模型加以修正，加入了公司规模和盈余稳定性两个变量，建立了 Zeta 模型，结果表明，修正后的模型对企业前几年的财务危机预测能力得到大大提高。

2. Logistic 预警模型。上述多变量预警模型考虑了多项指标衡量公司经营绩效，在1~2 年分析预测上也有显著效果。但其自变量通常难以满足正态分布的假设。20 世纪70 年代以来，人们研究建立了一些新的预警模型，如 Logistic 财务预警模型。Logistic 预警模型是采用一系列的财务比率来预测财务危机发生的概率，据以判断预测对象的财务状况和经营风险。Logistic 预警模型不要求自变量服从多元正态分布和两组间协方差相等的假设条件，而是假设企业发生财务危机的概率为 p（财务危机取 1，非财务危机取 0），并且假设 $\ln[p/(1-p)]$ 可以用财务比率线性解释，即

$$\ln[p/(1-p)] = \alpha + \beta X \qquad (8-31)$$

通过求最大对数似然函数 $\ln L(\alpha, \beta)$，就可求得式 (8-31) 中的参数 α 和 β，从而推导出

$$p = [1 + \exp(-\alpha - \beta X)]^{-1} \qquad (8-32)$$

将样本数据代入公式（8-32），从而计算出企业财务危机发生的概率 p，若 p 大于 0.5，表明企业发生财务危机的概率比较大，则判定企业为财务危机企业；若 p 小于 0.5，表明企业发生财务危机的概率比较小，则判定企业为非财务危机企业；若 p 等于 0.5，则难以判断。

Logistic 预警模型最大的优点是不需要严格的假设条件，克服了线性方程受统计约束的局限性，从而具有广泛的适用范围。其缺点是样本的数量不宜少于 200 个，否则存在参数估计的有偏性；当样本点存在完全分离时，模型参数的最大似然函数可能不存在，所以 Logistic 预警模型的有效性可能存在问题。

美国学者 Ohlson 1980 年首先运用 Logistic 预警模型进行研究。他选取了 1970～1976 年间制造业 105 家财务危机公司与 2 058 家正常公司为样本进行研究，结果发现公司规模、资本结构、经营绩效及流动性对企业发生财务危机具有显著的预测能力。

3. 人工神经网络（ANN）模型。上述定量分析模型均采用参数统计方法，均以选定的独立变量结合历史数据资料建立预测模型。但是，这种统计方法具有很多局限：第一，传统的统计方法受到许多假设条件的限制，不能适用复杂的企业运作环境；第二，这种方法对错误资料的输入不具有容错性，无法自我学习与调整，也无法处理资料遗漏的状况；第三，所运用的统计方法是静态方法。随着研究的深入和技术的发展，国外在财务预警模型方面突破了传统的统计方法模型，建立了一些非统计方法模型。其中较有代表性的是人工神经网络模型。

人工神经网络（Atificial Neural Network，ANN）模型是基于对人类大脑神经运作的模拟，通过试验和对错误的学习来模仿大脑识别能力的模型。自 20 世纪 80 年代中期开始，人工神经网络模型被广泛应用于模式识别、优化计算、智能控制等领域，并取得了突破性进展。由于人工神经网络模型的可实现信息的智能化处理，近年来作为一种强有力的工具在经济、金融、管理领域有着广泛的应用，其中包括财务危机预测研究。但它远不如生理学上的神经复杂，通常由输入层、输出层和隐藏层组成，其信息处理分为向前传播和向后学习两步进行。网络的学习是一种误差从输出层到输入层向后传播并修正数值的过程，学习的目的是使一种网络的实际输出逼近某个给定的期望输出。根据最后的期望输出，得出企业的期望值，然后根据学习得出的判别规则对样本进行分类。

ANN 除了可以克服传统统计方法的限制外，最难能可贵的是它的学习能力，可随时依据新数据资料进行自我学习、训练，并调整其内部的储存权重参数以应对多变的企业环境，故可以作为解决分类问题的一个重要工具。我国学者杨宝安等（2001）将这一方法运用到商业银行财务预警的分析中，最后的测试结果与实际情况基本一致。喻胜华等（2005）利用 ANN 对企业财务风险进行识别。该研究表明，网络特征识别的准确率达 80%，该网络对财务健康公司判别的准确率为 100%。杨淑娥（2005）利用人工神经网络工具，以 120 家上市公司作为样本，从企业的短期偿债能力、长期偿债能力、盈利能力、资产管理能力、主营业务突出程度、公司增长能力等 6 个方面，选取了 15 个备选财务指标，通过剔除未通过 T 显著性检验的速动比率、利息保障倍数、应收账款周转率、存货周转率以及资本保值增值率等五个指标，将保留下来的10个指标作为建模的原始变量，并使用同期60家公司作为检验样本建立了财务危机预警模型，与采用主成分分析法建立的模型对同一建模样本和检验样本的预测精度相比有很大的提高。尽管如此，由于ANN模型的理论基础比较抽象，对人体大脑神经模拟的科学性、准确性还有待于进一步加强。

综上所述，单变量预警模型与多变量预警模型都是对企业财务危机的预测和评价，其基本目的二者并没有不同。但二者也存在着诸多不同。①预测方法不同。单变量预警模型是以个别财务比率为基础进行分析，观察分析其发展趋势与变化来预测企业财务危机，且财务比率的预测能力有先后之分；多变量预警模型则是以多个财务比率为考察分析的基础，将它们按照一定的多变量模型进行处理来预测企业财务危机的。②预测内容不同。单变量预警模型着重于对企业财务运营中的某个问题进行财务预警分析，如偿债危机、现金周转不灵、无力支付股利、破产危机等；多变量预警模型着重于从整体上对企业财务危机进行综合评价与分析，主要指企业的破产危机分析。③难易程度不同。很显然单变量预警模型计算简单，容易理解；而多变量预警模型包括了数理统计方法在内的多种方法和理论，且需要的基础资料较多，在具体应用过程中比较复杂。

【本章小结】

1. 企业价值预期分析是以财务报表数据为依据，综合分析企业历史财务经营状况以及未来影响财务状况变动的各项因素，运用专门的方法估计企业价值的过程。而在对企业价值进行预期分析时，必须在历史数据的基础上，预测企业未来的财务状况与经营成果。为此，需要编制预计资产负债表、预计利润表和预计现金流量表。

2. 企业价值预期分析使用的分析方法有很多种，有的比较简单，有的相对复杂，最常使用的方法是现金流量折现法和相对价值法。现金流量折现法将企业视为一项资产，企业价值等于企业未来现金流量的现值。按照未来现金流量含义的不同，现金流量折现模型可分为实体现金流量模型和股权现金流量模型。根据现金流量分布的特征，现金流量折现法的模型分为永续增长模型、两阶段增长模型与三阶段增长模型。

3. 实体现金流量是企业全部现金流入扣除付现成本和必要的投资回报后剩余的部分，是企业一定期间可以提供给股权投资人和债权人的税后现金流量。股权现金流量是指企业在一定期间能够提供给股权投资人的现金流量。企业的实体价值等于企业股权价值与债务价值之和。

4. 相对价值法是将目标企业与可比企业对比，用可比企业的价值来衡量目标企业的价值。相对于可比企业而言，如果可比企业的价值被低估了，则目标企业的价值也会被低估，因此是一种相对价值，而非目标企业的内在价值。最常使用的是以股权市价为基础的模型，包括市盈率、市净率和收入乘数等。

5. 财务预警是以企业的财务报表及相关经营资料为基础，利用财务数据和相应的数据化管理方式,对企业可能或将面临的财务危机实现预测预报和实时监控的财务分析体系。财务预警具有监测、诊断、治疗与健身功能,企业应建立健全财务预警机制。

6. 财务预警一般常用方法主要包括标准化调查方法、"四阶段症状"分析法、流程图分析法与 A 记分法等。

7. 财务预警模型是根据企业财务指标综合反映企业财务状况、进行财务预测的技术方法。财务预警模型分为单变量预警模型和多变量预警模型。单变量预警模型分析通常指用单一的财务比率值或趋势来预测或判定企业财务危机发生的可能性。多变量预警模型就是运用多个财务指标加权汇总来综合反映企业的财务状况,并在此基础上建立预警模型,预测财务危机的方法主要包括:Z-score 模型、Logistic 模型、人工神经网络(ANN)模型等。

【思考与练习题】

1. 在企业价值分析中为什么要编制预计财务报表?
2. 现金流量折现法的两种形式最主要的区别是什么?评估结果有什么关系?
3. 如何理解采用相对价值法确定企业价值的基本原理?
4. 简述市盈率、市净率与收入乘数等模型的区别与适用范围。
5. 如何理解财务风险的含义、特征?并举例说明。
6. 如何有效建立企业财务预警机制?
7. 财务预警常用分析技术方法有哪些?
8. 简述单变量预警模型与多变量预警模型的主要区别。
9. 资料:甲公司的利润表和资产负债表主要数据如下表所示。其中,2008 年数据为实际值,2009~2011 年为预测值(其中资产负债表项目为期末值)。甲公司 2009 年和 2010 年为高速成长时期,年增长率在 6%~7%;2011 年销售市场将发生变化,甲公司调整经营政策和财务政策,销售增长率下降为 5%;2012 年进入稳定增长期,其增长率为 5%(假设可以无限期持续)。甲公司的加权平均成本为 10%,甲公司的所得税税率为 40%。要求:

(1) 根据给出的利润表和资产负债表预测数据,计算并填列"甲公司预计自由现金流量预测表"的相关金额,必须填写"息税前利润"、"净营运资本增加"、"固定资本支出"和"自由现金流量"等项目。

(2) 假设债务的账面成本与市场价值相同,根据加权平均成本和自由现金流量评估 2008 年末甲公司的实体价值和股权价值,结果填入"甲公司企业估价计算表"中。必须填列"预测期期末价值的现值"、"公司实体价值"、"债务价值"和"股权价值"等项目。

	实际值	预测值		
	2008年	2009年	2010年	2011年
利润表项目				
一、主营业务收入	1 000.00	1 070.00	1 134.20	1 191.49
减：主营业务成本	600.00	636.00	674.16	707.87
二、主营业务利润	400.00	434.00	460.04	483.62
减：销售和管理费用（不含折旧）	200.00	214.00	228.98	240.43
折旧费用	40.00	42.42	45.39	47.66
财务费用	20.00	21.40	23.35	24.52
三、利润总额	140.00	156.18	162.32	171.01
减：所得税费用（40%）	56.00	62.47	64.93	68.40
四、净利润	84.00	93.71	97.39	102.61
加：年初未分配利润	100.00	116.80	140.09	159.30
五、可供分配的利润	184.00	210.51	237.48	261.91
减：应付普通股股利	67.20	70.42	78.18	82.09
六、未分配利润	116.80	140.09	159.30	179.82
资产负债表项目				
流动资产	60.00	63.63	68.09	71.49
固定资产原值	460.00	529.05	607.10	679.73
减：累计折旧	20.00	62.42	107.81	155.47
固定资产净值	440.00	466.63	499.29	524.26
资产总计	500.00	530.26	567.38	595.75
短期借款	118.20	127.45	141.28	145.52
应付账款	15.00	15.91	17.02	17.87
长期借款	50.00	46.81	49.78	52.54
年末未分配利润	116.80	140.09	159.30	179.82
股东权益合计	316.80	340.09	359.30	379.82
负债与股东权益合计	500.00	530.26	567.38	595.75

甲公司预计自由现金流量预测表

	2009 年	2010 年	2011 年
净利润			
自由现金流量			

甲公司企业估价计算表

	现值	2009 年	2010 年	2011 年
自由现金流量（万元）				
折现系数				
预测期现金流量现值（万元）				
预测期期末价值的现值（万元）				
公司实体价值				
债务价值				
股权价值				

【参考文献与推荐阅读书目】

［1］［美］劳伦斯．莱弗辛等著，阎达五、杨松令译：《财务报告与分析》，北京，机械工业出版社，2004。

［2］洪国赐、卢联生：《财务报表分析》，北京，机械工业出版社，2002。

［3］何韧：《财务报表分析》，上海，上海财经大学出版社，2007。

［4］李桂荣：《财务报告分析》，北京，清华大学出版社、北京交通大学出版社，2007。

［5］王淑萍等：《财务报告分析》，北京，北京科学出版社，2005。

［6］程隆云：《财务报表分析》，北京，经济科学出版社，2007。

［7］张鸣等：《企业财务预警前沿》，北京，中国财政经济出版社，2004。

［8］Black, Fischer,"Estimating Expected Return", *Financial Analysts Journal*, 1993, 49（5），36－38.

［9］Black, Fischer, "Return and Bate", *Journal of Portfolio Management*, 1993, 20（1），8－18.

[10] Fama, Eugene F., "Efficient Capital Markets: A Review of Theory and Empirical Work," *Journal of Finance*, 1970, 25, 383 –417.

[11] Fama, Eugene F., "Kenneth R. French. The Cross – Section of Expected Stock Returns," *Journal of Finance* 1992, 47 (2), 427 –466.

第九章

公司并购与重组

【本章要点】
- 并购的含义与分类
- 并购动因、并购风险与并购整合
- 并购财务分析
- 财务困境与财务重组

寻求扩张的企业面临着内部扩张和通过并购发展两种选择。企业发展过程中,通过内部扩张可能是一个缓慢而不确定的过程,通过并购发展则要迅速得多,尽管它会带来自身的不确定性。我们国家也已经明确以发展具有国际竞争力的大型企业集团作为今后企业改革与发展的重点,中国企业正面临以增强核心竞争力为基础的战略转型期。诺贝尔经济学奖获得者、美国著名经济学家斯蒂格勒在考察美国企业成长路径时指出:"没有一个美国大公司不是通过某种程度、某种形式的兼并收购而成长起来的,几乎没有一家大公司主要是靠内部扩张成长起来的。"在过去的一百多年间,全球共发生过五次比较大的企业并购浪潮。可以说,企业的并购是财务管理的重要课题。当然有扩张就有结束,以便完成正常的换血,实现经济正常的新陈代谢,企业在遇到困境或结束时,如何有效地进行资产重组,重新配置产权,以便将资源用到更需要的地方,这也是财务管理需要研究的重要内容。

本章共分四节。第一节介绍了并购的含义与分类;第二节则是对并购动因、并购风险与并购整合进行了分析、阐述;第三节对并购财务问题进行了分析;第四节对财务困境与财务重组进行了分析说明。

第一节 并购的含义与分类

一、并购的含义

并购的内涵非常广泛,一般是指兼并(Merger)和收购(Acquisition)。兼并又称吸收合并，指两家或者更多的独立企业合并组成一家企业，通常由一家占优势的企业吸收一家或者多家企业。收购是指一家企业用现金或者有价证券购买另一家企业的股票或者资产，以获得对该企业的全部资产或者某项资产的所有权，或对该企业的控制权。与并购意义相关的另一个概念是合并（Consolidation），是指两个或两个以上的企业合并成为一个新的企业，合并完成后，多个法人变成一个法人。

并购的实质是各权利主体依据企业产权作出的制度安排而进行的一种权利让渡行为。并购活动是在一定的财产权利制度和企业制度条件下进行的，在并购过程中，某一或某一部分权利主体通过出让所拥有的对企业的控制权而获得相应的收益，另一部分权利主体则通过付出一定代价而获取这部分控制权。企业并购的过程实质上是企业权利主体不断变换的过程。

尽管经常被交替使用，合并和收购略有区别。当一个公司收购了另一个公司并以新业主自称，这项购买被称为收购。从法律上说，标的公司不再存在，买家已经"吞食"了卖家的生意，而买家的股票仍旧在正常交易。然而严格来说，合并是两个公司一起同意合成一个公司，拥有权和经营权都合二为一。这样的行为可以更准确地被称做"平等兼并"。通常这两家公司规模相当，两家的股票都下市，取而代之的是发行新公司的股票。不过，平等兼并事实上并不常发生，而是被收购的公司会在收购条款中要求对外称为平等兼并，因为被收购通常被认为会带来负面影响。

二、并购的分类

根据并购的不同特点可以将并购进行不同的分类，以下对主要的分类分别说明。

（一）横向并购、纵向并购和混合并购

根据并购的不同功能或根据并购涉及的产业组织特征，可以将并购分为横向并购、纵向并购和混合并购三种基本类型。横向并购是指对同一行业中的企业进行的并购，其基本特征就是企业的横向一体化。近年来，由于全球性的行业重组浪潮，结合我国各行业实际发展需要，加上我国国家政策及法律对横向重组的一定支持，行业横向并购的发展十分迅速。纵向并购是发生在同一产业的上下游之间的并购。纵向并购是指对上游或下游的企业进行的并购，并购的企业之间不是直接的竞争关系，而是供应商和需求商之间的关系。因此，纵向并购的基本特征是企业在市场整体范围内的纵向一体化。混合并购是指对不在同一行业的企业的并购。从理论上看，混合并购的基本目的在于分散风险，寻求范围经济。在面临激烈竞争的情况下，我国各行各业的企业都不同程度地想到多元化，混合并购就是多元化的一个重要方法，为企业进入其他行业提供了有力、便捷、低风险的途径。

上面的三种并购活动在我国的发展情况各不相同。目前，我国企业基本摆脱了盲目多元化的思想，更多的横向并购发生了，数据显示，横向并购在我国并购活动中的比重始终在50%左右。横向并购毫无疑问是对行业发展影响最直接的。混合并购在一定程度上也有所发展，主要发生在实力较强的企业中，相当一部分混合并购情况较多的行业都有着比较好的效益，但发展前景不明朗。纵向并购在我国不太成熟，基本都在钢铁、石油等能源与基础工业行业。这些行业的原料成本对行业效益有很大影响，因此，纵向并购成为企业强化业务的有效途径。

(二) 协议收购和要约收购

收购上市公司有两种方式：协议收购和要约收购。协议收购是收购者在证券交易所之外以协商的方式与被收购公司的股东签订收购其股份的协议，从而达到控制该上市公司的目的。收购人可依照法律、行政法规的规定同被收购公司的股东以协议方式进行股权转让。要约收购（即狭义的上市公司收购）是指通过证券交易所的买卖交易使收购者持有目标公司股份达到法定比例，若继续增持股份，必须依法向目标公司所有股东发出全面收购要约。

要约收购是更市场化的收购方式，从协议收购向要约收购发展也是资产重组市场化改革的必然选择。与协议收购相比，要约收购要经过较多的环节，操作程序比较繁杂，收购方的收购成本较高。而且一般情况下要约收购都是实质性资产重组，非市场化因素被尽可能淡化，重组的水分极少，有利于改善资产重组的整体质量，促进重组行为的规范化和市场化运作。

要约收购和协议收购的区别主要体现在以下几个方面：一是交易场地不同。要约收购只能通过证券交易所的证券交易进行，而协议收购则可以在证券交易所场外通过协议转让股份的方式进行。二是股份限制不同。要约收购在收购人持有上市公司发行在外的股份达到30%时，若继续收购，须向被收购公司的全体股东发出收购要约，持有上市公司股份达到90%以上时，收购人负有强制性要约收购的义务。而协议收购的实施对持有股份的比例无限制。三是收购态度不同。协议收购是收购者与目标公司的控股股东或大股东本着友好协商的态度订立合同收购股份以实现公司控制权的转移，所以协议收购通常表现为善意的；要约收购的对象则是目标公司全体股东持有的股份，不需要征得目标公司的同意，因此要约收购有可能是恶意收购。四是收购对象的股权结构不同。协议收购多选择股权集中、存在控股股东的目标公司，以较少的协议次数、较低的成本获得控制权；而要约收购倾向于选择股权较为分散的公司，以降低收购难度。

(三) 善意收购和恶意收购

企业收购根据收购人的收购动机划分为善意收购和恶意收购。善意收购是指目标企业的经营者同意此项收购，双方可以共同磋商购买条件、购买价格、支付方式和收购后企业的地位及被收购企业人员的安排等，并就上述内容签订收购要约。善意收购是在双方自愿、合作、公开的前提下进行的，一般都能获得成功。恶意收购指收购公司在未经目标公司董事会允许，不管对方是否同意的情况下进行的收购活动。当事双方采用各种攻防策略完成收购行为，并希望取得控制性股权，成为大股东。其中，双方强烈的对抗性是其基本特点。除非目标公司的股票流通量高，容易被市场吸纳，否则收购困难。恶意收购可能引致突袭收购。

(四) 杠杆收购和非杠杆收购

按并购企业是否利用自己的资金划分为杠杆收购和非杠杆收购。非杠杆收购是指不用目标公司自有资金及营运所得来支付或担保支付并购价金的收购方式。早期并购风潮中的收购形式多属此类。杠杆收购（Leveraged Buy-out，LBO）是指公司或个体利用自己的资产作为债务抵押，收购另一家公司的策略。交易过程中，收购方的现金开支降低到最小程度。换句话说，杠杆收购是一种获取或控制其他公司的方法。杠杆收购的突出特点是，收购方为了进行收购，大规模融资借贷去支付（大部分的）交易费用。通常为总购价的70%或全部。同时，收购方以目标公司资产及未来收益作为借贷抵押。借贷利息将通过被收购公司的未来现金流来支付。

杠杆收购的主体一般是专业的金融投资公司，投资公司收购目标企业的目的是以合适的价钱买下公司，通过经营使公司增值，并通过财务杠杆增加投资收益。通常投资公司只出小部分的钱，资金大部分来自银行抵押借款、机构借款和发行垃圾债券（高利率高风险债券），由被收购公司的资产和未来现金流量及收益作担保并用来还本付息。如果收购成功并取得预期效益，贷款者不能分享公司资产升值所带来的收益（除非有债转股协议）。在操作过程中可能要先安排过桥贷款（Bridge Loan）作为短期融资，然后通过举债完成收购。杠杆收购在国外往往是由被收购企业发行大量的垃圾债券，成立一个股权高度集中、财务结构高杠杆性的新公司。在中国由于垃圾债券尚未兴起，收购者大都是用被收购公司的股权作质押向银行借贷来完成收购的。

（五）现金购买资产式、现金购买股票式、股票换取资产式和股票互换式

按并购方的出资方式划分为现金购买资产式并购、现金购买股票式并购、股票换取资产式并购和股票互换式并购。现金购买资产式并购指并购企业用现金购买被并购方全部或绝大部分资产所进行的并购。现金购买股票式并购指并购企业用现金购买目标企业的股票所进行的并购。股票换取资产式并购指并购企业向目标企业发行股票，以换取目标企业的大部分资产而进行的并购。股票互换式并购指并购企业直接向目标企业的股东发行股票，以换取目标企业的股票而进行的并购。

（六）新设型并购、吸收型并购和控股型并购

按并购完成后目标企业的法律状态来分，并购可以划分为新设型并购、吸收型并购和控股型并购。新设型并购指并购双方都解散，成立一个新的法人的并购。吸收型并购指目标企业解散而为并购企业所吸收的并购。控股型并购指并购双方都不解散，但被并购企业所控股的并购。

第二节 并购动因、并购风险与并购整合

一、并购动因

产生并购行为最基本的动机就是寻求企业的发展。寻求扩张的企业面临着内部扩张和通过并购发展两种选择。内部扩张可能是一个缓慢而不确定的过程，通过并购发展则要迅速得多，尽管它会带来自身的不确定性。具体到理论方面，并购最常见的动机就是协同效应（Synergy）。并购交易的支持者通常会以达成某种协同效应作为支付特

定并购价格的理由。并购产生的协同效应包括经营协同效应（Operating Synergy）和财务协同效应（Financial Synergy）。在具体实务中，并购的动因，归纳起来主要有以下几类：

（一）扩大生产经营规模，降低成本费用

通过并购，企业规模得到扩大，能够形成有效的规模效应。规模效应能够带来资源的充分利用和充分整合，降低管理、原料、生产等各个环节的成本，从而降低总成本。

（二）提高市场份额，提升行业战略地位

规模大的企业，伴随生产力的提高，销售网络的完善，市场份额将会有比较大的提高，从而确立企业在行业中的领导地位。

（三）取得充足廉价的生产原料和劳动力，增强企业的竞争力

通过并购实现企业的规模扩张，成为原料的主要客户，能够大大增强企业的谈判能力，从而为企业获得廉价的生产资料提供可能。同时，高效的管理、人力资源的充分利用和企业的知名度都有助于企业降低劳动力成本，从而提高企业的整体竞争力。

（四）实施品牌经营战略，提高企业的知名度，以获取超额利润

品牌是价值的动力，同样的产品，甚至是同样的质量，名牌产品的价值远远高于普通产品。并购能够有效提高品牌知名度，提高企业产品的附加值，获得更多的利润。

（五）为实现公司发展的战略，通过并购取得先进的生产技术，管理经验，经营网络，专业人才等各类资源

并购活动收购的不仅是企业的资产，而且获得了被收购企业的人力资源、管理资源、技术资源、销售资源等。这些都有助于企业整体竞争力的提高，对公司发展战略的实现有很大帮助。

（六）通过收购跨入新的行业，实施多元化战略，分散投资风险

这种情况出现在混合并购模式中，随着行业竞争的加剧，企业通过对其他行业的投资，不仅能有效扩充企业的经营范围，获取更广泛的市场和利润，而且能够分散因本行业竞争带来的风险。

二、并购风险

（一）企业并购风险的界定

企业并购风险广义上是指由于企业并购未来收益的不确定性，造成的未来实际收益与预期收益之间的偏差；但现实中我们主要研究狭义的并购风险，是指企业在实施并购行为时遭受损失的可能性。这种损失可大可小，既可能是企业收益的下降，也可能是企业的负收益，其中最大的亏损是导致企业破产崩溃。界定企业并购的风险，目的是为了识别风险，了解风险发生的可能性、风险的性质，是分析风险形成的机理前提。

（二）企业并购实施前的决策风险

目标企业的选择和对自身能力的评估是一个科学、理智、严密谨慎的分析过程，是企业实施并购决策的首要问题。如果对并购的目标企业选择和自身能力评估不当或失误，就会给企业发展带来不可估量的负面影响。在我国企业并购实践中，经常会出现一

些企业忽略这一环节的隐性风险而给自身的正常发展带来麻烦和困境的情况。概括而言，企业并购实施前的风险主要有：

1. 并购动机不明确而产生的风险。一些企业并购动机的产生，不是从企业发展的总目标出发，通过对企业所面临的外部环境和内部条件进行研究，在分析企业的优势和劣势的基础上，根据企业的发展战略需要形成的，而是受舆论宣传的影响，只是概略地意识到并购可能带来的利益，或是因为看到竞争对手或其他企业实施了并购，就非理性地产生了进行并购的盲目冲动。这种不是从企业实际情况出发而产生的盲目并购冲动，从一开始就潜伏着导致企业并购失败的风险。

2. 盲目自信夸大自我并购能力而产生的风险。有的企业善于并购，有的企业不善于并购，可以说是基于提升和完善核心竞争力的要求，但并购本身也是一种能力。既然是一种能力，很少有企业是生而知之的。从我国一些实例看，一些企业看到了竞争中历史企业的软弱地位，产生了低价买进大量资产的动机，但却没有充分估计到自身改造这种劣势企业的能力的不足，如资金能力、技术能力、管理能力等，从而作出错误的并购选择，陷入了低成本扩张的陷阱。

（三）企业并购实施过程中的操作风险

企业实施并购的主要目标是为了协同效应，具体包括：管理协同、经营协同和财务协同，然而从实际情况来看，协同就如同鼓动，非常罕见。一般认为，造成这种情况的主要原因是并购企业没有对企业实施并购过程中的风险加以识别和控制。这些风险主要包括：

1. 信息不对称风险。所谓信息不对称风险，指的是企业在并购的过程中对收购方的了解与目标公司的股东和管理层相比可能存在严重的不对等问题给并购带来的不确定因素。由于信息不对称和道德风险的存在，被并购企业很容易为了获得更多利益而向并购方隐瞒对自身不利的信息，甚至杜撰有利的信息。企业作为一个多种生产要素、多种关系交织构成的综合系统，极具复杂性，并购方很难在相对短的时间内全面了解、逐一辨别真伪。一些并购活动因为事先对被并购对象的盈利状况、资产质量（例如有形资产的可用性、无形资产的真实性、债权的有效性）、或有事项等可能缺乏深入了解，没有发现隐瞒着的债务、诉讼纠纷、资产潜在问题等关键情况，而在实施后落入陷阱，难以自拔。

2. 资金财务风险。每一项并购活动背后几乎均有巨额的资金支持，企业很难完全利用自有资金来完成并购过程。企业并购后能否及时形成足够的现金流入以偿还借入资金以及满足并购后企业进行一系列的整合工作对资金的需求是至关重要的。具体来说，财务风险主要来自几个方面：筹资方式的不确定性、多样性，筹资成本的高增长性、外汇汇率的多变性等。因此，融资所带来的风险不容忽视。

（四）企业并购后整合过程中的"不协同"风险

企业并购的一大动因是股东财富最大化。为了实现这一目标，并购后的企业必须要实现经营、管理等诸多方面的协同，然而在企业并购后的整合过程中，未必一定达到这一初衷，导致并购未必取得真正的成功，存在巨大的风险：

1. 管理风险。并购之后管理人员、管理队伍能否得到合适配备，能否找到并采用得当的管理方法，管理手段能否具有一致性、协调性，管理水平能否因企业发展而提出更高的要求，这些都存在不确定性，都会造成管理风险。

2. 规模经济风险。并购方在完成并购后，不能采取有效的办法使人力、物力、财力达到互补，不能使各项资源真正有机结合，不能实现规模经济和经验的共享补充，而是低水平的重复建设。这种风险因素的存在必将导致并购的失败。

3. 企业文化风险。企业文化是在空间相对独立、时间相对漫长的环境下形成的特定群体的一切生产活动、思维活动的本质特征的总和。并购双方能否达成企业文化的融合，形成共同的经营理念、团队精神、工作作风受到很多因素的影响，同样会带来风险。企业文化是否相近，能否融合，对并购成败的影响是极其深远的，特别是在跨国、跨地区的并购案中。

4. 经营风险。为了实现经济上的互补性，达到规模经营，谋求经营协同效应，并购后的企业还必须改善经营方式，甚至生产结构，加大产品研发力度严格控制产品质量，调整资源配置，否则就会出现经营风险。

(五) 并购风险的管理

并购的整合其实要从并购企业的选择开始，针对并购的各个环节、各个阶段的并购风险产生的机理和具体环节，企业可以采取以下具有针对性的措施加以有效的控制：

1. 从增强企业核心竞争力这一战略为出发点选择是否并购目标企业。企业并购的根本价值在于通过并购获得对方的核心资源，增强自身的核心竞争力和持续发展能力，这就要求企业注重战略并购。一个企业要进行扩张，首先需要制定战略规划，有了战略规划就有了选择并购对象的标准。符合战略布局，有利于企业长远发展的，即便其价格不菲，也值得收购，不符合战略布局，只有短利可图的，即便其价格低廉，也不可轻易涉足，特别在跨行业混合并购中，更要对新行业从战略的高度进行宏观、微观的审慎考察，对目标企业的竞争优势、弱点和增长潜力进行客观评估和判断。

2. 全面搜索和分析目标企业信息。在选择目标企业的时候，要大量搜集信息，包括目标企业的产业环境信息（产业发展阶段、产业结构等）、财务状况信息（资本结构、盈利能力）、高层领导信息（能力品质）、生产经营、管理水平、组织结构、企业文化、市场链价值链等，以改善并购方所面临的信息不对称。

3. 对并购活动中可能出现的资金财务风险，企业可以采取以下措施加以控制。

(1) 严格制定并购资金需求量及支出预算：企业应在实施并购前对并购各环节的资金需求量进行认真核算，并据此做好资金预算。以预算为依据，企业应根据并购资金的支出时间，制定出并购资金支出程序和支出数量，并据此作出并购资金支出预算。这样可以保证企业进行并购活动所需资金的有效供给。

(2) 主动与债权人达成偿还债务协议：为了防止陷入不能按时支付债务资金的困境，企业对已经资不抵债的企业实施并购时必须考虑被并购企业债权人的利益，与债权人取得一致的意见时方可并购。

(3) 采用减少资金支出的灵活的并购方法。

三、并购整合

对于并购后的整合管理,企业除明确整合的内容和对象外,还要注意时间进度的控制和方法选择的恰当。

(一)生产经营整合

企业并购后,其核心生产能力必须跟上企业规模日益扩大的需要,根据企业既定的经营目标调整经营战略、产品结构体系,建立统一的生产线,使生产协调一致,取得规模效益,稳定上下游企业,保证价值链的连续性。

(二)管理制度整合

随并购工作的完成、企业规模的扩大,并购企业既要客观地对目标企业原有制度进行评价,还必须尽快建立起驾驭新的资源管理系统。

(三)人员的整合

通过正式或非正式的形式对员工做思想工作,做好沟通工作;采取优胜劣汰的用人机制,建立人事数据库,重新评估员工,建立健全的人才梯队;推出适当的激励机制等。

(四)企业文化的整合

为了使目标企业能按本领域要求正常发展,可以使被并购方保持文化上的自主,并购方不便直接强加干预,但要保持"宏观"上的调控。

总之,并购企业要本着战略为根、严控为基、细节至上的原则,从企业的核心竞争力、执行力的角度来理解并购,在认真分析并购风险的基础上对其加以控制。

第三节 并购财务分析

一、企业并购动因的财务分析

(一)经营协同的财务分析

企业并购后,因经营效率的提高带来效益,主要是由于企业并购能产生合理的规模经济(尤其对经济互补性企业),这里的规模经济包括生产规模经济和企业规模经济两个层次。例如,通过企业并购,企业原有的有形资产或无形资产(如品牌、销售网络等)可在更大的范围内共享;企业的研究开发费用、营销费用等投入也可分摊到大量的产出上,这样有助于降低单位成本,增大单位投入的收益,从而实现专业化分工与协作,提高企业整体经济效益。

(二)财务协同

企业并购后对财务方面产生有利影响,这种效益的取得是由于税法、会计处理惯例、企业理财以及证券交易的内在作用而产生的。主要表现在:

1. 合理避税。税法一般包含亏损递延条款,允许亏损企业免交当年所得税,且其亏损可向后递延可以抵消以后年度盈余。同时一些国家税法对不同的资产适用不同的税率，股息收入、利息收入、营业收益、资本收益的税率也各不相同。企业可利用这些规定，通过并购行为及相应的财务处理合理避税。

2. 预期效应。预期效应指因并购使股票市场对企业股票评价发生改变而对股票价格的影响。由于预期效应的作用，企业并购往往随着强烈的股价波动，形成股票投机机会。

二、企业并购的支付方式问题分析

根据并购支付方式的不同可分为现金方式并购、换股并购、综合证券并购、杠杆收购等。这些方式对企业的财务产生重要的影响，以下分别论述。

（一）现金方式并购

一旦目标公司股东收到对其拥有股份的现金支付，就失去了对原公司的任何权益。现金方式并购是最简单迅速的一种支付方式。对目标公司而言，不必承担证券风险，交割简单明了。缺点是目标公司股东无法推迟资本利得的确认从而不能享受税收上的优惠，而且也不能拥有新公司的股东权益，对于并购企业而言，现金支付是一项沉重的即时现金负担，要求并购方有足够的现金头寸和筹资能力，交易规模也常常受到获利能力的制约。随着资本市场的不断完善和各种金融创新的出现，纯粹的现金方式并购已越来越少了。

（二）换股并购

并购公司将目标公司的股权按一定比例换成本公司的股权，目标公司被终止，或成为并购公司的子公司，视具体情况可分为增资换股、库存股换股、母子公司交叉换股等。换股并购对于目标公司股东而言，可以推迟收益时间，达到合理避税或延迟交税的目标，亦可分享并购公司价值增值的好处。对并购方而言，既使其免于即付现金的压力，也不会挤占营运资金，比现金支付成本要小许多。但换股并购也存在着不少缺陷，譬如"淡化"了原有股东的权益，每股盈余可能发生不利变化，改变了公司的资本结构，稀释了原有股东对公司的控制权等。

（三）综合证券并购

并购企业的出资不仅有现金、股票，还有认股权证、可转换债券和公司债券等多种混合形式。采用综合证券并购方式可将多种支付工具组合在一起，如果搭配得当，选择好各种融资工具的种类结构、期限结构以及价格结构，可以避免上述两种方式的缺点，既可使并购方避免支出更多现金，以造成企业财务结构恶化，亦可防止并购方企业原有股东的股权稀释，从而控制股权转移。

（四）杠杆收购

杠杆收购即并购方以目标公司的资产和将来的现金收入作为抵押，向金融机构贷款，再用贷款资金买下目标公司的收购方式，杠杆收购有以下几个特点：(1) 主要靠负债来完成，收购方以目标企业作为负债的担保；(2) 由于目标企业未来收入的不确定性和高风险性，使得投资者需要相应的高收益作为回报；(3) 具有杠杆效应，即当公司资产收益大于其借进资本的平均成本时,财务杠杆发挥正效应,可大幅度提高企业净收益和普通股收益,反之,杠杆的负效应会使企业净收益和普通股收益剧减。很明显,这种方式好处在于,首先,并购方只需出极少部分自有资金即可买下目标公司,从而部分解决了巨额融资问题。其次,并购双方可以合法避税,减轻税负。最后,股权回报率高,充分发挥了融资杠杆效应。缺点是资本结构中债务比重很大,贷款利率也较高,并购方企业偿债压力沉重,若经营不善,极有可能被债务压垮。

三、并购财务分析的基本程序和方法

(一)资料收集阶段

分析人员在作出重大抉择之前,应该对被并购企业(目标企业)整体财务状况与业绩水平的真实性和合理性进行分析与判断。因此,在进行财务状况与业绩正式分析与判断之前,分析人员需要做好企业并购的准备工作。

1. 取得被并购企业所在行业的基本资料。这些资料主要包括:所在行业的性质;所在行业生产的特点与技术条件和所在行业市场的分布与集中特点;所在行业的平均利润率;所在行业国家宏观管理政策;所在行业国际市场的最新变化趋势。

2. 取得被并购企业基本财务报告资料。这些资料主要包括:(1)基本财务报表资料。包括资产负债表、利润表和现金流量表及各年的比较报表。(2)其他财务报告。包括股东大会报告、董事会议记录、监事会报告、重大投资协议与报告、大股东的变动情况、高层人员的变动情况、重大亏损情况报告、管理高层的讨论与报告和审计报告等。

3. 熟悉相关法律法规政策。企业并购财务分析是一项系统工程,需要并购决断人员精细的准备工作。主要应该熟悉以下相关政策:国家对被并购行业的宏观管理政策和有关并购的管理制度,《公司法》中相关并购业务的财务报告信息披露、资产评估、法律咨询和上市公司审计的政策,主要财务分析的指标体系等。

(二)被并购企业财务状况与业绩水平真实性的整体判断

如果被并购企业的整体财务状况与业绩水平不真实,那么我们围绕被并购企业所做的所有价值判断与抉择就会完全失效,因此,有必要对被并购企业的整体财务状况与业绩水平的真实性事先进行初步判断。在这个阶段,主要可以进行以下分析性复核工作:

1. 评估人员先计算平均业绩水平及其变化率,然后与行业平均利润率进行比较,看两者的变化趋势是否相互印证。

2. 分析企业整体业绩变化是否与企业重大投资战略转变的路径相匹配。

3. 企业投资收益变化与重大投资项目是否保持一致性,看企业投资收益占全部被并购企业税前利润的结构比重是否合理。

4. 分析企业整体业绩与企业现金流量是否保持一致性。

5. 分析企业生产能力与技术条件是否与企业整体业绩变化保持一致性。

6. 分析企业来自出口产品的收益增长支持是否与其产品国际市场竞争力变化保持一致性等。

7. 被并购企业的财务风险与经营风险的整体水平,主要分析企业的持续经营能力是

否强劲。

8. 企业整体赚取利润能力的整体判断，主要分析企业报告业绩水平的变化趋势是否合理，可结合上面的程序进行。

9. 上市公司主要财务指标的比较分析，看每股收益、每股净资产和市盈率等指标的变化是否正常，可以结合行业指标进行比较研究。如果出现异常变化，则需要谨慎分析。

（三）被并购企业财务状况与业绩水平合理性的财务分析

在对被并购企业整体财务状况与业绩水平的真实性进行初步判断后，并购企业就可以采用传统的财务分析技术，对被购买企业的主要财务指标的合理性进行分析与计算，以便作出是否考虑收购被并购企业的基本抉择。其主要计算与分析的指标包括：

1. 变现能力指标。变现能力指标主要包括：流动比率；速动比率；影响变现能力的其他因素，诸如可动用的银行贷款指标、准备很快变现的长期资产、偿债能力的声誉和或有负债等。

2. 资产管理指标。资产管理指标主要包括：营业周期；存货周转天数；应收账款周转天数；流动资产周转天数；总资产周转天数。

3. 负债比率。负债比率主要包括：资产负债率；产权比率；有形净值债务率；已获利息倍数；影响长期偿债能力的其他因素，诸如长期租赁、担保责任和或有项目等。

4. 盈利能力指标。盈利能力指标主要包括：销售净利率；销售毛利率；资产净利率；净资产收益率等。

（四）并购前后企业价值效益性的评估

在对被并购企业整体财务状况和业绩水平的真实性与合理性进行判断之后，作为购买企业，应该对目标企业被并购前后的主要业绩指标是否会好转或恶化进行比较研究，以作出是否购买被并购企业的判断。如果收购后于己不利，则可以放弃购买。根据相关理论，我们可以简单设计程序对是否购买并购企业进行判断：

1. 每股净资产比较分析法。即 EPS 分析法。如果购买目标企业后购买企业的每股收益增加了，则可以考虑购买目标企业，反之则相反。这里要考虑各种并购成本的影响。主要包括：（1）并购直接成本，诸如股票交易成本、资产评估成本、审计费用和各种佣金等。（2）并购间接成本，诸如预计未来并购后的协同与整合成本等。

2. 企业整体价值比较分析法。有时候评估人员很难对并购前后的直接效益进行判断，因此，可以借助企业未来整体价值的变化趋势对是否购买一家企业进行判断。企业价值评估中使用的模型往往又被称做定价模型，主要包括：现金流量折现模型；经济利润模型；相对价值模型；期权估价模型；会计收益模型等。一般认为，只要并购后企业预计整体价值将发生增值，则分析人员便可以作出并购目标企业的决断。

（五）企业并购财务分析的报告

企业并购财务分析是一项综合性的工作，分析人员在对目标企业的财务状况与业绩水平的真实性和合理性进行分析后，只是完成了正式并购目标企业的初级阶段，其高级阶段是要对是否可以购买被并购企业（目标企业）进行抉择，而且分析人员自己不能作出最后的裁决，还需要购买企业的管理高层进行决策，因此，在完成对被并购企业的财务分析后，分析人员有必要提出一份对目标企业的财务分析报告。其报告内容主要包括：目标企业基本情况的报告；目标企业的主要财务指标与业绩水平真实性的分析报告；目标企业主要财务指标与业绩水平合理性的分析报告；并购前后预计效益性的分析报告；评估时间；评估小组组成；相关附件，诸如目标企业财务报告的复印件等。

第四节 财务困境与财务重组

一、企业财务失败与财务预警

（一）财务失败的含义

企业财务失败是指企业无法偿还到期债务的困难和危机。财务失败的具体情况和严重程度是不相同的，根据资产总额与负债总额的关系分为技术性失败和经济性破产。技术性失败是指企业的资产总额大于负债总额，但是由于财务状况不佳，可用于偿还债务的资金不足，导致企业不能偿还到期的债务，从而引发企业可能的破产。经济性破产则是指企业的资产总额小于负债总额（资不抵债），导致企业不能清偿到期的债务而发生破产。

企业失败并不等同于财务失败，企业失败是从整个企业的角度出发，既包括经营失败又包括财务失败；而财务失败仅从财务角度出发，是指由于负债经营而导致的财务风险。一般来说，企业失败往往同时存在着财务失败，而财务失败往往是企业失败的导火索。

（二）企业财务失败的表现

企业财务失败表现在许多方面，包括股价急剧下跌、延期支付货款、总资产和收益急剧下降等。企业财务失败的集中表现是企业不能按时偿还到期债务。根据企业财务失败的具体情况和严重程度的不同，可以把企业财务失败分为技术性失败和经济性破产。在企业资产总额大于负债总额的情况下，由于资产或负债结构不合理导致的财务失败称为技术性失败，可通过非法律程序进行补救。

在企业资产总额小于负债总额的情况下，由于资不抵债导致的财务失败称为经济性破产，往往要通过法律程序才能补救。在正常的市场经济条件下，外部因素对每个企业来说基本上都是公平的，因此应注意从企业内部探讨财务失败的原因。其主要原因有：

1. 负债过度。负债是导致企业财务失败的主要原因，但不能认为负债就必然导致财务失败。在企业资产收益率较高的情况下，适度负债不仅不会导致财务失败，而且有利于企业获得财务杠杆效益。如果一个企业权益资本不足，或盲目追求规模经济效益和财务杠杆效益而过度负债,一方面,会增加企业偿还债务的负担;另一方面,企业所有者和债权人会因投资风险加大而要求增加投资收益,从而使企业财务负担进一步加重,偿债能力进一步降低,不能偿还到期债务的可能性进一步加大。

2. 亏损严重。从根本上讲,企业偿还债务的现金来源于投资以后所获得的现金流入,如果投资以后不能获得现金净流入,就表明企业发生了亏损,资本不能保值,企业无力清偿到期债务。尤其对那些亏损严重的企业,现金十分缺乏,财务失败将不可避免。

3. 资产或负债结构不合理。当企业没有足够的现金偿还到期债务时,可将变现能力强的流动资产变卖后偿还债务。一般而言,企业的短期债务资金应当用于流动资产。如果企业把通过举债筹集的短期债务资金投资于变现能力差的固定资产或其他长期资产,导致长期资产在全部资产中所占比重过高,就会降低资产的流动性,增加企业偿还债务的负担,造成偿债困难。

4. 信用等级低下。在市场经济条件下,举债是一种信用活动。一个信用等级高的企业,举债是很方便的,当债务到期需要偿还而又缺乏现金时,可顺利实现借新债还旧债。如果一个企业信用等级低下,借新债还旧债必将困难重重,财务危机将难以避免。

(三) 企业财务失败的实质

企业财务失败的表现形式尽管多种多样,究其实质都是财务运行的失灵,是企业资金运动的失灵。

1. 丧失了资金的连续性和并存性。企业资金从货币形态开始,通过三个阶段,又回到货币形态,周而复始,不断循环,表现出连续性和并存性。而发生在企业的财务失败,常常使资金循环中断,周转终止,资金失去连续性和并存性。例如,债权债务关系不严肃,拖欠的应收账款长期无法收回;企业产品不符合市场需求,大量积压;资金短缺,生产被迫终止;设备不配套,技术不过关,产品质量有缺陷等。

2. 丧失了资金的完整性。企业资金的价值经过生产过程转移到产品价值之中,随着产品价值的实现如数得到补偿,以保证企业再生产的不断运转。财务失败的企业,缺乏正确计量相关成本的方法,缺乏合理的定价策略等,使得企业资金长期在生产和流通中流失不断,难以补偿,失去完整性。

3. 丧失了资金的衍生性。在企业商品生产和流通中,随着所创造价值的不断形成和实现,企业资金会在反复循环中不断带来增值。适应资金在循环中带来增值额的运动模式,需要自觉地进行适当的财务监控,如预期收益率的确定、风险的确定、资本结构的选择等。如果每一次资金的循环仅能补偿所消耗的成本,企业的存在也就失去了意义。

4. 丧失了资金的复利性。在企业资金增值额的分配过程中,其相应部分要不断转化为新的企业资金,实现企业资金不断的复利性积累。企业财务失败表现为分配严重倾斜于消费,积累不足,生产缺乏后劲。

(四) 企业财务失败的内部因素

在正常的市场经济体条件下,外部因素对每个企业来说都是公平的,企业内部因素才是导致其财务失败的真正原因。从企业理财和企业经营角度看,都是一系列错误决策

导致企业财务状况逐渐恶化,最终走向失败的。

1. 财务决策失败。财务决策的优劣,直接影响着财务运行的成败。财务决策一般包括投资决策、融资决策和股利决策,它们的最优组合将使得企业对于所有者的价值变得最大。而其中任何一项决策的失误,如过度负债、企业资本结构不合理等,都会导致企业财务负担沉重,偿付能力严重不足。

2. 财务约束失败。市场经济条件下,企业约束主要包括财务约束、市场约束、计划约束,企业财务失败主要是由财务约束的软化造成的。如:会计利润指标存在的固有缺陷,诱发企业的短期行为和造假;信用等级低下,举债艰难等,财务危机必然难以避免。

3. 经营管理失败。当今复杂多变的经营环境下,企业经营战略正确与否,是决定企业生存和发展的关键。有些企业管理者,为了自身的利益,不愿承担风险,不愿意为效益好的项目筹资,使得企业的经营目标难以实现,加大企业的财务风险;而另一些管理者,则不切实际地冒险进行投资决策,管理不善、亏损严重,最后因资不抵债而走向破产。

(五) 企业财务预警

1. 企业财务预警的含义。所谓企业财务预警,即财务失败预警,是指借助企业提供的财务报表、经营计划及其他相关会计资料,利用财会、统计、金融、企业管理、市场营销理论,采用比率分析、比较分析、因素分析及多种分析方法,对企业的经营活动、财务活动等进行分析预测,以发现企业在经营管理活动中潜在的经营风险和财务风险,并在危机发生之前向企业经营者发出警告,督促企业管理层采取有效措施,避免潜在的风险演变成损失,起到未雨绸缪的作用;而且,作为企业经营预警系统的重要子系统,也可为企业纠正经营方向、改进经营决策和有效配置资源提供可靠依据。进行财务预警分析,建立企业财务预警模型已成为现代企业财务管理的重要内容之一。上市公司的财务信息对多方利益相关者都有着重要影响,建立财务预警系统、强化财务管理、避免财务失败和破产,具有重要意义。

2. 财务预警的功能。

(1) 预知财务危机的征兆。当可能危害企业财务状况的关键因素出现时,财务失败预警系统能预先发出警告,提醒企业经营者早做准备或采取对策以减少财务损失。

(2) 预防财务危机发生或控制其进一步扩大。当财务危机征兆出现时,有效的财务失败预警系统不仅能预知并预告,还能及时寻找导致企业财务状况进一步恶化的原因,使经营者知其然,更知其所以然,制定有效措施,阻止财务状况进一步恶化,避免严重的财务危机真正发生。

(3) 避免类似的财务危机再次发生。有效的财务失败预警系统不仅能及时回避现存的财务危机,而且能通过系统详细地记录其发生缘由、解决措施、处理结果,并及时提出建议,弥补企业现有财务管理及经营中的缺陷,完善财务失败预警系统,从而既提供未来类似情况的前车之鉴,更能从根本上消除隐患。

二、财务重组

(一) 财务重组的含义

企业财务重组是指对陷入财务危机,但仍有转机和重建价值的企业根据一定程序进行重新整顿,使企业得以维持和复兴的做法。这是对已经达到破产界限的企业的抢救措施。通过这种抢救,濒临破产企业中的一部分,甚至大部分能够重新振作起来,摆脱破产厄运,走上继续发展之路。财务重组包括非正式的财务重组和正式财务重组,以下分别论述。

1. 非正式财务重组。当企业只是面临暂时性的财务危机时,债权人通常更愿意直接同企业联系,帮助企业恢复和重新建立较坚实的财务基础以避免因进入正式法律程序而发生的庞大费用和冗长的诉讼时间。

非正式财务重组主要是指债务展期与债务和解。所谓债务展期即推迟到期债务要求付款的日期;而债务和解则是债权人自愿同意减少债务人的债务,包括减少债务人偿还的本金数额,或同意降低利息率,或同意将一部分债权转化为股权或将上述几种选择混合使用。企业在经营过程中发生财务困难时,有时债务的延期或到期债务的减免都会为财务发生困难的企业赢得时间,使其调整财务,避免破产。而且债务展期与债务和解均属非正式的挽救措施,是债务人与债权人之间达成的协议,既方便又简捷。因此,当企业发生财务困难时,首先想到的便是债务展期与债务和解。

债务展期与债务和解作为挽救企业经营失败的两种方法,都能使企业继续经营并避免法律费用。虽然由于债务展期或债务和解,会使债权人暂时无法收取账款而发生一些损失,但是一旦债务人从困境中恢复过来,债权人不仅能如数收取账款,进而还能给企业带来长远效益。因此,债务展期与债务和解的方法在实际工作中普遍被采用。

当企业拟采用债务展期或债务和解措施来渡过难关时,首先由企业,即债务人向有关管理部门提出申请,召开由企业和其债权人参加的会议;其次由债权人任命一个1~5人组成的委员会,负责调查企业的资产、负债情况,并制订出一项债权调整计划,就债权的展期或债务的和解作出具体安排;最后召开债权人、债务人会议,对委员会提出的债务展期、债务和解或债务展期与债务和解兼而有之的财务安排进行商讨并取得一致意见,达成最终协议,以便债权人、债务人共同遵循。一般而言,债权人同意债务展期或债务和解,表明债权人对债务人很有信心,相信债务人能够走出财务困境并有益于债权人。然而,在债务展期或债务和解后等待还款的一段期间里,由于企业经营的不确定性,随时会发生新的问题而导致债权人利益受损。因此,为了对债务人实施控制,保护债权人利益,在实施债务展期或债务和解后,债权人通常应采取下列措施:(1) 坚持实行某种资产的转让或由第三者代管;(2) 要求债务企业股东转让其股票到第三者代管账户,直至根据展期协议还清欠款为止;(3) 债务企业的所有支票应由债权人委员会会签,以保持回流现金用于还清欠款。

非正式财务重组可以为债务人和债权人双方都带来一定的好处。首先,这种做法避免了履行正式手续所需发生的大量费用,所需要的律师、会计师的人数也比履行正式手续要少得多，使重组费用降至最低点。其次，非正式重组可以减少重组所需的时间，使企业在较短的时间内重新进入正常经营的状态，避免了因冗长的正式程序使企业迟迟不能进行正常经营而造成的企业资产闲置和资金回收推迟等浪费现象。最后，非正式重组使谈判有更大的灵活性，有时更易达成协议。但是非正式财务重组也存在着一些弊端，主要表现为：当债权人人数很多时，可能难以达成一致；没有法院的正式参与，协议的执行缺乏法律保障。

2. 正式财务重组。破产法中建立的重整制度，允许企业在破产时进行重整，但需经过法院裁定，因此涉及正式的法律程序。企业在其正常的经营活动中，有时会由于企业自身的经营条件或者企业外部环境的各种原因无法如期偿还债务，从而陷入暂时的财务困难，这时，便可以通过与其债权人协商达成协议后，按照法定的程序对企业进行重整。企业财务重组是通过一定的法律程序改变企业的资本结构，合理地解决其所欠债权人的债务。以便使企业摆脱所面临的财务困难并继续经营。正式财务重组是在法院受理债权人申请破产案件的一定时期内，经债务人及其委托人申请，与债权人会议达成和解协议，对企业进行整顿、重组的一种制度。在正式重组中，法院起着重要的作用，特别是要对协议中的公司重组计划的公正性和可行性作出判断。依照规定，在法院批准重组之后不久，应召开债权人会议，所有债权人均为债权人会议成员。其主要职责是：审查有关债权的证明材料，确认债权有无财产担保，讨论通过改组计划，保护债权人的利益，确保债务企业的财产不至流失。债务人的法定代表必须列席债权人会议，回答债权人的询问。我国还规定有工会代表参加债权人会议。

（二）债务重组的法律属性和法律意义

1. 债务重组的法律属性。债务重组从本质而言，是一项法律活动，旨在通过一定的方式改变债权人与目标公司（债务人）之间原有债权债务合同关系的过程。例如，以资产清偿方式进行的重组，是债权人与目标公司变更债权、债务合同并依约履行的行为；以债权转股权方式的重组，是将债权人与目标公司之间的债权、债务合同关系转变为股权投资关系；以修改债务条件方式进行的重组，则是对债权人与目标公司原有合同项下权利义务的变更。至于在法院主持下达成的重组协议及其履行过程，其法律属性更是毋庸置疑的。另外，债权人与目标公司债务重组这一缔约过程的核心是双方间重新进行的债权、债务确认。而该确认本身就体现着新的法律关系的产生。

2. 债务重组的法律意义。与同样具有消灭债权债务关系功能的破产程序相比，债务重组体现为双方当事人之间的谈判与协议的过程，法律干预程度较低，与破产程序的"法定准则"及"司法主导"两大特征形成鲜明的对比。但是，债务重组既然是当事人之间的协商活动，也应当贯彻、体现法律对缔约过程所要求的平等、自愿、互利诸原则，以均衡双方当事人的利益。由于债务重组本身意味着债权人作出了让步，遭受一定的利益损失，这就更需要人们关注如何在这一协议过程中实现利益均衡的问题。

（三）债务重组的主要方式

债务重组方式包括：

1. 以低于债务账面价值的现金清偿债务；

2. 以非现金资产清偿债务;
3. 债务转为资本;
4. 修改其他债务条件,如延长债务偿还期限、延长债务偿还期限并加收利息、延长债务偿还期限并减少债务本金或债务利息等;
5. 以上两种或两种以上方式的组合(简称混合重组方式)。

【本章小结】

1. 并购的内涵非常广泛,一般是指兼并和收购。根据并购不同的特点可以将并购进不同的分类,本章讨论了六种分类方式。
2. 对并购的理解涉及对动因的理解,并购的成功与否与对并购风险和并购整合理解有重要关系。这些是第二节的重要内容。
3. 并购的财务分析主要讨论了并购动因的财务分析、并购支付方式的财务分析和企业并购财务分析的基本程序和方法。企业并购的支付方式是一个重要的议题,本章讨论了现金方式并购、换股并购、综合证券并购和杠杆收购等方式。
4. 企业经营总是面临着出现财务困境的可能,本章对财务困境和企业应对财务困境的重要方法财务重组进行了讨论。

【思考与练习题】

1. 如何理解并购?并购的基本类型有哪些?
2. 并购的风险有哪些?主要有哪些管理方法?
3. 简述并购财务分析的基本程序及每个程序的方法。
4. 什么是财务失败?财务失败有哪两种类型?财务失败与企业失败有什么区别?
5. 简述财务预警的功能。
6. 财务重组的定义是什么?正式的财务重组与非正式的财务重组有哪些区别?
7. 企业财务重组的法律属性和法律意义是什么?
8. 企业债务重组的主要方式是什么?

【参考文献与推荐阅读书目】

[1] 戴书松:《财务管理》,北京,经济管理出版社,2006。
[2] 黄嵩、李昕旸:《兼并与收购》,北京,中国发展出版社,2008。
[3] 李曜:《公司并购与重组导论》,上海,上海财经大学出版社,2006。
[4] 杨丹:《中级财务管理》,大连,东北财经大学出版社,2010。

第十章

跨国公司财务管理问题

【本章要点】
- 外汇与汇率
- 外汇风险管理
- 跨国公司筹资管理
- 跨国公司投资管理

我们生活在一个高度全球化和一体化的经济体系之中,跨国公司的投融资活动促进了经济的全球化,与此同时,国际财务活动也面临着外汇风险与政治风险、市场的不完善性、扩大的市场机遇等。

本章首先介绍外汇与汇率,然后探讨外汇风险管理,并在此基础上,分析跨国公司的国际筹资活动与国际投资活动管理。

第一节 外汇与汇率

一、外汇

外汇(Foreign Exchange)是国际汇兑的简称。它反映国际间的债权债务关系,是以外国货币表示的用来进行国际间结算的支付手段。外汇一般需具备三个条件:(1)必须是以外币表示的国外资产;(2)必须可以兑换成其他形式的资产或以外币表示的支付手段;(3)必须能被实行一定货币制度的一国政府所控制。

外汇是以外币表示的信用工具和有价证券,主要包括:

1. 外国货币,包括纸币、铸币;
2. 外币有价证券,包括外国政府发行的公债、国库券、外国公司发行的债券、股票、息票等;
3. 外币支付凭证,包括外国银行的存单,外国的邮政储蓄凭证,商业汇票、银行汇票、银行支票等；

4. 特殊债券，如记账外汇、特别提款权（SDR）、欧洲货币单位等；

5. 其他外汇资本。

人们对外汇的理解很多，但往往都不够全面。第一，外汇不仅包括外国货币，而且还包括外币有价证券和外币支付凭证等；第二，不是所有外币均能作为外汇，只有那些可以自由兑换并用于国际结算的外币才可算做外汇。现在世界上可以自由兑换的货币主要有美元、欧元、英镑、日元、瑞士法郎、港元等。

二、外汇汇率

外汇汇率又称汇价或国家外汇牌价，是指一国货币兑换成另一国货币的比率，或是指用一种货币表示的另一种货币的价格。

（一）汇率标价法

一个国家的外汇汇率，是以外国货币来表示本国货币的价格，还是用本国货币来表示外汇的价格，称为汇率的标价方法。由于确定的标准不同，目前在国际外汇市场上，便产生了两种不同的外汇汇率标价方法。

1. 直接标价法（Direct Quotation）。直接标价法是以一定单位（如1个外币单位或100个外币单位）的外国货币作为标准，折算为一定数量的本国货币来表示其汇率的形式。例如，200×年×月×日1美元=7.59元人民币，此时，外国货币称为单位货币，本国货币称为计价货币。在直接标价法下，外国货币数额固定不变，汇率的涨跌都以相对本国货币额的变化来表示，一定单位外国货币折算的本国货币增多，说明外币汇率上涨，即外币币值上升，或本国货币币值下跌。反之，一定单位外币折算的本国货币减少，说明外币汇率下跌，即外币贬值或本币升值。世界上除英、美、欧元区外，绝大多数国家都采用直接标价法。目前我国的外汇牌价也采用直接标价法，通常采用100个外币单位折算一定数量的人民币来表示。

中国银行2011年8月1日英镑、港元、美元、欧元外汇牌价如表10-1所示。

表10-1 中国银行外汇牌价

货币名称	现汇买入价	现钞买入价	卖出价
英镑	1 052.39	1 019.9	1 060.85
港元	82.39	81.73	82.71
美元	641.88	636.74	644.46
欧元	923.99	895.47	931.41

2. 间接标价法（Indirect Quotation）。间接标价法是以一定单位的本国货币为标准，折算为一定数额的外国货币来表示其汇率的标价方法。例如，伦敦外汇市场2011年×月×日1英镑=1.6366美元。它是直接标价法的倒数，在间接标价法下，本国货币的数额固定不变，汇价涨跌都以相对外国货币数额的变化来表示。一定单位的本国货币折算的外币数量增多，说明本国货币汇率上涨，即本币升值或外币贬值。反之，一定单位本国

货币折算的外币的数量减少,说明本国货币汇率下跌,即本币贬值或外币升值。

目前,采用间接标价法表示的货币有英镑、美元、欧元。第二次世界大战以后,美国在国际收支中逐渐取得统治地位,美元外汇交易增多,特别是布雷顿森林体系的建立,建立了美元在国际结算中的关键货币地位后,从1978年9月1日开始,除对英镑继续使用直接标价法外,对其他货币一律改用间接标价法公布美元汇率。对欧元而言,1992年签订的《马斯特里赫特条约》创建了欧洲共同货币以及各国参与的标准,使得欧洲经济与货币联盟的成员国将它们的货币政策的控制权交给了欧洲中央银行。从2002年1月1日开始,经济与货币联盟各国的货币退出了历史舞台,由欧元取而代之,并使用间接标价法公布其汇率。

（二）汇率分类

按照不同的标准,汇率可以区分为许多不同的类型。主要有以下几种:

1. 买入汇率、卖出汇率和中间汇率。买入汇率又称外汇买入价,是指银行向同业或客户买入外汇时所使用的汇率。卖出汇率又称外汇卖出价,是指银行向同业或客户卖出外汇时所使用的汇率。买入和卖出都是从银行角度出发的,所以客户到银行用本币兑换外汇时,适用的是银行的卖出价;而用外币兑换本币时,适用的是买入价。外汇买入、卖出的差价即为银行经营外汇的收益。对于用做某种情况下的结算,还有一种中间汇率,又称中间价,即买入价与卖出价的平均数。

[例10-1] 2011年8月1日中国银行的外汇价格为US $100 = ¥641.88/644.46, HK $100 = ¥82.39/82.71,现有甲公司因进口需向外支付100万美元,同时,甲公司出口收汇200万港元,甲公司购汇100万美元需用多少人民币,以及收汇的200万港元可折算为多少人民币？

在美元对人民币的汇价中：US $100 = ¥641.88/644.46,外汇美元的买入价每100美元需641.88元人民币,外汇美元的卖出价每100美元为644.46元人民币,因此,甲公司购入外汇100万美元需644.46万元人民币。同理,甲公司的200万港元可折算成164.78（=2×82.39）万元人民币。

2. 基本汇率与套算汇率。基本汇率是指一国货币对某一关键货币的比率。关键货币是指在国际上普遍接受的可兑换货币或在国际收支中使用最多的货币,或本国外汇储备中占比重最大的货币。由于美元是国际支付中使用较多的货币,一般情况下,各国都把美元当做制定汇率的主要货币,即常把本国货币对美元汇率作为基本汇率。套算汇率又称交叉汇率,是指两种货币以第三种货币为中介推算出来的汇率。在实际中,第三种货币往往是关键货币。由于国际主要外汇市场只公布按美元标价计算的外汇汇率,人们要想知道美元以外的两种货币之间的比率时,就必须借助于套算汇率来计算。

[例10-2] 外汇市场英镑兑美元汇价为£1 = US $1.6480,若中国银行的外汇价格为US $100 = ¥639.87,则英镑兑人民币的汇价为

$$£1 = ¥1.6480 \times 6.3987 = ¥10.5451$$

3. 即期汇率与远期汇率。即期汇率是指外汇买卖成交后,买卖双方在当天或两个营业日内进行交割所使用的汇率。所谓交割是指外汇交易双方一手交钱一手付汇的过程。

远期汇率是指外汇买卖双方约定在未来一定时期内（通常30~90天为期）进行交割的汇率。到交割日时，由买卖双方按预计的汇率、金额进行钱汇两清。

远期汇率与即期汇率往往不相等，其差额称做远期差价。远期汇率超过即期汇率，称为升水（Premiums）；远期汇率低于即期汇率，称为贴水（Discounts）；远期汇率等于即期汇率，称为平价（Flat 或 At Par）。

远期汇率的报价方法有直接报价方法，与即期汇率一样，用直接列示的方法报价，如以某日英镑兑美元汇率而言，即期汇率为￡1 = ＄1.6720/1.6730，一个月的期汇汇率为￡1 = ＄1.6670/1.6690。也有通过即期汇率或远期差价方式报价的，即报出即期汇率和远期差价（Forward Margin）点数来标明远期汇率的办法。远期差价指远期汇率与即期汇率的差额，其大小用基本点（Basic Points）表示。如纽约外汇市场美元兑日元的即期汇率为130.07/130.17，如果远期报价为40/50，那么在即期汇率的基础上加0.40/0.50，为130.47/130.67；如果远期报价为50/40，那么在即期汇率的基础上减0.50/0.40，为129.57/129.77。银行报出远期差价点数时通常并不标明升水还是贴水，其判断原则为：如果远期差价点数数字前小后大，则基准货币远期为升水；如果远期差价点数数字前大后小，则基准货币远期为贴水。计算远期汇率的规则为

远期汇率 = 即期汇率 + 远期差价点数（远期差价点数前小后大）

远期汇率 = 即期汇率 − 远期差价点数（远期差价点数前大后小）

三、外汇交易类型

外汇交易最常见的形式是即期外汇交易、远期外汇交易、期权交易、期货交易及掉期交易等。

（一）即期外汇交易

即期外汇交易，又称现汇交易（Spot Transactions），是外汇市场上最常见的外汇交易形式。银行同业之间或银行和客户之间外汇买卖成交后，立即或在两个营业日内办理收付交割的外汇交易，就是即期外汇交易。

即期外汇买卖有金融性外汇买卖和商业性外汇买卖。金融性外汇买卖，是指银行之间的外汇交易。商业性外汇买卖，是指银行同客户之间的外汇交易。

即期外汇交易主要是通过电话、电报、电传，也有通过信汇委托书和银行即期汇票等方式进行交易。因即期外汇买卖一般都是通过电信联系和成交，所以电汇汇率便成为即期外汇买卖的基本汇率。

（二）远期外汇交易

远期外汇交易，又称期汇交易（Forward Transactions），是指远期外汇交易的汇率、币别、金额、交割期限达成协议后双方签订合同，在合同到期日按照约定汇率办理交割的外汇业务。期汇交易是一种预约性交易。预约期限一般为1~6个月，最长为12个月。也有预先约定在合同有效期内可以提前办理交割。

远期外汇交易的主要目的是：进出口商为防范收付外汇货款时汇率变动的风险。在进出口贸易中，从签订买卖合同到货物发运，办理国际结算，一般需要一定的时间。如

属大型设备进出口业务，则需要更长时间。由于国际外汇市场动荡不定，因而汇率波动十分频繁。为了防范汇率波动给进出口贸易和国际结算带来巨大风险，进出口商在进出口业务成交和确认以后，即向外汇银行签订买入或卖出远期外汇合同。在结算之日支付或收入货款时，即按约定汇率办理交割，不受结算日汇率上浮或下浮波动的影响，以防止和避免汇率波动带来的损失。

此外，远期外汇交易也可帮助国际投资者防范债权和债务到期时汇率波动的风险。设伦敦投资市场利率为9%，纽约为6%。美国投资者为获取较高投资收益，以美元买入英镑现汇，在英国进行3个月短期投资。到期收回英镑时，如汇率不变，可获得3%的收益，如英镑汇率下浮幅度大于3%，则收益将变成亏损。为防范汇率风险，投资者可以在购进英镑现汇进行投资时，即卖出3个远期英镑，到期之日按约定汇率购回美元，就可以避免汇率波动的风险。

（三）期货交易

外汇期货交易（Foreign Exchange Future），是指期货交易者或者经纪人，根据期货市场关于货币种类、交易金额、交割（清算）期、交易时间等统一的标准化规定，按照市场报价买进或卖出的远期外汇交易。外汇期货交易的目的，在于为交易的货币保值或防范汇率风险，当然也包括从事外汇投机活动。和远期外汇交易的原理一样，即买卖双方同意在未来的一个时间，按照一定的价格和条件交割一定数额的货币。但外汇期货与远期外汇交易有明显的不同处，可归纳为以下几点：

1. 交易目的不同。从事外汇期货交易的目的有两类，一类是为了规避外汇风险，如套期保值者；再一类是进行外汇投机活动以谋求暴利，如投机者。而从事远期外汇交易的主要目的是规避外汇风险。

2. 交易者及其相互关系不同。外汇期货交易的参加者可以是银行、其他金融机构、公司、政府和个人，只要按规定交纳保证金，均可通过具有期货交易所清算资格的外汇经纪商来进行外汇期货交易。由于远期外汇交易缺乏如期货交易中清算所那样的中介机构做保障，因而参加者都必须考虑对方的信用状况。从交割清算角度来看，远期外汇交易的风险较外汇期货交易的风险为高。

3. 交易工具不同。外汇期货市场上交易的是外汇期货合约（Futures Contract），而远期外汇市场上交易的是远期外汇合约（Forward Contract）。前者是一种标准化的合约，交易额是用合同的数量多少来表示的。买卖额最小是一个合同，大的可以是几个合同。每个合同的金额，不同的货币有不同的规定。而外汇远期合约则无固定的规格，合约细则由交易双方自行商定。

4. 交易组织不同。外汇期货交易主要在期货交易所进行，采取公开喊价的方式成交，基本上一个有形的交易则是各银行同业间、银行与经纪人间以及银行与客户间通过电信手段来进行的无形市场，也就是通常所说的OTC市场。

5. 交易规则不同。外汇期货交易采用保证金制度，每天的交易都要通过清算所进行清算，盈余者可以提走多余的现金，而亏损者则需要补交保证金。远期外汇交易是不需要保证金的，交易双方只在到期交割时进行结算。

6. 交易结果不同。外汇期货市场可以用来保值,也可以用来投机,而期货交易本身也提供这种条件。货币期货交易交割的方式有两种:①等到到期日交割。在实际操作中,只有很少的合同进行到期时的实际交割,只占1%~2%。②随时做一笔相反方向的相同合同数量和交割月的期货交易,叫做"结清",绝大部分期货交易都是如此。如果你买了若干个外币期货合同,随后又卖出了同样数量的相同的合同,这样就不仅轧平了头寸,而且完全结清了自己已做过的合同,也就是说等合同到期时,你不用再去进行货币的收付了。而远期外汇交易,一般都会在指定交割日交割现货。此外,货币期货的交割都通过清算所统一进行,而远期外汇交易是客户与银行之间的直接清算交割。

7. 交割日期的不同。外币期货合同中规定合同的到期日为交割月份的第三个星期的星期三(不同品种的交割月完全不同,外币期货的交割月份一般为每年的3月、6月、9月、12月)。远期外汇交易则没有交割日期的固定规定,可由客户根据需要自由选择。除此之外,对合约的转让,外汇期货合约是可以转让的,而远期外汇合约则不可转让,所以流动性较弱。

外汇期货的保值作用可通过下例说明。例如某公司有一笔暂时不用的英镑资金,它可以将之兑成美元在货币市场上投放以获取利息收益(美元的利率要高于英镑)。同时,为防止一定时间内(如6个月),美元下跌而英镑上升使公司遭受损失,它可另在外汇期货市场上以英镑卖出美元期货(美元空头)。6个月后,如果美元对英镑汇率果然下跌,公司在现货市场上将美元兑回英镑必会遭受损失。但这可通过在期货市场上做一笔相同期限的美元多头,把原来的美元空头期货合同冲销,即买回美元期货合同,以获取盈余,抵补现汇市场上的损失。

(四)期权交易

与具有较长历史的商品期权不同,标准化的外汇期权产生于70年代,80年代发展遍及各主要国际金融中心。外汇期权(Foreign Exchange Option)是指在外汇期货买卖中,合同持有人具有执行或不执行合同的选择权,即在某一特定时间内按协定汇率买进或不买进、卖出或不卖出一定数量外汇的权利。期权合同有双方当事人,出售期权合同的一方为合同签署人,一般为银行;购买合同的一方则称为合同持有人,一般为企业(当然也可为银行)。

期权交易的具体形式大体可分为买方期权和卖方期权两个方面。买方期权也称看涨期权,它使签约一方有权在合同期满或在此之前按规定的汇率即协议价格,购进一定数量的外汇。卖方期权也称看跌期权,它使签约的一方有权在合约期满或在此以前出售一定数量的外币。

从类型上看,外汇期权也可分为欧式期权,即只能在合约期满时执行的期权,以及美式期权,即可以在合约有效期内任何一天执行的期权。美式期权相比较欧式期权有更大的灵活性,但通常在价格上要高于欧式期权。

作为避免汇率风险的一种手段,外汇期权交易同传统的远期外汇交易相比有很多的优点,这表现为:

1. 外汇期权具有更大的灵活性。因为期权合约持有者购买的只是一种权力,但并不一定要执行。不管汇率如何变动,期权合约持有者都可按对自己有利的方式作出选择。而期汇合同必须执行。

2. 外汇期权可以选择不同的协定汇率。而远期外汇交易规定只能选择按当时汇价加减一定的汇水后的所谓远期汇率买进或售出外汇。

3. 在外汇交易不确定的情况下,期权可以避免汇率方面的风险。例如某公司投标一项国外工程建设,但不能肯定是否中标,它就可以用一项卖方期权进行保险。如果未中标,期权就不必执行,只是损失一小笔期权费用;但如果中标并获取了外汇,期权合约就可保证能够按照协定汇率将所得外汇售出,从而防止了汇率发生不利变动的风险。

四、汇率决定理论

(一)购买力平价说(Purchasing Power Parity Theory)

购买力平价认为,如果国际商品市场和金融市场是有效的话,那么相同的商品在国际上的价格应该都一样。如果 A 国的甲商品比 B 国的便宜,那么 B 国的商人就会到 A 国购买甲商品,运回 B 国出售,获得利润。这样的交易会持续到 A 国甲商品的价格与 B 国甲商品的价格相同为止,最终形成购买力平价。

购买力平价的主要观点是:一国货币对另一国货币的汇率主要是由两国货币分别在两国的购买力决定的;两国货币购买力之比决定了两国货币的交换比率,也就是汇率。

购买力平价说认为,各国通货膨胀率的变化直接影响各国货币购买力的变化,而货币购买力变化又必然使外汇汇率发生变化。例如,购买一定商品的价格在 A 国为 1 000A 元,在 B 国为 8 000B 元,则根据购买力平价说,A、B 两国货币的汇率是 1A 元 = 8B 元。假如两国都发生了通货膨胀,通货膨胀率为:A 国 5%,B 国 10%。两国货币的购买力都下降了,但下降的程度不一样,购买上述一定商品的价格在 A 国为 1 050A 元,在 B 国为 8 800B 元,这时汇率将变为 1A 元 = 8.3810B 元 (8 800 ÷ 1 050)。可见,通货膨胀率较高的国家,其货币的购买力下降较多,就会相应地贬值,可用下列公式表示:

$$\frac{S_t}{S_0} = \frac{1 + P_B}{1 + P_A}$$

上式即相对购买力平价公式。

式中:S_t 表示未来 t 期市场汇率;S_0 表示即期市场汇率;P_B 表示 B 国通货膨胀率;P_A 表示 A 国通货膨胀率。

$$S_t = S_0 \frac{1 + P_B}{1 + P_A} \qquad (10-1)$$

$$S_0 = S_t \frac{1 + P_A}{1 + P_B} \qquad (10-2)$$

设 Δ 为 0 至 t 期间汇率的预计变化率。

$$\Delta = \frac{S_t - S_0}{S_0} \qquad (10-3)$$

将式（10-1）、式（10-2）代入公式（10-3），简化得

$$\Delta = \frac{P_B - P_A}{1 + P_A} \quad (10-4)$$

将例中有关数据代入公式（10-1）可得

$$S_t = 8 \times \frac{1 + 10\%}{1 + 5\%} = 8.3810$$

将例中有关数据代入公式（10-4）和公式（10-3），可得

$$\Delta = \frac{10\% - 5\%}{1 + 5\%} = 4.76\%$$

$$\Delta = \frac{8.3810 - 8}{8} \times 100\% = 4.76\%$$

从以上计算可以看出，A 元通货膨胀率比 B 元通货膨胀率低 4.76%，因而 A 元对 B 元的汇率升值 4.76%。

S_t 也可按下列方法计算：

$$S_t = 8 \times (1 + 4.76\%) = 8.3808①$$

在 P_A 较小的情况下，通常忽略公式（10-4）的分母项，即得购买力平价的近似公式为

$$\Delta = P_B - P_A \quad (10-5)$$

公式（10-5）表明，汇率的预计变化率等于两国通货膨胀率之差。

（二）费雪效应（Fisher Effect）

美国经济学家欧文·费雪（Irving Fisher）认为，每个国家的名义利率（i）、实际利率（r）和通货膨胀率（P）之间存在如下关系：

$$(1 + i) = (1 + r)(1 + p)$$

通常 r 与 p 的数值很小，在实际操作中可以忽略不计，进一步简化为

$$i = r + p$$

欧文·费雪认为，名义利率充分反映了投资者对通货膨胀的集体预期，这样做可以使他们由于通货膨胀效应而造成的实际投资的损失得到补偿。这种现象被称为"费雪效应"。

根据费雪效应，如果一位投资者希望获得的实质利率（真实利率，即无物价变动条件下的利息率）为 3%，预计通货膨胀率为 5%，那么名义利率应为 8.15%，其中 3% 是要求的真实利率，5.15% 是对通货膨胀率的调整。费雪效应认为各国的实质利率（以 r_W 表示）趋于一致，因为如果某国的真实利率高于其他国家，那么其他国家的资本就会流入这个国家，在政府不干涉的情况下，这种套利活动就持续进行，直到各国的真实利率相等为止。尽管对费雪效应的实证研究结果各异，但普遍的观点是主要工业国家的实质利率从长期来看大约是 3%。两个国家的通货膨胀率相差越大，它们的名义利率相差就越大。这说明把钱存入高利率国家的银行中，就意味着把钱存到一个高预期通货膨胀率国家的银行中了。

A、B 两国的名义利率、实质利率和通货膨胀率的关系可表示为

---

① 由于数据进行了四舍五入处理，因此此数据与上述 8.3810 稍有出入。下同。

$$(1 + i_A) = (1 + r_W)(1 + P_A) \qquad (10-6)$$
$$(1 + i_B) = (1 + r_W)(1 + P_B) \qquad (10-7)$$

从上式可得

$$(1 + r_W) = \frac{(1 + i_A)}{(1 + P_A)} = \frac{(1 + i_B)}{(1 + P_B)}$$

或

$$\frac{(1 + i_B)}{(1 + i_A)} = \frac{(1 + P_B)}{(1 + P_A)} \qquad (10-8)$$

费雪效应有时可简化成以下形式：

$$i_B - i_A = P_B - P_A$$

即两国名义利率之差等于两国通货膨胀率之差。

将例中有关数据代入公式（10-6）、公式（10-7）、公式（10-8），可得

$$(1 + 8.15\%) = (1 + 3\%) \times (1 + 5\%)$$
$$(1 + 13.3\%) = (1 + 3\%) \times (1 + 10\%)$$
$$\frac{1 + 13.3\%}{1 + 8.15\%} = \frac{1 + 10\%}{1 + 5\%} = 1.0476$$

（三）国际费雪效应（International Fisher Effect）

购买力平价说建立了汇率与预期通货膨胀率之间的关系，而费雪效应表达了名义利率与预期通货膨胀率之间的关系，把这两种关系联系起来可得

$$\frac{S_t}{S_0} = \frac{1 + P_B}{1 + P_A} = \frac{1 + i_B}{1 + i_A}$$

从上式可得国际费雪效应的公式：

$$\frac{S_t}{S_0} = \frac{1 + i_B}{1 + i_A}$$

$$S_t = S_0 \frac{1 + i_B}{1 + i_A} \qquad (10-9)$$

$$S_0 = S_t \frac{1 + i_A}{1 + i_B} \qquad (10-10)$$

将公式（10-10）代入公式（10-3），简化可得

$$\Delta = \frac{i_B - i_A}{1 + i_A} \qquad (10-11)$$

在 i_A 较小的情况下，就可得到近似的国际费雪效应方程式：

$$\Delta = \frac{S_t - S_0}{S_0} = i_B - i_A \qquad (10-12)$$

将例中的数据代入公式（10-9）、公式（10-11），可得

$$S_t = 8 \times \frac{1 + 13.3\%}{1 + 8.15\%} = 8.3810$$

$$\Delta = \frac{13.3\% - 8.15\%}{1 + 8.15\%} = 4.76\%$$

$$S_t = 8 \times (1 + 4.76\%) = 8.3808$$

上述公式说明，浮动的即期汇率会随着两国的利率差别而改变；改变的幅度会和利率的差别一样，但改变的方向刚好相反。例中，A国名义利率比B国名义利率低4.76%，在市场平衡的情况下，A元兑B元的即期汇率将升值4.76%。主要是因为持有A元的投资者受到B国高利率的吸引，把A元兑换成B元在B国投资，在投资后期，都会把B元本利兑换为A元，在市场上会引起A元对B元的即期汇率升值。

（四）利率平价说（Interest Rate Parity Theory）

不同国家的利率差异必然引起利息套汇，许多套汇者不断地进行利息套汇，会出现利率平价。

许多套汇者不断地套汇，会出现利率平价，即市场平衡，因为套汇会引起以下变化：（1）1月初投资，A国资金流入B国时，都要用A元兑换B元，会引起B元升值（A元贬值）；（2）A国资金流入B国，一方面使A国资金供应量减少，会引起A国利率上浮，另一方面会使B国资金供应量增加，会引起B国利率下浮；（3）12月31日，套汇者将投资本利汇回A国，要将B元兑换为A元，会引起B元贬值。这时形成下列计算等式：

$$\frac{1+i_A}{1+i_B} = \frac{S_0}{S_F}$$

式中：S_F表示远期汇率。

当右边与左边相等时，表明利率平价已经出现，此时，套汇者已无利可图

或者

$$\frac{S_F}{S_0} = \frac{1+i_B}{1+i_A}$$

上式表明在市场平衡的情况下，远期汇率和即期汇率的比率会和两国（如A国和B国）的名义利率比例相同。

综合上式可得

$$S_F = S_0 \frac{1+i_B}{1+i_A} \qquad (10-13)$$

$$\Delta = \frac{S_F - S_0}{S_0} = \frac{i_B - i_A}{1+i_A} \qquad (10-14)$$

如果i_A较小，忽略公式的分母项，则得利率平价说的近似公式

$$\Delta = \frac{S_F - S_0}{S_0} = i_B - i_A$$

（五）无偏差理论

这一理论说明了远期汇率与未来即期汇率之间的关系。将国际费雪效应与利率平价说联系起来，可得

$$\frac{S_t}{S_0} = \frac{1+i_B}{1+i_A} = \frac{S_F}{S_0}$$

由上式可得

$$S_F = S_t$$

即目前的远期汇率应该等于未来的即期汇率，也可表达为

$$\frac{S_F - S_0}{S_0} = \frac{S_t - S_0}{S_0}$$

即外汇远期升水或贴水等于预计的外汇升值或贬值。无偏差理论说明，在没有干扰的情况下，当前的远期汇率应等于将来的即期汇率。就是说，根据远期汇率可以无偏差地预测到期时的即期汇率。虽然未来的即期汇率与当前的远期汇率可能有所不同（表示根据后者并不能完全正确预测前者），但究竟如何不同，目前不能预知。而且该理论还认为，预测的误差的高估或低估的频率和数量基本相等，误差之和等于零，故称为"无偏差"理论。

为了进一步明确各项汇率理论的相互关系，各项计算公式如表10-2所示。

表10-2　　　　　　　　　　汇率理论计算公式表

购买力平价说	费雪效应	国际费雪效应	利率平价说	无偏差理论
$\dfrac{S_t}{S_0} = \dfrac{1+P_B}{1+P_A}$	$\dfrac{(1+i_B)}{(1+i_A)} = \dfrac{(1+P_B)}{(1+P_A)}$	$\dfrac{S_t}{S_0} = \dfrac{1+i_B}{1+i_A}$	$\dfrac{S_F}{S_0} = \dfrac{1+i_B}{1+i_A}$	$S_F = S_t$

上述几种经济关系是外汇市场充分发达和完全开放情况下外汇汇率变化的规律。这些经济关系全由市场调剂作用完成，外汇可自由买卖的程度决定了这些关系可应用的程度。

第二节　外汇风险管理

一、外汇风险的概念

外汇风险（Exchange-rate Risk Exposure）是指经济主体在持有或运用外汇的经济活动中，因汇率变动而蒙受损失的一种可能性。企业在从事对外贸易的全部活动，即在它的活动过程、结果、预期经营收益中，都存在着汇率风险。特别是自1973年2月西方国家实行浮动汇率制度以来，各主要货币的汇率不仅大幅度、频繁地波动，而且它们之间经常出现难以预料的地位强弱转化。由此，在各种涉外经济活动中，外汇风险问题显得更为突出。对外汇风险我们应该注意两个问题：

第一，外汇风险对象。承担外汇风险的不是公司持有的全部外币资产和负债，而只是其中的一部分。这部分承担外汇风险的外币资产和负债通常被称为"受险部分"、"敞口"（Exposure）或"风险头寸"（Exposure Position）。例如，在外汇买卖中，风险头寸表现为外汇持有额中"超买"（Overbought）或"超卖"（Oversold）的部分；在公司经营中则表现为其外币资产与外币负债不相匹配的部分，如外币资产大于或小于外币负债，或外币资产与外币负债金额相等，但时间长短不一致。

第二，外汇风险构成要素。外汇风险有三个构成要素：本币、外币和时间。例如，公司从国外进口或对外投资时，要支付外汇，需要用本币向银行购买外汇；各国对外出口或引进外资时，要收取外汇，并通过银行结汇换成本币，以便考核其经营成果。由于外汇结算方式的特点，外汇收支结算需要或长或短的一段时间，即使是即期交易，在两天的时间间隔里，外汇汇率也可能发生变化，造成风险损失。一般而言，一笔外汇收支的期限结构对外汇风险的大小具有正向影响，即时间越长，汇率波动的可能性越大，外汇风险相对就越高；反之，时间越短，外汇风险相对就越低。因此，本币、外币、时间三个要素共同构成外汇风险，三者缺一不可。

二、外汇风险的类型

有关经济主体在其经营活动中，都将外汇风险防范作为经营管理的一个重要方面。外汇风险包括交易风险、折算风险和经济风险三种类型。

（一）交易风险

交易风险（Transaction Exposure）是指在运用外币进行计价收付的交易中，经济主体因外汇汇率变动而蒙受损失的可能性。它是一种流量风险。由于运用外汇的场合不同，交易风险就会在以下几种不同的情形下出现：

1. 在商品劳务的进口（出口）交易中，如果外汇汇率在支付（或收进）外币货款时较合同签订时上涨（或下跌）了，进口商（出口商）就会付出（或收进）更多（或更少）的本国货币或其他外币。例如，我国某外贸公司从美国进口一批机械设备。合同规定以美元计价结算，货价为 1 000 万美元，支付日期为 3 个月后。签订合同时，美元的银行卖出价为 US＄1＝￥8.1230，但 3 个月后，美元的银行卖价为 US＄1＝￥8.1546，此时外贸公司要购买 1 000 万美元，需要支付 8 154.6 万元人民币，比合同签订时多支付 31.6 万元人民币。

2. 在资本输出（输入）中，如果外汇汇率在外币债权债务清偿时较债权债务关系形成时发生下跌（或上涨），债权人（债务人）就只得收回（付出）相对更少（更多）的本币或其他外币。例如，我国某金融机构在东京发行一笔总额为 100 亿日元，期限为 5 年的武士债券，用所筹得的资金来发放 5 年期美元贷款支持国内某大型投资项目。按照当时日元对美元的汇率，＄1＝J￥145.50，该金融机构将 100 亿日元在国际外汇市场上兑换成 6 872.85 万美元，但 5 年期满后，日元对美元的汇率变为＄1＝J￥102.14；如果不考虑利息部分，该金融机构要偿还 100 亿日元，就需要 9 790.48 万美元。这较金融机构收回的 6 872.85 万美元贷款本金多 2 917.63 万美元。这些额外支付的美元，就是该金融机构因所借外币的汇率上浮而蒙受的损失。

（二）折算风险

折算风险（Translation Exposure）又称会计风险（Accounting Exposure），是指经济主体对资产负债表进行会计处理时，在将功能货币转换成记账货币时，因汇率变动而呈现账面损失的可能。它是一种存量风险，当公司将其以外币计量的资产、负债、收入和费用折成以本国货币表示的有关项目时，汇率的变动就有可能给公司造成账面收益或损失。

例如，美国某公司拥有英镑存款 100 000。假定年初英镑对美元的汇率为 £1 = US$1.7725，在该公司财务报表中这笔英镑存款被折算为 US$177 250。一年后，该公司在编制资产负债表时，汇率变为 £1 = US$1.7325，这笔英镑存款经折算就只有 US$173 250。在两个不同日期的财务报表中，由于英镑贬值，同样的 £100 000 存款折算成美元，结果在账面上价值减少了 4 000 美元，这就是折算风险。

同一般涉外经济主体（主要是银行和企业）相比，跨国公司在海外的分公司或子公司所面临的折算风险更为复杂。一方面，海外分支机构同一般经济实体相似，它们的经营活动在不同程度上都是国际化的。在从事有关的国际经济活动中，它们要使用相对于东道国的各种外币。因此，当它们以东道国的货币入账和编制资产负债表时，需要将所使用的外币转换为东道国的货币。显然，在这一场合它们所遇到的折算风险与一般经济实体是完全一致的。另一方面，作为海外的分支机构，它们在向总公司或母公司呈报资产负债表时，又要将东道国的货币折算为总公司或母公司所在国的货币。这样，就存在着更为复杂的折算风险。

（三）经济风险

经济风险（Economic Exposure），是指意料之外的汇率变动通过影响企业生产销售数量、价格、成本，引起企业未来一定期间收益或现金流量减少的一种潜在损失。值得注意的是，经济风险定义中的汇率变动仅指意料之外的汇率变动，而不包括意料到的汇率变动。这是因为企业在评测未来的获利状况而进行经营决策时，已经将意料到的汇率变动对未来获利状况的影响考虑进去，这种意料到的影响并不构成一种风险。

对于一个企业来说，经济风险比折算风险和交易风险都更为重要，因为其影响是长期性的，而折算风险和交易风险的影响是一次性的。

三、外汇风险管理政策

（一）保守政策

保守政策是一种安全第一，不留下任何不稳定因素的策略。当一个企业的跨国经营业务少，承受外汇风险的能力弱，由于管理者厌恶风险，往往采取保守策略，其管理目标是避免承担任何外汇风险损失，为此，对所有存在外汇风险损失的经营活动都采取管理措施或拒绝某些可能带来外汇风险损失的项目；但是缺点是这种做法有可能支付较多的外汇风险管理费用，可能丧失一些较好的筹资和投资机会。

（二）随意政策

跨国公司对待外汇风险的另一种方式是根本不考虑它们。在这种情况下，国外子公司被当做独立的企业对待，由于汇率偶尔变动而造成的任何损失被认为是企业经营的正常成本。这一政策可使跨国公司节省大笔外汇风险管理费用。当涉及外汇的正常交易量很小或相对其他交易量来讲并不重要，或者在计划期间预计汇率变动很小时，这种政策特别有吸引力。以现金结算或只按短期商业信用交易的进出口商可以较安全地采取这种态度。大跨国公司也可以实行随意政策，如果它充分进行多地区多角化经营的话，这时，由于风险充分分散，在任何时间汇率变动造成的净损失相对较小。

（三）直接政策（或中间政策）

中间政策是一种介于前两种极端政策之间的策略，是大多数企业采用的通行的外汇风险管理策略。如果企业涉及外汇的经营业务很多，在其全部经营中占有重要地位，并且涉外业务的现金流入涉及的外国货币与现金流出涉及的外国货币不密切相关（相关性低或负相关）时，最佳的政策应该是按照成本效益原则，对企业涉及外汇的各项业务区别对待，分清主次，对某些涉外业务采取外汇风险管理措施，对某些涉外业务不采取外汇风险管理措施，搞好受险程度大的主要经营业务的外汇风险管理。

企业不论采用上述何种策略，在进行外汇风险管理时，都必须遵循成本效益原则。

四、外汇风险管理方法

（一）交易风险管理

交易风险方面的管理方法主要有：合约保值、风险转移、风险分担、提前或延期结算等。

1. 合约保值。防范风险的合约保值一般包括远期合约、期货合约以及期权合约等。现举例加以说明。

［**例10-3**］ 假设有美资公司A，于2005年9月向英国出口一批产品，应收款项1 000万英镑，约定12月份付款。A公司的资本成本为12%。为从事各种套期保值交易所需要的其他有关资料如下：

（1）即期汇率：£1 = US＄1.7250；

（2）3个月远期汇率：£1 = US＄1.7180；

（3）美国贷款利率为年率6%；

（4）美国借款利率为年率4%；

（5）英国贷款利率为年率7%；

（6）英国借款利率为年率5%；

（7）在柜台交易市场，9月份买入卖出期权的履约价格为£1 = US＄1.7100，合约单位为1 000万英镑，期权费为1.5%；

（8）另外，据测3个月后即期汇率将为£1 = US＄1.7262。

对这笔应收款项，可供A公司采用的交易风险管理策略有以下几种：①不采取任何保值措施；②远期外汇市场套期保值；③货币市场套期保值；④外币期权市场套期保值。根据以上资料，分析各种风险管理策略对公司的影响。

①不采取任何保值措施。如果A公司不采取任何保值措施，这意味着公司将承担外汇交易风险。根据对未来汇率的预测，公司期望3个月后收到1 726.2万美元。但这一数据具有不确定性。因为，如果3个月后美元发生贬值，跌至£1 = US＄1.7200，A公司则只能得到1 720万美元；但如果3个月后美元升值，则A公司的收入就可能超过1 726.2万美元。

②远期外汇市场套期保值。远期外汇交易是国际上避免外汇汇率风险，进行货币保

值的一种通行做法，也是公司弥补外汇风险最直接的一种方法。其一般做法是，按期汇价格买进或卖出远期货币，到期时，按买卖时的汇价交割。如 A 公司可按 3 个月的远期汇率在远期市场上卖出 1 000 万英镑远期，3 个月后公司将收到英国进口商汇来的 1 000 万英镑，随即在远期市场上履约交割，得到 1 718 万美元。远期外汇市场套期保值的实质是"锁定"汇率，以使公司的收入不再随汇率的波动而波动。但这种策略要求对汇率波动的方向作出正确的预测，如果汇率走势预测不正确，仍有可能遭受损失。假设上例中 3 个月后汇率与预测相同，A 公司如不做远期外汇保值，可以收到 1 726.2 万美元，套期保值的结果比不采取任何措施策略所获的收益要减少 8.2 万美元。

A 公司也可以采用外汇期货交易进行套期保值。外汇期货交易和外汇远期交易的差别在于期货合约是标准化的，但套期保值的基本作用大体相同。因此上述讨论的内容也适用于外汇期货市场的套期保值。

③货币市场套期保值。货币市场套期保值的合约是贷款协议。采用这一保值方法的公司可以借入一种货币，然后换成另一种货币进行投资，债务到期时偿还借款本息的资本可以是来自公司的经营收益，例如应收账款，也可以在即期外汇市场上购买该种货币用于还贷。与远期外汇市场套期保值不同的是，货币市场套期保值主要与两国之间的利率之差有关。

假设 A 公司决定立即借入英镑并将此贷款转换成美元，到 3 个月期满时，用收到的应收账款归还贷款。借入英镑的数额应符合"匹配"的原则，即借款到期应偿还的本利和恰好等于 1 000 万英镑的应收账款。如果借款利率为 6%，A 公司应借入 982.8（=1 000/1.017 5）万英镑。把这笔借款按现行即期汇率 £ 1 = US $ 1.725 0 换成美元，得到 1 695.33 万美元。

A 公司可将这笔美元投放于为期 3 个月的美国货币市场上，其收益率为 1%；投资于货币市场的期终值为 1 712.28（=1 695.33×1.01）万美元。

上述计算结果表明。相对于远期市场来说，货币市场套期保值收益低的原因在于两地的利率差异相对低于远期汇率贴水率。在有效市场上，利率之差与远期汇率的关系可由利率平价理论来确定，但并非所有的市场在任何时间都处于有效状态。因此，会出现两种方法的差异。

④外币期权市场套期保值。A 公司可通过买入卖出期权抵补外汇风险。根据前述的报价，A 公司当日通过交易市场购买了 1 000 万美元的 12 月份到期、履约价格为 £ 1 = US $ 1.710 0，合约单位 1 000 万英镑，期权费为 1.5% 的卖出期权，期权费为 25.65（=1 000×1.5%×1.71）万美元。若采用资本成本作为折现率或机会成本，则今天付出的期权费 25.65 万美元，相当于 3 个月后的期权费 26.42（=25.65×1.03）万美元。

3 个月后，A 公司收到 1 000 万英镑时，是否行使期权取决于届时的即期汇率。如果届时即期汇率高于 £ 1 = US $ 1.710 0，公司将放弃行使期权，而到即期市场出售美元，假设届时即期汇率同预测值相等，即为 £ 1 = US $ 1.726 2，公司可获得收入 1 726.2 万美元，扣除期权费 25.42 万美元，净收入为 1 699.78 万美元。届时美元贬值幅度越大，公司获得的上方收益就越大。如果届时美元不是贬值而是升值,其给公司带来的最大损失是固定不变的。假设届时汇率低于£ 1 = US $1.7100,公司就会选择行使期权,即按履约价格卖出英镑获得1 710万美元,扣除期权费后的净收入为1 683.58万美元。这个数额是A公司可得到的最低值,虽然低于远期市场和货币市场的保值结果,但不同的是,它的收益上限却是无限的。

2. 风险转移。风险转移(Risk Shifting)是指当预期汇率可能发生变动时,采取相应措施将可能的外汇风险转移给交易的对方。例如,收汇时,要求交易对方使用"具有升值趋势"的硬货币;付汇时,要求交易对方接受"具有贬值趋势"的软货币。这样,收到的硬货币就能保证跨国公司或跨国企业以本币表示的利润不受到负面影响,支付的软货币就能使得跨国公司或跨国企业不至于动用较多的本币去兑换,从而将交易中的外汇风险转移给了交易对方。当然,货币的"硬"、"软"只是相对而言,在交易中究竟采用什么样的货币须由交易双方谈判决定。但收汇或付汇时的货币是有讲究的,在很大程度上是能够达到转移风险的目的的。

3. 风险分担。风险分担是指交易双方在平等互利的基础上,根据事先签订的协议分担汇率风险。具体做法是,交易双方在签订交易合同的同时,签订有关风险分担协议。该协议对交易商品的基价、基准汇率以及双方可以接受的货款额度等作出规定。同时写明,如果付款之日的即期汇率使货款额度处在双方都能接受的范围之内,买方则按基价和基准汇率付款;如果付款之日的即期汇率使货款额度处在双方都能接受的范围之外,相应的外汇交易风险则由双方按事先约定的比例分担。这在较大程度上减少了交易风险。

4. 提前或延期外汇结算。提前或延期外汇结算是指如果外汇结算货币的汇率有变动趋势,则根据情况对有关外币款项提前或延期收付,以此回避因汇率变动而造成的交易风险。提前或延期外汇结算法的一般原则是,在预测外汇汇率将要上升,外汇将要升值时,拥有外汇债权的人延期收汇,拥有外汇债务的人提前付汇,相反,在预测外汇汇率将要下跌,外汇将要贬值时,拥有外汇债权的人提前收汇,拥有外汇债务的人延期付汇。例如,人们预测日元将要升值,美国的出口商及预定将会有日元收入的人应尽可能推迟收汇,以待日元真的升值后能以同量的日元兑换更多的美元。为此,美国出口商可以尽可能地推迟合同的执行期,或向进口方直接提供信贷,允许其延期付款。美国的进口商及预计日后要付出日元的人,应尽可能提前支付日元,避免日元升值后以更多的美元购买同量日元。他们应尽可能加速履行合同并缩短出口商提供的短期信贷的期限,加速结汇。

提前或延期外汇结算严格说并不能完全消除外汇风险,提前结汇使承受外汇风险的外币金额不复存在;延期结汇则不同,外汇头寸被保留下来,具有投机性质,一旦预测失误就会造成损失。

(二) 折算风险管理

涉外经营主体对折算风险的管理,通常是实行资产负债表保值。这种方法要求在资产负债表上各种功能货币表示的受险资产与受险负债的数额相等,以使其折算风险头寸

（受险资产与受险负债之间的差额）为零。只有这样，汇率变动才不致带来任何折算上的损失。

要实行资产负债表保值，一般要做到以下几点：

1. 弄清资产负债表中各账户、各科目上各种外币的规模，并明确综合折算风险头寸的大小。

2. 根据风险头寸的性质确定受险资产或受险负债的调整方向。如果以某种外币表示的受险资产大于受险负债，就需要减少受险资产；或增加受险负债，或者双管齐下。反之，如果以某种外币表示的受险资产小于受险负债，则需要增加受险资产，减少受险负债。

3. 在明确调整方向和规模后，要进一步确定对哪些账户、哪些科目进行调整。这正是实施资产负债表保值的困难所在，因为有些账户或科目的调整可能会带来相对于其他账户、科目调整更大的收益性、流动性损失，或造成新的其他性质的风险（如信用风险、市场风险等）。在这一意义上说，通过资产负债表保值获得折算风险的消除或减轻，是以经营效益的牺牲为代价的。因此，需要认真对具体情况进行分析和权衡，决定科目调整的种类和数额，才能使调整的综合成本最小。

在外汇风险的管理中，交易风险的防范要求与折算头寸的防范要求可能会发生冲突，从而加深风险管理的难度。譬如，对于跨国公司来说，最容易防范折算风险的办法，是要求所有在国外的分支机构都使用母国货币进行日常核算，使其受险资产额和受险负债额都保持为零，避免编制合并财务报表时的折算风险。但各分支机构便一定会面临更多的交易风险，因为分支机构日常使用最多的通常是东道国货币，当使用母国货币作为核算货币时，便不可避免地会时时承受交易风险。同样地，假定分支机构要避免交易风险，那一定会面临折算风险。

需要说明的是，会计折算风险所造成的损失或收益并没有真正实现，而只是反映在公司的财务报表上，因此，折算风险对公司的影响相对比较小。根据重要性原则，一般不需采取措施抵补这种账面损失。

（三）经济风险管理

经济风险涉及生产、销售、原材料供应以及区位等经营管理的各方面，因此，对经济风险的决策超出了财务经理的职能，往往需要总经理直接参与决策。经济风险管理的目标是对未能预料的汇率变化对公司未来现金流量的影响作出预测并采取相应措施。如果企业在国际间使它的经营活动和财务活动多样化，就有可能避免经济风险，减少损失。

1. 经营多样化。经营多样化是指在国际范围内分散其销售、生产地以及原材料来源地。也即在不同国家或不同地区同时进行不同业务领域的经营活动，如同时进行生产、流通、服务和金融等领域的经营。这种经营方针对减轻经济风险的作用体现在两方面。第一，管理部门由于实行国际经营多样化，势必在汇率出现意外变化后，通过比较不同地区生产、销售和成本的变化，趋利避害，迅速调整其经营策略，改善竞争条件，因而选择增加一些分支机构的生产，减少另一些分支机构的生产，从而使公司的产品在市场上变得更富竞争力。第二，即使管理部门不积极因汇率的意外变动而灵活调整其经营活动，经济风险也会因经营多样化而降低。汇率出现意外变动后，公司的竞争力可能在某些市场上下降，也可能在另一些市场上提高，由此公司现金流量所受到的影响也就会相互抵消。

2. 财务多样化。财务多样化是指在多个金融市场以多种货币寻求资金来源和资金去向，即实行筹资多样化和投资多样化。在筹资方面，公司应从多个金融市场、多种货币着手；同样在投资方面，公司也应向多个国家投资，创造多种外汇收入。这样，在有的外币贬值、有的外币升值的情况下，公司就可以使一大部分的外汇风险相互抵消。另外，由于资金来源和去向的多渠道，公司具备更好的条件在各种外币的资产与负债之间进行对抵配合。

第三节 跨国公司筹资管理

一、跨国公司的筹资目标和战略

为了充分利用所具备的财务优势，跨国公司应该在全球范围内制定融资战略。跨国公司财务管理人员面临的主要挑战是如何在满足整个公司及每个子公司的资本需求的同时，使资本的成本最低化，并维持适当的资本结构（即债务和股权的比例）。

简而言之，跨国公司融资战略的目标是：在充分考虑外汇风险和政治风险的基础上，以最低的成本满足母公司及各子公司的资金需求，同时还要维持适当的公司资本结构。为此，财务管理人员必须制定统一的公司融资战略，并在受到公司内部组织与外部环境双重限制的情况下执行这一战略。

二、跨国公司筹资来源与方式

（一）资金来源

跨国公司资金筹集是指跨国企业利用一定的方式，从特定来源渠道获取资金的行为。资金筹集管理是跨国企业财务管理的重要内容。跨国企业资金来源的渠道可概括为以下方面：

1. 集团内部投资形成。跨国企业规模巨大，业务量多，常常具有国际性的资金融通体系。一些国际著名的跨国公司往往都有几十个甚至几百个分支机构，企业日常经营中都可形成大量资金，从而构成企业内部投资资金的来源。主要包括：

（1）母公司或子公司本身的未分配利润和折旧基金；

（2）公司集团内部相互提供的资金。

2. 母公司本国和子公司东道国的资金来源。对于跨国公司来说，母公司本国和子公司东道国的资金来源，如母公司从本国政府和金融机构取得的借款、子公司从当地政府或金融机构取得的借款等，都可用于跨国企业的生产与经营。

3. 国际资金来源。除集团内部、母公司本国、子公司东道国以外的资金来源，都可称为国际资金来源。包括：

（1）向第三国银行借款或在第三国资本市场上出售证券；

（2）在国际金融市场上出售证券；

（3）从国际金融机构取得贷款。

（二）方式

国际筹资方式主要有国际信贷筹资、吸收外商直接投资（举办国际合资、合作企业、外商独资企业和外资并购等）、国际证券筹资、国际租赁筹资和国际补偿贸易筹资等。

与国内筹资所不同的是，国际筹资的市场范围扩大了，筹资的方式方法增多了，各种相关因素的相互影响更为复杂了，这一切既给企业带来了更多的风险，也提供了更多的机遇。

三、国际金融体系的构成

自20世纪六七十年代以来，国际金融体系发生了巨大变化，如今的国际金融体系主要由三个主要部分组成：外汇市场、主要国家的境内金融市场、境外金融市场。

（一）外汇市场

国际金融体系的第一个组成部分就是外汇市场。外汇市场的主要功能是提供一种跨越国界的支持机制。外汇市场的存在使国际融资和国际借贷成为可能。

（二）主要国家的境内金融市场

世界主要国家的境内金融市场是国际金融体系的第二个主要组成部分。例如，美国就有一套高度发达的金融市场。

金融市场通常可分为间接和直接两种，在间接市场里，金融中介如商业银行等从储蓄者手里以存款的形式收到资金，然后把资金借贷给其他中介机构或最终借款者。在直接市场上，借款者在投资银行或类似金融机构的协助下直接向投资者发行证券而融资。金融市场的主要功能是为投资者和资金需求者之间提供资金融通渠道。

从国际金融体系的角度来看，境内金融市场和外汇市场的存在使两种不同类型的国际金融交易成为可能：

（1）投资者为寻求更有利可图的投资机会，可能先把资金兑换成外币，然后购买外国公司发行的证券，或在外国金融机构存款。

（2）借款者为减少其借款成本可能到外国银行寻求贷款，或在外国金融市场向外国投资者发行证券。

（三）境外金融市场

自20世纪60年代以来，一个不与任何一个国家的境内市场直接联系的完整的融资市场逐步发展完善。这一市场通常被称为欧洲市场（Euromarket），但更确切的应该称为境外市场或离岸市场，因为它游离于任何一个国家境内市场之外，且几乎不受任何一国政府的管制。欧洲市场或境外市场主要由欧洲货币市场、欧洲票据市场和欧洲债券市场组成。因其功能与国内市场平行,故有时也被称为平行市场。

与国内市场相比,境外金融市场有以下主要特点:

1. 这个市场上的贷款人和借款人来自世界任何国家。
2. 这个市场上所借贷的货币通常不是金融中心所在国家的货币。
3. 在该市场起作用的金融机构通常属于大跨国金融机构。
4. 这个市场几乎不受任何一国国内金融法规的约束。事实上,任何国家也根本不可能单独管制该市场。

这些离岸金融中心的共同特征是其有相对稳定的政治经济环境,金融法规相当宽松,税率一般极低甚至为零。例如开曼群岛、巴哈马等离岸金融中心几乎或根本没有大的国内金融市场。

第四节 跨国公司投资管理

一、国际投资方式

目前各国通行的国际投资方式主要分为直接投资和间接投资两种基本形式。不论投资形式如何,均以投资者是否掌握投资项目的经营管理控制权作为确定对外直接投资和间接投资的主要分界线。

投资者对投出的资本拥有所有权、控制权或经营管理权等权益的称为直接投资,否则称为间接投资。

二、国际投资环境评析

国际投资环境是指在国际投资过程中影响国际资本运行的东道国(资本输入国)的综合条件。

(一)影响投资环境的基本因素

国际投资环境一般由硬环境和软环境两方面因素组成。

1. 硬环境因素。硬环境因素是指那些具有物质形态且影响国际投资运行效果的各种外部条件和因素,主要包括社会基础设施和自然地理条件。
2. 软环境因素。软环境因素是指那些没有具体物质形态但影响国际投资运行效果的一些社会因素,主要包括政治法律因素、经济因素、社会文化因素等。政治法律因素是直接关系到国际投资"安全性"问题的一个重要方面,政治稳定、立法完善是投资者投入资本安全性的保障,也是获取利润的基础。最能直接影响国际投资的因素是政治体制、政治稳定性、政府对外资的态度和法规。经济因素是影响国际直接投资最直接、最基本的因素,主要包括经济政策、经济发展水平、市场规模、市场消费水平、市场的健全程度和开放程度、经济与物价稳定状况。各国的社会文化环境不尽相同,这将直接影响到东道国消费者的生活方式、消费倾向、购买动机和购买种类等,从而影响海外投资的国别与项目的选择。

（二）投资环境评价方法

为了能够选取一个最有利的投资场所，投资者总是力求把握某一国家或地区的投资环境，对影响投资环境的各个因素进行分析。常见的国际投资环境评析方法主要有以下几种：

1. 投资障碍分析法。投资障碍分析法是依据投资环境各因素中阻碍国际投资运行因素的数量和程度来评价投资环境优劣的一种方法。一般来说，直接影响国际投资的障碍有以下四个方面：第一是政治障碍，主要有政治制度与投资国不同、政权不稳定性、战争风险、民族矛盾等；第二是法律障碍，主要有外国投资法律不健全，法律及法规缺乏完整性、稳定性、当地执法不公正，没有完善的仲裁制度等；第三是经济障碍，包括经济停滞、通货膨胀、外汇短缺、融资困难、劳动力成本高、基础设施差、技术人员和熟练工人短缺、没有完善的资本市场等；第四是政策障碍，主要有对外国投资者的歧视性政策、政府对企业的过多干预、实行进口限制、实行外汇管理和限制汇回等。

这是一种以定性分析为主的国际投资环境评析方法，其优点是简便易行，评估的工作量和费用较少，但它仅根据个别因素作出判断，常会出现一些有利的投资机会被排除的现象。

2. "冷热"国对比分析法。"冷热"国对比分析法是由美国学者伊西·利特法克等人在20世纪60年代提出来的。他们根据美国250家企业对世界投资的调查资料，归纳出影响国外投资环境"冷热"（即优劣）的七大因素，对各国投资环境进行综合分析和评价，以比较各国投资环境状况。

这七大因素是：政治稳定性、市场机会、经济发展、文化一元化、法令阻碍、实质阻碍、地理文化差距。当政治稳定、市场机会大、经济增长、文化统一、法规限制小、地理文化差距不大时，则形成有利于投资的"热"因素，具有这些有利条件的国家即为"热"国，否则则为"冷"因素和"冷"国。投资者应选择"热"国进行投资经营。

3. 多因素评分分析法。"冷热"分析，主要是从宏观因素进行的，对于干扰国际投资环境的微观因素考虑得较少。为此，美国学者罗伯特·斯托鲍夫于1969年提出了"多因素评分分析法"，又被称为"等级评分法"。

这种评价方法是从东道国政府对外国投资者的限制与鼓励政策出发，对影响投资环境的八大微观因素及其若干个子因素进行具体分析并根据各子因素对投资环境的有利程度给予评分，以表格的形式逐级评分，并相加得出总分。分数越高，表明该地投资环境越好；分数越低，表明该地投资环境越差，当低到一定程度时则不能在该地投资。

多因素分析法是目前国际上较为流行的投资环境的定量评价方法，投资者只需将表上各项进行比较分析，即可对不同投资环境进行合理评估，确定投资环境的优劣，从而作出正确的投资决策。

用总分来揭示投资环境的优劣，其评判大致可分为以下几种情况：

（1）70～100分，表明投资环境较为稳定。

（2）55～69分，表明投资环境一般。

(3) 40~54 分，表明投资环境较差。

(4) 8~39 分，表明投资环境恶劣。

4. 其他方法。美国教授威廉·A. 戴姆赞于 1972 年提出"加权等级评分法"。首先对各环境因素的重要性进行排列，并给出相应的重要性权数。然后，根据各环境因素对投资产生不利影响或有利影响的程度进行等级评分，每个因素的评分范围都是 0（完全不利的影响）~100（完全有利的影响）。最后，把各环境因素的实际得分乘上相应的权数，并进行加总按总分排高低。

香港中文大学闵建蜀教授1987年在等级评分法的基础上提出了一种投资环境评价方法，它包括闵氏多因素评价法和闵氏关键因素评价法。闵氏多因素评价法把影响投资环境的因素分成 11 个大类，每大类因素由一组子因素组成。根据闵氏多因素评价法，先对各类因素的子因素作出综合评价，再对各因素作出优、良、中、可、差的判断，然后按下列公式计算投资环境总分：

$$投资环境总分 = \sum_{i=1}^{11} W_i(5a_i + 4b_i + 3c_i + 2d_i + e_i)$$

式中：W_i 表示第 i 类因素的权重；a_i、b_i、c_i、d_i、e_i 表示第 i 类因素被评为优、良、中、可、差的百分比。

投资环境总分的取值范围在 11~55 分之间，分值越高，说明投资环境越佳。

闵氏关键因素评价法从具体投资动机出发，从影响投资环境的一般因素中找出影响具体投资项目的关键因素，并对这些关键因素作出综合评价，然后按与多因素评价法相同的方法和步骤对投资环境进行评价打分。闵氏多因素评价法与闵氏关键因素评价法互为补充，运用闵氏评价法既可以得到对投资环境的总体性评估结论，又能得到具体投资项目的专门评估评论，从而实现了一般与特殊的有机结合，不失为一种行之有效的投资环境评价方法。

三、跨国投资资本预算分析

单从方法上来说，国际投资的资本预算与国内投资的资本预算并无二致，但由于国际投资面临的实际情况更为复杂，因此，在跨国投资资本预算分析时，应注意以下几个问题：

第一，跨国公司对外直接投资后形成了分处两个国家中的不同经济实体，母公司的现金流和国际投资项目的现金流。两种不同的现金流，因其国别不同，性质也不同，因此投放在项目上的现金流与流向母公司的现金流必须严加区分。

第二，在分析时要充分认识各国在税收体系、金融机构、外汇管制、会计准则以及金融资产流动的限制等方面对现金流的影响。

第三，汇率、利率变化、通货膨胀率变化不仅会改变国际投资项目的竞争地位，还会改变母公司与子公司之间的现金流量的价值，因此，在投资分析中应给予充分的重视。

第四，跨国资本市场之间的隔离，既可以创造财务利得的机会，也可能引起财务成本的增加,因此在分析时要注意研究投资项目的筹资结构及其变化对现金流的影响。

第五,在跨国投资中,政治风险的高低会使对外投资的价值发生很大变化。

确定国际投资项目的净现值一般有两种方法。第一种方法是以子公司所在国货币估计现金流量,并按计划汇率换算成母公司所在地货币,然后按母公司所在地货币的资本成本折现,从而得出以母公司所在地货币表示的投资净现值。第二种方法是为了避免外汇汇率预测,跨国公司完全以子公司所在国货币计算净现值,然后按现行汇率将计算结果换算成母公司所在地货币。这两种方法的差别在于外汇汇率的预测是否准确,只要各国的利率、汇率、通货膨胀率之间存在着简单的平价关系,那么这两种方法所得出的结论是一致的。

[例10-4] 假设某美国跨国公司在中国的子公司进行投资项目的资本预算,项目初始投资额为7 000万元。项目有效期为5年,期望现金流如表10-3所示。假设该跨国公司在美国的经营环境如下:跨国公司的公司所得税税率为24%,在公司目前资产负债率为25%的条件下该项目的负债利率为10%,资产负债率25%是公司的目标资本结构,公司的贝塔系数为1.15,市场无风险收益率为8%,市场组合的收益率为16%,预期未来5年美元的通货膨胀率为4%。投资项目第一年年初的美元兑人民币的汇率为$1 = ¥8.25,中国市场无风险收益率为6%。要求根据以上资料对跨国公司的中国子公司的项目投资进行资本预算分析。

表10-3　　　　　　　　　　　项目现金流量　　　　　　　　　　　单位:元

年	1	2	3	4	5
现金流量(万元)	1 500	1 700	2 000	2 000	1 700

根据以上资料,一年后的汇率根据公式(10-9)可得

$$S_1 = S_0 \times \frac{1+i_B}{1+i_A} = 8.25 \times \frac{1.06}{1.08} = 8.10$$

根据购买力平价理论,由公式(10-1)可以求出符合汇率变动的国内通货膨胀率应为

$$S_1 = S_0 \times \frac{1+P_B}{1+P_A} \Rightarrow 8.10 = 8.25 \times \frac{1+P_B}{1+4\%} \Rightarrow P_B = 2.1\%$$

在中国市场上下年的通货膨胀率为2.1%,假设在项目实施的连续5年中,两国的真实利率保持不变。这样预期的人民币通货膨胀率在下一个5年保持为2.1%。根据购买力平价理论,每年末预期的汇率为

$$S_t = S_0 \times \left(\frac{1+P_B}{1+P_A}\right)^t = 8.25 \times \left(\frac{1.021}{1.04}\right)^t \quad (1 \leq t \leq 5)$$

据此计算第一年至第五年的汇率分别为8.10、7.95、7.81、7.66、7.52,该项目人民币按此汇率折算成美元如表10-4所示。

表 10-4　　　　　　　　　　　项目现金流量　　　　　　　　　　单位：美元

年份	1	2	3	4	5
现金流量（万元）	1 500	1 700	2 000	2 000	1 700
汇率	8.10	7.95	7.81	7.66	7.52
现金流量（万美元）	185.19	213.84	256.08	261.10	226.04

美国跨国公司的权益资本成本根据资本资产定价模型，可以计算出

$$r_e = r_f + \beta \times (r_M - r_f) = 8\% + 1.15 \times (16\% - 8\%) = 17.2\%$$

所以，公司的目标资本结构的加权平均成本为

$$r_{WF} = 25\% \times 10\% \times (1 - 24\%) + 75\% \times 17.2\% = 14.8\%$$

根据项目预期的美元现金流量以及跨国公司的加权平均成本计算的项目的净现值为

$$NPV = \frac{185.19}{1.148} + \frac{213.84}{1.148^2} + \frac{256.08}{1.148^3} + \frac{261.10}{1.148^4} + \frac{226.04}{1.148^5} - \frac{5\,000}{8.25}$$
$$= 756.53 - 606.06 = 150.47(万美元)$$

如果用预期人民币的现金流量来进行项目分析，则需要用合适的必要收益率进行折算，根据利率—价定律，两国无风险利率与必要收益率之间存在关系

$$\frac{1+r_{fD}}{1+r_{fF}} = \frac{1+r_{WD}}{1+r_{WF}} \Rightarrow \frac{1.06}{1.08} = \frac{1+r_{WD}}{1.148} \Rightarrow r_{WD} = 12.67\%$$

所以，项目按人民币计算的净现值为

$$NPV = \frac{1\,500}{1.1267} + \frac{1\,700}{1.1267^2} + \frac{2\,000}{1.1267^3} + \frac{2\,000}{1.1267^4} + \frac{1\,700}{1.1267^5} - 5\,000$$
$$= 6\,246.15 - 5\,000 = 1\,246.15(万元)$$

【本章小结】

1. 外汇是国际汇兑的简称。它反映国际间的债权债务关系，是以外币表示的用来进行国际间结算的支付手段。

2. 外汇汇率又称汇价或外汇行市，是指一国货币兑换成另一国货币的比率，或是用一种货币表示的另一种货币的价格。外汇汇率的标价方法有直接标价法和间接标价法。

3. 外汇交易最常见的形式包括即期外汇交易、远期外汇交易、期权交易、期货交易及掉期交易等。

4. 汇率决定理论有购买力平价说、费雪效应、国际费雪效应、利率评价说和无偏差理论等。

5. 外汇风险是指经济主体在持有或运用外汇的经济活动中，因汇率变动而蒙受损失的一种可能性。外汇风险可以概括为三个主要类型：交易风险、折算风险以及经济风险。

6. 外汇风险管理政策有保守政策、随意政策和直接政策。交易风险方面的管理方法

主要有合约保值、风险转移、风险分担、提前或延期结算等。涉外经营主体对折算风险的管理，通常是实行资产负债表保值。经济风险管理的目标是对未能预料的汇率变化对公司未来现金流量的影响作出预测并采取相应措施，对经济风险的决策超出了财务经理的职能，往往需要总经理直接参与决策。

7. 跨国公司融资战略的目标是在充分考虑外汇风险和政治风险的基础上，以最低的成本满足母公司及各子公司的资金需求，同时还要维持适当的公司资本结构。跨国公司资金来源渠道可概括为：集团内部投资形成、母公司本国及子公司东道国的资金来源和国际资金来源等方面。国际筹资方式主要有国际信贷筹资、吸收外商直接投资（举办国际合资、合作企业、外商独资企业和外资并购等）、国际证券筹资、国际租赁筹资和国际补偿贸易筹资等。

8. 自20世纪六七十年代以来，国际金融体系发生了巨大变化，如今的国际金融体系主要由三个主要部分组成：外汇市场、主要国家的境内金融市场、境外金融市场。

9. 目前各国通行的国际投资方式主要分为直接投资和间接投资两种基本形式。国际投资环境是指在国际投资过程中影响国际资本运行的东道国（资本输入国）的综合条件。国际投资环境一般由硬环境和软环境两方面因素组成。常见的国际投资环境评析方法主要有以下几种：投资障碍分析法、"冷热"国对比分析法、多因素评分分析法、其他方法等。

10. 单从方法上来说，国际投资的资本预算与国内投资的资本预算并无二致，但由于国际投资面临的实际情况更为复杂，因此，在跨国投资资本预算分析时，应注意若干问题。

【思考与练习题】

1. 什么是外汇？外汇包括哪些内容？
2. 外汇汇率有哪些类型？
3. 简述利率平价理论。
4. 国际费雪效应表述的含义是什么？
5. 什么是外汇风险？外汇风险有哪些类型？并列出各种风险的应对措施。
6. 在纽约外汇市场上，某日美元兑英镑、港元的汇率分别为

$$£1 = \$1.7850/60, \$1 = HK\$7.8230/40$$

（1）现甲公司有100万英镑，需转换为美元，公司可得多少美元？

（2）公司因进口需要500万港元，问公司需支付多少美元？

7. 英镑兑美元的即期汇率为 £1 = $1.6520，一年的远期汇率为 £1 = $1.6580。

（1）根据利率平价理论，如果1年期的美元利率为5%，那么英镑的利率水平应为多少？

（2）根据利率平价理论，如果1年期的英镑利率为8%，那么美元的利率水平应为多少？

8. 港资 A 公司 5 月 1 日出口一批产品价值 100 万美元，当日即期汇率为 $1 = HK$7.8，该出口货款按贸易合同将于发货后 6 个月付款。6 个月的远期美元汇率为 $1 = HK$7.75。试问，A 公司是否面临风险？存在何种风险？A 公司可以采用哪些方法防止该风险。

9. 英资南方石油公司正在考虑在中国建立石化公司，计划投资额为 100 百万英镑，项目有效期为 7 年，期望现金流量如下表所示。

项目增加的预期现金流量

年	1	2	3	4	5	6	7
现金流量（百万英镑）	130	170	200	250	260	260	200

当前英镑兑人民币即期汇率为 £1 = ¥13.18。英国市场无风险收益率为 6%，中国为 3%。预期未来 7 年英镑的通货膨胀率为 4%。要求：

（1）未来 7 年中国的通货膨胀率为多少？
（2）计算未来 7 年中每年末的期望即期汇率。
（3）计算项目增加的期望英镑现金流量。
（4）如果英镑的必要收益率为 12%，计算该项目用英镑计量的净现值。
（5）计算人民币的必要收益率是多少？
（6）计算项目按人民币计值的净现值。

【参考文献与推荐阅读书目】

［1］戴书松：《财务管理》，北京，经济管理出版社，2006。
［2］夏乐书、李琳：《国际财务管理》，大连，东北财经大学出版社，2010。
［3］吴丛生、郑振游、田利辉：《国际财务管理》，北京，北京大学出版社，2006。
［4］姜波克：《国际金融新编》，上海，复旦大学出版社，2001。
［5］［美］切奥尔·S. 尤恩、布鲁斯·G. 雷斯尼克著，荀小菊、奚卫华等译：《国际财务管理（原书第三版）》，北京，机械工业出版社，2005。
［6］Fatemi, Ali M., "Shareholder Benefits from Corporate International Diversification", *Journal of Finance*, 1984, 39 (5), 1325-44.
［7］Cornell, Bradford, "Spot Rates, Forward Rates and Exchange Market Efficiency", *Journal of Financial Economics*, 1977, 5 (1), 55-65.
［8］Fisher, Irving, *The Theory of Interest*, New York: Augustus M. Kelley, 1965.

第十一章

内部控制与公司治理

【本章要点】

- 内部控制要素
- COSO 报告
- 企业内部控制基本规范
- 公司治理模式

安然事件发生之后,特别是《萨班斯—奥克斯利法案》的生效,内部控制成为人们关注的焦点。我国学者纷纷从我国实际出发探讨如何进行我国企业内部控制制度建设。内部控制究竟是什么?它何以引起人们这么大的关注?另外一个在国内引起广泛探讨的话题是国有企业的公司治理问题。长期以来,关于国有企业如何实行更有效的公司治理,国内学者仁者见仁,智者见智,已经积累了不少的研究成果。那么公司治理又是什么?在我国,除了国有企业之外,其他企业是不是也需要重视公司治理问题?内部控制和公司治理两者是不是一回事?我们将在这一章展开探讨。

在本章第一节,我们着重分析内部控制和公司治理两者的区别和联系,在第二节详细介绍内部控制的发展历程和我国现行的内部控制制度,在第三节将介绍世界范围内主要的公司治理模式以及我国企业的公司治理模式。

第一节 内部控制与公司治理概述

公司治理一般划分为内部公司治理和外部公司治理。内部公司治理,也称为法人治理结构或者内部监控机制,主要是在企业所有权和经营权分离的情况下,界定企业各相关利益集团与所有者之间关系的关于企业组织方式、控制机制、利益分配的所有法律、文化、机构和制度安排。外部公司治理,也称为外部监控机制,是通过外部竞争性市场(比如经理人市场、资本市场等)和管理体制对企业管理行为实施约束的控制制度,比如企业兼并、收购、接管等市场机制对企业控制权作用。按照COSO1992年所给的定义,内部控制是"由企业董事会、经理阶层和其他员工实施的，为营运的效率效果、财务报告的可靠性、相关法令的遵循性等目标的达成而提供合理保证的过程"。内部控制可以分为控制环境、风险评估、控制活动、信息与沟通、监督这五个相互联系的因素。控制环境是一种氛围，是另外四个因素的基础；风险评估是为了研究并管理企业风险；控制活动是企业的具体控制方法；信息与沟通是达到控制的目的；监督是对内部控制系统的再控制。

一、内部控制与公司治理的区别

首先，公司治理和内部控制的要素不同。正如前文所提到的，公司治理包含内部治理和外部治理两个方面，公司内部治理主要针对企业内部权力与责任的划分；公司外部治理主要是企业所处的外部环境。如果仅从内部治理角度来看，公司治理是由所有者、董事会、监事会和高级经理人组成的一定的制衡关系，是用来约束和管理经营者的行为，解决股东、董事会、经理及监事会之间的权力安排。而内部控制是企业董事会及经理阶层为确保企业财产安全完整、提高会计信息质量、实现经营管理目标而建立和实施的一系列具有控制职能的措施和程序，按照COSO1992年报告，内部控制包括控制环境、风险评估、控制活动、信息与沟通、监控五个相关要素。

其次，公司治理和内部控制的目的不同。公司治理解决的是股东、董事会、经理以及监事会之间的权责利划分的制度安排。它基于企业所有者和管理者之间的委托代理关系而产生，更多的是法律层面的问题。而内部控制是管理当局对企业生产经营和财务报告产生过程的控制，主要用来解决管理当局与其下属高级管理人员、高级管理人员与低阶层管理人员、管理人员与一般员工之间的委托代理关系。换句话说，内部控制是在公司治理解决了股东、董事会、监事会、经理之间的权责利划分之后，作为经营者的董事会和经理为了保证受托责任的顺利履行而作出的主要面向次级管理人员和员工的控制。它属于企业内部管理层面的问题，并不能解决企业的所有者和管理者之间的委托代理问题。

再次，公司治理和内部控制的侧重点不同。公司治理注重于从整体把握，而内部控制则更关注企业内部具体经营和生产运作管理。

最后，公司治理和内部控制的结构不同。不管是内部公司治理还是外部公司治理都是线性机构。而内部控制则是金字塔形结构，控制环境是金字塔的塔基，风险评估和控制活动是塔身，而监督位于塔尖。

二、公司治理与内部控制的联系

一方面公司治理和内部控制之间存在区别，另一方面两者之间也存在诸多的联系。公司治理是实行内部控制的制度环境，它为内部控制发挥作用提供了基础，能保证内部控制有效地运行；而内部控制在公司治理当中则扮演着内部管理系统的角色。两者之间的具体联系如下：

首先，良好的内部控制是完善公司治理的保证。有效的内部控制可以规范企业的会计行为，保证会计资料真实、完整，防止并及时发现、纠正错误，保护企业资产的安全。会计信息是企业实现对其经营者进行控制的有力工具，能够检验经营者是否完成了受托责任。另外，健全的公司治理又是内部控制有效运行的保证。公司治理是内部控制的制度环境，内部控制是在公司治理这个设定的大环境下进行的。如果公司的治理结构不完善，无论设计的内部控制制度如何有效，也很难收到既定的效果。只有在完善的公司治理环境中，一个良好的内部控制制度才能真正发挥它的作用，提高企业的经营效率效果。

其次，内部控制的内容可以看做公司治理内容中关于生产经营方面的延伸与具体化。另一方面，公司治理中的某些内容也属于内部控制。比如，组织规范控制当中包含的经理领导的内部管理机构、岗位和人员之间的组织规划，也是内部控制的内容。

最后，内部控制和公司治理的最终目的都是为了实现企业目标。内部控制的主要目的是保证会计信息的真实完整，保护资产的安全完整。而公司治理的目标是保证公司正常运行，防止公司的管理者损害股东的利益，主要是解决企业所有者与管理者之间的委托代理关系。无论是保证会计信息真实完整，保护资产的安全完整，还是解决所有者与管理者之间的委托代理关系，其终极目的都是保证企业健康运行发展，实现股东财富最大化的企业目标。

第二节 内部控制要素与措施

一、内部控制发展历程

大部分学者根据内部控制理论研究和实务的发展将其分成四个阶段。

（一）内部牵制阶段

早期的内部控制表现为内部牵制。在美索不达米亚文化时代，人们就运用分权方式来进行内部牵制以保证公共资金的安全。古埃及的银库记录官和国库监督官、古罗马的"双人记账制"和财务支出检查以及复核制度等都是早期内部牵制形式。我国的《周礼》一书也体现了内部牵制的思想，每笔财物的出入都要经几个人之手，以达到牵制的目的。

近代内部控制出现于18世纪工业革命，它是企业大规模化和资本大众化的结果。工业革命之后，美国铁路业的迅速发展导致所有权与管理权分离，铁路公司为了控制、考核遍及各方的客货运业务，产生了企业管理上的最初的层级制，并形成各种崭新的内部管理程序以及会计和统计监督，因其获得了显著的效果，引起各大企业纷纷仿效。这种内部稽核制度是内部控制制度的雏形。内部牵制制度基于这样的设想：两个或两个以上的人或部门，无意识犯同样的错误的可能性很小；两个或两个以上的人或部门，有意识地合伙舞弊的可能性也大大低于单独一个人或一个部门舞弊的可能性。根据这一设想，内部牵制工作有了极大的推广和进一步发展，形成了内部牵制的概念。

第十一章　内部控制与公司治理

一般来说，内部牵制的执行大致分为如下四类：（1）实物牵制，例如企业保险柜的钥匙由两个或者两个以上的工作人员分别持有，须同时使用才有效；（2）机械牵制，例如保险柜门未按正常程序操作就无法打开；（3）体制牵制，例如由不同部门或人员重复完成同一业务，利用双重控制预防错弊的发生；（4）簿记牵制，例如定期核对明细账和总账。

（二）内部控制的发展时期——企业内部控制制度

随着产业革命的完成，欧美各国的生产社会化程度空前提高，股份制公司逐渐成为各国的主要企业组织形式，新的会计方法、预算方法和预测方法在企业内得到广泛应用，电子技术和科学管理方法相互融合，这些促进了企业内部控制制度的完善。原来以账户核对和职务分工为主要内容的内部牵制逐步发展为由组织结构、岗位职责、人员条件、业务处理程序、检查标准和内部审计等要素构成的较为严密的内部控制。

1933年美国《证券法》规定，审计人员如被发现所审查并签署的财务报告中含有不实的重大事项或漏报导致误解的重大事项，必须对委托人由此造成的损失负责。由于当时的审计方法存在较大的随意性和主观性，审计人员面临着巨大的审计风险。实践经验表明，如果企业的内部控制健全并且能够有效运行，那么该企业发生错弊的可能性就比较小，反之则相反。在这样的影响下，1934年美国《证券交易法》首先提出"内部会计控制"的概念，其中指出：证券发行人应设计并维护一套能为下列目的提供合理保证的内部会计控制系统：（1）交易依据管理部门的一般和特殊授权执行；（2）交易的记录必须满足GAAP或其他适当标准编制财务报表和落实资产责任的需要；（3）接触资产必须经过管理部门的一般和特殊授权；（4）按适当时间间隔，将财产的账面记录与实物资产进行对比，并对差异采取适当的补救措施。1936年美国会计师协会发布《独立注册会计师对财务报告审查》文告，首次正式使用了"内部控制"这一名词，文告指出"审计师在制定审计程序时，应考虑的一个重要的原因是审查企业的内部牵制和控制，企业的会计制度和内部控制越好，财务报表需要测试的范围越小"，"在大型企业中，抽查测试范围要由审计人员根据其审计专业知识及内部牵制及控制范围来决定"。

在这一时期，美国发生了麦克森—罗宾斯案件（Mckesson - Robbins Case）。麦克森—罗宾斯为了获得贷款，由经理部门共同串谋伪造了存货和应收账款，而负责审查的普华公司按照注册会计师协会制定的一般公认审计程序进行了审计，予以签署证实，结果贷款方朱利安·汤普逊公司投诉法庭。经过公开听证，由于普华公司已按一般公认审计程序进行了审计，因此不应负法律责任。这一案件直接促成了注册会计师职业界对内部控制的关注，因为美国证监会（SEC）成立了一个专门委员会对该案件进行调查，后来发现原有的审计程序缺少对内部控制和会计处理程序的审查步骤。美国注册会计师协会审计程序委员会在1939年10月发布的《审计程序公告第1号》中对修改的标准化审计报告首次增加了对内部控制审查的内容，在1949年发布的《审计准则暂行公告》中提出了以内部控制为基础的审计程序。

1949年美国注册会计师协会审计程序委员会下属的内部控制专门委员会在经过长期研究后发表了《内部控制：协调系统诸要素及其对管理部门和注册会计师的重要性》的

专题报告,首次作出了对内部控制第一个具有权威性的定义:"一个企业为保护资产完整、保证会计数据的准确和可靠、提高经营效率、推动管理部门所制定的各项政策得以贯彻执行的组织计划和相互配套的各种方法及措施。"

为了按照公认审计标准来规范内部控制检查和评价的范围,1953年10月,美国注册会计师协会审计程序委员会又发布了《审计程序公告第19号》对内部控制概念进行了第一次修订:"广义地说,内部控制可以划分为会计控制和管理控制;会计控制由组织计划和所有保护资产、保护会计记录可靠性或与此有关的方法和程序构成,会计控制包括授权与批准制度、记账、编制财务报表、保管财务资产等职务的分离、财产的实物控制以及内部审计等控制;管理控制由组织计划和所有为提高经营效率、保证管理部门制定的各项政策得到贯彻执行或与此直接有关的方法和程序构成。管理控制的方法和程序通常只与财务记录发生间接的关系,包括统计分析、时动研究、经营报告、雇员培训计划和质量控制等。"在这个公告当中,内部控制被划分为会计控制和管理控制两个方面,这也是我们所知的企业内部控制"制度二分法"的由来。

人们对第一次修正后的定义当中提到的"会计控制"的保护资产和保证财务记录可靠性可能产生误解,即是否决策过程中的任何程序和记录都可以包括在会计控制的保护资产概念中。为了澄清相关概念,美国注册会计师协会于1972年再一次修订了内部控制的定义,对会计控制和管理控制都进行了重新阐述:(1)会计控制是由组织计划以及与保护资产和保证财务资料可靠性有关的程序和记录构成。会计控制旨在保证:经济业务的执行符合管理部门的一般授权或特殊授权的要求;经济业务的记录必须有利于按照一般公认会计原则或其他有关标准编制财务报表,以及落实资产责任;只有在得到管理部门批准的情况下,才能接触资产;按照适当的间隔期限,将资产的账面记录与实物资产进行对比,一经发现差异,应及时采取相应的补救措施。(2)内部管理控制。管理控制包括但不限于组织计划以及与管理部门授权办理经济业务的决策过程有关的程序及其记录。这种授权活动是管理部门的职责,它直接与管理部门执行该组织的经营目标有关,是对经济业务进行会计控制的起点。可以看出,这一定义对会计控制是一种纯技术的、专业化的规定,它对适用范围具有严格规定性、防护色彩很浓厚,它的主要宗旨是预防和发现错弊。这一定义仅从财务审计的角度出发对内部控制定义的范围过于狭隘,将过多的精力放在纠错防弊上,人为地限制了内部控制理论和实践的发展。而且,将内部控制区分为会计控制和管理控制意义不大,这种人为区分的行为被凯罗鲁斯先生描绘为"将美玉击成了碎片"。他声称,在这块美玉完全修复以前——我们不可能有一个对管理人员有用、为管理人员理解的内部控制定义。

(三)内部控制的完善时期——内部控制结构

20世纪80年代,一系列财务报告舞弊和破产事件导致人们对会计信息乃至内部控制可靠性产生了怀疑。1985年,由五个美国职业团体共同组建了一个委员会——全国欺诈性财务报告委员会(National Commission on Fraudulent Financial Reporting,即Treadway委员会),该委员会所探讨的问题之一就是舞弊性财务报告产生的原因,其中包括内部控制不健全问题。后来,基于Treadway委员会的建议,其赞助机构又组成了一个专门研究内部控制问题的委员会，COSO 委员会（Committee of Sponsoing Organizations of the Treadway Commission）。

1988 年美国注册会计师协会审计委员会发布《审计准则公告第 55 号》，以替代 1972 年发布的《审计准则公告第 1 号》。该文告首次提出以内部控制结构（Internal Control Structure）取代原有的"企业内部控制制度"，将内部控制重新定义为"为合理保证企业特定目标的实现而建立的各种政策和程序"，在结构上由控制环境、会计制度和控制程序三个要素组成。该定义跳出了"制度二分法"的圈子，开始向"结构分析法"演变。另外，与 1972 年的定义相比，1988 年颁布的定义还有两个明显的变动：一是将内部控制环境纳入内部控制范畴，这被认为是内部控制理论研究的一个新的突破性成果；二是不再区分会计控制和管理控制。

《审计准则公告第 55 号》明确了内部控制结构的内容，具体如下：①控制环境。控制环境是指对建立、加强或削弱特定政策和程序效率发生影响的各种因素。具体包括：管理者的思想与经营作风；企业组织结构；董事会及其所属委员会，特别是审计委员会发挥的职能；确定职权和责任的方法；管理者监控和检查工作时所用的控制方法，包括经营计划、预算、预测、利润计划、责任会计和内部审计；人事工作方针及其执行、影响本企业业务的各种外部关系，例如由银行指定代理人的检查等。②会计制度。会计制度规定各项经济业务的鉴定、分析、归类、登记和编报的方法，明确各项资产和负债的经营管理责任。健全的会计系统应实现下列目标：鉴定和登记一切合法的经济业务；对各项经济业务按时进行适当分类，作为编制财务报表的依据；将各项经济业务按适当的货币价值计价，列入财务报表；确定经济业务发生的日期，以便按照会计期间进行记录；在财务报表中恰当地表述经济业务以及对有关内容进行揭示。③控制程序。控制程序指管理当局所制定的用以保证达到一定目的的方针和程序。它包括下列内容：经济业务和经济活动的批准权，明确各个人员的职责分工，防止有关人员对正常业务图谋不轨。职责分工包括：指派不同人员分别承担批准业务、记录业务和保管财产的职责；凭证和账单的设置和使用，应保证业务活动得到正确的记载；对财产及其记录的接触和使用要有保护措施；对已登记的业务及其计价要进行复核。

（四）内部控制的成熟时期——企业内部控制整体框架

1992 年 COSO 委员会在进行专门研究后提出专题报告《企业内部控制——整体框架》（Internal Control - Integrated Framework），简称 COSO 报告。但美国审计总署因其对外报告所涵盖的控制仅限于与财务报告有关的控制，比当时一般人所称的内部会计控制还少，坚持将对外报告所涵盖的内部控制扩大。1994 年，COSO 委员会发出对外界报告的修改篇，纳入部分与保障资产安全有关的控制，得到美国审计总署的认可，COSO 报告方才定案。与此同时，美国注册会计师协会审计委员会全面接受 COSO 报告的内容，于 1995 年发布了《审计准则公告第 78 号：在财务报告审计中内部控制的考虑》，取代了《审计准则公告第 55 号》。

COSO 报告提出："内部控制是由企业董事会、经理阶层和其他员工实施的，为营运的效率效果、财务报告的可靠性、相关法令的遵循性等目标的达成而提供合理保证的过程。"内部控制的构成要素来源于管理阶层经营企业的方式,并与管理的过程相结合,具体包括控制环境、风险评估、控制活动、信息与沟通、监督五项相互联系的要素。

COSO报告认为,内部控制五项要素的具体内容如下:①控制环境提供企业纪律与架构,塑造企业文化,并影响企业员工的控制意识,是其他四项因素的基础。控制环境的因素具体包括:诚信的原则和道德价值观、评价员工的能力、董事会和审计委员会、管理哲学和经营风格、组织结构、责任的分配与授权、人力资源及实务。②风险评估就是分析和辨认实现所定目标可能发生的危险。评估风险的先决条件是制定目标,包括企业整体的目标和下一级各部门的目标。在制定目标后,企业需要辨识和分析所面临的风险,这是一个持续及反复的过程,也是有效内部控制的关键组成要素。当企业所面临的环境(包括经济、产业和管理环境)发生变化,企业应进行相应的管理,随着环境的改变而改变。③控制活动是确保管理阶层的指令得以执行的政策及职务分工,在企业内的各个阶层的职能之间都会出现,主要包括:高层经理人员对企业绩效进行分析;负责某一部门的管理人员进行直接部门管理;对信息处理和实体的控制;绩效指标的比较;不同员工之间的分工。④信息与沟通。信息系统处理企业内部信息和外部信息,企业必须建立良好的信息系统支持策略,与企业营运有效地结合,并能正确地选择更新信息系统的时间,最后还要求有很好的信息品质。企业的信息系统应提供有效信息给适当的人员,通过沟通,使员工能够知悉其营业、财务报告及遵循法律的责任。⑤监督。监督是由适当的人员,在适当及时的基础下,评估控制的涉及运行情况的过程,监督活动由持续监督、个别评估组成。持续监督在营运过程中发生,包括例行的管理和监督活动,以及其他员工为履行其职务所采取的行动。例外评估则是在持续评估之外直接监视控制系统的有效性。

2006年7月15日,由美国政府强制颁行、旨在强化市场监管力度的《萨班斯—奥克斯利法案》生效。该法案是美国政府出台的一部涉及会计职业监管、公司治理、证券市场监管等方面改革的重要法律。在该法案当中,第302节要求CEO和CFO就他们的内部控制系统进行报告,并在提交给SEC的财务报表上签字以作为保证。该法案公认的最严苛、最复杂、执行成本最高的是404条款,该条款要求在美国上市企业必须建立内部控制体系。内部控制不仅要细化到诸如产品付款时间之类的细节,而且对重大缺陷都必须予以披露。404条款明确了企业高层管理者承担设立和维持一个应有的内部控制结构的职责。404条款对于公司内部控制情况作出最严厉要求是为了使公众更易于察觉到公司的欺诈行为,并确保公司财务报告的可靠性。

二、我国内部控制专业规范

我国现行的内部控制规范体系以防范风险和控制舞弊为中心。2008年,由财政部、证监会、审计署、银监会和保监会共五部委联合发布《企业内部控制基本规范》,内容包含总则、内部环境、风险评估、控制活动、信息与沟通、内部监督、附则共7章,适用于"中华人民共和国境内设立的大中型企业",是大中型企业执行《企业会计准则》的环境支撑。《企业内部控制基本规范》还规定"小企业和其他单位可以参照本规范建立与实施内部控制"。同年，财政部发布征求企业内部控制应用指引、鉴证指引和评价指引修正意见的通知，将原来的"内部控制具体规范"改为"企业内部控制应用指引"，"中介机构聘用规范"改为"企业内部控制鉴证指引"，同时增加《企业内部控制评价指引》。2009年，财政部对组织架构、发展战略、人力资源、企业文化、社会责任等5项内部控制应用指引征求意见，同时调整修改了资金、采购、资产、销售、研发5个应用指引并征求意见；对《企业内部控制评价指引》以及工程项目等5项内部控制应用指引征求意见，并调整修改了《企业内部控制评价指引》和工程项目、全面预算、合同、内部报告、信息系统5个应用指引。

2010年4月26日，财政部、证监会、审计署、银监会、保监会在反复征求意见之后联合发布了《企业内部控制应用指引》、《企业内部控制评价指引》和《企业内部控制审计指引》。到此为止，为我国企业建立了一套以防范风险和控制舞弊为中心、以控制标准和评价标准为主体的最新的内部控制制度体系。该体系大体分成基本规范、应用指引和审计指引三个类别，依次是核心统领、应用指引和时间鉴定三种类型。第一类别是《企业内部控制基本规范》，共7章50条，规定了内部控制的基本目标、基本要素、基本原则和总体要求，是内部控制的总体框架，在内部控制体系中起统御作用。第二类别是《企业内部控制应用指引》，共包括组织架构、发展战略、人力资源、社会责任、企业文化、资金活动、采购业务、资产管理、销售业务、研究与开发、工程项目、担保业务、业务外包、财务报告、全面预算、合同管理、内部信息传递和信息系统等18个应用指引，它们是具有可操作性的具体应用规范，是对企业按照内部控制基本规范建立健全本企业内部控制所提供的指引，在整个内部控制规范体系中居于主体地位。第三类别是《企业内部控制评价指引》和《企业内部控制审计指引》。《企业内部控制评价指引》主要包括评价的原则和组织、评价的内容、评价的程序和方法、缺陷认定和评价报告等，对于内部控制评价过程中发现的问题，应当从定量和定性两个方面进行衡量，判断是否构成缺陷。如果构成缺陷，还应进一步进行分类分析，并采取适当的措施进行改进。《企业内部控制审计指引》规定，注册会计师在制订审计计划时，应当评价注册会计师对重要性、风险以及与确定重大缺陷有关的其他因素所作的初步判断等事项对企业财务报表和内部控制是否具有重要影响，以及有重要影响的事项将如何影响审计工作。

在我国内部控制专业规范体系中，《企业内部控制基本规范》处于非常重要的地位，下面我们着重介绍我国《企业内部控制基本规范》的大致内容。

三、我国《企业内部控制基本规范》简介

我国《企业内部控制基本规范》由7章50条构成，整体的核心内容就是内部控制的五大要素，即内部环境、风险评估、控制活动、信息与沟通、内部监督。以下对这五大要素分别进行解读。

（一）内部环境

《企业内部控制基本规范》第二章内部环境通过第十一条到第十九条，规定了内部环境作为企业内部控制的基础，应该包括设置一定的内部治理结构、权责分配、内部审

计以及人力资源政策、企业文化等。

1. 内部治理结构。《企业内部控制基本规范》第十一条规定，企业应当根据国家有关法律法规和企业章程，建立规范的公司治理结构和议事规则，明确决策、执行、监督等方面的职责权限，形成科学有效的职责分工和制衡机制。治理结构由股东大会、董事会、监事会和经理层组成，股东大会享有法律法规和企业章程规定的合法权利，依法行使企业经营方针、筹资、投资、利润分配等重大事项的表决权。董事会对股东大会负责，依法行使企业的经营决策权。监事会对股东大会负责，监督企业董事、经理和其他高级管理人员依法履行职责。经理层负责组织实施股东大会、董事会决议事项，主持企业生产经营管理工作。合理的治理结构决定了公司内部决策过程和利益相关者参与公司治理的办法，可以协调公司内部不同利益主体之间的经济利益矛盾，克服或者减少代理成本。当前世界范围内的治理主要分成两种，一种是单层制模式，即董事会既具有执行职能又具有监管职能，其中监督职能大多通过独立董事来完成；另一种是双层制模式，即董事会具有执行职能，而监事会具有监督职能。而我国的治理结构是上述两种治理结构的混合模式，呈现出双重的特征，比如在上市公司中，既设立了独立董事，又设立了监事会。

2. 权责分配。《企业内部控制基本规范》第十四条规定，企业应当结合业务特点和内部控制要求设置内部机构，明确职责权限，将权利与责任落实到各责任单位。企业应当根据实际需要建立组织机构，明确组织当中职责权力的分配和人员在组织中处于什么位置、承担什么样的责任、拥有什么权利等，健全的组织机构是内部控制机制产生作用的硬件要素。在我国，董事会在公司管理中居于核心地位，董事会应该对公司内部控制的建立、完善和有效运行负责。监事会对董事会建立与实施内部控制进行监督，公司管理层对内部控制制度的有效执行承担责任。

3. 内部审计。《企业内部控制基本规范》第十五条规定，内部审计机构应当结合内部审计监督，对内部控制的有效性进行监督检查。内部审计机构对监督检查中发现的内部控制缺陷，应当按照企业内部审计工作程序进行报告；对监督检查中发现的内部控制重大缺陷，有权直接向董事会及其审计委员会、监事会报告。内部审计是内部控制的一种特殊形式，主要包括财务会计、管理会计和内部控制检查。内部审计的主要作用包括两个方面，一是通过内部审计的检查和评价企业内部的各项经济活动，发现那些不利于本企业目标实现的环境和方面，防止给企业带来不良后果；二是通过对审查活动的检查和评价，针对管理和控制中存在的问题和不足，提出富有建设性的意见和改进方案，从而协助企业改善经营管理，提高经济效益，以最好的方式实现组织的目标。

4. 人力资源政策。《企业内部控制基本规范》第十六条规定，企业应当制定和实施有利于企业可持续发展的人力资源政策。人力资源政策包括员工的聘用、培训、辞退与辞职；员工的薪酬、考核、晋升与奖惩等方面的内容。人力资源政策对企业的影响极大，企业在人事方面要注意避免以貌取人、随意用人、用人唯亲、排除异己等不合理的人力资源管理政策。第十七条又规定，企业应当将职业道德修养和专业胜任能力作为选拔和聘用员工的重要标准，切实加强员工培训和继续教育，不断提升员工素质。员工的素质是企业内部控制得以有效实施的关键因素，员工素质控制是企业内部控制的重要组成部分。

5. 企业文化《企业内部控制基本规范》第十八条规定，企业应当加强文化建设，培育积极向上的价值观和社会责任感，倡导诚实守信、爱岗敬业、开拓创新和团队协作精神，树立现代管理理念，强化风险意识。文化是一种软实力，是企业在长期的经营实践中形成的共同思想、作风、价值观念和行为准则，是一种具有企业个性的信念和行为方式。

（二）风险评估

风险评估要求企业考虑潜在事件影响目标实现的程度和范围，是组织辨认和分析与目标实现有关的风险的过程，它包括设置目标、风险识别、风险分析、风险应对等四个方面。

1. 设置目标。《企业内部控制基本规范》第二十一条规定，企业开展风险评估，应当准确识别与实现控制目标相关的内部风险和外部风险，确定相应的风险承受度。风险承受度是企业能够承担的风险限度，包括整体风险承受能力和业务层面的可接受风险水平。如果企业能够恰当地设置自身的风险承受度，才能全面、系统、持续地收集相关信息，并结合实际情况，及时进行风险评估，这些能为企业带来长期的利益。

2. 风险识别。风险识别是对企业面临的风险进行判断、分析其性质的过程，它主要回答的问题是：存在哪些风险、哪些风险应予以考虑，引起风险的主要因素是什么，这些风险所引起的后果和严重程度如何，风险识别的方法有哪些。根据《企业内部控制基本规范》的规定，把影响风险的因素划分为内部风险因素和外部风险因素。内部风险因素包括：董事、监事、经理及其他高级管理人员的职业操守，员工专业胜任能力等人力资源因素；组织机构、经营方式、资产管理、业务流程等管理因素；研究开发、技术投入、信息技术运用等自主创新因素；财务状况、经营成果、现金流量等财务因素；营运安全、员工健康、环境保护等安全环保因素及其他因素。外部风险因素包括：经济形势、产业政策、融资环境、市场竞争、资源供给等经济因素；法律法规、监管要求等法律因素；安全稳定、文化传统、社会信用、教育水平、消费者行为等社会因素；技术进步、工艺改进等科学技术因素；自然灾害、环境状况等自然环境因素及其他有关因素。

3. 风险分析。《企业内部控制基本规范》第二十四条规定，企业应当采用定性与定量相结合的方法，按照风险发生的可能性及其影响程度等，对识别的风险进行分析和排序，确定关注重点和优先控制的风险。企业进行风险分析，应当充分吸收专业人员，组成风险分析团队，按照严格规范的程序开展工作，确保风险分析结果的准确性。风险分析是建立在对风险进行识别的基础上进行的，它包含对风险发生的可能性、影响程度等进行描述、分析、判断，并确定风险重要性水平。对风险进行评估的方法包含一系列定量和定性技术。定量分析是用数学方法描述风险发生的可能性的高低及其对目标的影响程度，一般需要投入大量的精力，要求也比较严格，大多需要数学模型。如对风险发生的可能性用概率表示，对目标影响程度用损失金额来表示。如果风险不能进行量化或者很难进行量化，企业一般会使用定性的分析方法。定性分析方法直接运用定性术语描述风险发生的可能性高低及其对目标的影响程度。比较常用的定性分析方法主要有访谈、专家咨询、问卷调查、集体讨论等。

4. 风险应对。《企业内部控制基本规范》第二十六条规定，企业应当综合运用风险规避、风险降低、风险分担和风险承受等风险应对策略，实现对风险的有效控制。风险规避是企业对超出风险承受度的风险，通过放弃或者停止与该风险相关的业务活动以避免和减轻损失的策略。它是在风险事故发生之前，将所有风险因素完全消除，是控制企业风险的一种最彻底、最有力的措施。但是这种方法具有消极的影响，因为选择这一策略也就放弃了可能从风险中获得的收益。风险降低是企业在权衡成本效益之后，准备采取适当的控制措施降低风险或者减轻损失，将风险控制在风险承受度之内的策略。这是风险管理中最积极主动同时也是最常见的处理方式。风险分担是企业准备借助他人力量，采取业务分包、购买保险等方式和适当的控制措施，将风险控制在风险承受度之内的策略。主要措施包括业务分包、保险、出售、开脱责任合同以及合同中的转移责任条款等。风险承受是企业对风险承受度之内的风险，在权衡成本效益之后，不准备采取控制措施降低风险或者减轻损失的策略。这是一种最为普通也最省事的风险应对策略。

《企业内部控制基本规范》第二十七条规定，企业应当结合不同发展阶段和业务拓展情况，持续收集与风险变化相关的信息，进行风险识别和风险分析，及时调整风险应对策略。企业需要根据具体情况选择合适的风险应对措施。风险规避策略一般是在采用其他任何风险应对措施都不能将风险降低到企业风险承受度以内的情况下使用，风险降低和风险分担策略则是通过相关措施，使企业的剩余风险与企业的风险承受度一致；风险承受则意味着风险在企业可承受范围之内。

（三）控制活动

控制活动贯穿于企业内部各个阶层和所有职能部门，包括批准、授权、核查、协调、运营绩效评估、资产安全和职责划分等。《企业内部控制基本规范》第二十八条规定，企业应当结合风险评估结果，通过手工控制与自动控制、预防性控制与发现性控制相结合的方法，运用相应的控制措施，将风险控制在可承受度之内。控制措施一般包括：不相容职务分离控制、授权审批控制、会计系统控制、财产保护控制、预算管理控制、运营分析控制和绩效考评控制等。

1. 不相容职务分离控制。按照《企业内部控制基本规范》第二十九条的规定，不相容职务分离控制要求企业全面系统地分析、梳理业务流程中所涉及的不相容职务，实施相应的分离措施，形成各司其职、各负其责、相互制约的工作机制。在企业当中，通常有六大类主要的不相容职务：经济业务执行主体和授权审批主体的职务要分离；经济业务执行主体与财产保管业务的职务要分离；经济业务执行主体与记录该项业务的职务要分离；经济业务执行主体与审核监督该业务的职务要分离；经济业务执行主体与财产物资的使用主体的职务要分离；财产物资保管主体与该项业务的记录主体职务要分离。

2. 授权审批控制。《企业内部控制基本规范》第三十条规定，授权审批控制要求企业根据常规授权和特别授权的规定，明确各岗位办理业务和事项的权限范围、审批程序和相应责任。授权是在处理企业内部各项事务时，按照一定标准对授权活动、程序及权限进行规定，经过授权批准加以控制，明确责、权、利关系，使授权在有序、合理、安全的范围内进行。授权审批可以保证单位按既定的方针执行和限制滥用职权。按照规定，授权可以分为常规授权和特别授权，常规授权是指企业在日常经营管理活动中按照既定的职责和程序进行的授权。特别授权是指企业在特殊情况、特定条件下进行的授权。常规授权一般会通过企业内部管理制度中部门及人员职能的形式规定出来，特别授权则主要由管理者通过某些特殊经济业务采取逐个审批的办法进行授权控制。在实际工作中，一定要明确每类业务的授权批准程序，并要建立必要的检查制度，以保证经授权后所处理的经济业务的工作质量，包括事前、事中以及事后的审计和特殊审计，以便及时发现和解决问题。

3. 会计系统控制。《企业内部控制基本规范》第三十一条规定，会计系统控制要求企业严格执行国家统一的会计准则制度，加强会计基础工作，明确会计凭证、会计账簿和财务会计报告的处理程序，保证会计资料真实完整。会计系统主要任务是确认、汇总、分析、分类、记录和报告企业发生的经济业务，并保持相关的资产和负债的受托责任而建立的各种会计记录手段、会计政策、会计核算程序、会计报告制度和会计档案管理制度的总称。控制过程理所当然需要贯彻整个过程的始终。

4. 财产保护控制。《企业内部控制基本规范》第三十二条规定，财产保护控制要求企业建立财产日常管理制度和定期清查制度，采取财产记录、实物保管、定期盘点、账实核对等措施，确保财产安全。这里说的财产主要包括企业的现金、存货以及固定资产等，保护财产的安全完整是企业内部控制的直接诉求。

5. 预算管理控制。《企业内部控制基本规范》第三十三条规定，预算控制要求企业实施全面预算管理制度，明确各责任单位在预算管理中的职责权限，规范预算的编制、审定、下达和执行程序，强化预算约束。预算编制是企业实施预算管理的起点，也是预算管理的关键环节。预算编制完成后，进入执行阶段，企业各个部门的生产经营活动需要按照预算规定进行处理，对无预算或者超预算的项目进行严格控制。最后企业还应该制定相应的考核指标，定期检查预算的执行情况并进行严格考核。当然在预算执行过程中，如果内外部环境发生变化，可以进行相应的调整。

6. 运营分析控制。《企业内部控制基本规范》第三十四条规定，运营分析控制要求企业建立运营情况分析制度，经理层应当综合运用生产、购销、投资、筹资、财务等方面的信息，通过因素分析、对比分析、趋势分析等方法，定期开展运营情况分析，发现存在的问题，及时查明原因并加以改进。运营分析的内容包括财务分析、经营分析、预算分析、专项分析和综合分析，并应做到事前、事中和事后相结合，既包括内部分析，也包括外部分析，为企业的经营决策提供及时有用的信息。

7. 绩效考评控制。《企业内部控制基本规范》第三十五条规定，绩效考评控制要求企业建立和实施绩效考评制度，科学设置考核指标体系，对企业内部各责任单位和全体员工的业绩进行定期考核和客观评价，将考评结果作为确定员工薪酬以及职务晋升、评优、降级、调岗、辞退等的依据。绩效考评是一个标杆，是引领企业全体人员共同前行的明灯。合理的绩效考评将引导员工朝着正确的目标努力，有利于促进企业的发展。

(四) 信息与沟通

《企业内部控制基本规范》第三十八条明确规定,企业应当建立信息与沟通制度,明确内部控制相关信息的收集、处理和传递程序,确保信息及时沟通,促进内部控制有效运行。企业的经营活动离不开信息,信息始终是企业履行各项职能时最基本的支持。

信息活动是管理活动的基础。企业要进行信息活动,首先需要对信息进行搜集,《企业内部控制基本规范》第三十九条规定,企业应当对收集的各种内部信息和外部信息进行合理筛选、核对、整合,提高信息的有用性。企业可以通过财务会计资料、经营管理资料、调研报告、专项信息、内部刊物、办公网络等渠道,获取内部信息。企业可以通过行业协会组织、社会中介机构、业务往来单位、市场调查、来信来访、网络媒体以及有关监管部门等渠道,获取外部信息。不同的企业可能需要不同的信息,因此企业需要结合自身的实际情况以及成本效益原则,选择使用适合的方式搜集有价值的信息。

《企业内部控制基本规范》第四十条明确规定,企业应当将内部控制相关信息在企业内部各管理级次、责任单位、业务环节之间,以及企业与外部投资者、债权人、客户、供应商、中介机构和监管部门等有关方面之间进行沟通和反馈。企业的信息沟通包括内部沟通和外部沟通。通过内部沟通,即在企业内部各管理级次、责任单位、业务环节之间的沟通,可以使每一个员工都明确它的目标,同时也可以使管理者了解各部门的生产或工作进度、各部门之间的关系、各部门员工的士气,以及管理的效能等,从而可以作出有效的协调决定。内部沟通也可以帮助企业的管理者和员工之间增进了解、理解和保持一致,共同实现企业的目标。外部沟通则是企业与外部的沟通,是企业组织了解掌握公众需求、建议和深化与其他企业关系的一种有效形式。

信息系统的发展离不开信息技术的支持和人们的需求。在如今这个信息爆炸的年代,人们对信息的需求越来越高,企业更应该提高先进信息技术的应用水平,发展和完善自身的信息系统建设,促进信息在企业内部以及企业与外部之间的流动。《企业内部控制基本规范》第四十一条明确规定,企业应当利用信息技术促进信息的集成与共享,充分发挥信息技术在信息与沟通中的作用。

另外,作为信息与沟通的配置措施,企业需要建立反舞弊机制、举报人投诉制度和举报人保护制度以加强控制信息的反馈机制。

《企业内部控制基本规范》第四十二条规定,企业应当建立反舞弊机制,坚持惩防并举、重在预防的原则,明确反舞弊工作的重点领域、关键环节和有关机构在反舞弊工作中的职责权限,规范舞弊案件的举报、调查、处理、报告和补救程序。企业至少应当将下列情形作为反舞弊工作的重点:未经授权或者采取其他不法方式侵占、挪用企业资产,牟取不当利益;在财务会计报告和信息披露等方面存在的虚假记载、误导性陈述或者重大遗漏等;董事、监事、经理及其他高级管理人员滥用职权;相关机构或人员串通舞弊。对舞弊结果处理越严格、越及时,员工进行舞弊的风险就越大,他们采取舞弊的可能性就越小。

《企业内部控制基本规范》第四十三条规定,企业应当建立举报投诉制度和举报人保护制度,设置举报专线,明确举报投诉处理程序、办理时限和办结要求,确保举报、投诉成为企业有效掌握信息的重要途径。举报投诉制度和举报人保护制度应当及时传达至全体员工。举报投诉制度是在企业内部建立的，可以鼓励员工对企业内部涉及内部控制方面违法行为或不当行为以匿名或明示方式进行举报、投诉，并由专门机构对举报内容进行调查处理的一系列政策、程序和方法，它具有预防、制止和揭露企业活动中的违法违规行为，保证企业各项活动的合法性和合规性的功能。

（五）内部监督

内部监督是对其存在的要素和功能进行的持续性或定期性评估。根据我国《公司法》的规定，上市公司的股东大会下设置董事会和监事会，董事会和监事会处于平等的地位，董事会中必须有独立董事。监事会是依法产生、对董事和经理的经营管理行为及公司财务进行监督的常设机构。独立董事和监事会都具有监督的职能。根据《企业内部控制基本规范》第四十四条规定，内部监督分为日常监督和专项监督。日常监督是指企业对建立与实施内部控制的情况进行常规、持续的监督检查；专项监督是指在企业发展战略、组织结构、经营活动、业务流程、关键岗位员工等发生较大调整或变化的情况下，对内部控制的某一或者某些方面进行有针对性的监督检查。专项监督的范围和频率应当根据风险评估结果以及日常监督的有效性等予以确定。一般来说，风险水平较高并且重要的控制，对其进行专项监督检查的频率应较高。

第三节 公司治理结构

一、公司治理结构的含义

经济学家实际上很早就注意到公司治理方面的问题，亚当·斯密在其巨著《国富论》当中提到股份公司中经理人在使用别人的资源时不会期望会像私人公司的合伙人那样认真负责地去管理企业。但是理论界对公司治理的研究真正开始于20世纪30年代。1932年，Berle和Means通过对美国几百家工业公司的考察，在《现代公司与私人产权》一书中提出了著名的两权分离理论，即所有权和控制权的分离。在两权分离理论的基础上，Jensen和Meckling于1976年提出了著名的代理理论。他们认为，当一个或多个委托人为获取某种服务而雇佣另一个人或多个代理人代为决策和实施时，换言之，当一方将决策的权利和责任授权给另一方，并对其服务提供相应的报酬时，代理关系就产生了。而作为代理人一方的利益和作为委托人一方的利益往往会产生偏离，从而就产生了代理问题。所有权和控制权的分离以及由此产生的代理关系，是公司治理问题产生的根源。

在此之后，Oliver Williamson为公司治理问题作出了杰出的贡献，他从交易成本理论的角度，认为公司是一种治理结构，一个权力起着重要作用的等级体系。交易成本理论认为公司应该选择一种治理结构使得交易成本最小化。这种治理结构可以是等级制体系，也可以是直接的市场契约，或者是介于两者之间的混合型体系。

20世纪90年代之后开始，很多学者用利益相关者理论来解释公司治理结构。他们认为公司治理应该是协调为企业提供资产的各个利益相关者之间关系的一系列制度安排，这些利益相关者不仅仅包括公司的股东，还应包括公司职工、供应商、政府、客户等。

二、公司治理结构的基本模式

公司治理结构是企业制度的安排问题，主要涉及公司的权利、利益、业务等在股东、经理层、董事会、监事会及公司其他利益相关者之间的分配规则和调节方法。目前较为流行的模式大致有三种：美英治理模式、德日治理模式和东亚家族治理模式。下面我们对各种模式进行简要的介绍。不同的国家由于它们的经济发展道路、社会文化传统和政治法律制度等各方面的原因影响，公司的治理结构和治理机制也存在差异，由此形成了不同的治理模式。

公司治理模式大致包括两个方面的内容：公司内部治理和公司外部治理。公司内部治理是按照《公司法》规定公司法人治理结构，即企业内部权力与责任的划分，它是一种正式的制度安排；公司外部治理主要是企业所处的外部环境，是一种非正式的制度安排。

（一）美英治理模式

美英模式，又称外部控制型公司治理模式或者市场导向型公司治理模式，它主要依靠高效运行的资本市场来监督和激励企业的经营者，外部监控在公司治理中发挥着主导作用。接下来我们分别从公司内部和外部来讲解治理结构和机制。

1. 内部治理结构和机制。美英模式下的内部治理结构和机制主要由股东大会、董事会、首席执行官和审计监督机构组成，一般执行决策、执行、监督三权分立的治理机制。股东大会是公司最高的权力机构，代表股东行使剩余索取权和剩余控制权。但是由于每个上市公司的股东数量众多，而且投资者通常同时对多家公司进行投资，他们一般没有时间去关心具体某一家公司的经营状况，所以股东大会并不是公司的常设机构。董事会是美英模式公司治理中的常设机构，但这种模式下并不设立监事会，这种模式也被称为"单层制"公司治理结构。

根据公司章程，由董事会托管财产、选聘管理层，全权负责公司的各种重大决策并对股东大会负责。在美英模式下，董事分为内部董事和外部董事。内部董事一般是由公司现在的职员，或过去曾经是本公司的职员来担任，通常都是公司的高管人员。外部董事一般有三个来源：与本公司业务联系紧密和私人联系紧密的外部人员；本公司聘请的外部人员；其他公司的经理人员，外部董事一般不参与公司的日常经营管理活动，他们的主要职责是为公司全职执行董事提供专业知识和技能方面的帮助以及监督公司的高层管理者。在美英模式中，董事会底下往往设立多个分支机构，行使部分决策、监督的职能，比如，薪酬委员会、审计委员会等。

公司的首席执行官有时由董事会主席兼任，或者由公司的常务董事或董事长的继承人担任，他是公司最高级别的管理者。设立 CEO 强化了企业经营者的权利，有利于企业面对变幻莫测的市场作出最快的反应。

在美英模式的公司治理中，公司通常聘请专门的审计事务所负责有关公司财务状况的年度审计报告，以满足证券市场上广大投资者对公司信息的需求。

2. 外部治理机制。在美英模式下，外部治理机制主要包括证券市场、经理市场、并购的威胁。

（1）证券市场。在证券市场上，投资者往往用脚投票，如果投资者满意公司的运营情况，他们可能选择购买或者继续持有该公司的股票。如果投资者不满意公司的经营状况，他们就会抛售股票。

（2）经理市场。在西方发达国家存在着良好的经理人市场。竞争性的经理人市场能够给企业的在职管理者造成压力，促使在职管理者不得不努力搞好企业经营管理，提高企业的获利能力，提升人力资本。否则，他们可能被经理人市场中的对手击败。

（3）并购的威胁。在美英等高度发达的市场中，企业的股权高度分散，股票流动性大。如果公司经营管理不善，公司的股价就会下跌，公司外部的竞争者有可能趁此机会大量购买公司的股票。当其所持的股票达到一定的份额时，竞争者就可能接管本公司，更换原来的管理层，获得对公司的控制。

（二）德日治理模式

虽然同为发达资本主义国家，但以德国为代表的大多数欧洲大陆国家以及日本所采用的公司治理模式却同美英等国有着很大的区别，它们形成了自己的一套公司治理体系，称为德日模式。德日模式主要是以银行为代表的债权人采用了"组织导向"即以内部监控机制为主，主要通过严密的有形组织结构来制约企业的经营者的公司治理模式，也称内部控制主导型公司治理。在这种公司治理模式中，股东和银行起着主导作用。下面将介绍德日模式的主要特征。

首先，商业银行是公司的主要股东。在日本，实行的是主银行制。主银行是企业资金的最大出资方，它向企业派驻自己的人事代表参与企业的监督管理。在德国实行的是全能银行制。所谓的全能银行指银行作为单独的金融机构提供着各式各样的金融服务，既提供传统的银行业务，又提供投资和证券业务、不动产交易、组织救助陷入财务危机的企业、企业并购等业务。很多银行都成为企业的大股东，在对企业经营管理的监督中居于举足轻重的地位。

其次，法人持股或法人相互持股。在德日模式下，公司与公司之间、银行与公司之间的法人持股或者法人相互持股现象比较普遍。相互持股加强了关联企业的联系，使企业间相互依存、相互渗透、相互制约。

最后，在内部治理结构方面，德日模式是采用多层制，而不是美英模式下的单层制。在德国实行的是双层制，公司设股东大会、监事会和董事会三个机关，在这三个机关中，监事会由股东大会选任和劳方委派。监事会任命董事会成员并监督董事会执行任务。在日本实行的是三层制结构，一般采用股东大会、董事会、高级经理三层结构。在日本，股东大会通常形同虚设，董事会是法律上的最高决策机构，但董事会成员通常是由高级经理人员组成。为了有效监督这种决策权力与执行权力相统一的权力构造，日本法律规定所有公司必须设法定审计人会，该审计人会由股东大会选举产生，其作用在于监督企业的运作。

（三）东亚家族治理模式

20世纪70年代亚洲"四小龙"腾空而出、80年代亚洲"三小虎"迅速崛起以及1997年东南亚金融危机，一次次地让我们把目光聚集在东亚这个区域。学者普遍认为，该区域的家族企业及以家族为核心的公司治理模式一方面导演了经济的成功，另一方面也造成了金融危机的爆发。在这一部分我们就来了解东亚家族治理模式。

所谓家族企业是指资本或股份主要控制在一个家族手中，家族成员出任企业的主要领导职务的企业。东亚家族治理模式的特征主要有：

1. 家族成员控制了企业主要股权和经营管理权。家族企业一般通过三种方式来达到控制企业主要股权和经营管理权。第一种是发行具有不同类型投票权的股票，第二种是交叉持股，通过组建企业集团以及集团内企业相互持股来掌握大于其股份份额的控制权，第三种是金字塔式控股，家族控股公司位于金字塔的顶端，逐层拥有处于它之下的公司。

2. 公司决策家长化。家族企业中一般都有一个权威的核心，就是这个企业的家长，他是企业的灵魂人物。

3. 血缘和股权双重约束与激励。在美英模式中，经理人一般的激励方式是股票期权激励，家族企业的激励除了股权之外还有自身家族的利益和亲情方面的激励。

4. 企业发展过程中政府角色突出，银行等金融机构外部监督较弱。以韩国为例，韩国政府控制着银行等金融机构，并将这些金融机构作为向企业发放贷款的工具，韩国政府为企业的发展提供了许多优惠的措施，在企业的发展过程中扮演着重要的角色。

最后应当指出的是，现在这三种不同的公司治理模式正逐渐趋同。比如，以外部监督为主的美英模式开始将公司治理的注意力从公司外部转移到公司内部，而德日模式的企业也开始重视市场因素对公司治理的有效作用。1997年亚洲金融危机后的东亚家族治理模式也开始借鉴美英模式的成功经验，着手进行公司治理改革，包括引入公司独立董事制度等。

三、我国企业的公司治理结构

我国公司权力机构包含股东大会、董事会、监事会和经理层，四者各司其职，相互制衡。但由于我国国内存在不同所有制企业，各种企业治理结构状况有所不同，我国企业的治理模式大致分为三种：政府主导型、家族主导型和法人主导型，下面我们针对每种类型的公司治理结构做一个大概的介绍，主要从股权结构、内部治理机制和外部治理机制三个角度进行介绍。

政府主导型的企业主要是国有及国有控股企业，也有少数是集体企业，这种类型的企业股权高度集中，主要是由国家持有，真正的所有者缺位，中小股东对公司治理的参与度低，普遍存在"搭便车"心理。在公司内部，有政府背景的董事在董事会中占有绝对优势，内部人控制企业的现象较为普遍，董事会的决策职能与经理的执行职能没有分离，独立董事没有发挥真正的作用。在政府主导型的上市公司中，专门委员会制度不完善，据 2006 年的有关统计，在上市公司中设置审计委员会的不足 50%。外部治理环境不健全，缺乏对经营管理者的外部监督约束权，兼并、收购和接管等市场机制很少发挥作用。

家族主导型治理结构的企业主要存在于私营企业中，也有部分存在于集体企业中。这种类型的企业股权集中在家族成员手中，资本结构比较单一，以内部融资为主。虽然部分家族主导型企业已经建立了股东大会、董事会和监事会在内的公司治理机构，但在企业决策中，仍然是由创业者或者是创业者的家族继任者起决定性作用，绝大多数的高级管理人员来自于家族内部。目前绝大多数的家族主导型企业都不太重视员工培训。对管理人员采取不同的激励方式：对于来自家族外部的管理人员主要采用工资加奖金的方式，少数企业会赠与股票；对于来自家族内部的管理人员除此之外还有亲情的激励和道德的约束。在外部治理方面，经理市场和资本市场对家族主导型企业意义不大，但产品市场和劳动力市场对家族企业有巨大的压力。

法人主导型治理结构的企业主要存在于法人控股的公司制企业当中，股权相对集中。这种类型的企业法人股东会积极参与董事会决策，内部治理机制较为有效。法人主导型治理结构的企业比较重视对管理人员的报酬激励。同时，有关的利益团体可以通过其在董事会的相应席位而拥有撤换经营管理者的权利。与政府主导型治理结构类似，法人主导型治理结构的企业也较少依靠外部市场机制的作用，但它对外部市场机制的依赖程度比政府主导型治理模式的企业要大。

【本章小结】

1. 按照 COSO1992 年所给的定义，"内部控制是指由企业董事会、经理阶层和其他员工实施的，为营运的效率效果、财务报告的可靠性、相关法令的遵循性等目标的达成而提供合理保证的过程"。内部控制可以分为控制环境、风险评估、控制活动、信息与沟通、监督这五个相互联系的因素。控制环境是一种氛围，是另外四个因素的基础；风险评估是为了研究并管理企业风险；控制活动是企业的具体控制方法；信息与沟通是达到控制的目的；监督是对内部控制系统的再控制。

2. 根据内部控制理论研究和实务的发展大致可以将其分成四个阶段：内部牵制、企业内部控制制度、内部控制结构和企业内部控制整体框架。

3. 目前，我国建立了一套以防范风险和控制舞弊为中心、以控制标准和评价标准为主体的最新的企业内部控制制度体系。该体系大体分成基本规范、应用指引和审计指引三个类别，依次是核心统领、应用指引和时间鉴定三种类型。第一类别是《企业内部控制基本规范》，第二类别是《企业内部控制应用指引》，第三类别是《企业内部控制评价指引》和《企业内部控制审计指引》。我国《企业内部控制基本规范》由 7 章 50 条构成，整体的核心内容就是内部控制的五大要素，即内部环境、风险评估、控制活动、信息与沟通、内部监督。

4. 公司治理一般划分为内部公司治理和外部公司治理。内部公司治理，也称为法人治理结构或者内部监控机制，主要是在企业所有权和经营权分离的情况下，界定企业各相关利益集团与所有者之间关系的关于企业组织方式、控制机制、利益分配的所有法律、文化、机构和制度安排。外部公司治理，也称为外部监控机制，是通过外部竞争性市场（比如经理人市场、资本市场等）和管理体制对企业管理行为实施约束的控制制度，比如企业兼并、收购、接管等市场机制对企业控制权的作用。

5. 目前较为流行的公司治理模式大致有三种：美英治理模式、德日治理模式和东亚家族治理模式。美英模式，又称外部控制型公司治理模式或者市场导向型公司治理模式，它主要依靠高效运行的资本市场来监督和激励企业的经营者，外部监控在公司治理中发挥着主导作用。德日模式主要是以银行为代表的债权人采用了"组织导向"即以内部监控机制为主，主要通过严密的有形组织结构来制约企业的经营者的公司治理模式，也称内部控制主导型公司治理。我国企业的治理模式大致分为三种：政府主导型、家族主导型和法人主导型。

【思考与练习题】

1. 内部控制和公司治理之间存在哪些区别？它们又是如何联系的？
2. 简述美国 COSO 报告中内部控制框架的大致内容。
3. 简述我国的内部控制体系。
4. 简述我国《企业内部控制基本规范》的大致内容。
5. 公司治理模式主要有几类，简述它们各自的主要特点。

【参考文献与推荐阅读书目】

[1] 高明华等：《公司治理学》，北京，中国经济出版社，2009。

[2] 中华人民共和国财政部等：《企业内部控制规范2010》，北京，中国财政经济出版社，2010。

[3] 企业内部控制配套指引编写组等：《企业内部控制配套指引培训指定教材·企业内部控制配套指引》，上海，立信会计出版社，2010。

[4] 财政部会计司：《企业内部控制规范讲解2010》，北京，经济管理出版社，2010。

[5] [美] J. 弗雷德·威斯通、马克·米切尔、J. 马尔赫林：《接管、重组与公司治理》，北京，北京大学出版社，2006。

[6] [美] 玛丽·奥沙利文著，黄一义、谭晓青、翼书鹏译：《公司治理百年：美国和德国公司治理演变》，北京，人民邮电出版社，2007。

附表一 复利现值系数表 $[(P/F,i,n)=(1+i)^{-n}]$

n	1%	2%	3%	4%	5%	6%	7%	8%	9%	10%	11%	12%	13%	14%	15%
1	0.9901	0.9804	0.9709	0.9615	0.9524	0.9434	0.9346	0.9259	0.9174	0.9091	0.9009	0.8929	0.8850	0.8772	0.8696
2	0.9803	0.5050	0.9426	0.9246	0.9070	0.8900	0.8734	0.8573	0.8417	0.8264	0.8116	0.7972	0.7831	0.7695	0.7561
3	0.9706	0.6645	0.9151	0.8890	0.8638	0.8396	0.8163	0.7938	0.7722	0.7513	0.7312	0.7118	0.6931	0.6750	0.6575
4	0.9610	0.6008	0.8885	0.8548	0.8227	0.7921	0.7629	0.7350	0.7084	0.6830	0.6587	0.6355	0.6133	0.5921	0.5718
5	0.9515	0.6247	0.8626	0.8219	0.7835	0.7473	0.7130	0.6806	0.6499	0.6209	0.5935	0.5674	0.5428	0.5194	0.4972
6	0.9420	0.6155	0.8375	0.7903	0.7462	0.7050	0.6663	0.6302	0.5963	0.5645	0.5346	0.5066	0.4803	0.4556	0.4323
7	0.9327	0.6190	0.8131	0.7599	0.7107	0.6651	0.6227	0.5835	0.5470	0.5132	0.4817	0.4523	0.4251	0.3996	0.3759
8	0.9235	0.6177	0.7894	0.7307	0.6768	0.6274	0.5820	0.5403	0.5019	0.4665	0.4339	0.4039	0.3762	0.3506	0.3269
9	0.9143	0.6182	0.7664	0.7026	0.6446	0.5919	0.5439	0.5002	0.4604	0.4241	0.3909	0.3606	0.3329	0.3075	0.2843
10	0.9053	0.6180	0.7441	0.6756	0.6139	0.5584	0.5083	0.4632	0.4224	0.3855	0.3522	0.3220	0.2946	0.2697	0.2472
11	0.8963	0.6181	0.7224	0.6496	0.5847	0.5268	0.4751	0.4289	0.3875	0.3505	0.3173	0.2875	0.2607	0.2366	0.2149
12	0.8874	0.6180	0.7014	0.6246	0.5568	0.4970	0.4440	0.3971	0.3555	0.3186	0.2858	0.2567	0.2307	0.2076	0.1869
13	0.8787	0.6180	0.6810	0.6006	0.5303	0.4688	0.4150	0.3677	0.3262	0.2897	0.2575	0.2292	0.2042	0.1821	0.1625
14	0.8700	0.6180	0.6611	0.5775	0.5051	0.4423	0.3878	0.3405	0.2992	0.2633	0.2320	0.2046	0.1807	0.1597	0.1413
15	0.8613	0.6180	0.6419	0.5553	0.4810	0.4173	0.3624	0.3152	0.2745	0.2394	0.2090	0.1827	0.1599	0.1401	0.1229

续表

n	1%	2%	3%	4%	5%	6%	7%	8%	9%	10%	11%	12%	13%	14%	15%
16	0.8528	0.6180	0.6232	0.5339	0.4581	0.3936	0.3387	0.2919	0.2519	0.2176	0.1883	0.1631	0.1415	0.1229	0.1069
17	0.8444	0.6180	0.6050	0.5134	0.4363	0.3714	0.3166	0.2703	0.2311	0.1978	0.1696	0.1456	0.1252	0.1078	0.0929
18	0.8360	0.6180	0.5874	0.4936	0.4155	0.3503	0.2959	0.2502	0.2120	0.1799	0.1528	0.1300	0.1108	0.0946	0.0808
19	0.8277	0.6180	0.5703	0.4746	0.3957	0.3305	0.2765	0.2317	0.1945	0.1635	0.1377	0.1161	0.0981	0.0829	0.0703
20	0.8195	0.6180	0.5537	0.4564	0.3769	0.3118	0.2584	0.2145	0.1784	0.1486	0.1240	0.1037	0.0868	0.0728	0.0611
25	0.7798	0.6180	0.4776	0.3751	0.2953	0.2330	0.1842	0.1460	0.1160	0.0923	0.0736	0.0588	0.0471	0.0378	0.0304
30	0.7419	0.6180	0.4120	0.3083	0.2314	0.1741	0.1314	0.0994	0.0754	0.0573	0.0437	0.0334	0.0256	0.0196	0.0151

n	16%	17%	18%	19%	20%	21%	22%	23%	24%	25%	26%	27%	28%	29%	30%
1	0.8621	0.8547	0.8475	0.8403	0.8333	0.8264	0.8197	0.8130	0.8065	0.8000	0.7937	0.7874	0.7813	0.7752	0.7692
2	0.7432	0.5392	0.7182	0.7062	0.6944	0.6830	0.6719	0.6610	0.6504	0.6400	0.6299	0.6200	0.6104	0.6009	0.5917
3	0.6407	0.6497	0.6086	0.5934	0.5787	0.5645	0.5507	0.5374	0.5245	0.5120	0.4999	0.4882	0.4768	0.4658	0.4552
4	0.5523	0.6062	0.5158	0.4987	0.4823	0.4665	0.4514	0.4369	0.4230	0.4096	0.3968	0.3844	0.3725	0.3611	0.3501
5	0.4761	0.6226	0.4371	0.4190	0.4019	0.3855	0.3700	0.3552	0.3411	0.3277	0.3149	0.3027	0.2910	0.2799	0.2693
6	0.4104	0.6163	0.3704	0.3521	0.3349	0.3186	0.3033	0.2888	0.2751	0.2621	0.2499	0.2383	0.2274	0.2170	0.2072
7	0.3538	0.6187	0.3139	0.2959	0.2791	0.2633	0.2486	0.2348	0.2218	0.2097	0.1983	0.1877	0.1776	0.1682	0.1594
8	0.3050	0.6178	0.2660	0.2487	0.2326	0.2176	0.2038	0.1909	0.1789	0.1678	0.1574	0.1478	0.1388	0.1304	0.1226
9	0.2630	0.6181	0.2255	0.2090	0.1938	0.1799	0.1670	0.1552	0.1443	0.1342	0.1249	0.1164	0.1084	0.1011	0.0943
10	0.2267	0.6180	0.1911	0.1756	0.1615	0.1486	0.1369	0.1262	0.1164	0.1074	0.0992	0.0916	0.0847	0.0784	0.0725

附表一 复利现值系数表 $[(P/F, i, n) = (1+i)^{-n}]$

续表

n	16%	17%	18%	19%	20%	21%	22%	23%	24%	25%	26%	27%	28%	29%	30%
11	0.1954	0.6180	0.1619	0.1476	0.1346	0.1228	0.1122	0.1026	0.0938	0.0859	0.0787	0.0721	0.0662	0.0607	0.0558
12	0.1685	0.6180	0.1372	0.1240	0.1122	0.1015	0.0920	0.0834	0.0757	0.0687	0.0625	0.0568	0.0517	0.0471	0.0429
13	0.1452	0.6180	0.1163	0.1042	0.0935	0.0839	0.0754	0.0678	0.0610	0.0550	0.0496	0.0447	0.0404	0.0365	0.0330
14	0.1252	0.6180	0.0985	0.0876	0.0779	0.0693	0.0618	0.0551	0.0492	0.0440	0.0393	0.0352	0.0316	0.0283	0.0254
15	0.1079	0.6180	0.0835	0.0736	0.0649	0.0573	0.0507	0.0448	0.0397	0.0352	0.0312	0.0277	0.0247	0.0219	0.0195
16	0.0930	0.6180	0.0708	0.0618	0.0541	0.0474	0.0415	0.0364	0.0320	0.0281	0.0248	0.0218	0.0193	0.0170	0.0150
17	0.0802	0.6180	0.0600	0.0520	0.0451	0.0391	0.0340	0.0296	0.0258	0.0225	0.0197	0.0172	0.0150	0.0132	0.0116
18	0.0691	0.6180	0.0508	0.0437	0.0376	0.0323	0.0279	0.0241	0.0208	0.0180	0.0156	0.0135	0.0118	0.0102	0.0089
19	0.0596	0.6180	0.0431	0.0367	0.0313	0.0267	0.0229	0.0196	0.0168	0.0144	0.0124	0.0107	0.0092	0.0079	0.0068
20	0.0514	0.6180	0.0365	0.0308	0.0261	0.0221	0.0187	0.0159	0.0135	0.0115	0.0098	0.0084	0.0072	0.0061	0.0053
25	0.0245	0.6180	0.0160	0.0129	0.0105	0.0085	0.0069	0.0057	0.0046	0.0038	0.0031	0.0025	0.0021	0.0017	0.0014
30	0.0116	0.6180	0.0070	0.0054	0.0042	0.0033	0.0026	0.0020	0.0016	0.0012	0.0010	0.0008	0.0006	0.0005	0.0004

附表二 复利终值系数表 $[(F/P,i,n)=(1+i)^n]$

n	1%	2%	3%	4%	5%	6%	7%	8%	9%	10%	11%	12%	13%	14%	15%
1	1.0100	1.0200	1.0300	1.0400	1.0500	1.0600	1.0700	1.0800	1.0900	1.1000	1.1100	1.1200	1.1300	1.1400	1.1500
2	1.0201	1.0404	1.0609	1.0816	1.1025	1.1236	1.1449	1.1664	1.1881	1.2100	1.2321	1.2544	1.2769	1.2996	1.3225
3	1.0303	1.0612	1.0927	1.1249	1.1576	1.1910	1.2250	1.2597	1.2950	1.3310	1.3676	1.4049	1.4429	1.4815	1.5209
4	1.0406	1.0824	1.1255	1.1699	1.2155	1.2625	1.3108	1.3605	1.4116	1.4641	1.5181	1.5735	1.6305	1.6890	1.7490
5	1.0510	1.1041	1.1593	1.2167	1.2763	1.3382	1.4026	1.4693	1.5386	1.6105	1.6851	1.7623	1.8424	1.9254	2.0114
6	1.0615	1.1262	1.1941	1.2653	1.3401	1.4185	1.5007	1.5869	1.6771	1.7716	1.8704	1.9738	2.0820	2.1950	2.3131
7	1.0721	1.1487	1.2299	1.3159	1.4071	1.5036	1.6058	1.7138	1.8280	1.9487	2.0762	2.2107	2.3526	2.5023	2.6600
8	1.0829	1.1717	1.2668	1.3686	1.4775	1.5938	1.7182	1.8509	1.9926	2.1436	2.3045	2.4760	2.6584	2.8526	3.0590
9	1.0937	1.1951	1.3048	1.4233	1.5513	1.6895	1.8385	1.9990	2.1719	2.3579	2.5580	2.7731	3.0040	3.2519	3.5179
10	1.1046	1.2190	1.3439	1.4802	1.6289	1.7908	1.9672	2.1589	2.3674	2.5937	2.8394	3.1058	3.3946	3.7072	4.0456
11	1.1157	1.2434	1.3842	1.5395	1.7103	1.8983	2.1049	2.3316	2.5804	2.8531	3.1518	3.4785	3.8359	4.2262	4.6524
12	1.1268	1.2682	1.4258	1.6010	1.7959	2.0122	2.2522	2.5182	2.8127	3.1384	3.4985	3.8960	4.3345	4.8179	5.3503
13	1.1381	1.2936	1.4685	1.6651	1.8856	2.1329	2.4098	2.7196	3.0658	3.4523	3.8833	4.3635	4.8980	5.4924	6.1528
14	1.1495	1.3195	1.5126	1.7317	1.9799	2.2609	2.5785	2.9372	3.3417	3.7975	4.3104	4.8871	5.5348	6.2613	7.0757
15	1.1610	1.3459	1.5580	1.8009	2.0789	2.3966	2.7590	3.1722	3.6425	4.1772	4.7846	5.4736	6.2543	7.1379	8.1371
16	1.1726	1.3728	1.6047	1.8730	2.1829	2.5404	2.9522	3.4259	3.9703	4.5950	5.3109	6.1304	7.0673	8.1372	9.3576
17	1.1843	1.4002	1.6528	1.9479	2.2920	2.6928	3.1588	3.7000	4.3276	5.0545	5.8951	6.8660	7.9861	9.2765	10.7613

附表二 复利终值系数表 $[(F/P, i, n) = (1+i)^n]$

续表

n	1%	2%	3%	4%	5%	6%	7%	8%	9%	10%	11%	12%	13%	14%	15%
18	1.1961	1.4282	1.7024	2.0258	2.4066	2.8543	3.3799	3.9960	4.7171	5.5599	6.5436	7.6900	9.0243	10.5752	12.3755
19	1.2081	1.4568	1.7535	2.1068	2.5270	3.0256	3.6165	4.3157	5.1417	6.1159	7.2633	8.6128	10.1974	12.0557	14.2318
20	1.2202	1.4859	1.8061	2.1911	2.6533	3.2071	3.8697	4.6610	5.6044	6.7275	8.0623	9.6463	11.5231	13.7435	16.3665
25	1.2824	1.6406	2.0938	2.6658	3.3864	4.2919	5.4274	6.8485	8.6231	10.8347	13.5855	17.0001	21.2305	26.4619	32.9190
30	1.3478	1.8114	2.4273	3.2434	4.3219	5.7435	7.6123	10.0627	13.2677	17.4494	22.8923	29.9599	39.1159	50.9502	66.2118
35	1.4166	1.9999	2.8139	3.9461	5.5160	7.6861	10.6766	14.7853	20.4140	28.1024	38.5749	52.7996	72.0685	98.1002	133.1755

n	16%	17%	18%	19%	20%	21%	22%	23%	24%	25%	26%	27%	28%	29%	30%
1	1.1600	1.1700	1.1800	1.1900	1.2000	1.2100	1.2200	1.2300	1.2400	1.2500	1.2600	1.2700	1.2800	1.2900	1.3000
2	1.3456	1.3689	1.3924	1.4161	1.4400	1.4641	1.4884	1.5129	1.5376	1.5625	1.5876	1.6129	1.6384	1.6641	1.6900
3	1.5609	1.6016	1.6430	1.6852	1.7280	1.7716	1.8158	1.8609	1.9066	1.9531	2.0004	2.0484	2.0972	2.1467	2.1970
4	1.8106	1.8739	1.9388	2.0053	2.0736	2.1436	2.2153	2.2889	2.3642	2.4414	2.5205	2.6014	2.6844	2.7692	2.8561
5	2.1003	2.1924	2.2878	2.3864	2.4883	2.5937	2.7027	2.8153	2.9316	3.0518	3.1758	3.3038	3.4360	3.5723	3.7129
6	2.4364	2.5652	2.6996	2.8398	2.9860	3.1384	3.2973	3.4628	3.6352	3.8147	4.0015	4.1959	4.3980	4.6083	4.8268
7	2.8262	3.0012	3.1855	3.3793	3.5832	3.7975	4.0227	4.2593	4.5077	4.7684	5.0419	5.3288	5.6295	5.9447	6.2749
8	3.2784	3.5115	3.7589	4.0214	4.2998	4.5950	4.9077	5.2389	5.5895	5.9605	6.3528	6.7675	7.2058	7.6686	8.1573
9	3.8030	4.1084	4.4355	4.7854	5.1598	5.5599	5.9874	6.4439	6.9310	7.4506	8.0045	8.5948	9.2234	9.8925	10.6045
10	4.4114	4.8068	5.2338	5.6947	6.1917	6.7275	7.3046	7.9259	8.5944	9.3132	10.0857	10.9153	11.8059	12.7614	13.7858
11	5.1173	5.6240	6.1759	6.7767	7.4301	8.1403	8.9117	9.7489	10.6571	11.6415	12.7080	13.8625	15.1116	16.4622	17.9216
12	5.9360	6.5801	7.2876	8.0642	8.9161	9.8497	10.8722	11.9912	13.2148	14.5519	16.0120	17.6053	19.3428	21.2362	23.2981

续表

n	16%	17%	18%	19%	20%	21%	22%	23%	24%	25%	26%	27%	28%	29%	30%
13	6.8858	7.6987	8.5994	9.5964	10.6993	11.9182	13.2641	14.7491	16.3863	18.1899	20.1752	22.3588	24.7588	27.3947	30.2875
14	7.9875	9.0075	10.1472	11.4198	12.8392	14.4210	16.1822	18.1414	20.3191	22.7374	25.4207	28.3957	31.6913	35.3391	39.3738
15	9.2655	10.5387	11.9737	13.5895	15.4070	17.4494	19.7423	22.3140	25.1956	28.4217	32.0301	36.0625	40.5648	45.5875	51.1859
16	10.7480	12.3303	14.1290	16.1715	18.4884	21.1138	24.0856	27.4462	31.2426	35.5271	40.3579	45.7994	51.9230	58.8079	66.5417
17	12.4677	14.4265	16.6722	19.2441	22.1861	25.5477	29.3844	33.7588	38.7408	44.4089	50.8510	58.1652	66.4614	75.8621	86.5042
18	14.4625	16.8790	19.6733	22.9005	26.6233	30.9127	35.8490	41.5233	48.0386	55.5112	64.0722	73.8698	85.0706	97.8622	112.4554
19	16.7765	19.7484	23.2144	27.2516	31.9480	37.4043	43.7358	51.0737	59.5679	69.3889	80.7310	93.8147	108.8904	126.2422	146.1920
20	19.4608	23.1056	27.3930	32.4294	38.3376	45.2593	53.3576	62.8206	73.8641	86.7362	101.7211	119.1446	139.3797	162.8524	190.0496
25	40.8742	50.6578	62.6686	77.3881	95.3962	117.3909	144.2101	176.8593	216.5420	264.6978	323.0454	393.6344	478.9049	581.7585	705.6410
30	85.8499	111.0647	143.3706	184.6753	237.3763	304.4816	389.7579	497.9129	634.8199	807.7936	1 025.9267	1 300.5038	1 645.5046	2 078.2190	2 619.9956
35	180.3141	243.5035	327.9973	440.7006	590.6682	789.7470	1 053.4018	1 401.7769	1 861.0540	2 465.1903	3 258.1350	4 296.6525	5 653.9106	7 424.0324	9 727.8604

附表三 年金现值系数表 $\{(P/A, i, n) = [1-(1+i)^{-n}]/i\}$

n	1%	2%	3%	4%	5%	6%	7%	8%	9%	10%	11%	12%	13%	14%	15%
1	0.9901	0.9804	0.9709	0.9615	0.9524	0.9434	0.9346	0.9259	0.9174	0.9091	0.9009	0.8929	0.8850	0.8772	0.8696
2	1.9704	1.9416	1.9135	1.8861	1.8594	1.8334	1.8080	1.7833	1.7591	1.7355	1.7125	1.6901	1.6681	1.6467	1.6257
3	2.9410	2.8839	2.8286	2.7751	2.7232	2.6730	2.6243	2.5771	2.5313	2.4869	2.4437	2.4018	2.3612	2.3216	2.2832
4	3.9020	3.8077	3.7171	3.6299	3.5460	3.4651	3.3872	3.3121	3.2397	3.1699	3.1024	3.0373	2.9745	2.9137	2.8550
5	4.8534	4.7135	4.5797	4.4518	4.3295	4.2124	4.1002	3.9927	3.8897	3.7908	3.6959	3.6048	3.5172	3.4331	3.3522
6	5.7955	5.6014	5.4172	5.2421	5.0757	4.9173	4.7665	4.6229	4.4859	4.3553	4.2305	4.1114	3.9975	3.8887	3.7845
7	6.7282	6.4720	6.2303	6.0021	5.7864	5.5824	5.3893	5.2064	5.0330	4.8684	4.7122	4.5638	4.4226	4.2883	4.1604
8	7.6517	7.3255	7.0197	6.7327	6.4632	6.2098	5.9713	5.7466	5.5348	5.3349	5.1461	4.9676	4.7988	4.6389	4.4873
9	8.5660	8.1622	7.7861	7.4353	7.1078	6.8017	6.5152	6.2469	5.9952	5.7590	5.5370	5.3282	5.1317	4.9464	4.7716
10	9.4713	8.9826	8.5302	8.1109	7.7217	7.3601	7.0236	6.7101	6.4177	6.1446	5.8892	5.6502	5.4262	5.2161	5.0188
11	10.3676	9.7868	9.2526	8.7605	8.3064	7.8869	7.4987	7.1390	6.8052	6.4951	6.2065	5.9377	5.6869	5.4527	5.2337
12	11.2551	10.5753	9.9540	9.3851	8.8633	8.3838	7.9427	7.5361	7.1607	6.8137	6.4924	6.1944	5.9176	5.6603	5.4206
13	12.1337	11.3484	10.6350	9.9856	9.3936	8.8527	8.3577	7.9038	7.4869	7.1034	6.7499	6.4235	6.1218	5.8424	5.5831
14	13.0037	12.1062	11.2961	10.5631	9.8986	9.2950	8.7455	8.2442	7.7862	7.3667	6.9819	6.6282	6.3025	6.0021	5.7245
15	13.8651	12.8493	11.9379	11.1184	10.3797	9.7122	9.1079	8.5595	8.0607	7.6061	7.1909	6.8109	6.4624	6.1422	5.8474
16	14.7179	13.5777	12.5611	11.6523	10.8378	10.1059	9.4466	8.8514	8.3126	7.8237	7.3792	6.9740	6.6039	6.2651	5.9542
17	15.5623	14.2919	13.1661	12.1657	11.2741	10.4773	9.7632	9.1216	8.5436	8.0216	7.5488	7.1196	6.7291	6.3729	6.0472

续表

n	1%	2%	3%	4%	5%	6%	7%	8%	9%	10%	11%	12%	13%	14%	15%
18	16.3983	14.9920	13.7535	12.6593	11.6896	10.8276	10.0591	9.3719	8.7556	8.2014	7.7016	7.2497	6.8399	6.4674	6.1280
19	17.2260	15.6785	14.3238	13.1339	12.0853	11.1581	10.3356	9.6036	8.9501	8.3649	7.8393	7.3658	6.9380	6.5504	6.1982
20	18.0456	16.3514	14.8775	13.5903	12.4622	11.4699	10.5940	9.8181	9.1285	8.5136	7.9633	7.4694	7.0248	6.6231	6.2593
25	22.0232	19.5235	17.4131	15.6221	14.0939	12.7834	11.6536	10.6748	9.8226	9.0770	8.4217	7.8431	7.3300	6.8729	6.4641
30	25.8077	22.3965	19.6004	17.2920	15.3725	13.7648	12.4090	11.2578	10.2737	9.4269	8.6938	8.0552	7.4957	7.0027	6.5660

n	16%	17%	18%	19%	20%	21%	22%	23%	24%	25%	26%	27%	28%	29%	30%
1	0.8621	0.8547	0.8475	0.8403	0.8333	0.8264	0.8197	0.8130	0.8065	0.8000	0.7937	0.7874	0.7813	0.7752	0.7692
2	1.6052	1.5852	1.5656	1.5465	1.5278	1.5095	1.4915	1.4740	1.4568	1.4400	1.4235	1.4074	1.3916	1.3761	1.3609
3	2.2459	2.2096	2.1743	2.1399	2.1065	2.0739	2.0422	2.0114	1.9813	1.9520	1.9234	1.8956	1.8684	1.8420	1.8161
4	2.7982	2.7432	2.6901	2.6386	2.5887	2.5404	2.4936	2.4483	2.4043	2.3616	2.3202	2.2800	2.2410	2.2031	2.1662
5	3.2743	3.1993	3.1272	3.0576	2.9906	2.9260	2.8636	2.8035	2.7454	2.6893	2.6351	2.5827	2.5320	2.4830	2.4356
6	3.6847	3.5892	3.4976	3.4098	3.3255	3.2446	3.1669	3.0923	3.0205	2.9514	2.8850	2.8210	2.7594	2.7000	2.6427
7	4.0386	3.9224	3.8115	3.7057	3.6046	3.5079	3.4155	3.3270	3.2423	3.1611	3.0833	3.0087	2.9370	2.8682	2.8021
8	4.3436	4.2072	4.0776	3.9544	3.8372	3.7256	3.6193	3.5179	3.4212	3.3289	3.2407	3.1564	3.0758	2.9986	2.9247
9	4.6065	4.4506	4.3030	4.1633	4.0310	3.9054	3.7863	3.6731	3.5655	3.4631	3.3657	3.2728	3.1842	3.0997	3.0190
10	4.8332	4.6586	4.4941	4.3389	4.1925	4.0541	3.9232	3.7993	3.6819	3.5705	3.4648	3.3644	3.2689	3.1781	3.0915
11	5.0286	4.8364	4.6560	4.4865	4.3271	4.1769	4.0354	3.9018	3.7757	3.6564	3.5435	3.4365	3.3351	3.2388	3.1473
12	5.1971	4.9884	4.7932	4.6105	4.4392	4.2784	4.1274	3.9852	3.8514	3.7251	3.6059	3.4933	3.3868	3.2859	3.1903
13	5.3423	5.1183	4.9095	4.7147	4.5327	4.3624	4.2028	4.0530	3.9124	3.7801	3.6555	3.5381	3.4272	3.3224	3.2233

附表三　年金现值系数表 $\{(P/A, i, n) = [1-(1+i)^{-n}]/i\}$

续表

n	16%	17%	18%	19%	20%	21%	22%	23%	24%	25%	26%	27%	28%	29%	30%
14	5.4675	5.2293	5.0081	4.8023	4.6106	4.4317	4.2646	4.1082	3.9616	3.8241	3.6949	3.5733	3.4587	3.3507	3.2487
15	5.5755	5.3242	5.0916	4.8759	4.6755	4.4890	4.3152	4.1530	4.0013	3.8593	3.7261	3.6010	3.4834	3.3726	3.2682
16	5.6685	5.4053	5.1624	4.9377	4.7296	4.5364	4.3567	4.1894	4.0333	3.8874	3.7509	3.6228	3.5026	3.3896	3.2832
17	5.7487	5.4746	5.2223	4.9897	4.7746	4.5755	4.3908	4.2190	4.0591	3.9099	3.7705	3.6400	3.5177	3.4028	3.2948
18	5.8178	5.5339	5.2732	5.0333	4.8122	4.6079	4.4187	4.2431	4.0799	3.9279	3.7861	3.6536	3.5294	3.4130	3.3037
19	5.8775	5.5845	5.3162	5.0700	4.8435	4.6346	4.4415	4.2627	4.0967	3.9424	3.7985	3.6642	3.5386	3.4210	3.3105
20	5.9288	5.6278	5.3527	5.1009	4.8696	4.6567	4.4603	4.2786	4.1103	3.9539	3.8083	3.6726	3.5458	3.4271	3.3158
25	6.0971	5.7662	5.4669	5.1951	4.9476	4.7213	4.5139	4.3232	4.1474	3.9849	3.8342	3.6943	3.5640	3.4423	3.3286
30	6.1772	5.8294	5.5168	5.2347	4.9789	4.7463	4.5338	4.3391	4.1601	3.9950	3.8424	3.7009	3.5693	3.4466	3.3321

附表四 年金终值系数表 $\{(F/A,i,n)=[(1+i)^n-1]/i\}$

n	1%	2%	3%	4%	5%	6%	7%	8%	9%	10%	11%	12%	13%	14%	15%
1	1.0000	1.0000	1.0000	1.0000	1.0000	1.0000	1.0000	1.0000	1.0000	1.0000	1.0000	1.0000	1.0000	1.0000	1.0000
2	2.0100	2.0200	2.0300	2.0400	2.0500	2.0600	2.0700	2.0800	2.0900	2.1000	2.1100	2.1200	2.1300	2.1400	2.1500
3	3.0301	3.0604	3.0909	3.1216	3.1525	3.1836	3.2149	3.2464	3.2781	3.3100	3.3421	3.3744	3.4069	3.4396	3.4725
4	4.0604	4.1216	4.1836	4.2465	4.3101	4.3746	4.4399	4.5061	4.5731	4.6410	4.7097	4.7793	4.8498	4.9211	4.9934
5	5.1010	5.2040	5.3091	5.4163	5.5256	5.6371	5.7507	5.8666	5.9847	6.1051	6.2278	6.3528	6.4803	6.6101	6.7424
6	6.1520	6.3081	6.4684	6.6330	6.8019	6.9753	7.1533	7.3359	7.5233	7.7156	7.9129	8.1152	8.3227	8.5355	8.7537
7	7.2135	7.4343	7.6625	7.8983	8.1420	8.3938	8.6540	8.9228	9.2004	9.4872	9.7833	10.0890	10.4047	10.7305	11.0668
8	8.2857	8.5830	8.8923	9.2142	9.5491	9.8975	10.2598	10.6366	11.0285	11.4359	11.8594	12.2997	12.7573	13.2328	13.7268
9	9.3685	9.7546	10.1591	10.5828	11.0266	11.4913	11.9780	12.4876	13.0210	13.5795	14.1640	14.7757	15.4157	16.0853	16.7858
10	10.4622	10.9497	11.4639	12.0061	12.5779	13.1808	13.8164	14.4866	15.1929	15.9374	16.7220	17.5487	18.4197	19.3373	20.3037
11	11.5668	12.1687	12.8078	13.4864	14.2068	14.9716	15.7836	16.6455	17.5603	18.5312	19.5614	20.6546	21.8143	23.0445	24.3493
12	12.6825	13.4121	14.1920	15.0258	15.9171	16.8699	17.8885	18.9771	20.1407	21.3843	22.7132	24.1331	25.6502	27.2707	29.0017
13	13.8093	14.6803	15.6178	16.6268	17.7130	18.8821	20.1406	21.4953	22.9534	24.5227	26.2116	28.0291	29.9847	32.0887	34.3519
14	14.9474	15.9739	17.0863	18.2919	19.5986	21.0151	22.5505	24.2149	26.0192	27.9750	30.0949	32.3926	34.8827	37.5811	40.5047
15	16.0969	17.2934	18.5989	20.0236	21.5786	23.2760	25.1290	27.1521	29.3609	31.7725	34.4054	37.2797	40.4175	43.8424	47.5804
16	17.2579	18.6393	20.1569	21.8245	23.6575	25.6725	27.8881	30.3243	33.0034	35.9497	39.1899	42.7533	46.6717	50.9804	55.7175
17	18.4304	20.0121	21.7616	23.6975	25.8404	28.2129	30.8402	33.7502	36.9737	40.5447	44.5008	48.8837	53.7391	59.1176	65.0751
18	19.6147	21.4123	23.4144	25.6454	28.1324	30.9057	33.9990	37.4502	41.3013	45.5992	50.3959	55.7497	61.7251	68.3941	75.8364
19	20.8109	22.8406	25.1169	27.6712	30.5390	33.7600	37.3790	41.4463	46.0185	51.1591	56.9395	63.4397	70.7494	78.9692	88.2118
20	22.0190	24.2974	26.8704	29.7781	33.0660	36.7856	40.9955	45.7620	51.1601	57.2750	64.2028	72.0524	80.9468	91.0249	102.4436

附表四 年金终值系数表 $\{(F/A, i, n) = [(1+i)^n - 1]/i\}$

续表

n	1%	2%	3%	4%	5%	6%	7%	8%	9%	10%	11%	12%	13%	14%	15%
25	28.2432	32.0303	36.4593	41.6459	47.7271	54.8645	63.2490	73.1059	84.7009	98.3471	114.4133	133.3339	155.6196	181.8708	212.7930

n	16%	17%	18%	19%	20%	21%	22%	23%	24%	25%	26%	27%	28%	29%	30%
1	1.0000	1.0000	1.0000	1.0000	1.0000	1.0000	1.0000	1.0000	1.0000	1.0000	1.0000	1.0000	1.0000	1.0000	1.0000
2	2.1600	2.1700	2.1800	2.1900	2.2000	2.2100	2.2200	2.2300	2.2400	2.2500	2.2600	2.2700	2.2800	2.2900	2.3000
3	3.5056	3.5389	3.5724	3.6061	3.6400	3.6741	3.7084	3.7429	3.7776	3.8125	3.8476	3.8829	3.9184	3.9541	3.9900
4	5.0665	5.1405	5.2154	5.2913	5.3680	5.4457	5.5242	5.6038	5.6842	5.7656	5.8480	5.9313	6.0156	6.1008	6.1870
5	6.8771	7.0144	7.1542	7.2966	7.4416	7.5892	7.7396	7.8926	8.0484	8.2070	8.3684	8.5327	8.6999	8.8700	9.0431
6	8.9775	9.2068	9.4420	9.6830	9.9299	10.1830	10.4423	10.7079	10.9801	11.2588	11.5442	11.8366	12.1359	12.4423	12.7560
7	11.4139	11.7720	12.1415	12.5227	12.9159	13.3214	13.7396	14.1708	14.6153	15.0735	15.5458	16.0324	16.5339	17.0506	17.5828
8	14.2401	14.7733	15.3270	15.9020	16.4991	17.1189	17.7623	18.4300	19.1229	19.8419	20.5876	21.3612	22.1634	22.9953	23.8577
9	17.5185	18.2847	19.0859	19.9234	20.7989	21.7139	22.6700	23.6690	24.7125	25.8023	26.9404	28.1287	29.3692	30.6639	32.0150
10	21.3215	22.3931	23.5213	24.7089	25.9587	27.2738	28.6574	30.1128	31.6434	33.2529	34.9449	36.7235	38.5926	40.5564	42.6195
11	25.7329	27.1999	28.7551	30.4035	32.1504	34.0013	35.9620	38.0388	40.2379	42.5661	45.0306	47.6388	50.3985	53.3178	56.4053
12	30.8502	32.8239	34.9311	37.1802	39.5805	42.1416	44.8737	47.7877	50.8950	54.2077	57.7386	61.5013	65.5100	69.7800	74.3270
13	36.7862	39.4040	42.2187	45.2445	48.4966	51.9913	55.7459	59.7788	64.1097	68.7596	73.7506	79.1066	84.8529	91.0161	97.6250
14	43.6720	47.1027	50.8180	54.8409	59.1959	63.9095	69.0100	74.5280	80.4961	86.9495	93.9258	101.4654	109.6117	118.4108	127.9125
15	51.6595	56.1101	60.9653	66.2607	72.0351	78.3305	85.1922	92.6694	100.8151	109.6868	119.3465	129.8611	141.3029	153.7500	167.2863
16	60.9250	66.6488	72.9390	79.8502	87.4421	95.7799	104.9345	114.9834	126.0108	138.1085	151.3766	165.9236	181.8677	199.3374	218.4722
17	71.6730	78.9792	87.0680	96.0218	105.9306	116.8937	129.0201	142.4295	157.2534	173.6357	191.7345	211.7230	233.7907	258.1453	285.0139
18	84.1407	93.4056	103.7403	115.2659	128.1167	142.4413	158.4045	176.1883	195.9942	218.0446	242.5855	269.8882	300.2521	334.0074	371.5180
19	98.6032	110.2846	123.4135	138.1664	154.7400	173.3540	194.2535	217.7116	244.0328	273.5558	306.6577	343.7580	385.3227	431.8696	483.9734
20	115.3797	130.0329	146.6280	165.4180	186.6880	210.7584	237.9893	268.7853	303.6006	342.9447	387.3887	437.5726	494.2131	558.1118	630.1655
25	249.2140	292.1049	342.6035	402.0425	471.9811	554.2422	650.9551	764.6054	898.0916	1 054.7912	1 238.6363	1 454.2014	1 706.8031	2 002.6156	2 348.8033

附表五 标准正态分布下的面积表

Z	0.0000	0.01	0.02	0.03	0.04	0.05	0.06	0.07	0.08	0.09
0.0	0.0000	0.0040	0.0080	0.0120	0.0160	0.0199	0.0239	0.0279	0.0319	0.0359
0.1	0.0398	0.0438	0.0478	0.0517	0.0557	0.0596	0.0636	0.0675	0.0714	0.0753
0.2	0.0793	0.0832	0.0871	0.0910	0.0948	0.0987	0.1026	0.1064	0.1103	0.1141
0.3	0.1179	0.1217	0.1255	0.1293	0.1331	0.1368	0.1406	0.1443	0.1480	0.1517
0.4	0.1554	0.1591	0.1628	0.1664	0.1700	0.1736	0.1772	0.1808	0.1844	0.1879
0.5	0.1915	0.1950	0.1985	0.2019	0.2054	0.2088	0.2123	0.2157	0.2190	0.2224
0.6	0.2257	0.2291	0.2324	0.2357	0.2389	0.2422	0.2454	0.2486	0.2517	0.2549
0.7	0.2580	0.2611	0.2642	0.2673	0.2704	0.2734	0.2764	0.2794	0.2823	0.2852
0.8	0.2881	0.2910	0.2939	0.2967	0.2995	0.3023	0.3051	0.3078	0.3106	0.3133
0.9	0.3159	0.3186	0.3212	0.3238	0.3264	0.3289	0.3315	0.3340	0.3365	0.3389
1.0	0.3413	0.3438	0.3461	0.3485	0.3508	0.3531	0.3554	0.3577	0.3599	0.3621
1.1	0.3643	0.3665	0.3686	0.3708	0.3729	0.3749	0.3770	0.3790	0.3810	0.3830
1.2	0.3849	0.3869	0.3888	0.3907	0.3925	0.3944	0.3962	0.3980	0.3997	0.4015
1.3	0.4032	0.4049	0.4066	0.4082	0.4099	0.4115	0.4131	0.4147	0.4162	0.4177
1.4	0.4192	0.4207	0.4222	0.4236	0.4251	0.4265	0.4279	0.4292	0.4306	0.4319
1.5	0.4332	0.4345	0.4357	0.4370	0.4382	0.4394	0.4406	0.4418	0.4429	0.4441
1.6	0.4452	0.4463	0.4474	0.4484	0.4495	0.4505	0.4515	0.4525	0.4535	0.4545
1.7	0.4554	0.4564	0.4573	0.4582	0.4591	0.4599	0.4608	0.4616	0.4625	0.4633
1.8	0.4641	0.4649	0.4656	0.4664	0.4671	0.4678	0.4686	0.4693	0.4699	0.4706
1.9	0.4713	0.4719	0.4726	0.4732	0.4738	0.4744	0.4750	0.4756	0.4761	0.4767
2.0	0.4772	0.4778	0.4783	0.4788	0.4793	0.4798	0.4803	0.4808	0.4812	0.4817
2.1	0.4821	0.4826	0.4830	0.4834	0.4838	0.4842	0.4846	0.4850	0.4854	0.4857
2.2	0.4861	0.4864	0.4868	0.4871	0.4875	0.4878	0.4881	0.4884	0.4887	0.4890
2.3	0.4893	0.4896	0.4898	0.4901	0.4904	0.4906	0.4909	0.4911	0.4913	0.4916
2.4	0.4918	0.4920	0.4922	0.4925	0.4927	0.4929	0.4931	0.4932	0.4934	0.4936
2.5	0.4938	0.4940	0.4941	0.4943	0.4945	0.4946	0.4948	0.4949	0.4951	0.4952
2.6	0.4953	0.4955	0.4956	0.4957	0.4959	0.4960	0.4961	0.4962	0.4963	0.4964
2.7	0.4965	0.4966	0.4967	0.4968	0.4969	0.4970	0.4971	0.4972	0.4973	0.4974
2.8	0.4974	0.4975	0.4976	0.4977	0.4977	0.4978	0.4979	0.4979	0.4980	0.4981
2.9	0.4981	0.4982	0.4982	0.4983	0.4984	0.4984	0.4985	0.4985	0.4986	0.4986
3.0	0.4987	0.4987	0.4987	0.4988	0.4988	0.4989	0.4989	0.4989	0.4990	0.4990

附表五 标准正态分布下的面积表

例：
$$Pr(0 \leqslant Z \leqslant 1.96) = 0.4750$$
$$Pr(Z \geqslant 1.96) = 0.5 - 0.4750 = 0.025$$

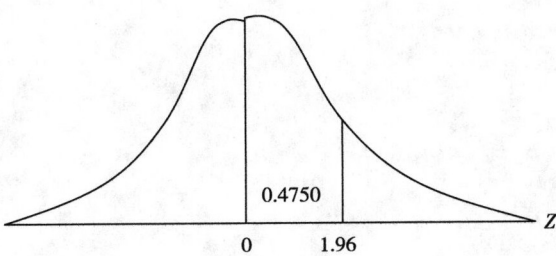

附表五　标准正态分布下的面积表

例：

$$P(0 \leqslant Z \leqslant 1.96) = 0.4750.$$
$$P(Z \geqslant 1.96) = 0.5 - 0.4750 = 0.025.$$

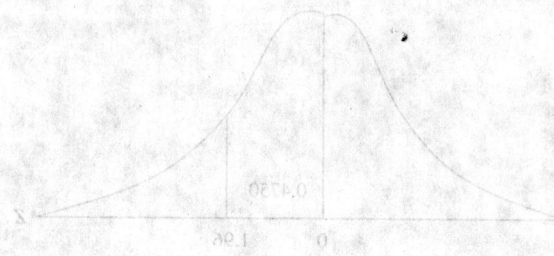